面向学习的体育教学

TEACHING PHYSICAL EDUCATION FOR LEARNING

[美] 朱蒂斯·E. 林克　著
王梓宇　于可红　译

中国科学技术出版社
·北　京·

图书在版编目（CIP）数据

面向学习的体育教学 /（美）朱蒂斯·E. 林克（Judith E. Rin）著；王梓宇，于可红译 .— 北京：中国科学技术出版社，2021.6

书名原文：Teaching Physical Education for Learning（7th Edition）

ISBN 978-7-5046-8888-0

Ⅰ. ①面…　Ⅱ. ①朱…　②王…　③于…　Ⅲ. ①体育教学—教学研究　Ⅳ. ① G807.01

中国版本图书馆 CIP 数据核字（2021）第 042515 号

著作版权合同登记号：01-2019-8056

Copyright © The McGraw-Hill Companies, Inc. by Judith E. Rink

All Rights reserved. No part of this publication may be reproduced or transmitted in any form or by any means, electronic or mechanical, including without limitation photocopying, recording, taping, or any database, information or retrieval system, without the prior written permission of the publisher.

This authorized Chinese translation edition is jointly published by McGraw-Hill Education and China Science and Technology Press. This edition is authorized for sale in the People' s Republic of China only, excluding Hong Kong, Macao SAR and Taiwan.

Translation Copyright © McGraw-Hill Education and China Science and Technology Press.

版权所有。未经出版人事先书面许可，对本出版物的任何部分不得以任何方式或途径复制或传播，包括但不限于复印、录制、录音，或通过任何数据库、信息或可检索的系统。

本授权中文简体字翻译版由麦格劳 - 希尔（亚洲）教育出版公司和中国科学技术出版社合作出版。此版本经授权仅限在中华人民共和国境内（不包括香港特别行政区、澳门特别行政区和台湾地区）销售。

翻译版权由麦格劳 - 希尔（亚洲）教育出版公司（麦格劳 - 希尔有限总公司新加坡分公司的分部）与中国科学技术出版社所有。

策划编辑	王晓义
责任编辑	浮双双
装帧设计	中文天地
责任校对	邓雪梅　焦　宁
责任印制	徐　飞

出　　版	中国科学技术出版社
发　　行	中国科学技术出版社有限公司发行部
地　　址	北京市海淀区中关村南大街16号
邮　　编	100081
发行电话	010-62173865
传　　真	010-62179148
网　　址	http://www.cspbooks.com.cn

开　　本	710mm × 1000mm　1/16
字　　数	565千字
印　　张	35.75
版　　次	2021年6月第1版
印　　次	2021年6月第1次印刷
印　　刷	北京荣泰印刷有限公司
书　　号	ISBN 978-7-5046-8888-0 / G·891
定　　价	99.80元

（凡购买本社图书，如有缺页、倒页、脱页者，本社发行部负责调换）

译者的话

体育教师是学校体育教育工作的主要承担者和实施者，是体育能否充分发挥自身在学校教育中重要作用的基础。那么，能够直接对体育教师职业素养的高低产生决定性影响的体育师资培养工作，特别是在这一过程中所使用的体育师资培养教材便自然地具有重要意义。优秀的体育师资培养教材能够从源头上提升体育教师的专业素养、心理素质、教学技能，甚至职业自信。我国的体育师资培养主要依靠各高等院校体育教育专业，而根据体育教育专业诸课程的课程标准所编选的供教学用和要求体育教育专业学生掌握的基本材料，即体育教育专业教材便是体育师资培养教材。

目前，我们国内流通着多种类型、多个版本的体育教育专业教材，但这些教材在编写理念、内容组织、文字叙述等方面大都是遵从传统体育教学模式，内容缺少师生互动性，且可操作性不强——这也正是译者想将英文版《面向学习的体育教学》这本经典的体育教育专业教材译为中文呈现给读者的主要动机。

一、其人其书

朱蒂斯・E. 林克是哥伦比亚南卡罗来纳大学体育系的资深教授。她出版与发表了许多有关体育教学的书籍、研究报告和论文；其中就包括 *Teaching Physical Education for Learning*、*Designing the Physical Education Curriculum: Promoting Active Lifestyles*、*Sports and Recreational Activities*，以及 *Sports and Recreational Activities* 等多本畅销世界的体育教育书籍。同时，她还常年担任体育学科权威期刊——*Journal for Teaching Physical Education*（《体育教学杂志》）

和 *Research Quarterly for Exercise and Sport*（《运动与运动研究季刊》）的编辑。此外，林克教授还是美国国家体育内容标准制定委员会的主席，并荣获过包括 NASPE（全国体育运动协会）名人堂奖、课程与教学学院荣誉奖及美国教育协会特别兴趣小组杰出学者荣誉奖等在内的多个奖项。她还曾担任南卡罗来纳州体育教育评估计划的项目负责人，与全国体育运动协会合作制定和编写美国体育国家标准的成绩指标与评估材料。

《面向学习的体育教学》是林克教授编写的最为著名的体育师资培养教材。其自 1993 年首次问世以来好评如潮，备受推崇，迄今已再版六次（现为 2014 年面世的第七版）。作为美国培养中小学体育师资的权威教材，东田纳西大学的 Mozen 教授就曾告诫阅读此书的学生：“如果看不了林克教授的《面向学习的体育教学》或是对其中的内容不信任，那么就请考虑转专业吧。”

二、《面向学习的体育教学》一书的主要内容

《面向学习的体育教学》一书延续了美国教材编写“以学习者为先”的惯例——从学习者进行学习的角度出发，依照学习者的需要和习惯编写教材，力争为学习者的学习提供最大程度的便利和益处。哪怕是要使用教材进行教学的教师，也要尊重学习者的需求，其教学内容、形式、方法等均需将学习者放在中心位置，因为只有这样才能极大程度地调动学习者的学习积极性，更好地促进学习者的学习。

《面向学习的体育教学》的内容遵循模块化教学的理念，全书分为三大部分：第 1 部分“认识教学过程”、第 2 部分“有效的教学技能”，以及第 3 部分“情境与反思”。这 3 个部分层次清晰、内容递进、由表及里、自外而内，非常符合学习者进行学习时的心理。

第 1 部分又分为 2 个章节：其中以“体育课程教学：一种取向”为导入章节。初读此章的学习者便可认识到自己未来即将承担起来的专业体育教师的角色，同时也能帮助使用该教材的教师认识到学习者的“学”才是其教学过程的首要目的。该章节是帮助学习者认识全书其他剩余章节重要性的关键。接下来的一章阐述了“影响学习的因素”。总的来说，由这 2 个章节（其中一个导入章节）组成的第 1 部分所述的内容都是开展体育教育教学的相关基础和必要条

件，可谓是全书的立论基点，也是学习者真正展开体育教学学习的起点。

第 2 部分“有效的教学技能”包含 9 个章节，其内容阐述了体育教学过程中的若干重要教学技能。从“学习经历和任务设计”“任务表述”“内容分析与开发”，到“学习环境的开发与维持”“活动中的教学”“教学策略”，再到“学生积极性、个人成长和包容”“规划”“教学过程中的评价”。作者严格按照体育教学发展深入的逻辑主线来对各项教学技能进行阐述和教授，并举出了许多实际教学过程中的实例来为读者提供实际参考。无论是教学理论的阐释，还是教学技能的表述，甚至是课堂实例的列举，作者都尽可能地使教材符合学习者的学习习惯和学习心理。

到了第 3 部分“情境与反思”，作者首先以一个独立的章节来阐述特定内容的教学法，即“特定内容教学法”一章。该章节为不同的体育内容领域确定了具体的教学法。之后的“作为持续学习者的教师”与“观察技术与工具”两章在将体育教师定位为持续观察者、鼓励体育教师终身学习的基础上，帮助他们习得更多系统观察教学过程的方法。

三、《面向学习的体育教学》一书的突出亮点

《面向学习的体育教学》一书的突出亮点主要体现在其编写理念（包括编写的价值取向与教材的受众定位）、内容组织结构以及文字叙述方式上。

（一）编写理念

1. 教材编写的价值取向

对于“体育师资培养教材”的价值取向，主要分为 3 种类型：知识本位取向、学生本位取向以及社会本位取向。知识本位取向，注重学科知识本身的价值，追求学科知识技能系统完整地传授，认为要把教育建立在知识的本质及其重要性的基础上，而不是建立在儿童的偏好、社会需要或政治家的意愿基础上。① 学生本位取向，强调以学生为中心，关注学习者的偏爱、兴趣和需要，努力促进学生的自我实现、自我发展。社会本位取向，即是把课程看作是向学

① 范巍．中国 20 世纪以来学校体育课程价值取向研究［D］．长春：东北师范大学，2013.

生灌输社会传统和习俗的动因，目的在于帮助学生去适应现存社会。本书显然更为强调“学生中心取向”和“社会中心取向”，无论是书中的体育理论叙述，还是体育教学实例选取，皆是如此。

2. 受众定位

《面向学习的体育教学》一书的受众定位非常明确，本书封底文字中有“本书将传统的体育教学过程转变为师生互动且极富可操作性的教学过程。该书内容简要实用，把幼儿园至高中三年级的体育教学作为重点，以‘体育课程教学’为切入点，不但论述了运动技能培养对养成积极健康的生活方式的重要性，还讲述了与不同体育教学领域的若干教学理念，有助于新任体育教师实现‘从学生到教师’的身份转变，同时能有效地帮助他们开启体育教师职业生涯。”这一段话既明确地指出了该书适合的学科专业——“志愿成为教师的学生（师范生）”；同时也巧妙地明确了受众未来的工作领域——“幼儿园到高中三年级的体育教学工作”；甚至还精确地点明了本书专攻的教学分支领域——“学习经历的设计”。

（二）内容组织结构

在教育学课程论领域，存在着两种学说的相互对立，即“逻辑结构说”和“心理结构说”。“逻辑结构说”认为教育儿童的主要目的是使他们成为一个社会所期望的成人，因此要用成人的标准，即高度的逻辑性来选择和组织课程内容和教材。与“逻辑结构说”相对应的是“心理结构说”，这一学说将课程阐释为儿童自身的活动，① 认为儿童的需要和兴趣才是课程内容组织与选择的中心。《面向学习的体育教学》在编写过程中所遵循的正是后者——“心理结构说”，即更注重激发儿童的体育兴趣和需要，以学生进行体育学习时的心理活动为线索，借助学生自主学习的经验引领体育教材内容的铺陈与展开。这样编写出的教材自然能吸引学生的兴趣，从而引导学生在主动学习的过程中掌握体育知识与技能，继而促进学生能力的全面发展。

---

① ［美］约翰·布鲁巴克. 教育问题史［M］. 单中惠，王强，译. 济南：山东教育出版社，2013.

（三）文字叙述方式

文字叙述指的是按照一定的语法标准，以某种特定的顺序排列、组织文字，用以代表、传达某种特殊意义的行为。对于大多数篇幅都是由文字叙述组成的教材来说，文字叙述方式的重要意义不言而喻。教材文字的叙述方式大体分为两类——“平铺式叙述”和“带入式叙述”。所谓“平铺式叙述”，就是编写者按照客观、规范、精确的标准组织教材文字。这种叙述方式平实客观、规范严谨，从构建知识的角度来说可谓无懈可击。但是过多的“平铺式叙述”则会令教材语言刻板生硬：各章节往往都是以某些抽象概念或理论原理开篇，紧接着便是空洞的理论叙述和苦口婆心的说教。这种文字叙述方式未能完全贴近学习者的实际需要，必然会给学习者的学习设置不必要的障碍。

“带入式叙述”，顾名思义，会将学习者带入教材所创设的叙述环境中，让学习者有种身临其境的参与感，使其从被动地接受知识变成主动思考；同时规避了说教式叙述（即“平铺式叙述”）引发的学生逆反心理，继而使其积极地参与到学习中去。《面向学习的体育教学》一书广泛运用了以“if you…（如果你…）句型”为代表的“带入式叙述”，能够轻易地将阅读者（体育学习者）带入讨论的情境之中，从而激发其进行深入了解和探究的兴趣。

四、翻译历程与致谢

2015 年 9 月，译者在导师于可红教授处初次看到《面向学习的体育教学》（第四版），便被其丰富的内容、生动的叙述、独特的装帧设计所吸引。翻译专业出身的我立刻萌生了将该书翻译成中文以作国内体育教育专业学生学习辅助用书的想法。就此事向于老师请教，得悉于老师也正有此计划，于是便在其统筹指导之下正式启动了该书的翻译工作。之后，历时 3 年之久，得各方帮助，几易其稿，终于将数十万字的《面向学习的体育教学》（第七版）译为中文。

在本译著出版之际，衷心感谢本书的原作者林克教授、原书出版商麦克格劳希尔出版社、译著出版社中国科学技术出版社；衷心感谢在本书翻译过程中给予过译者帮助的各位老师、同学、朋友，特别是不辞辛劳、无数次在百忙之中抽空对译稿进行认真审阅的导师于可红教授，以及为本书编辑出版工作付出极大心血的编辑老师。

本书虽是一本以知识输出为目的的体育师资培养教材，但其所涉及的教育学、心理学知识，乃至涉猎的运动专项和技能范围均较为广泛。囿于译者专业背景与翻译水平所限，难免出现种种不足甚至错疏之处，敬希各位读者批评指正，不胜感激。

王梓宇

2020 年 12 月于浙江大学

前言

PREFACE

鉴于近来的肥胖危机，各类体育项目临危受命，承担起提高学生身体活动水平以及为某一终身参与型体育活动发展运动技能的重任。许多学校都施行综合性的学校体育活动项目以满足学生对日常体育活动的需求。在过去的几年中，运动技能与终身体育之间的重要关系变得愈加清晰。体育教学项目须在培育儿童终身体育所必备的体育技能、体育态度和体育知识方面发挥更为重要的作用。为了达到这一目的，体育教师需要具备更有效率的教学技能。体育教学是一个充满互动并配合以特定情境的过程。教师不仅要有教学技能和技巧，还要能因时、因地制宜地运用。

本书的重点就是探讨适用于不同内容领域的各类基本教学技能。这些技能都是教师教学效率的保证。

■ 本版变化

在本次的新版本中，关于专业体育教师的部分被从前版中的最后几章调整到了第 1 章；阐述运动技能与体育活动之间的关系的章节中的大部分被添加到了“影响学习的因素”一章中；“游戏阶段”一节也从“特定内容教学法”一章移到了“内容分析与开发”一章中去。

所有章节都进行了修订和更新以为学生学习增添更多的实例。同时，也对学生在阅读过程中可能遇到的关键问题给予了更多的阐释。

结构

本书结构为：以“体育课程教学：一种取向”为导入。读者初读此章便可认识到自己作为体育专业教师的角色，同时认识到学生的“学”乃是教学过程的首要目的。这一章是帮助学生认识剩余章节重要性的关键。接下来的一章阐述的是运动技能学习对养成一种积极锻炼的生活方式的重要性，以及影响学生体育学习的各种因素。尽管在许多体育项目的运动学习与进阶的过程中存在课堂作业，但对这些领域中基本概念的认知还要依靠教学过程中的启发。

第 2 部分的诸章节阐述了体育教学过程中的若干重要教学技能。这些章节多年来都未大改。虽说这一部分在章节叙述的过程中有着显而易见的逻辑主线，但仍希望教师能在教学实践中依据不同项目的实际情况灵活运用。

本书在第 3 部分以一个独立的章节阐述特定内容的教学法，即“特定内容教学法”一章。与其说这一章是教授体育教师如何去教授健身、运动或是动作概念，还不如说是确定不同内容领域的具体教学法。“作为持续学习者的教师”与“观察技术与工具”两章同样被归为本书的第 3 部分。设置“观察技术与工具”一章的目的是帮助体育教师更为系统地观察教学过程，以期增进他们对本书所述教学技能的反馈。

■ 优势和补充

每章都以一个综述开头，以叙述本章的重要性。章节内容中也包括重要观点的概述、检测学生对章节内容学习情况的练习题以及参考文献。《面向学习的体育教学》一书的网站上有“教师指南”，其中的建议能帮助体育教师更为合理地利用本书中的各个章节；同时，指南中还叙述了若干学生学习的经历。这能帮助学生更好地学习各章节中的内容。网站上还为教师提供了一个简答题的题库以及各个章节的教学 PPT。

应各位教师要求，美国最新版本的《走向未来：国家体育内容标准》与《面向学习的体育教学》一书一同发行。前者是后者的完美搭档，因为内容标准左右着教学的最终成果。

■ 学术审稿人

我很感谢多年以来共事的朋友、同事和学生。本书的进步和完善正是仰赖他们多年以来持续不断的支持，乃至质疑。我还要感谢本书的诸位审稿人，正是他们的指正和纠错使本书更上一个台阶。得益于他们，新一代的体育教师才能拥有这么优秀的教材。

本版审稿人

保罗 • 卡利杰（Paul Calleja）
阿肯色大学

帕蒂 • 哈克（Patty Hacker）
南达科他州大学

戴安娜 • 莫赞（Diana Mozen）
东田纳西州立大学

丽莎 • 帕里班（Lisa Pleban）
卡斯尔顿州立学院

史蒂夫 • 普鲁伊特（Steve Prewitt）
犹他大学

献给我的母亲埃莉诺

目 录

CONTENT

第 1 部分 认识教学过程

6 学习环境的开发与维持 / 182

7 活动中的教学 / 219

第 1 部分

认识教学过程

体育课程教学：一种取向

概 述

我们可以从多种角度考察教学。教师考察教学过程的角度决定了他们在这个过程中看什么和怎么看。角度之所以非常重要是因为它决定了教师看待问题的方式。本章为本书建构了一个角度，是对本书其他章节所详述的教学观点的概述。

1.1 专业的教学

当你决定走上讲台的时候，就意味着你决定从事一个专业的职业。社会中的专业职业指的是某些被授予特殊地位并享有特定权责的职业。不是所有的职业都是专业的，具有以下特点的职业才能被称为专业职业：

①需要精心的准备和大量的专业知识。

②行业内部有着对普通民众来说不常见的共同语言（术语）。

③提供必需的服务。

④成员都拥有强烈的服务意识，并愿献身事业且矢志不渝。

⑤被公众高度信任。

⑥有着议定的技术和道德标准把控职业准入。

⑦成员在社会化的过程中逐步形成了有关业内“最佳做法”的观点，即行

业规范，这些行业规范通常是由行业组织设定，并受一套行业传统道德观和价值观的影响。

⑧对行业整体表现负责。

⑨工作中受严格的行业纪律的约束。

⑩工作中免于受对个人工作表现的直接在职监管。

如果你认真思考上面所列专业职业所包含的意义，那么你就会逐渐认识到专业职业和非专业职业职场上的不同。专业人员从事的基础服务并不是任何人都能做的，而且在公众的认知中，从事专业职业的人员必须“专业”。公众的信任程度是与行业中大部分人员的“专业”程度成正比的。

1.2 何谓“专业”

1.2.1 专业的意义

“专业”意味着提供“高水准”的服务，并承诺在整个职业生涯始终如一。某一领域的专业人员如表现不专业或不为其顾客提供“最佳做法”都会降低公众对整个行业的认可程度。行业中的每个成员都有做好工作以保持和提升公众认可程度的义务。对教师而言，有许多方法都能令其为教师行业做出贡献并做好教学工作。

1.2.2 专业教师需为“最佳做法”获取必要的技能

专业人员在其职业生涯的初始阶段就应为了能提供“最佳做法”而做好准备。表 1.1 列举了全美运动和体育协会在 2008 年制定的新任教师教学标准。这些都是整个行业对新任教师的期望。本书中的每个章节都阐述了至少一个教学标准。在职业的初始阶段就应了解行业规范的要求。通过这些标准可以对体育师资培训项目进行评价。优质的师资培训项目能帮助你提升这些能力；同时，如果你未能获得预期的职业技能、知识和性情，它就能在技术层面上限制你毕业。能否抓住这一提供给你的机会就看你的了。对于许多大学生来说，都需要将学习动机从“他人导向型”转变成“自我导向型”。当你认识到自己预备教师的身份并开始如饥似渴地学习的时候，你就会变得越来越成熟、越来越像一位专业人士；尽自己最大的努力，是因为你在恪守要为学生提供最好经历的承诺，而不是别人让你做什么。

表 1.1　美国新任教师国家标准

标准	职业要求
标准 1：科学理论知识 体育教师候选人对特定学科具体科学理论概念的了解和应用是体育教育接受者发展的关键	体育教师候选人能够： ①阐述和应用与技术动作、体育锻炼以及健身相关的生理学和生物化学理论 ②阐述和应用与技术动作、体育锻炼以及健身相关的运动技能学习、心理学和行为理论 ③阐述和应用与技术动作、体育锻炼以及健身相关的动作发展理论和原理 ④从历史、哲学和社会的角度分析体育教育问题和体育教育立法 ⑤分析和矫正有关运动技巧和运动表现理论中的关键要素
标准 2：能力基础上的技能和健身 * 体育教师候选人作为接受体育教育的个体，如国家体育与体育教育协会（NASPE）制定的 K-12 标准所要求的那样，应具有良好的运动表现和增强健康素质所必需的知识和技能	体育教师候选人能够： ①在不同身体活动和动作模式中，都能展示出个人在运动技能方面的能力 ②在健身方面，达到并保持能增进健康的程度 ③阐释各类体育活动中有关技术动作的表现概念
标准 3：计划和实施 体育教师候选人计划和实施一系列适宜的发展性学习实践，其内容须与地方、州和国家促进接受体育教育个体发展的标准相匹配	体育教师候选人能够： ①设计和实施与项目、教学目的以及多种学生需求相关的短期和长期计划 ②根据当地、州或国家标准制定适当的（诸如量化的、发展适宜性的以及绩效优先的）目标，以引导学生学习 ③设计和实施与课堂目标相匹配的教学内容 ④设计和实施有效的示范、阐释、教学线索和提示，以使体育活动理论与适宜的学习实践相结合 ⑤规划教学资源管理，以向学生提供积极、公平、公正的学习实践 ⑥调整教学方式以满足学生多样化的需求，为特殊学生增加特别的教具或改进措施 ⑦计划和实施循序渐进的教学方法以满足全体学生的不同需求 ⑧为学生设计和实施整合了技术学习的学习实践

*如有特殊需要，允许和鼓励体育教师候选人利用一系列的教具或改进措施（如调整、改造设备，添置通信设备和多媒体设备等）以展示能力和阐释表现概念，并进行健身活动（力量训练、锻炼日志等）。

续表

标准	职业要求
标准 4：授课和管理 体育教师候选人利用有效的沟通方式和教学技巧、策略以促进学生的参与和学习	体育教师候选人能够： ①在不同教学形式下展示行之有效的语言和非语言的沟通技巧 ②提供有关技能习得、学生学习和学习动机的教学反馈 ③识别环境的动态变化情况，并根据学生的反应调整教学任务 ④利用管理条例、惯例以及过渡来创建并维持一个高效的学习环境 ⑤通过在一个富有成效的学习环境中实施某些教学策略，帮助学生展示出有责任感的个人行为和社会行为
标准 5：对学生学习的影响 体育教师候选人利用评价和反馈来促进学生学习并指导教学决策	体育教师候选人能够： ①选择或创建适当的评价方式，以评估学生的学习目标及其完成情况 ②利用多种适宜的评价方式来评估学生学前、学中和学后的情况 ③利用反思圈理论对教师表现、学生学习、教学目标以及教学决策等各个方面进行调整
标准 6：职业化 体育教师候选人表现出的性格对成为高效专业人员来说至关重要	体育教师候选人能够： ①展现出与信念一致的行为，即坚信每一位学生都能成为体育教育的对象 ②参与能推动合作并提升专业成长和发展的活动 ③展现出与高素质教师职业道德相匹配的行为 ④在与学生的沟通中传递尊重并保持敏感

虽说“新任教师能在最初几年的执教经历中学到很多东西”这一说法无可厚非，但要说他们能独立地在教学实践中学到这些技能，那就有些牵强附会了。在（高校）学院和大学的环境中，存在着帮助你习得这些教学技能的资源。同时，在为执教做准备的几年里，你也应该努力提升这些技能。

大部分决定成为体育教师的人之所以这么做，是因为他们擅长于此，并且大都很享受过去的运动和体育经历，同时，也乐意与人共事。这些都是选拔专业人员的好标准。鉴于运动和身体活动对大多数人来说都是娱乐，因而总有一个对体育教学的误解，那就是认为体育教学很简单，至少会比教别的内容更简单。

然而体育教学并不简单。教的目的是学。教师的首要责任就是指导教与学的过程。这也正是教学不易的原因。如果学生不学，教师就要想有效的办法敦促其学。学生各不相同，教师所要教的技能、知识和价值观念也多种多样。为持有不同学习目的的学生分别找到与之相适应的教学方法是非常困难的。教学不是一种精密科学。教师需要在其教学目标、对学生情况的了解、教学内容以及教学过程的基础上为学生设计甚至重复设计教学经历。

尽管教师在学校中扮演的角色并不仅限于体育课教师，但《面向学习的体育教学》一书的首要目的仍是阐述教学过程和教学技能，以提升教学效率。也就是说，教师该怎么做才能帮助学生学会教师想让他们学会的东西。有几个重要的观点会在本书中着重叙述。第一，教学是一个目的导向型活动。这意味着除非依据一个契合学生应学内容的清晰目的来设计，否则教学过程就没有任何意义。你会被要求阐述清楚你作为教师究竟想要教会学生什么。第二，不同的教学意图应当匹配不同的教学过程，即为更好地完成特定的教学目的，教学过程也应特殊选择。

举例来说，教师在教授平衡技巧的时候，为使学生明白腿部支撑的原则，就会引领学生发现问题、解决问题。教师之所以选择这一教学过程而不是直接告诉学生答案，正是因为其目的并不单单是让学生了解这一知识，更多的是要让他们能在平衡活动中利用这一知识。如果你想让学生们在课堂之外、成年之后依旧保持一个积极锻炼的生活方式，而不仅仅是让他们知道身体活动对他们是有益的，那么你的教学也应有所不同。

对教师来说，为不同的教学目的选择不同的教学过程是非常重要的。为了做到这点，教师们应该对其想要学生们学会什么有一个清晰的概念；同时，教师们必须能让教学过程对既定的活动和群体都行之有效。本章阐释了体育教学过程的基本框架，并确定了教师在这个框架内为保证教学过程顺利进行所需的各种技能。

1.3 教学：一种目的取向活动

指导教学从而使学生学有所成的长期计划称为课程。当教学没有制定课程决策或决策未用于教学的时候，教学的过程就好像行驶中的汽车没有司机一样。因此，课程和教学是分不开的。在课程的层面，教学就是一种目的导向型活动。在现今的教育环境中，许多课程决策的制定都是以国家、州和地方规定的相关标准为依据，这些标准明确规定了学生在体育教育中应当知道什么和做什么。体育教育的目的是让人们养成积极锻炼的生活方式，这是体育教育领域的共识。

体育教育的国家标准是由国家运动和体育协会于1995年制定并颁发的，2004年进行了修订。这一标准广泛应用于州和地方一级的相关项目，用以阐述其目的。这6项标准阐明了学生为养成积极锻炼的生活方式所必需的技能、能力和性情（见方框1.1）。在2004年NASPE发布的《走向未来：体育教育国家标准》中，每一项标准都被按照年级水平分解开来。这样一来，体育教师就能确定不同年龄段的学生应当了解什么和做什么。

方框1.1

体育教育项目国家标准

标准1：具备不同身体活动项目动作技能和动作模式的示范能力。

标准2：在学习和开展身体活动时要能理解应用于其中的动作概念、原理、策略以及战术。

标准3：定期参与身体活动。

标准4：在体育健身方面，达到并保持在能够增进健康的水平。

标准5：在参与身体活动的过程中，展现出有责任感的个人行为和社会行为，即尊重自己和他人。

标准6：重视身体活动在健康、娱乐、挑战、自我表达以及社会互动等方面的价值。

转载自《走向未来：体育教育国家标准》（2004年第二版）

体育教育工作者必须阐释和捍卫他们在学校的角色和项目。体育项目在设施、装备和人员方面都需要大量的资金支持。学生在校外参与体育活动机会的不断增加使得教育者、管理者和纳税人都看到了体育教育项目对整体教育状况的贡献的不确定性。通过研究中学生对体育教育（以及体育教育活动的成果和过程）的态度，体育教育工作者承认其事前承诺与最终成果存在差异。许多体育教育项目都是不太可靠的。对项目目标缺乏责任意识导致学校出现了许多次等体育教育项目：那些缺乏明确和可靠目标的项目以及那些与既定目标毫不相干的项目。如果体育教育项目想要获得真正的教育项目那样的公信力，必须明确界定课程与教学的关系；同时，该项目也必须以明确规定的目标为导向。方框 1.2 中通过对两个小学和两个中学体育教育项目的对比清晰地表明了两类项目（可靠的和不可靠的）之间的差异。阅读例子并试着找出究竟是什么因素使得一个项目可靠。

方框 1.2

可靠项目和不可靠项目

小学——可靠项目

教师按照技能、认知和情感领域将一天的课程进行了规划，依据的是一份书面的计划，这份计划阐明了一天的学习目标和课程的进展情况。二年级的班级会采用组合运动模式进行教学，即先学习分解动作再组合成连贯动作。教师计划让学生练成一套具有个人特色的动作形态并向搭档进行展示，同时也会采取同学互评的方式。

小学——不可靠项目

教师以这种方式教学：二年级学生喜欢跳伞，那么今天就跳伞吧。教师想象学生喜欢的所有用跳伞做的有趣事情，并在上课之前写下来。

中学——可靠项目

教师在进行排球单元的教学。教师对本单元进行了详细的规划，因此每一天学生都能练习他们之前选择好的某种技能的某些方面；至于教师本人的角色，则被弱化了。比赛活动或类似比赛的活动在全天的各个时间段都会出现。在每节课结束的时候，教师和学生都要对他们的技能学习情况进行分析，并决定以后哪部分需要特别注意。教师的下一节课就会围绕这些需要特别关注的部分进行。

续

中学——不可靠项目

教师在进行排球单元的教学。在这一单元学习的第一天，教师一次性展示了排球中所有的技能并在以后的课程中都组织学生进行比赛。一些学生的程度高于别的学生，但是这些学生实际上都不喜欢进行技能练习。教师将这些学生的角色定位为在比赛中维持秩序，并帮助同学处理个人间的冲突。

1.3.1 目的分类

当教育项目成果指的是广义成果的时候通常也被称为教育目的，而当其指的是更具体的成果的时候，又被称为教育目标。然而，课程目标，通常也被称为学生表现标准，一般规定了学生在一个完整的项目中应当做到什么；教学目标则通常是指学生在一堂课或一个指导单元的学习中应当做到什么。教育目的和教育目标在课程和教学中都会被用到。按照学习领域的不同方面，这些具有不同特征的特定目的和目标通常被划分至 3 个相互关联的类别：技能领域、认知领域和情感领域。当你回顾国家标准的时候，你就能将这些标准归入各自的领域（图 1.1）。

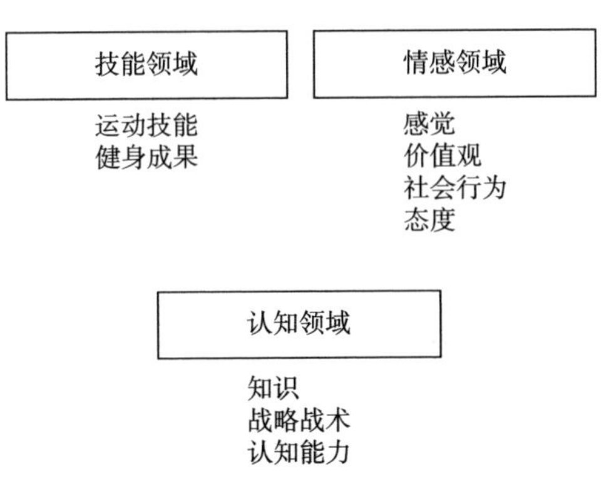

图 1.1　体育教育中所有学习领域的划分

1.3.1.1 技能目标

有关技能和体能的目的和目标被称为技能目标。方框 1.1 中的标准 1 和标准 4 都是与体育教育中的技能领域内容直接相关。技能成果是体育教育为学生教育做出的最独特贡献，再没有其他哪种教育项目比体育教育更强调技能成果。技能目标包括了各类运动技能目标，比如基本运动技能和各运动项目的复杂技能；前者诸如跳、掷或旋转，后者诸如篮球上篮或后手翻。技能目标同样包括了健身成果，比如臂力、心肺耐力和柔韧性。技能目的则可能指的是将篮球打得中规中矩或是在某次体能测试中达到一个特定的能力水平。

1.3.1.2 认知目标

认知目标指的是在处理信息时展现出的知识和能力水平。与此成果相关联的国家标准主要是标准 2：在学习和开展身体活动时要能理解、应用其中的动作概念、原理、策略以及战术。技能和情感（下文中会探讨）领域中与认知能力相关联的许多方面的表现也必须得到提高。换句话说，为了能达到和维持某种健身水平，你必须知道怎么健身。认知目的和目标是与智力和思考相关的事物。它所包括的成果有这样几种：学生应当具备的知识（比如如何提高关节柔软度）、解决问题的能力、创造力和举一反三的能力（比如将区域防守应用到六人制足球比赛）。

1.3.1.3 情感目标

情感目标指的是学生的感觉、态度、价值观和社会行为。与情感目标直接相关的国家标准是标准 5 和标准 6。标准 5 涉及的是个人行为和社会行为，标准 6 说的则是如何看待参与体育活动益处的价值观问题。期望学生重视定期健身和参与体育活动（标准 3）即是一项情感目标，这一目标的实现同时需要技能和知识。教师有关学生感觉、态度、价值观和社会行为的目标即是情感目标。体育教育的主要目的之一就是使学生为终身体育活动做好准备（图 1.2）。如果教师不在其体育项目中提出情感目标，那么即便学生拥有运动技能、具备运动知识，也可能选择不去参加体育活动。

与校外运动项目不同的是，所有的校内体育教育项目都有着许多共同的认知和情感目的。体育教师会为一堂体育课设置技能、认知和情感目标。体育教育工作者应当引导学生进行思考、互相关怀和分享。在课堂上所教授的与伙伴合作以提高工作效率、公平竞争、自主学习能力及积极的自尊自爱等都被归为情感目标的行列。本书的第 9 章将会阐述这些问题。

图 1.2　体育教育应使学生做好终身体育的准备

第 10 章“规划”将详细叙述教师应如何在编写课程和教学规划时按照不同的教学意图来编写目的和目标。鉴于此，认清人类发展各个维度的不同教育目的就显得尤为重要了。

1.3.2 建立现实目的

如果要维持课程和教学的关系，课程的目的和目标的建立就必须与教学情境相契合。从某种意义上来说，如果所设置的课程目标很难实现，那么其引领的教学项目也难与其契合。在体育教育中，为项目选择一个现实目标并非易事。然而该领域在很多方面都对教育目的和目标有着潜在的意义。体育教育工作者可以利用主动学习和体育活动来为所有学习领域做出重要贡献，然而这样就难以界定我们的责任。拟订现实目标对许多项目来说都是一个重大问题。大多数体育教育者都希望能一举多得，然而，最终结果却是什么都做不成。举例来说，一份面向高中九年级学生的课程纲要中可能会包括以下几个目标：

①积极健身并坚持下去。

②学习多种运动技能以参与 6 种团队运动项目、4 种个人项目、体操和舞蹈。

③教会学生如何欣赏自己以及如何以一种积极的方式与他人交流。

④教会学生如何自主学习和解决问题。

⑤学习与身体活动相关的且能转移到新技能上的技能、态度和知识，同时鼓励学生终身参与体育锻炼。

如果这些九年级的学生一周上 2 次体育课的话，那么很显然，连第一个健身的目的也会因课堂时间的限制而达不到。如果将运动、体操和舞蹈的目标也平均分配在这一个学年的时间里，那么这个问题就更明显了。每一个运动项目所占的时间都少于两周。时间不够导致连最简单的既定目的都完不成。上述的课程目标是很有价值的，教师应当设置较高的目标。然而，课程设计者在考虑教学过程应达到其课程目标的同时，也应意识到在现有时间分配情况下，他们设定的目标是难以达到的。

若总想在一个项目中达到所有的这些目的，其结果往往是一个也达不到，这是因为学生需要足够的时间去经历每一种程度上的成功。任何项目的目的都必须与其现实所契合，这就意味着教师必须在这些各有价值的目的中做出取舍。

对九年级学生来说更现实的技能和健身目的可能包括以下几点：

①学生应在教师的指导下设计自己的健身目的，继而通过个人的健身项目于学年末完成。

②学生的能力应当达到能参与其选择的一项团队运动项目和一项个人运动项目的水平。

③学生应当能设计并安全地实施一项个人力量训练项目。

④学生应当参与一项定期的课外运动项目（起码为期 6 周）。

1.3.3 选择教学过程以实现目的

一旦教师对目的做出了选择并将之转换成具体的教学目标，他就必须选择出能达成具体目标的教学流程。上述对九年级学生进行体育教育的诸多目标中，最为清晰的便是教师需对学生学习经历进行规划，以满足学生既能参与健身活动又能参与课外体育活动的需求。教学经历和过程需刻意选择以满足具体的目标。虽说课堂上的偶然因素多于必然因素，但教学过程仍要经过事先设计以期达到预期的教学成果。如果对教师意欲完成之事置之不理，那么讨论什么是应当做的或者什么是好的教学指导都是白费力气。

有关教学过程特异性带来预期成果的最佳范例出现在健身领域。健身水平的提高往往需要满足以下 3 个条件：特定的运动量、运动时间和运动强度。不同的健身需求需要不同的锻炼类型与之对应（比如，力量、肌肉耐力、灵活性和心肺耐力等）。增强力量型的活动往往都不能提高灵活性。不同类型的健身活动不只要与锻炼类型相对应，还要与相应的肌肉群类型相契合。

包含运动技能目标学习的教学过程标准并不完全等同于健身活动的标准，但这一误解却开始出现在文献中。开放式技能（那些发生在变化环境中的技能，如篮球中的上篮）的学习过程与闭锁式技能（那些发生在较稳定环境中的技能，如射箭）不同。教授从一个技能向另一个技能进行学习迁移的过程不同于那些不需要迁移的。所有的运动技能的学习过程都需要考虑某些学习的预备知识，比如学生需要的信息量和信息类型、练习以及处于不同发展阶段学生所需的反馈。

在体育教育领域中所要达到情感和认知目标的过程和标准并不是笼统和一蹴而就的，也是像其他领域一样需要具体问题具体分析的。传统的体育教育工作者认为如果学习者参与到了创造性的经历中，那么创造性学习就随之而来了。学习者参与到与他人的社会交往中就是在锻炼积极的社会交往技能了；参与到团队运动中就是发展体育精神和自律能力了。教师已经逐渐意识到单纯的参与经历只是有可能为实现情感和认知目标做出贡献，而并不能完全保证就能实现这些目标。必须为特定的目标去设计和开发相应的学习经历："不教就学不到。"公平竞争、自主学习、解决问题的能力、积极的社会交往以及正面自我观念的培养等这些都需要具体的条件和过程。就像对其他种类的内容目的一样，应当对这些目的进行指定、计划、教授和评估。

1.3.4 经过过程达到目的

教师可以教授动作内容达到技能目的和目标。体育教育工作者通过为学生们提供精心策划和实施的亲身运动经历——篮球、跳跃、舞蹈或游泳，来向学生教授篮球、跳跃、舞蹈或游泳。培养学生的创造性、正面的自我观念、积极的社会交往、对活动的爱好或公平竞争意识，这对教育工作者来说是更为困难的事情。

有时教师会将课程的首要重心放在通过身体活动提升学生的协作能力和创造力上面。教师会制订一个完整的课程计划，以期利用体育教育内容去向学生传递道德价值观，以及使学生树立正面的自我观念。在更多的情况下，这些情感关切会在技能或健身技巧培养的同时进行教授。教师会选择一种与学生合作的方式推动课堂进程，这样一来，课堂的重点就不再只是强调技能学习了。这就是说即使教授的是最基础的篮球上篮技术（我们为更好地教授篮球上篮技术设计学习经历），教师该如何做才能在技能传授的基础上达到情感和认知目标。教师为教授篮球上篮动作而选择的教学过程会影响到学生对篮球、自身以及他人的看法；同时也会影响他们的篮球知识、独立工作的能力、创造性的思维以及解决问题的能力。如果仅仅教会上篮是唯一的目标，那么教学将很容易，起码会更容易一些。

教师的目的必须是兼容并包的。虽说没有哪个教师会有意使自己的教学给班级造成负面影响，但是在许多班级里，学生学习活动的情感和认知目的往往是被忽视的。教什么（内容）和怎么教（过程）之间的复杂关系影响着教师教学过程中的决策。两者相辅相成。教师所选教学过程往往能带来意想不到的效果。能干的教师往往会精心选择教学过程，因为他们知道这些过程可能成就他们各种目的的达成（图 1.3）。

图 1.3　培养学生对体育活动的热爱是体育教育项目的首要目标

很少有研究会将不同的教学过程与具体的情感和认知成果联系起来，这是因为要想对如此隐蔽和长期的教学成果进行衡量是非常困难的。然而，教师在评估自己全部教学成果的时候仍然要保持客观；这其中必然包括情感和认知目的。教师只有更好地认识到不同教学过程会为这些重要教学成果带来的不同影响这一事实，他们才能做出明智的教学决策，才能更为仔细地探究教学过程带来的教学成果。

1.4 认识教学过程

将教学当成一个过程来看待对于教学项目的成功设计和实施是很有帮助的；这一过程是由同时包含教师和学生在内的一系列紧密相连的事件构成的。如果现今有人问到当时的体育课上发生了什么，那么应当怎么描述当时老师和学生的所作所为呢？方框 1.3 就为我们展示了关于某高中班级的种种课堂表现的一个例子。你们当中的许多人都会发现这个例子与你们自己的经历是一样的。

方框 1.3

中学课堂示例

上课铃声响起。学生进入更衣室换好衣服，然后依次进入体育馆。

一部分学生还在场边闲聊；另一部分学生则已开始打球。

几分钟之后，教师让学生站队。每支队伍出一名同学点名并带领大家做准备活动，然后这名同学将队伍情况报告给教师。

教师要求学生注意并概述了当天的课堂内容。接着，教师向学生描述并示范新的技术。教师告知学生这一新技术的练习方法并让其到各自指定的区域练习。学生开始练习。

在学生练习期间，教师观察学生的练习情况并对个别同学进行单独指导；偶尔也会中断整个班级的练习进程进行再次示范。

教师制止个别闲逛捣乱的学生并令其认真练习。

待学生进行了充分的练习之后，教师命令学生集合并让学生进行搭对练习。

将多余的球清出；将同学进行两两组合；开始练习新的任务。

教师继续帮助学生练习——时而进行个别指导，时而面向全班示范。

并不是所有的体育课堂都与所举例子中的情况一致。然而，仍有许多体育课堂的某些方面与之类似。首先，“准备”和“结束”的例程通常会与当天的课堂相脱离。课堂在一种诚挚的氛围中开始和结束的次数是屈指可数的。其次，当教师布置给学生一项活动任务的时候，通常就会出现这样一系列事件循环往复的现象：学生执行任务，教师观察并试图提高学生的表现。最后，以下两种行为或事件经常会出现：在课堂教学中对教学环境进行安排和管理；直接依据课堂内容进行教学。在接下来的几页中，我们会对教学过程中的这些方面进行逐一的阐述。

1.4.1 课前及课后例程

在大多数的小学课堂中，课前及课后例程通常没有中学课堂中那么细致。小学生在课前一般不换衣服，点名也不是一件非做不可的事。课堂上也是直入主题。然而，在初中的课堂上，教师在正式上课之前需要完成一些准备工作，比如点名或者检查学生是否做好了上课准备。一般来说，教师在这段时间里也会做一些有关课后项目或事宜的通告。在某些情况下，诸如监督学生冲凉等职责被包含在了课后例程之中。课前及课后例程所占用的时间应当尽量缩短，毕竟这些时间都是整堂课的一部分。如果换衣服和冲凉都是必需的，那么就应当为这些事情分配必要的时间。但是如果这堂课不需要课前换衣服和课后冲凉的话，那么教师就可以缩短或者干脆不安排“更衣室时间”。在更衣室外为学生们准备更有吸引力的事也是减少他们花在更衣室里时间的另一种方式。

1.4.2 课堂活动任务与学生反应分析单元

从技术角度来说，体育教学从“准备”（课前）例程结束就算开始了。在“课堂导入”（教师告知学生今天这节课所要进行的内容和选择该内容的原因）结束之后，围绕“活动任务—学生反应”这一互动单元展开一系列清晰的活动。正如图 1.4 所示的那样，这些活动构成一个循环。

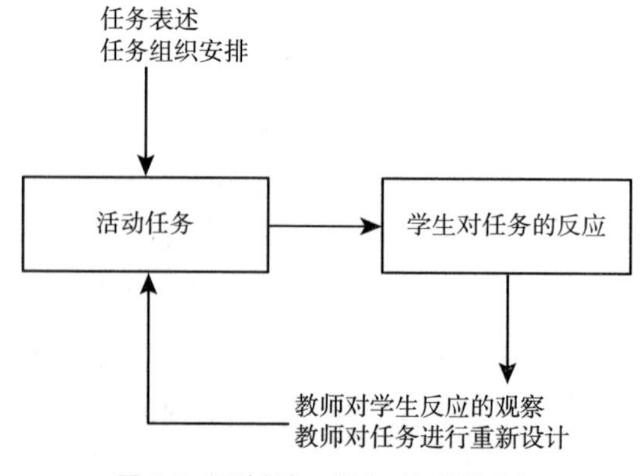

图 1.4　活动任务—学生对任务的反应

1.4.2.1 活动任务

体育教学活动过程的中心正是活动任务。活动任务指的是分配给学生的与课堂内容相关的运动活动。教师向学生下达的“自己进行排球练习直至可以在原地连续击球 3 次”就是这样一个活动任务。“我们分成 6 个小组来玩‘接龙游戏’，看看我们在仅用传球技术的情况下能让排球在空中坚持多久”也是一个活动任务。活动任务即是课堂内容，是由教师制定的学习活动，分显性（直接）和隐性（间接）两种形式。体育课应当有一位观察员旁听并确认“教师让学生做了什么”。如果一名老师很能干，那么在他的课堂上，学生应当能清晰明确地知悉他在什么时间该做什么事。

教师将活动任务设计成一个个连续的经历以达成学生们的目标。教师并不一定要直接传达有关活动任务的信息，虽说通常情况下都是如此。任务卡、同学传达或是媒体传达，抑或是三管齐下，都可以向学生们传达任务。

1.4.2.2 组织安排

在小组教学中，需要传达的不只是任务，有关任务练习安排的情况也必须予以传达。教师必须对人员、空间、时间（练习用）以及器材（需要的时候）进行组织安排。同时，教师还需要为这些组织安排设置规程——学生怎样拿到器材、小组怎样编排、学生练习所需的空间怎样分配等。这些都会在第 3 章中进行更深入探讨。

1.4.2.3 学生反应

当教师向学生传达“任务开始”的指令之后，学生按照任务安排进行练习。一旦学生开始对活动任务进行练习，教师的主要职责就是观察学生的表现并提供反馈，对个人和小组都是如此。在学生着手练习的初始阶段，教师应当观察环境是否安全，学生如何练习，以及学生是否对任务有正确的理解。然后，教师须对学生的反应进行评估，继而制订适宜的下一步教学计划。

许多教师在对学生的反应进行观察之后都会发现他们还需进行以下的工作：再次阐述和明确任务目标、处理组织或安全问题、激励学生，以及在学生的反应时间内维持他们对任务的专注度。课堂上，教师在对学生之前任务表现进行分析的基础上选择下一步教学内容。有时候，下一步的内容与之前的任务毫无瓜葛（比如从排球的传球变到发球），但在大多数情况下，最适宜的下一步内容是为学生们提供额外的信息以及为任务增添额外的侧重点，以帮助他们：①提升他们目前任务的表现；②提高任务的复杂性和难度；③评估在自我测试和竞争环境中的能力。如果为一项任务制订了新的侧重点，那么“活动任务—学生反应循环”就会重新开始。

这个过程被称为“内容开发”，第 5 章会对其进行探讨。

1.4.3 教学的功能

中学课堂示例中的每一项教学活动（方框 1.3）都可以依据其对活动任务的贡献（方框 1.4）进行描述。因为活动任务及与其相联系的教学活动（直接的和间接的）对教学过程来说都至关重要，许多教学技能都与这一单元的相互作用相关。我们可以依据教师行为在教—学过程中所体现出的功能对教学行为进行描述（方框 1.5）。

方框 1.4

教学活动对活动任务的贡献

教师行为

- 概述课堂内容
- 描述新技术
- 描述学生如何练习新技术
- 巡视学生
- 制止闲逛捣乱的学生

对任务的贡献

- 培养学生参与课堂活动任务的学习定势和学习动机
- 帮助学生对任务有一个清晰的认识并尽力去完成
- 安排任务环境（器材、空间和人员）
- 提供学生活动任务表现的信息并为提升学生表现提出建议
- 维持学生对任务的专注度

方框 1.5

教—学过程中的教师功能

明确结果：明确学习目的和目标

规划：设计适当的学习经历和任务并排成合理的顺序，以达成既定目标

表述任务：高效地陈述和传达任务，以使学生对教师让其做什么和鼓励其做什么有一个清晰的认识

组织和管理学习环境：安排和维持一个能在最大限度上激励学生进行任务练习的学习环境

监测学习环境：通过对学生的任务表现进行准确评估，反馈其表现情况

开发内容：依据学生对任务的反应进一步调整和完善任务

评估学生表现：判定学生的目标达成程度

评价：评价教学过程的效果

本书诸章节编排的首要依据便是教学功能的概念。许多章节设计的目的便是围绕这些功能中的某一个进行单独论述。“教学功能”是一个很有用的概念，因为它能让我们更为关注教学行为的意图而不是具体的行为。教师可以采用很多适当的方式高效地发挥教学的某个功能，然而我们并不能提前规定教师应该用哪种具体的方式。教师应当依据其教学意图、对学生的了解以及自身的技能和性格来决定如何进行课堂教学。虽说没法提前规定具体的行为，但这些教学标准的一般原则却是可以制定的（比如：一个好的任务表述能让学生明白任务的要求、练习的安排以及目的）。在具体的情境之中也可以制定相应的指导方针（比如：初学者在运动技能的学习中不能很好地利用特定的信息，那么为使其能完成任务，就须为之提供更为笼统和概述性的任务描述）。如能将指导方针和一般原则有针对性地运用在具体情境中，那么其应有的效果便能得到发挥。

当教师发挥教学功能的时候，他们会展现出特定行为并采取特定的方法。举例来说，一位教师可能会采用示范、阐释、任务卡、视频或其他媒体等方法来向学生表述任务。虽说无法规定每位教师表述任务时采用的具体行为和方法，但是却可以对教师在表述任务时所采用方法的效能和适宜性进行评价：教师对技术的描述和示范是否准确？任务的表述是否契合学生的年龄和能力水平？对

媒体的选择是否适当和准确？就具体行为的层面来说，指导方针的适宜性和效能是可以重建的。

总之，教师必须发挥特定的功能才能使教学更为有效。他们可以采取许多不同的方式来有效地发挥这些功能。我们可以评价教师发挥某项功能的充分程度；在某种程度上，我们还可以评价其选择的准确性和恰当性。教师依据自己的认识、信仰、特殊的个性、技能和兴趣来决定教什么和怎么教。本书编写的目的就是使教师更深刻地认识到那些可以令教师更恰当、更高效地发挥其自身功能的因素（以及需要考虑的标准）。

1.4.4 管理行为和内容行为

刚刚提到的那些教师功能都与课堂内容直接相关，还有另一些功能则是为了安排和维持一个学习课堂内容的环境。处理与课堂内容直接相关事宜的行为被称为内容行为；安排和维持学习环境的行为则被称为管理行为。

内容行为直接影响活动任务；管理行为则只是通过创造学习环境间接地促进任务学习。方框 1.6 中的内容便是内容行为和管理行为的示例，我们还是以前文方框 1.3 中的中学课堂为例。

方框 1.6

内容行为和管理行为

内容行为

- 教师表述如何完成任务
- 学生参与任务
- 教师帮助学习完成任务
- 教师对原任务进行调整和发展

管理行为

- 教师在任务开始之前告知学生其对器材、人员和空间的安排
- 学生拿到器材并自主寻找搭档两两组合
- 教师制止闲逛捣乱的学生

内容行为与体育课堂的精髓——课堂内容直接相关；同时直接有助于实现预期的课堂成果，因而非常重要。如果课堂内容是“侧手翻”，那么教师首先要告诉同学“什么是侧手翻”，接着指挥学生进行与侧手翻相关的练习任务，告知他们如何完成侧手翻，并且为同学更好地完成动作提出建议。

管理行为与下列两个问题息息相关：实施和组织。教师在构建、指挥和强化学生适当行为的时候需要“管理”，比如令其轮流练习、遵照指令、帮助同学等。教师在构建、指挥和强化活动任务所需人员、时间、空间和器材安排的时候也需要“管理”。管理分为两种形式：一种是处理学生的行为，另一种是处理班级的组织安排。教师所说的“走，不要跑”或者“你今天表现很努力”就是对行为的处理；而当教师说“拿上你的球拍去球场”或是“大家都停下来”的时候，则是对班级的组织进行处理。

管理行为因其能创造学习环境而至关重要。教师希望能有一个有助于课堂内容学习的环境。教师也希望能有这样一个环境：在这个环境下，学生能用一种更为积极的态度对待自己、他人以及课堂内容。如果环境无益于实现课堂的短期和长期目的，那么无论教师有多么擅长选择、阐释任务或是提供适当的反馈，仍旧是白费力气。

指导与内容相关的学习经历、建立和维持学习环境（两者都是为了学生能成功取得预期的课堂成果）是教师在教学过程中肩负的两大最重要功能。

1.5 教学中的价值定位和理念

本章的第 1 部分介绍了许多与教学过程相关的理念，对这些理念的阐发会贯穿整本书。你将会迈出你成为专业教师的第一步。

1.5.1 教学理念

不同的教师有不同的教学理念，这些理念会影响他们的教学方式。教学理念通常起源于心理学和哲学中的学习理论，并与适宜学校教授以及适宜人们学习的最佳内容息息相关。对这些学习理论和教学方法论来龙去脉的阐述会贯穿整本书，尤其是第 2 章会对其进行详述。虽说国家、州和地方相关部门出台的标准都会指导教学项目的目标制定，但作为一名体育教师，你仍须自主决定如何将教学项目的份额分配给以下几项教学内容：较高层次的思维技能教学、个人的交流能力教学、健身教学以及运动技能教学。同时，你还须明确你的教学工作究竟是授之以鱼（通过上课让学生进行身体锻炼）还是授之以渔（教会学生自主锻炼的技能），抑或是两者兼备。这些以及其他的许多决定都与一个理念直接相关，那就是“究竟什么才是学校最应教授的内容”。这些决定大多被划归到课程决策的范畴之中，但是它们仍与学习理论以及你脑海中适宜人们学习的最佳内容相关。理念之间持续不断的冲突才是这些教学观点的内在本质：究竟是把教学过程当成是教师主导下的操纵过程，还是更强调教学的“以学生为中心”取向。研究并没有证明这两种观点一定是非此即彼，因为这个问题的关键在于教育的长期成果和教师的价值观。

对立意识形态的存在常常有利于理论的探讨，但又往往会给实际的行动带来负面影响。教师在实际的操作中有着多种多样的目的，针对不同的学生往往需要采取不同的方法。大部分教师都会发现他们在不同时期会使用出自不同理论的教程。然而，重要的是教师所选择的教程是否有助于实现长期和短期的教学目的。

有时候，对立的理论立场会使教师难以逾越“我相信”这一阶段。信念对行为决策非常重要，然而，被经验所蒙蔽的信念往往会对进步形成阻碍。教师须注意切不可依仗某些理念固守自己的作为（采取的过程），而且如果反证已然呈现就必须果断舍弃自己那些无用的信念。

1.5.2 教师的个人特质

每位教师都是一个单独的个体，都有着他/她自己的能力、个性特点和好恶。那些在自己经历中被人们当成是好教师的教育工作者都与众不同。有的安静含蓄，有的则激情四射；有的情绪展露无遗，有的则喜怒不形于色。

个性和教师的个人特质会影响其发挥教学功能的方式。优质的教学有一个共同的特点：那就是优秀的教师会按照与教学目的、学生特点以及教学环境相契合的方式来发挥教学的功能。一般来说，为了完成指定的任务，学生需要准确和适用的信息。有的教师让学生来示范，有的教师则亲自示范；有的教师在表述任务时草草了事，有的教师则借助多媒体或口头描述清晰表达。究竟该选择何种方式向学生传达信息并不重要，重要的是信息是否适用、是否准确，或者沟通是否有效。

在激励学生方面，不同的教师也会选择不同的方式。有的教师会为活动的气氛赋诗一首，有的则会播放有关最新成果的短片，有的教师在教学过程中流露出对所教内容的热爱，这种热情便能感染学生。无论教师选择何种方式来激励他/她的学生，只要学生学习的热情被点燃了，那么教师的目的也就达到了。

只要不出要求的教学功能结构范围，教师就可以随意发挥。然而，下面这些话教师却不能说："我可以不去激励学生""我可以不为学生提供反馈""我不想花时间表述清楚"或是"我不要创设一个高效的学习环境"。也许很多教师都能忍受学生开小差或在体育馆内大声喧哗的行为，但要注意的是，成功的学习行为往往不会发生在这样的环境之中。方框 1.5 所表述的诸个教学功能是达到成功学习目标的最低结构限度。

只要是在这些功能的结构范畴之内，教师便可以依据个人爱好自由发挥（比如对某个特殊学习方法的偏爱），然而前提是这些爱好有利于教育目的的实现，即成功的学习。教学功能的高效发挥并不是随意便可达到的。这些功能对于成功的学习来说都是必需的，不能因个人原因而置之不理。无论教师选择何种教学定位或是展露何种个性以促进学习过程，对课堂技能、情感和认知目的的注重都有利于教师依据学生和情境选择适当的教学技巧。

本书接下来的几个章节将充分探讨前文所述的各教师功能。我们会依据学习过程中各个功能须得到发挥的紧要程度制定相应的标准。

1.6 总结

（1）专业职业的从业人员被公众授予特权并需对公众负责；普通职业的从业人员则没有这些特权。

（2）那些表现专业的教师都受到过良好的技能训练，而且作为持续学习者的他们，始终在自己领域内保持先进；他们矢志于进步，同时以一名反思型教师的身份追求自己技能的不断发展。

（3）教的目的是学。

（4）教学要以课程目的为导向。

（5）在以下 3 个学习领域都需要拟定目的和目标：技能领域、认知领域和情感领域。

（6）目的的有效性要以现实性为基础。

（7）为达成特定的教学目的和目标，需对教学过程进行选择——不同的教学意图应当匹配不同的教学过程。

（8）决定教学成果的因素不只有“教什么”（内容），还应该包括“怎么教”的过程。

（9）好的学习经历需符合以下 4 个标准：

①有提高学生运动表现 / 活动技能的可能。

②能为所有具有一定能力水平的学生提供最长的活动或练习时间。

③适于任何经验层级的学生。

④在可能的情况下，可以兼顾技能、认知和情感 3 个领域的教育目的。

（10）体育课堂应围绕“活动任务—学生反应”这一互动单元开展。

（11）在大型集体教学中有两种事宜——内容行为和管理行为。与课堂内容直接相关的被称为内容行为。管理行为则是指安排和维持学习环境。

（12）体育教学环境中教师所应发挥的教学功能。包括：明确结果，规划，表述任务，组织和管理学习环境，监测学习环境，内容开发，评价。

1.7 课后自测

（1）专业的行业有哪些特征？

（2）对待专业行业从业人员的方式与对待普通行业从业人员的方式有什么区别？

（3）何谓教学是一种目的取向活动？

（4）明确体育教育的国家标准。教育的成果或目的通常划分为几个类别？分别举例说明。

（5）何谓“目的需要现实一点”？

（6）为什么教师选择使用的教学过程对教学内容来说那么重要？教师需为教学过程做出哪些选择？

（7）为什么说“活动任务—学生反应”这一分析单元在体育教育中如此

重要？

（8）管理行为和内容行为的区别是什么？以教师的行为为例，每种行为列举3个。

（9）教学功能和教学技能之间的关系是什么？列出两种教师必须发挥的教学功能，并且详细叙述教师在发挥该功能时做出的行为，二选一即可。

（10）教师的价值定位和理念在教师教学（“教什么”和“怎么教”）之中扮演何种角色？

（11）教师的个性在教学中扮演何种角色？

（12）教学工作与其他工作有什么区别？

参考文献

NASPE. *Moving into the future: National standards for physical education* (2nd ed.). Reston，VA: NASPE，2004.

影响学习的因素

概 述

体育教育项目应当为一种积极锻炼生活方式的养成做出巨大贡献。本领域的这一巨大贡献即是为能终身参与体育活动培养所需的运动技能。在为学生习得运动技能而设计教育经历时，教师必须懂得学习的本质以及影响学习的诸多因素。虽说还没有（或者缺乏）一套综合的理论能对所有情境中的学习进行预言或解释，但仍有一些信息能在与学生协作、共同朝着学习目的迈进的过程中为教育者提供直接的指导。学习的一般原则应依照学习者的不同特质、教学环境以及教学内容进行调整。

本章讨论的内容是与以下三者相关的诸多因素：学习的本质与过程、教学内容的特点以及学习者的特质。相关概念已被选定，皆因其对体育教育中的教—学过程而言必不可少。大多数普通教育课程都关注一般学习原则并强调认知学习。因此，本章尤为强调运动技能的学习。

▶ 标准 1：科学和理论知识

体育教师候选人对学科具体科学理论概念的了解和应用是体育教育接受者发展的关键。

——《新任教师教学标准》（NASPE，2008）

2.1 运动技能与体育活动之间的关系

美国的肥胖危机促使体育教育者更认真地考虑如何帮助民众在其整个人生中都维持高水平的身体活动，以及如何为儿童和青少年提供能满足需要的日常身体活动。在大多数的体育教育项目中，运动技能的习得一直都是一项主要目的。近来的研究为以下观点提供了支持：运动技能是促进身体活动参与的首要机制（Stodden 等，2008）。

已经在基本运动模式中建立或正在建立运动技能的幼儿可能会更积极地进行锻炼，并不断寻找兼顾身体活动参与和运动技能提升的机会。经历是儿童基本运动技能获得的首要渠道。他们的城市、家庭、环境以及社会经济状况都对儿童入学率有着影响，继而影响到其终生体育所需基本运动技能的获取。学校中的体育教育项目是影响儿童获取运动技能的主要因素。由于许多儿童对基本运动模式中运动技能的获取远远不够，因此成年后的他们也无法成为有“运动”能力的人，这也直接或间接地影响了他们身体活动的水平。在小学中学习的基本运动技能构成了中学时期学习更专业技能的基础。青少年对体育相关活动的参与是体现成年人身体活动水平的良好指标。

虽然 7 岁以下的儿童对其自身运动能力没有精确的认知，但儿童（和成人）对其自身运动能力的认知却与其参与的意愿息息相关。一旦儿童察觉到他们缺乏运动能力，其对身体活动的参与意愿也会随之下降。在察觉到的能力和真实的能力之间存在一个双向关系。如果你未察觉到自己的能力，那么你便不愿意参与；如果你不参与，那么你可能越来越不能胜任。当儿童渐渐长大，身体活动中能力和参与的关系也会越来越紧密。虽然我们不能精确地知晓维持终身体育所需的技能水平，然而我们也能推测出并不需要达到运动员的标准；体育课堂上的所有学生，在良好的指导之下都能达到维持终身体育锻炼的足够运动技能水平。

2.2 什么是学习?

学习的过程包括习得、参与、吸收和新事物的融合。学习通常被认为是经验、训练以及与生物过程的相互作用而导致的一种行为相应地永久改变。教师在指导学习过程和评估学习行为时所面临的一个问题就是“学习”无法被直接观察，只能从一个人的行为或表现中进行推断。表现是可供观察的，然而学习却不能。这就为教师们设置了难度：因为有时候学生习得了却不依照其所学进行表现；未习得却表现得好似习得一样。举例来说，某个学生能在你观察他/她的时候展示出某项运动技能，然而他/她却不能在任何连续的情况下保持这一动作的一致性。与此类似，某个学生已经习得了某项技能，却疲惫不堪且不能展示出这一运动技能。这就是“持续观察表现”这一理念在决定学习是否发生中如此重要的原因。如果学生不能持续地展示出某一能力，就认为他们可能还未习得该技能。

在教师尝试为学生设计学习经历、继而对学生是否习得进行评估的时候，还面临着另一个与学习相关的主要问题。那就是：或许学生能够确定书面考试的规则，但却不能将之运用到游戏之中。或许他们能够在技能考试的时候展示出某项运动技能，但却不能将之运用到游戏的情境之中。另外，或许他们能够将某项技能运用到游戏之中，但却不能在考试的情境中熟练地展示出这项技能。或许学生能告诉你为何以及如何过一种积极进行身体活动的生活方式，但他们自己却不能引领这一生活方式。为了解释这一现象，教育者谈到了学习的不同水平。在低水平层面（训练表现）上发生的学习可能不能用于那些需要较高水平（游戏表现）学习的情境。或许学生知道过一种积极进行身体活动的生活方式的重要性，然而他们却选择不去践行这种生活方式。在本文中你将学习如何划分你所教内容的不同学习水平，以及如何为从低到高不同学习水平的学习者设计引领其学习的经历。你所设计出的经历将提供一个更好的机会去影响学生的行为。

2.3 人们如何学习运动技能？

虽说体育教师可以向儿童教授许多认知理念和技能，还能为他们养成相关标准（全美运动和体育协会，2004 年）中所描述的那种态度和价值观做出巨大贡献；但教授运动技能以使他们形成一种积极的生活方式，仍是我们这一领域所独有的贡献。许多理念对于所有类型的学习来说都是具有普适性的，不管是运动技能学习、认知学习，抑或是态度和价值观学习，然而本章首要的关注点还是人们对运动技能的学习。

2.3.1 运动技能学习的特点

（1）运动技能可以通过许多途径习得。某些技能是发展性技能，比如走路，是儿童的成熟准备和促进其发展的环境条件共同作用的结果。当儿童到了上学的年纪，他们中的大部分都能在不借助体育教师帮助的情况下完成许多基本运动技能。小学体育教育项目的主要任务就是帮助孩子继续发展这些技能。而那些更专业的技能，比如运动技能或是基本运动模式的技巧性运用（例如赛跑比赛和接球），则更多的是学习的结果。

（2）学习可以独立于影响其发生的目的。也就是说，教师对学习的发生来说可有可无。学生可以在无指导的环境下学习做许多事情，包括开发更高级的运动技能。他们学习的方式包括与所在环境的互相作用、尝试、模仿所见他人的做法等。但许多儿童在尚未充分发展基本运动技能的情况下就长大成人，然而这些基本运动技能却又是形成积极生活方式所必不可少的。大部分的儿童还是需要在有指导的情况下才能充分开发他们的运动技能天赋。为了一个特定的目的，在特定的方向上影响学习，这便是指导。

（3）有效的运动技能指导可以有多种形式。在大部分人眼中，指导就是一个“讲”的过程。教师向学生们讲解并示范如何去做某件事情，学生们则尝试着去做。有关“直接指导”的内容，在作为教学导入章节的第 1 章中就已有所提及，而且如何对运动技能学习进行直接指导的内容也已有所表述。教师还有许多非直接指导的学习方法可以帮助学生学习运动技能。这些方法中的一部分鼓励学生创造和发现适当的响应（对策）来代替对教师所选方法的复制。近来却非最新的一个重点强调了环境设计的重要性。这就意味着教师可以通过为展示技能设计环境来激发学生的运动反应。如果学生准备就绪，他们就能对这些任务场景有一个有效的响应。教师并不一定要对完成动作的确切方式进行分析。教师在垫子或地板上为将要跳跃的人设置一个目标区便是鼓励他们完成特定的动作，而不需要就这一动作喋喋不休。教师抬升排球的网便是鼓励学生。教师为特定的学生选择适合的装备便是运用了环境设计（图 2.1）。

将环境设计的方法运用于技能学习需要教师对任务条件和要求都有一个良

图 2.1　环境设计可以激发学生的反应

好的把握，只有这样，他或她才能针对不同的学习者创设合适的条件。以这种方式学习的学生并不一定能在意识层面加工处理他们正在做的事情。运动反应是一种协同反应，协同双方是一个动态系统的内部条件（学习者的能力）和外部条件（环境）。

2.3.2 体育教育相关学习理论

虽说运动技能学习有许多独有的方面和方法，但其中的大部分仍符合一般的学习理论。体育教育的学习可与以下学习理论相近：行为者模型、信息加工模型或是认知策略模型。不同模型看待学习过程的观点各不相同，因此其拥护者的教学方法也彼此相异。

（1）行为者模型倾向于认为：学习强调的是外部环境在塑造行为过程中的作用。其关注的焦点是学习者可观察的行为。行为主义者建议教师树立良好行为的典型，并通过奖励和积极加强期望反应的方式塑造出预期行为。为使学生更易于掌握，学习内容通常被分解成小块的形式，有难度的材料也是依据学生的成功程度逐步增多。在你的学生生涯或运动员生涯中，你所学习的大部分正式运动技能可能都是由教师或教练传授，他们在教授你的过程中多多少少都会从行为主义者的角度使其教学工作更契合于你。

（2）信息加工模型强调学习者内部认知加工能力的重要性。持此观点的人研究学习者如何选择、使用、解释和储存信息。同时，信息加工理论还试图了解学习者在学习过程成功的不同阶段所需的信息量和信息种类。信息加工理论建议教师向学习者呈现所有信息，这样一来，学习者就能致力于重要理念的研究并从中发掘出意义所在，同时可以总结出通过有用的方法学到了什么。有关学习者信息处理方式的知识能帮助教师和教练选择出适宜的线索，并为其反馈设计工作提供帮助。

（3）认知策略模型关于学习的观点更具整体性：研究人们如何解决问题、如何创造、如何学习“如何学习”以及如何应用所学知识是他们的主要兴趣点。教学的认知策略方法强调教学的问题解决、环境方法以及对话方式。

现今的课堂教学策略强调建构主义者的观点，即关注学习者在调和教学指导和从学习经历中建构个人意义两者关系中的作用。建构主义者认为，学生通过将过去的经历同对新材料的理解，以及所参与的颇具创造性、以目的为导向解决问题的经历结合起来，共同构建他们对所学事物的理解。社会文化建构主义者认为“知识是社会建构的产物”，因此教育者应当强调学习者的社会互动和教学的合作学习倾向。

在体育教育中，教学策略即由行为者或信息加工模型派生而来的方法指导，通常指的都是“直接指导模式”。然而，更为间接的指导策略同样运用了某些学习原理，只不过这些原理根植于认知策略中已完成的工作。

本文的重点是通过直接和间接指导的方式促进学习、帮助学生。有时，教师想要学生解决学习迁移和高层次学习（诸如解决问题能力的发展）的问题。有时，教师谨小慎微，致力于使学习过程对学习者更具意义。在这些情况下，教师会基于从认知策略得来、有关如何促进这类学习的观点选择相应的指导方法。又有时，教师会想通过直接指导来让学生用最有效的方式掌握一项运动技能。那么，富于技巧的教师会依据其想要学生学习的内容和学习者的特点选择一种适当的方法。在第 8 章中，将对这些方法进行更为详细的叙述。

2.4 了解对动作的控制

动力系统理论是解释动作反应问题的较流行理论之一。这一理论与教师尤为相关。在这一理论中，动作被视为我们应对不同情况和需求时的一种复杂反应。对某种反应的选择受生物限制、环境限制和任务限制的约束。生物限制包括学习者的成熟水平和体能两个方面。环境限制包括诸如物质环境在内的若干因素（例如天气条件和社会环境）。任务限制包括以下因素：游戏规则、边界、器材以及学生对任务的期许等（Haywood & Getchell，2005）。从教学的角度来说，这一理论解释了以下几个现象：

①为何篮球学习中，没有力量进行单手罚球的幼儿会选择用双手低手的方式进行罚球？

②为何被要求用过肩投掷方式传球给同伴的学生，会在短距离传球中选择将球抛给同伴？

③为何当高中生处于畏惧同学批评的环境中时会不发挥全力？

教师要学习如何辨别并巧妙地处理这些限制，以使其教学能产生良好的动作反应。

2.5 运动技能学习的不同阶段

2.5.1 3 个阶段

关于个体运动技能学习有效方式的理论是由 Fitts 和 Posner 在 1967 年提出的，而且到今天仍然适用。依据他们的理论，个体要经历 3 个不同的阶段才能学会一个技术动作（方框 2.1）。

方框 2.1

动作学习的不同阶段

认知阶段

- 学习者利用有关技能完成的信息来为一项动作技能订立一个动作计划
- 在学习者不断追随技能整体思路并依照次序完成动作的过程中，其大部分的思维过程伴随其中
- 对技能完成的高度注意是学生反应的特点。学习者不能只注重动作的细节或是只学习特定环境下的特定动作

联想阶段

- 学习者一开始可以专注于技能的时序安排和精巧的力学原理

续

- 大多数复杂技能的学习都需要学习者在这一阶段花费大量的时间。在这一阶段，学习者因反馈而收获颇丰，并逐渐能应付环境的外部需求，同时，学习者无须在动作表现的每一方面都投入注意力

自动化阶段

- 技能完成的自动化是动作学习的目的。在这一阶段，学习者无须将认知注意给予动作本身。动作表现连贯并能契合环境要求，比如，如何安排开放性运动技能中球与防守者的位置

来源：P M Fitts，M I Posner. *Human Performance*. Brooks/Cole Publishing，Belmont，CA，1967.

2.5.1.1 认知阶段

这是因为在这一阶段学习者着重关注的是动作完成的流程。在这一阶段，示范对学习者来说尤为有用。初学者会被全面地观察，以确定他们是否将注意力高度集中于示范之上；或是在厘清完成某个动作所需要件的时候是否对周围发生的事情全然不知。在这一初级阶段，学习者注重的是学习技能的一般原理和次序。学习者对这一阶段学习的反应是多种多样的，但动作表现中不断修正错误是其共有的特点。

2.5.1.2 联想阶段

在这一阶段，学习者会将其注意力更多地集中于技能的动态变化层面：掌握技能的时序并整合技能的各个组成动作，使动作流畅准确。在这一阶段，学习者往往会发现他们关注更多的是技能的不同组成部分，比如网球正拍中的引拍动作或是篮球跳投中手的位置。

2.5.1.3 自动化阶段

这时，学习就无须再去关注技能本身。动作过程已被移交给大脑的低级中枢进行处理，也就是说个体可以将注意力转移到其他的事情上。动作反应不再

需要用到学习者的注意力。成年人的许多动作都处于自动化的阶段。许多人都可以骑自行车、投篮、跑步、发排球等而不需要思考究竟是身体的哪一部分参与或是如何参与。技能娴熟的篮球运动员无须思考如何上篮；他们所要考虑的是如何避开防守队员。

2.5.2 阶段理论的意义

动作技能学习的阶段理论对进行动作技能教学的教师来说非常重要，这一理论应当是其知识库中不可缺少的部分。

第一，它之所以重要是因为它警示了教师这样一个理念：认知学习中较高层次运作可以提高认知加工能力，然而动作技能习得中的较高层次的学习却会降低认知加工能力。运动技能学习的目标并不是使学生仅仅关注他们的反应。已经习得动作技能高层次能力的学生就无须再想动作该如何完成。如果学生不能越过这一学习过程的初始阶段，他们便不能将注意力集中于周围发生的事情上，这也就是为什么学生在简单环境中练就的技能到了更复杂环境（比如游戏）中却发挥不出的原因。说明技能还没有达到自动化的阶段。

第二，运动技能习得的阶段理论之所以重要是因为它能帮助教师明确学生在不同阶段的不同需求。了解学生需求的教师可以更好地阐释学生的反应，并能借助对指导过程的精心选择满足不同学生的独特需求。

如果你要向处于认知阶段的学生直接传授某项技能的话，那么你已经知道他们需要对其所学事物有一个明确的概念。同时，他们高度依赖认知，因此：

①你必须将给予他们的信息量大幅压缩，仅余能使其开始学习的要点即可。

②你需对动作模式进行排序。

虽说可能性不大，但仍需在可能的情况下向初学者传授技能的整体概念；同时，如果在接下来的联想阶段还要对技能的每个部分都进行卓有成效的练习，那么在本阶段应当进行整体性练习。能提供精准示范和清晰语言线索的教师，便能帮助学生组织起对某项技能的初步尝试。

当初学者习得的动作模式具备一定的稳定性并进入联想阶段的时候，他们便更能利用教师传递的额外信息对所学习动作的各个方面进行校准和协调。对时机、速度、力度、方向、跟进动作以及手的摆放位置等方面的刻画也更有意

义。对于更复杂的技能来说，学习者通常会在这一阶段停留很长时间，甚至在其具备了相当的技能水平之后仍会退回到这一阶段。处于联想阶段的学生可以致力于技能某一方面或某一部分的学习，同时他们仍能在不投入大量注意力的情况下完成技能的其他部分。而且，处于这一阶段的学生可以开始将其注意力放在技能之外的事物上，因此教师便可以开始逐渐提升练习条件的复杂程度，比如，加入其他的技能、参与者或是练习的规则等。练习者需要大量的练习才能突破本阶段。教师可以通过以下两种方式促进学生练习：引导学生将其注意力集中于技能的重点上来或是为学生动作的改进提供反馈。

处于动作技能学习自动化阶段的学生已无须关注动作本身。学习者可以将精力放在别的方面，例如运动中的进攻和防守问题、高尔夫或是箭术中的标靶问题，又或者是舞蹈中的动作美感问题等。这时的学习者对动作已经十分娴熟。

2.6 学习运动技能的若干要求

如果你要尝试向某人直接传授一项运动技能，那么你必须特别注意“学习这项技能需要什么”这类理念。大部分的这类理念看似常识一般，但在实践中却又是另外一回事，对于教师来说并不像它们看起来的那样容易。方框 2.2 概括了这些要求，下文也将对这些要求进行讨论。

方框 2.2

学习某项运动技能的若干要求

先决条件

- 先决运动能力
- 先决体能
- 进阶预备条件

对教师的启示：进行任务分析以确定技能的先决条件。

明确任务

- 学生依据其对任务完成的认知理解完成任务

续

对教师的启示：教师应当遵循有关任务和先决条件的清晰概念；确保学生能从与你的交流中形成对运动程序的精确认知。

技能学习中有关动机 / 注意力的处置

对教师的启示：消除重复练习；设计能抓住学生注意力的任务；要求学生专注于当前任务。

练习

对教师的启示：正因为练习既能帮助学生利用"如何完成技能"的相关信息，还能提升学生运动表现的稳定性，因此，对学生来说是非常必要的。

反馈

对教师的启示：教师通过反馈可以帮助学生了解技能内在的结果与表现，并能在持续的练习中维持学生注意力和积极性。

2.6.1 先决条件

对于你要教授的学习运动技能的学生来说，他们必须具备学习那项技能的先决条件。运动技能的先决条件通常包括已经掌握的一些较为简单的相关技能或能力。先决条件通常也包括拥有学习该项技能的体能，对于幼儿来说，可能指的仅仅是一项较为成熟的能力或是诸如体力、灵活性一类的简单能力。然而，正因为教师也常常无法明确进行某一技能学习所需的先决能力，因此，教师就必须对某项技能做一次任务分析，并对某位学生无法完成某项技能的原因进行长期的研判。 学生无法接到高处过来的球是因为他们的眼睛并未成熟到可以对球的运行轨迹进行视觉追踪的地步；学不会网球发球的学生，可能无论在什么项目中都不会使用"过肩投掷"这一动作模式；排球发球过不了网或是无法完成"杠上回环"这一体操动作的学生可能是因为没有体力。在这些情况下，练习只会引发挫败感，这是因为个体尚不具备完成该项技能所需的能力，而与练习量无关。学生不应被置于无法成功的情境之下（图 2.2）。

图 2.2 这 3 位学生分别处于“抓住投来的大球”任务的 3 个不同发展阶段

2.6.2 明确任务

如果学生拥有了学习某种技能的先决条件，那么下一个应当关注的问题便是他们是否对其所学事物有一个清晰的概念。在技能学习领域出现的大多数问题，其原因往往是因为学生在实际操作中对其要做事情的相关信息了解错误或了解不全面。身体可以完成技能，然而大脑却没有给予身体正确的指令。大脑给予身体、用于执行某种反应的指令被称为动作程序或是技能的执行方案。动作程序指的是对某种动作模式的记忆再现，十分抽象；通常不包括由某组特定肌肉和肢体完成的某个特定动作；一般都由一系列的反应构成。举例来说，你具备书写的动作程序。因此，当你手中握有书写工具（比如钢笔或是铅笔）的时候，这一动作程序便得以施展。不管怎样，即使你用脚在沙子上写出自己的名字，你仍然能认出你所写的东西。

动作程序是一个非常重要的概念，这是因为它高度强调了认知在运动技能领域中的地位。学生在动作程序或解释动作程序中遇到的问题占据了其整个运动技能学习领域中问题的大多数。良好的指导、准确的示范以及对向学生所传授信息的审慎选择都可以帮助学生建立精准的动作程序。

2.6.3 技能学习中有关动机 / 注意力的处置

如果学生想要学习运动技能，那么他们就必须积极参与到学习过程中去。积极性能够促进学生的学习，通常包含对某种特殊行为的一种心理倾向。就学习是一种活动进程来说，积极性是学习中非常重要的一方面。个体必须积极参与到进程之中，学习行为才会发生。然而为了做到这一点，学生还须在某些方面找到学习的意义。学生对所学事物的积极应对是学习的重要组成部分。虽说在学生对学习某项技能并非那么热衷的情况下，可以通过情境的设计来迫使学生对所学事物进行积极应对；然而，若是学生对学习充满积极性，那么，设计能使学生对所学事物积极应对的情境也会变得容易。

积极应对这一概念与运动技能习得的认知方面直接相关。在学生对其所学事物进行积极应对的过程中，动作计划也会得到发展和改进。教师力图使学生注意到技能的重点，并将其注意力引导至关键方面。教师对练习环境的设计将有利于学生更专注于其所学事物。以相同方式对同一动作进行的重复性练习最终会导致学生对其所学事物不再热衷，也会降低其学习的潜力。成功在激励学生或是维持其学习注意力方面也扮演者重要角色。成功的缺乏通常会打击学生的积极性，降低其对于任务的专注度，并因此削弱其学习潜力。

2.6.4 练习

当你学习了某项认知事实，比如“某个国家的首都是哪里”，那么可能的情况会是这样：如果你连续 10 天每天都对这个事实做一次测验，那么你一定能百分百准确地复述这条知识。然而，在你学习了如何进行篮球罚球之后，情况则可能是这样：即使你连续 10 天每天都进行 10 次罚球练习，你也不太可能百分百地再现这项技能。这是因为运动技能的学习就如同动作程序一样，对肌肉群来说越是不具有特殊性的动作程序，越是能更容易地适用于不同情境；不同的肌肉群协作完成某项技能也是这个道理。但是正因为学习动作程序并不像学习针对特定肌肉群的特定指令那样，因此人类动作表现是不一致且多变的。运动技能的练习对动作程序的进步与完善至关重要，同时练习还能增强动作的一致性。设计练习的目的是使处理动作信息更为便捷，并帮助学生进入运动技能学习的自动化阶段。练习增强了动作表现的稳定性。更具体的练习指导方针将在本章接下来、有关练习的部分中予以阐述。

2.6.5 反馈

动作学习的专家经常会提到学习过程中反馈的重要作用。反馈指的是学生所收到、有关其表现的信息。反馈被描述为结果知识和表现知识。结果知识通常与动作的结果信息相关，比如球是否进框。表现知识则通常是指学生在动作的执行过程中所收到的信息，动作感觉如何，或是动作的形态特征。学生可以通过感官信息（听觉、视觉或是动觉），从内部或是通过他人给予的信息从外部获取结果知识和表现知识。他们可以听到结果、看到结果或是感觉到动作。他们还可以从外部源头（教师或是观察者）获取这类信息。图 2.3 描述的是不同类型结果知识和表现知识对学生的影响。学生正确完成技能并实现动作目的是最令人满意的结果。令学生感到沮丧的情况则是：他们认为自己已经正确完成技能，却未实现动作目的。如果学生实现了动作目的却没能正确完成技能，那么在这种情况下，鼓励学生正确完成技能则是教师的一大难题。

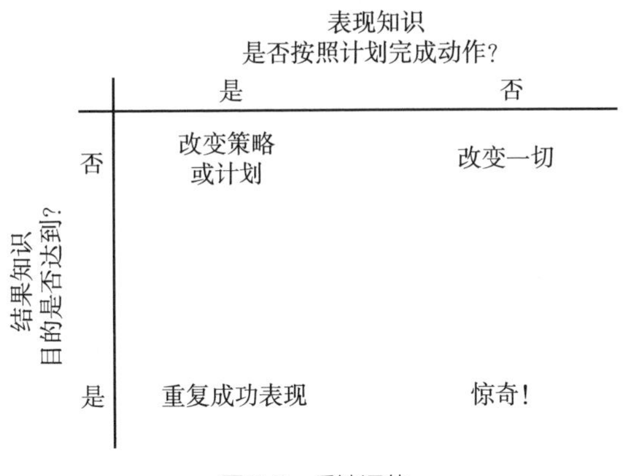

图 2.3　反馈评估

教师的外部反馈被认为是错误检测之源，同时也是学生的补强和动力之源。但我们也要承认这样一个事实：在教学情境，尤其是大型群体教学中，在错误检测方面给予学生的个体反馈，其作用没有反馈在监测群体教学以维持学习动力和强化任务专注度上发挥的作用那么重要。在分组学习中，尽管作为教一学过程一部分的反馈受到重视，但其在错误检测方面的作用并未得到广泛认可。本书的第 7 章会将反馈作为指导过程的一部分进行讨论。

2.7 运动技能目的的性质

教师向某个班级教授某项运动技能的目的，在很大程度上取决于该运动技能的类型。依据不同的标准，动作技能被划分为若干相对应的两部分，比如精准运动技能和粗糙运动技能、简单运动技能和复杂运动技能、基础运动技能和专门运动技能、独立运动技能和系列 / 连续运动技能、自调节式运动技能和外调节式运动技能、开放式运动技能和闭锁式运动技能等。这些不同的特点也影响了教学内容和教学方式。本部分便阐述了这其中的部分特点。

2. 7. 1 开放式技能和闭锁式技能

据 Fitts（1962）所述，依据其自调节和外调节的性质，技能可被列在一个闭联集中。自调节式运动技能，诸如跳水、高尔夫球挥杆、体操动作、箭术射击等，在动作执行之前身体和目标都是静止的。但在另一些技能中，比如足球中的头球、击球、网球正拍击球等，身体或者是目标是移动的，这类技能被认为是具有外调节式的特点。那些位于自调节式运动技能和外调节式运动技能两极端的技能，身体和目标都是移动的。图 2.4 列举了这类技能。

Gentile（1972）修正了 Poulton（1957）对运动技能中开放式运动技能和闭锁式运动技能的划分。开放式运动技能指的是那些受环境中的可变化因素制约的技能。篮球运动中的带球上篮就是一项开放式运动技能，这是因为上篮环境每时每刻都不一样，甚至上篮过程中环境仍然在不断变化。以篮球运动为例，进球的角度、速度、防守人员的数量以及投篮的距离都是在不断变化的。如果技能是闭锁式的，那么不同时间的环境条件都是基本稳定的。篮球中的罚球就因其环境条件而被认定为闭锁式技能，这是因为罚球中的环境条件（诸如到篮筐的距离等）都是不随时间变化而改变的。图 2.5 列举了开放式运动技能和闭锁式运动技能的性质。

自调节式运动技能 / 外调节式运动技能与开放式运动技能 / 闭锁式运动技能的概念较为类似，但却分别代表了两种不同的特点。大部分的自调节式运动技能都是闭锁式技能，大部分开放式运动技能也都是外调节式的。然而，有那么一些技能，比如高尔夫球中的挥杆，是自调节式的却亦有开放式运动技能的部分特点。这是因为高尔夫球手并不需依据环境条件（比如球位和距离）调整其表现。

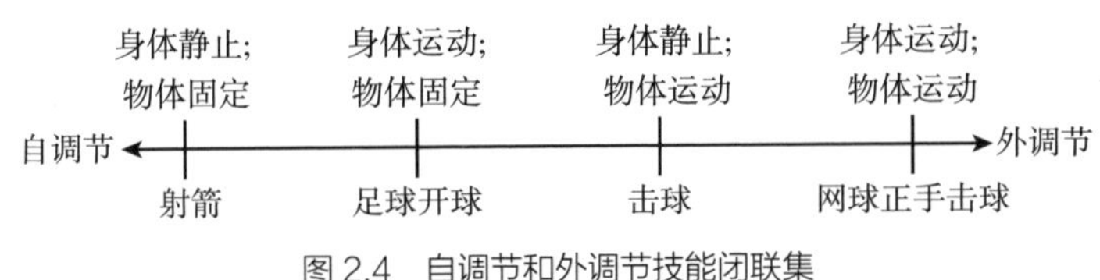

图 2.4　自调节和外调节技能闭联集

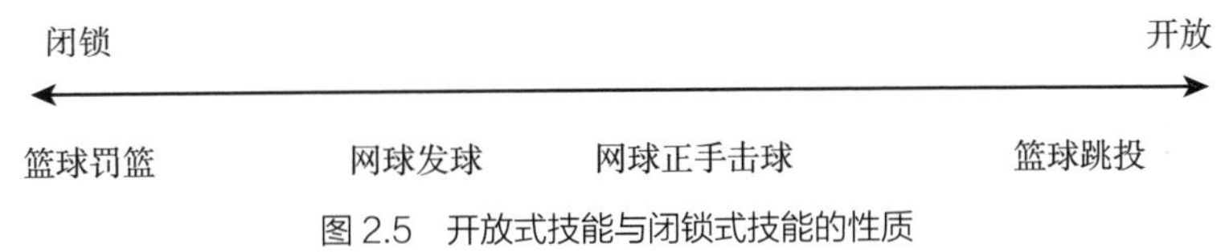

图 2.5　开放式技能与闭锁式技能的性质

这些不同类型技能的教学目的是不同的。自调节式和闭锁式技能需要在稳定的运动条件下提高稳定性。外调节式和开放式技能要求个体能在复杂的外部环境中完成技能。闭锁式技能需在变化的环境中完成，如高尔夫球中的挥杆，就需要学生能在不断变化的外部条件中完成技能。这些目的的达成需要依靠类型各异的进程和指导目标。技能如何呈现、如何发展、如何练习都受到技能性质的影响。

一般来说，教师不想让学生在变化的环境中练习闭锁式技能，或是在不变的环境中练习开放式技能。如果技能是自调节式和闭锁式的，就像体操中的跳马或类似于保龄球那样的目标型活动，教师在一开始会简化技能，但练习最终还是要在技能使用的确切环境中进行。如果教师在教授带球上篮，他会首先对条件进行简化——不设防守队员或降低动作速度。然而，如果该技能是要用在比赛的环境中，那么其最终还是要在类似于比赛的环境中进行练习。这就意味着教师会逐渐加入防守队员、其他队员以及带球上篮这一技能的前后连贯技能，并且会从不同的方向和距离进行带球上篮练习。

2.7.2 独立技能、系列技能和连续技能

当教师思考其所教授的运动技能时，还有另一种实用的体系可以用来描述这些技能——那便是将之描述成独立技能、系列技能和连续技能。独立技能指的是可以一次性完成、有明确起止的技能。这类技能的起止不受任何前列和后续动作的制约。掷标枪和体操跳马就是独立技能的例子。由若干独立技能聚合成的技能系列通常被称为系列技能。许多运动技能之所以被称为系列技能是因为它们需与其他技能搭配完成，比如守备后投球或带球后传球。连续技能的起止点是随意的，比如篮球中的控球、游泳和跑步等。想要教授独立技能的教师要关注动作的起止点，并将之当成闭锁式技能（比如掷标枪）来处理。想要教授这类技能（最终会与其他技能构成系列技能，例如篮球中的控球与传球或是接球后投球）的教师必须在教学进程中早些对这些技能进行联合，并且教会学生如何在前列技能进行的过程中为后续技能做好准备（过渡）。举例来说，如果你想让学生接到地滚球后接着投出去，那么他们就必须学会如何正确摆放脚和身体的位置，只有这样他们才能顺利从守备情形转换到投球状态。

这些用于体育教育环境的运动技能分类，因其能决定教师的指导目的而颇具重要性。本书中有关指导的部分会帮助你制订出与你所教技能类型相契合的指导计划。在这一点上，你需要具备能够依据这些特点划分技能类型的能力。

2.8 技能发展与学习过程中的适宜性问题

大多数专业文献都是依照专业人员所展示的那样对技能进行描述。运动类书籍描述如何盘带足球。面向幼儿的文章描述的也是成年人如何投掷。这类信息的确有用，但是其中所表述的理念会混淆本应传授给不同学习者的不同技能目的。在你思考运动技能的指导目标时，接下来的几个理念都非常关键。

2.8.1 环境条件

环境条件，有时也被称作任务条件，大多数技能的适宜过程特点都由其决定。下面方框“真实世界”中所描述的就是任务条件的相关问题。首要问题之一便是将许多教科书中对技能的描述用作该技能的教授指南。这里，我们要将自调节环境中的闭锁式技能除外，因为这些技能并非千篇一律，而且需要不断

地改变以适应不同的环境。被贴身防守与否决定你如何盘带足球。如果你被贴身防守，你会想让球更靠近自己。如果你没有被贴身防守，你就会想以最快的速度移动，那么你就会将球控在你身前较远的位置。只有需要个人进行最大力量输出才能完成某一技能时，书中所示过肩投掷的样子是才会出现，而且书中没有出现过肩投掷的系列动作（投掷前后的动作）。如果你只想扔一个较近的距离，或是关注如何更精准或更快速地命中目标，那么过肩投掷的各种变体才是合适的。投掷臂的同侧脚在前能在短距离投掷中极大程度地提供精准度。如果你在扔之前还要守备，那么技能又会有所不同。任务的环境条件是技能完成方式最适宜与否的决定性因素。

◆ 真实世界 ◆

任务的环境条件

我对学生羽毛球吊球技术的运用能力进行了测试。学生都能高效地将羽毛球吊到他们想吊的位置。但他们并未完全按照教师所教的那样将引拍动作做完整。经过对这一现象的再三思考，我弄懂了其中的原因：羽毛球吊球前的引拍动作在比赛中是用来迷惑对手的，然而，在测试的环境中却没有迷惑对手的必要。准备中的这一多余动作只会降低吊球的精准度。

2.8.2 学生的能力

教师在使用运动类书籍对技能进行描述时还面临着第二个问题：学习者会依据自身的能力改变技能的完成方式。有时，当你教授的对象是幼儿或是初学者的时候，你会发现学生会采用不成熟的方式完成技能，这是因为他们自身还处于发育的过程中。他们因成熟度的问题或身体特征的差异而尚未具备完成各种不同技能的身体能力。当需要完成的任务是将篮球投到标准高度篮筐里时，低龄儿童往往会用双手投篮从下往上投（图 2.6）。许多 9 岁的孩子还会因为视觉追踪能力发育的不完全而判断不好空中飞行的球。因球拍重量和长度原因无法单手握拍的学生会用双手握拍。但是实际上网球中的双手反拍技术并非我们想象中的那样“不堪”，即使是网球界冉冉升起的新星，也

图 2.6 低龄学生有时候很难理解他们的抛球质量对同伴能否接到球是何等重要

会在其力量不够单手击球的情况下练习这一技能。就技能反应来说，我们通常会认为这些权宜之计并不适当，这是因为我们并没有按照书中所描述的那样完成这些技能。实际上，对于这些学生的能力而言，他们的这些反应还是非常合适的。"学生应当按照成熟的表现水平来进行技能练习"这一观念是中肯的。然而，如果教师想让学生"按照成熟表现水平的标准"进行练习和学习的话，那么练习环境就必须依照个体的技能完成水平进行改变。这就意味着如果想达到成熟的表现水平，那么篮筐高度要降低，球要缩小和减重，球拍也要缩短和减重。

对于那些能将技能简化至不成熟表现水平（我们曾经这么认为）的学生来说，"学习者应使技能适宜其能力"的观念亦是有效观察。对于那些需要大量力量输出才能完成的技能，比如排球上手发球的各种旋转，教师应当让学生循序渐进地采用成熟模式。然而，如果学生有足够的力量将球在不加旋转的情况下发过网，那么对于这些条件来说，这个学生的反应就是适当的。

对教师来说，适宜性问题非常重要。这一理念对教学有着诸多影响，比如以下几条：

（1）如果教师想让学生表现出一种特定的运动反应，那么教师就必须确定该运动反应与其情其人相合。对于教师来说，在学生彼此之间距离很近的情况下，还让学生进行完整的过肩投掷练习就是不合适的。同样，对于教师来说，让力量不足的孩子按一种成熟的方式操作器材也是不合适的，除非条件变得能利于反应的出现。

（2）教师设计的进程必须包含技能的联合环节，同时，必须重视帮助学生实现技能间的转换。如果要进行传球或投篮，你该如何停止运球（篮球）？如果你要紧接着立刻将球投出，那么你在守备球的时候脚的位置该如何摆放？是右边还是左边？如何将双脚起跳与助跑衔接起来？如何在前滚翻后接一个向右的燕式旋转？这些问题都是关注适宜性问题的进程中的一部分。

许多学生能依据任务条件的不同自动调节其表现，但是还有许多人做不到这一点，而且需要帮助。系列动作、开放性技能以及外调节式技能，这些都要求教师对任务所需条件有相当的敏感性，同时，教师还需依据学习者的不同能力确定反应对于这些条件的适宜性。

2.9 练习方式

几乎所有人都认同这样一个观点，那就是“学习运动技能，必须进行练习”。一般来说，在任务适宜的情况下，练习量与学习量有直接的关系。总之，如果体育课上的学生未能学会技能，但却清楚地知道该技能应当怎么完成，那么，这一定是因为他们的练习时间不足。虽说对运动技能学习的记忆会比对其他类型学习的记忆更持久，但运动技能的学习却需要更多的时间。优质的教学能促进学习，尤其是设计了练习条件的教学更是如此。接下来是教师在设计运动技能练习时必须考虑的几条一般原则。

2.9.1 整体与部分

教师在为学生进行练习设计时最先要做的决定就是以下两种情况是否会更好：

①将技能拆分成不同的部分，一次只对其中的一部分进行练习；

②将技能当成一个整体进行练习。

在进行技能整体练习的时候，技能的节奏和时机会得到更好的保持。节奏性越强的技能越适宜整体性练习。但有时在第一遍练习的时候往往要采用整体练习，以求让学生能对该技能有一个整体性的概念，然后再对技能进行分解。当面临安全问题的时候，比如体操中的后手翻；又或是技能很复杂的时候，比如网球发球，教师就会发现：如果学生能对技能进行分部练习，那么其学习的效果就会优于整体练习。除非安全系数确实很低，否则在分部练习之前，教师最好还是能给学生一次感受技能整体性的机会。

我们从上述体系中可以总结出两种技能练习方法——整体性的技能练习方法和整体—部分—整体的技能练习方法。然而，先部分后整体的练习方法一般都不太合适。

2.9.2 变换练习

教师在给定的时间内对练习内容的排序和组织方式也会影响技能的学习。变换练习指的是这样一种理念：对练习的环境条件或练习中所包括的技能种类进行变换。

2.9.2.1 改变练习条件

你所教授的技能类型在很大程度上决定了练习中的变化量。变换练习指的是练习方式的变化。与变换相对应的情况是在很长的一段时间内对同一个动作进行操练和重复。在组织练习的时候，我们可以对许多条件进行变换，比如速度、距离、练习意图等；同时，我们还可以对同一动作进行重复练习（不进行变换）。

图 2.7　在有被动防守者的情况下进行练习，以提升技能难度

一般来说，开放性技能应当在变化的条件中进行练习，而闭锁式技能应在相对同一的条件中进行练习（前提是学生对技能有着较高的处理水平）。要记得开放性技能的学习目的是让个体具备使技能适应不同条件的能力（比如篮球中的运球），然而在进行闭锁式技能练习的时候则要剔除变化（比如保龄球）。以接球练习中的变换为例，可以是改变速度、距离、来球的方向；也可以是新技能的加入，即将系列技能加到练习之中，比如在移动中接球或接球后投出（图 2.7）。大多数练习中的变化量都是一定的，这是因为练习者对变化的承受程度是有限

的。变化太多就会改变学生使用的技能种类，比如投球的距离太远就会导致学生在投掷中将抛球变成完整的过肩投掷。同时，变化太多也会使得练习不适宜特定的学生。

变换练习这一概念对开放性技能的发展非常重要。如果教师们将开放性技能置于封闭、操练式的环境中进行练习，那么他们就是在冒着使学生不能因时因地调整其表现的风险。举例来说，如果某个学生总是在相同距离和相同位置（身体中央）进行篮球胸前传球练习的话，那么只要不是从胸部位置传出的球，他/她可能就传不快。

一开始，教师可能会因初学者的缘故将开放式技能的练习比例减到最低，甚至到几乎全是封闭式技能的地步，比如进行无球练习或者在降低速度和缩减空间的情况下进行练习。当学生处于技能学习的认知阶段时，教师这么做是非常明智的。教师们还要注意下列重要理念：在这些条件下进行的练习不能太过粗放；一旦学习者可以运用技能，那么就不该还让其停留在这一学习阶段或这一练习水平。

2.9.2.2 技能变换

有关运动学习的某些著作建议我们：如果学生能同时进行两种技能的练习，比如羽毛球中的发大球和发小球，那么他们就很可能同时学会两种技能。这一观点的理论基础是“情境干扰理论”，该理论说的是如果你能打破机械练习的窠臼，那么你就能提升学生处理信息的能力，继而学到更多的东西。虽说情境干扰现象超出了本书所涉及的范围，但是如果能让学生前后相继地练习两种不同的技能，比如以随机的顺序练习两种不同技能，那么这样就能提升学生的处理水平，并因此增加学习机会。对同一技能进行的机械性重复会降低学生的认知加工能力，继而降低学习量。有关这些概念最佳应用方式的研究已经彼此冲突。其他的一些证据佐证了这样一个观点：就在大多数体育课堂上所教授的复杂运动技能来说，在被要求练习未经选择的技能组合之前，初学者最好还是要对同一技能进行一定量的重复练习（French，et al，1990; Herbert，et al，1996）。那些技能娴熟的学生不再需要拘泥于技能加工阶段，因此他们便更能从随机的练习中获益。这一理论强调了学生对其正在做的事情进行处理的重要性。将学生的积极性和专注力保持在他们正在做的事情上是非常重要的。持续期中对残存的相同观点和任务所做的消极练习是没有意义的。

2.9.3 集中练习与分散练习

体育老师经常需要对学生一次技能练习的时长和一个指导单元内的练习分配进行决策。虽说在这一领域的研究是欠缺的（Magill，2004），但还是有那么几个观点对教师来说非常重要。然而令人遗憾的是，体育教育中的许多指导单元都会将一整天的时间花在某一个特定技能的练习上面，比如排球中的前臂传球技术，然后第二天再练习另一技能，且不再回顾前臂传球技术。学生通过这种方式是学不到运动技能的。如果教师拥有为期 20 天或 25 天的运动教学单元，那么，在完成指导之后，他 / 她最好还是将对某项技能的练习分布到整个教学单元中，并在一天的练习中安排不止一种技能的练习任务。这被称为分散练习，虽说我们还不知道这种练习方式的局限，但我们也知道对某项技能进行分散练习要优于在短时间内对某些技能进行集中化的练习（集中练习）。如果我们对一年级学生一年中增加 2+2 的次数予以记录，那么我们就会发现增加 2+2 在学生整年的作业中都有所体现。重复是一项重要的学习原则，不断地重复保证了技能的顺利发展。

在课堂中对下列两项内容进行变换能有助于保持学生的练习积极性：练习或使用的技能种类；练习的方式。那些能将技能练习按时间分布的教学单元，能提升学习效果。为期 1 年的项目，尤其是那些面向幼儿的项目，因其教学对象的能力变化非常迅速，因此如果教师能在这一年当中对技能和理念进行不断回顾，那么该项目一定能促进学习者技能的发展。

2.10 积极性与目标设定

虽然对学习运动技能或其他类型技能的学生来说，没有积极性也可能学会，但是只有在对学习充满积极性的情况下，学习行为才最有可能发生。这一观点对技能学习的初始阶段，即以对技能进行认知加工为主的阶段来说更是真理。如果学生没有学习积极性，那么他们可能就不会对其正在做的事情进行认知加工——以备学习行为的发生。有积极性的学生会主动地接手某项学习任务，并且投入巨大的精力；不具备积极性的同学则会将大量的时间花在逃避任务上。

积极性对教—学过程来说是一个复杂的问题。由教师所做出的、关于教学内容和教学方式的良好决策能提升学习者的积极性。学习者的积极性还与其成功程度、其关于教学内容的经验、其所在小组的社会动态、其个人特质和期望水平息息相关。

每位教师都希望自己所教授班级的全体学生都能拥有做好某事的内在积极性。大部分能够积极培育和拓展新经历的学生都处于这一水平。然而，我们在学校中所教的大部分学生都因各种各样的原因而不能达到这一水平。虽说不总能知晓能令全体学生都变成积极学生的要素，但一个能让学生无论在身体，还是在心理上都备感安全的学习环境，以及兼具适宜性和趣味性的教学内容，这两者都对培育有积极性的学生大有裨益。

在归因理论和心理控制源理论领域所做的额外工作也能帮助教师更好地理解学生，并设计出能激发出进步行为和提升学生积极性的学习环境。近来有一项关于体育教育教学的研究试图对积极性做出理论解释。更多关于这些观点的理论基础将在第 9 章中予以详述。教师所能借鉴的主要观点如下：

（1）归因理论所研究的问题是：在学习情景中，人们将自己的成功和失败归因于何。

（2）一旦学生将自己的成功归因于自身可控的因素（努力、练习和任务难度），那么在学习过程中他们就会变成积极的参与者。这些主要都是内部因素，也与学习中的“掌握”取向相关。

（3）当学生将其成功归功于他们控制之外的因素时（运气、遗传），他们便不太可能在学习过程中表现得那么积极。这些主要都是外部因素，也与学习中的“自我”取向相关。

（4）教师向学生提供经验的种类会影响学生对其学习中成功与失败经历的解释。教师可以营造一个充满积极性的氛围，以帮助学生确定其学习经历的取向——“掌握导向型”或“成绩导向型”。

（5）学生的感知能力（感觉自己对某项给定任务的胜任程度）也会影响其对教师设计的学习经历的参与程度。在“掌握”取向的学习环境中，学生可能更会觉得自己有能力胜任，并因此更加努力。

2.11 学习迁移

“学习迁移”这一概念指的是已习得的技能或能力对其他正在学习的技能或能力的影响。如果你是一名足球运动员，那么你是更可能还是更不可能打好长曲棍球呢？如果你能投掷足球，那么你是更可能还是更不可能会发网球呢？某项活动对学习另一活动的影响可能是积极的、消极的又或是没有影响。迁移有很多种形式。当你在一只手或一只脚上学习的东西迁移到了另一只手或另一只脚上时，就像篮球中的运球，这种迁移就被称为双边迁移。当你在某一技能或任务中学习的东西迁移到了另一技能或任务中时，这种迁移就被称为任务间迁移，比如从网球迁移到壁球。当你在某一条件下对某项技能的练习成果迁移到了该任务在另一条件下进行的练习时，这种迁移就被称为任务内迁移，比如先用练习用球进行排球二传练习，再用比赛用球进行练习。

学习迁移对教师来说非常重要，这是因为教师的课程设计方式、对技能练习次序的排列方式以及向学习者传达任务的方式都会影响学习迁移。教师都希望能在将学习迁移的积极作用最大化的同时将其消极作用降到最低。

2.11.1 双边迁移

众所周知用一侧肢体进行的练习会影响另一侧肢体的练习。也就是说，如果你用一只手或脚学习篮球或足球带球的话，那么你学习的东西也会迁移到另一只手或脚上。虽然你练习的那侧肢体会获得更大的进步，但实际上两侧肢体都会有所长进。由于体育教师需要处理复杂运动技能的学习问题，然而这些复杂技能有时还需要双侧肢体协作才能完成，因此教师经常会询问某技能是否需要用到双侧肢体。如果需要，那么在练习的时候是先用惯用肢还是非惯用肢。大部分研究都支持这样一个观点：“有充分的理由认定学生应当先用惯用肢练习。”只有在对技能的精通达到了某种合理程度的时候，教师才会让学生用非惯用肢进行练习。

2.11.2 任务间迁移

先前所学的某项技能对将要学习的另一项技能的影响，是通过学习第二项技能所花的时间（已经学习了第一项技能）来衡量的。如果因学过了第一项技能而使学习第二项技能的时间缩短，那么就可以说技能之间有一种积极的迁移。虽说我们关于技能之间存在积极转移的设想所依据的是传统的观点而不是科学的探究，但大部分人还是认可这样一个观点的：基础运动技能（比如投、踢、跳）的学习应当先于专业技能和复杂技能的学习。这是因为前者对后者有一种积极的迁移。迁移的效果取决于某项技能中存在多少与另一项技能相似的组成部分。举例来说，网球发球就具备许多过肩投掷技术的特点。再比如排球中的扣球，学习该技能之前就需要学生先学习一些单脚或双脚跳的技术。如果学生已经对跑和单、双脚起跳技术十分娴熟，那么你就可以期待积极迁移现象的出现（从基础技能到更专业化的排球扣球技能）。技能学习之间从易到难的迁移（现象）应是体育教育课程（设计）的基础。

2.11.3 任务内迁移

当教师开发出了从易到难或是从简到繁的技能教学进程时，教师就会希望某一水平的练习与另一水平的练习之间会存在一种迁移。我们之前探讨的话题中也涉及了这样一个问题：究竟是应该对技能进行整体练习？还是应该进行分解练习？许多时候教师都是碍于安全问题而不得不对本身复杂的技能或难于比赛中使用的技能进行简化。教师可以依据某种情境下的练习（效果）迁移到另一情境的程度来判定其教学进程的成功与否。举例来说，如果学生在练习环境中练习了足球的带球和射门，那么他们能否在比赛环境中运用好这两项技能呢？如果不能，就说明两者之间不存在迁移。那么教师就要再找别的练习方式或加入与比赛环境更为接近的训练方式了。如果教师设计了一种网球抛球的练习方法，然而在组合成完整的抛球后击球技能时，却没有证据能证明抛球的正确与否与击球（质量）之间有什么关系，那么就可以说在抛球练习和发球前的抛球动作之间没有形成迁移。

能否设计出高效的课程或学习流程取决于教师对迁移现象所带来效用的把控能力。如果教师能记住以下几条一般原则的话，那么也将有利于迁移现象的发生。

（1）“练习环境与比赛环境或最终任务越像，迁移就越有可能发生。”这意味着教师最终必须要对比赛环境进行分析，并在练习环境中加入与比赛环境中相关的组成部分。第 5 章和第 11 章将会对如何做到这些进行详述。

（2）“对某项技能学习得越多，就越有可能出现向比赛环境的积极迁移”。这就意味着技能的学习是一个长期的过程。在你想使之迁移的技能上投入的时间越多，迁移就越有可能发生。技能或能力无法迁移的原因往往是他们未从一开始就学习该技能（学习时间太短）。

（3）“教师可以通过鼓励学生利用已知信息和已有能力或是使任务表述更为清晰的方式促进迁移的发生”。这就意味着教师可以通过使学生对任务组成更为明了的方式促进迁移的发生；也可以通过使技能之间发生认知联系（比如“这就像……”）的方式促进迁移的发生；还可以通过给出相关具体实例（教师希望学生能将从某项技能中概括出的概念运用于另一项技能中）的方式促进迁移的发生。

2.12 学生特质

2.12.1 运动能力

当一位新任体育教师尝试向一群学生传授某项身体活动时，那么他/她最先观察到的现象就是：任何一个体育教学班级都由能力差异极大的学生组成。然而令人遗憾的是，许多体育教师都会因某学生在开始时不会做某事就判定其没有学习能力。教师往往以那些已学会技能或不需指导的学生为参照。但是学生学不会的原因还在于教师教得不好。虽说教师讲解的都是与一般运动能力相关的概念，但大部分人都认为专门技能与多种一般运动能力都是密切相关的（Thomas & Halliwell，1976）。这些特殊能力都与体能相关，比如身体协调性、静态和动态平衡能力、特定肌肉群强度以及眼/足协调能力等。所要学习的技能不同，每项能力的重要程度也不同。虽说大部分人都认为这些能力受先天遗传（与生俱来）所限，但其发展也与经验相关，也就是说虽然不是每个人都能成为某项运动的奥运选手，但大部分人还是能将其运动能力锻炼到可以使其运动参与变得有趣和成功的程度。许多以前在学生生涯中被体育教师认定为没有运动能力的人，在成年之后的体育参与中都取得了成功，涉及的体育项目包括网球、高尔夫球、壁球以及其他多个项目。

不能给班上的学生贴上“有能力”或“没有能力”学习的标签，这一点对教师来说非常重要。有充足的理由证明这一点的正确性：①技能学得快与学得好之间没有必然的联系。②教师向学生所传递感觉（关于学生有无能力学习）的积极与否会对学生的学习产生严重影响。③与儿童的学习相关。大龄或早熟儿童的多种运动能力都有所增强，但这未必就能代表他们的潜力。这只是他们现在的水平。有些学生学不会教师所教的东西，这是因为教师教的东西不适宜学生的发展阶段。那些发育程度/成熟度低于班里其他同学的孩子可能会比他们的潜力更大。但如果这些孩子在很小的时候就被排除活动或技能的学习行列，那么他们就永远也不可能实现这一潜力了。

2.12.2 智力与认知发育状况

许多教师都想搞清运动能力与学生智力水平之间的关系。“学术能力强的学生同样擅长运动技能；或学术能力差的学生亦不擅长运动技能”这种观点是错误的。学术能力差的学生与学术能力强的学生相比，其学习方式可能有所区别，各自适用的教学方式也不尽相同；但运动能力和智力之间却不存在直接的关系。

与认知功能相关的若干发展因素中包含着这样几个概念，这些概念对教师贴近方式的选择至关重要；贴近什么？贴近的便是认知发展水平各异的学生。教师究竟该如何贴近认知发展水平各异的学生呢？第一个因素与皮亚杰认知发展水平理论（方框 2.3）有关。虽说对皮亚杰功能水平理论的叙述超出了本书的范围，但还是应当记住孩子的思考方式与成人不同。成人运用的是科学思维。他们可以处理观念之间“如果……就……”的假设关系，也能使用抽象观念。教师在初级学校（幼儿园到 2 年级）遇到的幼儿则不一定具有逻辑思维能力。这一发展阶段的孩子不能认可除自身观念以外的其他观念。这让我想起了我之前的一个经历：一位幼儿园小朋友在绕着体育馆走来走去，他会将他行进路线上的其他人推开。当我问他为什么这么做的时候，他回答我：“因为他们在我的路上。”

方框 2.3

皮亚杰的认知发展阶段理论

阶段 1：感觉运动阶段

前语言发展阶段。直到这一阶段结束，物体都是非永久的，运动反应也是随机的。儿童眼中的世界仅存在于其行为之中。

阶段 2：前运算阶段（2 ~ 7 岁）

开始使用语言和符号，能对观念和物体进行内在的表述。不能认可除自身观念以外的其他观念，并且在其推理过程中不具备逻辑推理能力。

阶段 3：具体运算阶段（7 ~ 11 岁）

能在心理层面上表述目标；能理解物体整体与部分之间的关系；通过独有特征组织对物体的概念。仍旧无法观察物体和理念并举出实例。直到这一阶段结束，才能处理“相同”和“差异”这对较为复杂的概念。

阶段 4：形式运算阶段

能创造和理解假设以及“如果……就……”这一假设关系；能对某一观念和问题进行科学的和逻辑的思考；能从其他角度理解问题；能通过其行为得到反映，并能就自己的行为与自己进行对话。

7 ~ 11 岁的儿童就进入了一个被称为“具体操作”的阶段。处于这一发展水平的孩子开始具备整理事物与观念之间关系的能力，并能通过其行为表现出来。也开始具有逻辑思考的能力，并能处理好因果关系。某些证据证明：在内容领域毫无经验的学生可能能够完成某项操作，而与其年龄无关。

教授对象为小学生和在内容领域毫无经验的学生时，教师应当保持积极性和具体性。当所面对的学生没有什么经验时，教师就应当限制问题解决型活动和观点抽象处理性活动的数量。在学生年龄增长和内容经验增加的情况下，再加入更多抽象性的活动才是适宜的。

2.13 总结

（1）身体活动水平与个体所需基础运动技能密切相关。

（2）学习通常被认为是经验、训练以及与生物因素相互作用而导致的一种行为相应地永久改变。

（3）一般学习理论会通过行为者模型、信息加工模型或是认知策略模型对学习行为进行描述。

（4）运动学习中的大部分仍符合一般的学习理论，除学习目的是降低认知加工能力水平以外。

（5）学习要经历 3 个阶段——认知阶段、联想阶段和自动化阶段。

（6）为了学习一项运动技能，学习者必须具备以下条件：具备学习该技能的先决条件、对其要做的事情有一个清晰的概念、有学习积极性、有练习机会，并能得到有关其表现情况的反馈。

（7）运动技能可以是开放式的、闭锁式的、独立的、系列的或连续性的。

（8）动作反应恰当与否取决于任务条件和学生能力。

（9）如果能将高难度和高度组织化的技能在先整体展示一遍的情况下进行分解教授，将会更有利于学生的学习。一般说来，如果可能的话还是要对技能进行整体练习。

（10）开放性技能应当在变化的条件中进行练习；闭锁式技能应在相对同一的条件中进行练习。

（11）一般来说，为了能学得更多，应当将练习按时间均匀分布。

（12）积极性能提升学习的潜力。

（13）一般来说，技能会从一侧肢体迁移到另一侧。

（14）技能间的迁移取决于技能的相似程度：相似性越高，迁移量越大。

（15）大部分学生都有能力将其运动能力锻炼到可以使其运动参与变得有趣和成功的程度。

2.14 课后自测

（1）描述运动技能发展、感知能力与身体活动之间的关系。

（2）简要描述阐述学习行为发生原理的 3 种不同倾向。

（3）描述处于运动技能学习不同阶段的学生分别是什么状态。

（4）运动技能学习有什么要求？这些要求对运动技能教师来说分别意味着什么？

（5）闭锁式技能、开放式技能、独立技能和系列技能的教授方式有什么不同？

（6）“学生总会选择一种合适的反应”这一观点是什么意思？

（7）描述教师该如何做才能激发学生对下列技能的学习行为：立定跳远、前滚翻中的团身以及排球二传中的控球。

（8）说出 3 个更适于整体教授的技能和 3 个更适于按“先整后分”顺序教授的技能。

（9）描述教师怎样做才能促使相似技能间发生迁移。

（10）运动技能学习中认知的作用是什么？

参考文献

Fitts P M. Factors in complex skill training. In R. Glaser (Ed.), *Training research and education*. Pittsburgh：University of Pittsburgh Press，1962.

Fitts P M，Posner M I. *Human performance*. Belmont，CA：Brooks/Cole Publishing，1967.

French K，Rink J，Werner P. Effects of contextual interference on retention of three volleyball skills. *Perceptual and Motor Skills*，1990，71，179-186.

Gentile A M. A working model of skill acquisition with application to teaching. *Quest*，1972，27，3-23.

Haywood C，Getchell N. *Lifespan motor development*. Champaign，IL：Human kinetics，2005.

Herbert E，Landin D，Solmon M. Practice schedule effects on the performance and learning of low- and high- skilled students：An applied study. *Research Quarterly for Exercise and Sport*，1996，67（3），52-58.

Magill R A. *Motor learning and control. Concepts and applications* (7th ed.).

New York: McGraw-Hill, 2004.

NASPE. *Moving into the future: National standards for physical education*(2nd ed.). Reston, VA: NASPE, 2004.

Stodden D, et al. *Quest*, 2008, 60, 290-306.

Poulton E C. On prediction in skilled movement. *Psychological Bulletin*, 1957, 54, 467-478.

Thomas J R, Halliwell W. Individual differences in motor skill acquisition. *Journal of Motor Behavior*, 1976, 8, 89-99.

第 2 部分

有效的教学技能

学习经历和任务设计

概　述

对某件事物来说，“会”与“教”之间并没有直接的关系。一名好的运动员并不一定能成为一名好的体育教师，这其中的原因就在于教师必须具备能将客观内容转换成教学内容的能力。教师必须能从一个不同的角度理解内容，并能为学生设计出相应的学习经历，充斥于学习经历中的内容能引领学生提升能力。本章能在设计学生学习经历方面为你提供帮助，并帮助你从一个不同的角度理解体育教育的内容。

▶ 标准 3：计划与实施

体育教师候选人计划与实施一系列适宜的发展性学习经历，其内容须与地方、州和国家促进接受体育教育个体发展的标准相匹配。

▶ 标准 4：授课与管理

体育教师候选人利用有效的沟通方式和教学法技巧、策略以促进学生的参与和学习。

——《新任教师教学标准》(NASPE，2008)

3.1 学习经历的标准

在进行运动技能或理论教学的时候，教师必须设计相应的学习经历，以引领学生从其本来的水平出发，直至达到理想的目标和目的。教师在某项教学设置中发挥的最重要作用之一就是设计学习经历以及构成学习经历主体部分的活动任务。学习经历向学生传达了教学内容，同时，它也构成并聚焦了学生反应。教师能依据学生学习经历水平的不同，决定其在学习过程中扮演的不同角色。

教师在设计学习经历和活动任务时有着许多不同的选择。举例来说，方框3.1中的若干问题仅仅是对头手倒立动作教学中的可选方案进行了初步的梳理。你会选择哪种方法？为什么？学习经历设计能依据学生的不同特点而对学习内容进行个性化操作。是赋予学生决策者的角色，还是对学生在技能、情感和认知过程中的反应予以关注？教师会基于学习内容的特性、课堂目标、更宽泛的项目目的、学生特点以及具体教学环境中的设施和器材来选择一种与众不同的学习经历设计方式。

方框 3.1

内容决策——头手倒立

教师应该做示范吗？应该让学生进行分解练习吗？还是应该向学生教授有关支撑面的概念，以使之运用到头手倒立的平衡中去？

应该让全体学生都学习头手倒立吗？针对学生的不同能力水平，还有或应该还有什么另外的安排吗？

教师希望在一种什么样的学习环境中进行练习？练习是应该更有趣、更有针对性还是更轻松？

学生是应该更在意平衡的保持？还是更在意持续时间和身体形态的展示？抑或是两者兼备？

学生是否应该了解动作中头和手的位置为何如此摆放？

学生在进行头手倒立练习时应当如何分组？他们是应当分小组练习、单独练习还是与搭档一起练习？谁去按照什么样的标准去选择分组方案？

如何对学生表现进行评价？自评、互评，还是教师评？

学习经历是指一堂教学课中用于达成学生某组特定学习成果的那部分。在本书中，“学习经历”这一术语指的是：“一整套的教学条件和项目，能够构成学生的学习经历，并与教师特定的教学目标息息相关。”

如果某位教师想教授如何在有防守队员的情况下盘带足球，那么，他可能就要承担起若干个与这一学习目标相关的教学任务，包括如下：

① 两位进攻队员和一位防守队员（无目的）。半速，无目的；全速，无目的；在上述练习中加入假动作。

② 盯防无球队员。全速，计算传球数；全速，有目标。

为达到“在有防守队员情况下传球”这项技能的学习目的，教师应当设计多种不同的任务。如何发展教学内容以建立可行的任务发展进程，关于这点我们将在本书的第 5 章中予以讨论。与“在有防守队员情况下传球”这一技能的学习经历有关的每一项任务都能以不同的方式进行描述，包括如下：

①任务内容的特性是什么？

②每一任务目的的特性是什么？

③在活动中如何组织学生？

④如何安排空间？

⑤所用的是何种器材？所需多少？

⑥教师在活动中做什么？

⑦班级集体和每个学生在活动中占据了多长时间？

教师针对这些以及其他许多问题做出的决策，决定了学习经历能在何种程度上实现学习目标，以及能在何种程度上促进其他不同领域的学习。

这一部分阐述了有关学习经历设计的 4 个重要标准。这些标准应当作为第一道门槛，用以从众多教学经历中筛选出那些有可能促进学习的部分。这些标准是专业知识、理念和态度的混合体，其关注的是在体育教育中教师与学生的何种作为是重要的。

教师的知识、理念和态度会左右其作为。“教师是否会将西洋棋看作适宜的教学内容？”“教师是否会仅在一个篮筐前就安排多达半个班的同学来进行某项任务的练习？”“教师是否认为学生的角色仅仅是对教师的示范进行重复？”，以及“教师在教学中是否考虑到了学生能力的差异？”，有关这些问题的回答，便取决于教师对体育教育和体育学习内容的知识、理念和态度。虽说教师所设计的学习经历不是每一个都能与这些标准完全契合，但只要教师努力向这些标准靠拢便是值得欣慰的。相较于普通教师，那些更高效、更能为学生提供全面教育项目的教师更可能达到这些标准。

3.1.1 标准 1：学习经历必须有提高学生运动表现 / 活动技能的潜力

这一标准明确了教学性体育教育项目的独特目标，即为学生们积极锻炼的生活方式提供所需的运动技能。然而，这并不意味着要将那些虽有利于积极生活方式发展，但却不需要复杂运动技能就能开展的活动排除在体育教育之外。不仅如此，这反而意味着要将那些没有实质内容却使学生参与其中，或是那些纯以玩乐而没有学习目的的经历从项目中剔除出去。教师为学生设计的经历必须能为学生提供一份正式的学习经历。除非某种经历真有可能以这种方式为学生学习和发展提供帮助，否则它都不会被认可为一种有效的体育教育教学经历。

支持这一标准的证据有二：首先是这样一种理念，即参加有组织体育活动的青少年在其成年之后依旧会积极锻炼；然后是这样一项研究，即研究表明积极锻炼的成年人通常都具备一定的运动技能。

这一标准的言下之意是显而易见的。教师不让学生做游戏的原因是因为游戏仅仅是消遣。教师并没有在体育教育的时间段中通过活动经历教学生阅读，这是因为体育教育的技能目的并不是一种同样有效的学习经历。教师并不仅仅将课堂规划成学生对运动活动的参与或是社会经历的获得。这项标准并不仅仅是让学生参与某种球类、平衡类或是协调类活动，而是参与到那些有可能帮助学生在这些领域提高表现的活动中去。

相关变量。下面“真实世界”方框中列出的若干问题，其出现的原因就是教师（无论是什么层次的教师）在未意识到其在学生运动技能学习领域所肩负的责任。在设计学习经历的时候，教师们经常更倾向于关注情感和认知目的。甚至为了实现通过活动强调情感关切的目的而专门设置了一个内容领域，合作类游戏便是其中的典型例证。同样，也有许多著作都论述了体育教育经历与其他学科交叉的情况，这其中自然也包括体育教育中认知目的的制定这一课题。认可这些目的的重要性是本书的基本立场，然而，通过体育教育（已有）的内容便可以实现对这些目的的制定，而没有必要为了实现体育教育的独特目的而去创造一些并不太可能有用的内容。

真实世界

标准：学习经历必须有提高学生运动表现 / 活动技能的潜力

在我任教于公立学校期间，我曾经多次与在职教师讨论过这一标准。我曾与小学教师有过交流，他们觉得自己的工作仅仅是向没有做好学习准备的学生们展示一些技能，以及为其提供参与娱乐性体育活动的机会。我还曾与中学教师有过交流，他们认为自己最主要的责任是尽可能多地向学生介绍和展示技能。后来，我也曾与高中教师有过交流，他们认为自己的工作只是让学生玩。那么，下列问题还是没有得到解决：

- 谁有责任教学生运动或者活动技能？
- 谁有责任发展学生的身体潜能？

只说学生见识了太多技能是对这一问题的避重就轻。体育教育课程和教学过程应当以学生对技能的习得为要，而不仅仅是向学生展示技能。这就意味着在减少技能数量的基础上延长每项技能学习的时间。

3.1.2 标准 2：能为所有具有一定能力水平的学生提供最长的活动或练习时间

这一标准不仅涉及管理层面，同样也是有关内容层面的一个决策。学习机会和学习之间有着直接的关系。对于身体技能和能力来说，这一关系还与练习时间相关。如果教师的教学目标是让学生掌握操作性技能（投掷、接球和击打），那么小学的圈类游戏、高中的接力或队列练习以及许多其他所谓的“前导”活动就可能无法提供最充足的练习时间。单独练习或是两人合作练习就能促进大部分的投掷、接球和击打类技能的进步。

“练习时间可能是进行某项运动技能学习或健身进程中最关键的因素。”练习时间的最大化可以通过在组织安排中最大程度减少学生数量的方式来实现。

在剩余人数还能保证运动技能和能力发展的情况下便可以将学生的人数减到最少。在设计学习经历的时候，练习时间的最大化是要考虑的首要问题（图 3.1）。

图 3.1 教师在教学中面临的一项主要挑战便是设计出符合学生自身学习速率，并能让其获得最长练习时间和最多进步机会的学习任务

相关变量。教师在设计学习经历的时候因某些正当理由而未将活动时间最大化，原因如下：

①器材和空间有限。

②学生缺乏独立学习 / 练习的能力。

③需要对观察范围进行限制（仅仅完成教师必做之事）以得到更精确的反馈。

④该学习经历的首要目标是发展学生的社会交往技能。

如果某项活动对某个项目来说至关重要且没有另外可替代的组织安排形式或器材，那么器材短缺和空间有限便可以成为限制该活动练习时间的正当理由。然而，在许多现实的例子中，如果教师特别重视参与程度的最大化，那么还是能为等待练习机会的学生找到一些别的替代方法。

教师选择不将练习时间最大化的第二个正当理由：学生不具备脱离教师直接监管而独立进行练习且同时保持练习积极性的能力。不幸的是，这一理由通常被某些教师用来为其未能帮助学生自主练习的行为进行开脱。当全体学生都失去了积极性，学习经历就会变得更程式化；然而，对于某些教师来说，这种情况反而更容易掌控。一言以警之：懒散学生的存在是造成体育馆授课时行为问题的首要原因，在许多情况下，活动的减少也就意味着管理和行为问题的增多。

教师不想将练习时间最大化的第三个正当理由：在这种情况下，教师有时就能将观察范围最小化（即仅仅完成必做之事），以得到更为精确的反馈。如果同时只有很少的几个学生运动，那么教师就能对这几个同学进行更好的照顾并且能得到更精确的反馈。这种情形也能促使学生对其正在做的事情有一个更为仔细的思考，同时他们也会有更多在同学面前展示的机会。然而，教师应当慎重考虑学生是否进步到了这样一种程度：在其他同学面前进行展示所带来的积极作用大于消极作用。

3.1.3 标准 3：学习经历适于任何经验层级的学生

如果某项学习经历与其能力水平相匹配，那么学生就能从中受益。对于双手负重能力不强的学生来说，即使整个教学时段他都在进行手倒立练习，然而到最后他还是一个都完不成。因此，教师必须设计出既有挑战性又是全班每一位都“跳一跳，能够着”的学习经历。

“错误率”这一概念对于衡量某一学习经历是否适合学生来说非常有用。如果学生尝试某一动作的成功率是 100%，那么这项任务对学生来说就可能不具有挑战性。反之，如果学生尝试某一动作的成功率是 0，那么这项任务对学生来说可能就超出了其能力范围。课堂研究发现，80% 的成功率是较为合适的。对于许多体育教育活动来说，教师都不宜设置过高的成功率。在一些活动中，80% 的成功率都太高了（比如篮球中的罚球）。教师必须考虑到活动本身的性质以及高手眼中的成功标准，继而按照新手的水平将这一标准下调。

“学生应当按照其自身的学习速度前进”的观点同样包含了“适宜的能力水平”这一概念。甚至连一开始对全体学生都适合的任务很快也无法再适用于每个人，这是因为学生们的学习速度不同（举例来说，在一项新技能学习的起始阶段，学生们的能力水平可能是一样的，但是有些同学却比其他人学得更快），忽视那些尚未完成先前目的（目标）学生的需要而闷头前进，又或是因其他同学没准备好而阻碍某些同学前进，这两种情况的发生都会使得任务不适合某些同学。

技能教学中最大挑战之一，就是使设计出的学习经历能让每位同学都可以在一个适宜的水平上学习。这一概念有时也被称为“个性化”。当个性化到了能在学习经历设计中兼顾到每个个体特定需要的程度时，这一概念通常又被称为“个人化”，在这种情况下，不同的学生会有不同的任务。

3.1.4 标准 4：在可能的情况下，学习经历应当兼顾技能、认知和情感 3 个领域的教育目的

学生是人，而每个人都是一个整体。从某种意义上来说，无法在割裂情感和认知成分的基础上单独完成一项预期的运动技能。这是因为人们的感觉、思想和行为在某种程度上是始终相互关联的。人们倾向于重复那些他们能成功完成的活动而不是那些会失败的活动。如果学生最终仍无法成功完成他们被要求做的事情，那么体育教育的目的就无法达成。

同其他一切课程项目一样，体育教育工作者在其工作中也应当对学生情感和认知的发展予以关注。学生应当不断发展积极的自我观念。他们应当学习如何以一种积极的方式与他人进行交流；如何在决策时做出正确的判断；如何学习；如何去表达情感；如何设定个人目的并努力达成；如何在民主社会行使自己的职责。可能还有许许多多的情感和认知目的都应被列入这个清单（见第 9 章）。“在发展学生的身体技能之外还必须要考虑到其他的任务或职责”。认识到这一观点对教育工作者来说非常重要。

虽说教师在体育教育中的独特贡献就是发展学生的运动技能，但是其所设计的学习经历却不能仅仅局限于运动技能领域，而是应当以促进学生的全面发展为目的。下述的几个例子就阐明了这一点：

①仅有技能学习经历。教师示范并指挥学生在移动中将排球不断击往空中。

②只有认知和技能学习经历。教师让学生找到击出高抛球的方法。

③情感、认知与技能学习经历并举。教师让学生对彼此的击球方法进行观察，并共同研判出击出高抛球的方法。

相较于前两种，最后一种更为“丰富”，这是因为它既涵盖了情感和认知领域的学习，而又没有落下对技能的学习。教师不想也做不到使他们与学生做的每一件事都成为一个“丰富”的经历。然而，一个完整的学习经历应当反映

出教师对学生情感和认知发展的关注。我们应当认真思考能使每个任务都更为“丰富”的方法，以发挥出其在发展的所有阶段都具有的潜力。

这 4 个标准应当成为教师选择和设计适宜学习经历的指南。陈述和定义这些标准很容易，但应用却很难。正如下个部分所要呈现的那样，教师可以对任务的不同维度进行操作，以满足这些标准。

3.2 设计活动任务

活动任务是每个学习经历的核心。活动任务指的是体育教育中组成学习经历的某些特定活动经历。当教师说：“进行传球练习，直到听不到球砸在你脚上的声音”，这时他就是在布置一项活动任务。学生所做与内容相关的事情就是活动任务。当学生执行活动任务的时候，他们也就与任务中具有特定目的并按某种方式组织的内容有了接触。活动任务的实质也无非就是“是什么”“为什么”和“怎么做”。教师不应该只说“去进行篮球运球练习”。如果教师不对分组教学情境下运球的练习方法和目的进行描述，那么该学习经历就缺乏重点。

活动任务由内容维度、目的取向以及组织结构维度构成，它们都为其提供了所需的要件：

① 任务的内容指的是学生需要完成的活动内容。

② 任务的目的取向指的是活动经历的性质或目的。

③ 任务的组织结构指的是对任务时间、空间、人员、器材的安排以及其他一切有利于任务进行的组织安排。

参看方框 3.2 中列举出的活动任务实例。

方框 3.2

活动任务实例

例 1 与你的搭档一起练习头顶二传，并让你的搭档站在高处看看你的球能飞多远。如果球下落到了一个比较低的位置，那么就接住它并重新开始。

内容： 头顶二传练习。

目的取向： 在不失误的情况下连续传递的次数。

续

组织安排：与搭档一起练习（没有其他显性安排）。

例 2 我们将要进行篮球 3V3 比赛，但却不使用篮筐。要想得分就必须在 3 次传递之后带球越过边线。一个小组由 6 个人组成，比赛场地为篮球场的半边场地；而且你们需要将这片场地两边边界的一边画成红线作为边线。要想赢就必须加快传球的速度。

内容：没有篮筐的 3V3 比赛；在移动中传接球。

目的取向：在移动中快速传接球。

组织安排：六人制小组；1/4 篮球场；每个小组 1 个篮球 / 由 6 个人组成的小组在 1/4 篮球场大小的区域内使用一个球进行练习。

在某些情况下，由于学习者既往经历和既定课堂常规的存在，任务的组织安排会出现“隐性”的情况。然而，无论这些组织安排是“隐性”的还是“显性”的（教师经手安排），它们总会以某种形式呈现出来。任务的每一个维度中都是任务设计的重要一环。教师通过对作为任务重要组成部分的它们进行操作，就能实现不同的目的和目标。

3.2.1 活动任务的内容维度

活动任务的内容维度是向学习者描述任务的内容（比如传球给搭档、打垒球或是对自己的表现进行评价）。从根本上来说，对内容的选择就是基于学习单元和课程目标的课程决策。教师所制定的某个经历序列能帮助学生从其本来的水平进步到教师想让其达到的水平。然而一旦教师做出了这些决策，那么他就还需进一步决定：

①学生在选择内容时要做的决策数量。

②学生在每个任务中的情感和认知参与程度。

教师通常不会为一次课程做出这么多决策。对教师来说，每一个任务都是一次独一无二的决定。

教师为某个任务选择内容的原因是他们认为让学生经历这些内容对其学习目的的达成非常重要。教师为学生制定的学习目的应当与第 1 章中所述的国家体育教育标准直接相关。正如第 1 章中所述，教师没有目的，可能并不能影响其向学生布置任务。但如果教师的目的明确，那么对任务内容的选择就会变得更容易。作为一名新任教师，你要教的内容可能会为你量身定做。既然这样，你就必须要确定出你所要使用的最佳任务，并且按既定学生群体的特点发展任务内容。

教师所布置的大多数学习经历都与运动技能的学习相关，或是与终身体育所必需的技能、态度和性情有关。教师首先会选择一个教学目标，接着设计出一个学习经历来帮助学生提高能力。有关内容编序的部分将会在第 5 章“内容开发”中进行讨论。有关设计学习经历以达成其他目的的话题也将在本章节中予以讨论。

校验选定内容的价值。教师选择的内容可能增强也可能削弱学习经历的价值。在选择内容的时候应当问自己下列的几个问题：

①如果学生参与到了这一内容（的练习）之中，这份学习经历能否会对达成我预先设定的项目学习目标有所帮助？

②这份学习经历是否对全体同学都有价值？这份学习经历对部分同学来说是否不具有挑战性，而对另一部分同学来说又太难？

③如果我对这一学习经历进行重新设计，将认知和情感参与都加入其中，那么对学习者是否会更有价值？

方框 3.3 中列出的便是任务内容重新设计的实例。经过重新设计的内容不仅关注任务的个体适宜性，还关注了对学习者参与度的提高。

方框 3.3

使任务的内容维度更合理

原始内容	改进后内容
当我说“开始”，大家就跳	我一发出指令，大家既可以选择跳也可以选择跑。谁能告诉我这两项技能之间有什么区别

续

<table>
<tr><th>原始内容</th><th>改进后内容</th></tr>
<tr><td colspan="2">教师判定并非班级中的每一个人都会跳，但班里的同学都至少会“跑”与“跳”这两种技能中的一种。选择了“跑”的那部分同学最终也能通过对这一技能的不断练习而学会“跳”</td></tr>
<tr><td>我借助墙面来完成热身活动</td><td>我们会用今天课堂的前几分钟来进行热身练习。每个小组分别负责设计针对身体某个特定部位的热身练习。我们会将大家设计的各个部分组合起来，我们在这一单元的学习中都会使用这套练习进行热身</td></tr>
<tr><td colspan="2">教师决定让学生以小组合作的形式来设计练习；通过这一方法，既能让学生体验到一个更为丰富的学习经历，还能将整个班级团结成一个整体来发挥作用。学生必须要运用自己在热身练习方面的知识，并通过与他人进行通力合作的方法来为集体做出贡献</td></tr>
<tr><td>教师向学生讲解如何进行头顶发（排）球并让学生到发球线进行练习</td><td>教师在向学生讲解完如何进行头顶发（排）球之后说：“你们当中的一部分人可能希望在发球成功率达到一定程度之前先在距网近一些的地方进行练习，之后再距离发球线近一些。”</td></tr>
<tr><td colspan="2">本例中的教师认识到了这样一个事实：即使学生的技能水平相当，但他们中还是有一部分人没有足够的力量将球从发球线发过球网。教师通过给予学生进行选择的机会而将技能水平个性化以满足每个人的需要。让学生进行选择也同样是为大家增加一次决策的经历</td></tr>
</table>

3.2.2 任务的目的设定维度

在进行目的设定时不仅要向学生传达任务目的，还需告知其练习的目的。大多数的教师都想当然地认为任务的目的或意图是“学习”某项技能或某个概念，但是学生对任务目的的理解则与教师的理解不同。举例来说，当教师在教授运动技能的时候，大多数教师会想当然地认为其目的应该是帮助学生改进动作形态或是教授技能该怎么做。但在大多数情况下，学生并没有朝着这个目的努力；他们还是对如何完成技能更感兴趣，而不是怎么做。如果让初学者觉得练习的目的是让动作完成得尽善尽美，那么他们可能就会失去信心。“如果活动任务的目的能在课堂开始阶段就告知学生，那么学生与教师对活动任务目的的取向可能就会更趋向一致。”

例：“我更感兴趣的是你是否能在演练中将这些线索都穿插其中，而不是你击球的力度有多大。”

大多数教师都希望学生能对运动技能更为熟练，但是学习者却无法通过短时间的练习就做到对某个任务的熟练。相反，他们只有经过多个阶段的努力才能做到熟练。举例来说，学生学习守备球的最初目的可能就是为了学习守备球时的合理身体站位。之后的目的才可能是手套的位置或是接球后的后续动作。正如第 2 章中所述的那样，“任务应适合于学生”这一观点的重要性被认为是学习中的一个重要方面。教师可以通过调整任务目的导向的方法确保任务成功完成，即在学生做到技能精通之前设置若干的短期目的。

例：

- “我现在并不关注球究竟去了哪里，我只想让你体会到这一刻的感觉。”
- “在你搞清楚怎样过渡之前，你要按照顺序一遍一遍过。在你将全部动作厘清之前，你不需要把每个动作都交代得这么清楚。”

通常情况下，教师在讲解完一项技能后便开始让学生进行练习或完成某个任务，然而他们却没有认识到设定练习目的的好处。举例来说，假设教师教授的是网球发球中的抛球技能，而且他已经对该技能中的关键点进行了讲解。这时，教师为了设定一个练习目的，可能会这么说：“使劲儿练，直到球能连续落在同一个点为止。”这样，练习就有了目的（图 3.2）。对于那些不是这么好辨别结果，或者那些对于全体同学来说都无法引起运动反应的技能来说，同样也可以设定练习目的。举个例子，教师可以这么说，“练习后滚翻，在你头晕之前不能停”或者“举出所有你能想起来的、用身体 3 个部分作为支点来保持平衡的方法”。这些任务都为练习提供了目的，使练习摆脱“为了练习练习”的窠臼。

图 3.2　该任务的目的是让学生接到教师抛来的球并将球打给同伴，同伴再打过来

将目的按照学生的要求进行个性化和个人化也是可以做到的。

当教师对目的进行个性化或个人化的时候，就意味着他们要使之适应学生的个体差异（举例来说，有些人可能希望以连续十次练习作为一组，而另一些人则更希望有一个更为缓和的练习模式）。目的的设定能督促学生更努力地进行练习，并客观地评估出他们的进步程度。目的的设定也能帮助教师更好地对学生在一项新重点任务准备期间表现出的反应进行分析、观察和评估。

在教师阐明任务的目的取向之前不能对其进行假设。教师不仅只有告知学生任务内容这一项责任，他们还要让学生明白该怎么完成任务，并向他们阐明任务的目的。下列几种既能向学生明确练习目的，又强调了练习质量的陈述方式就非常有用：

①“将过渡练得更为流畅。”

②“如果你不能在不看球的情况下连续拍球五次，那么你还要继续练习。”

③“先将精确度的问题放在一边，只管使出最大力量击球即可。”

④“我同样也在关注你将如何与你所在的小组（成员）合作完成这项任务。”

⑤“使劲儿练习，直到抛出的球能连续落在同一个点为止。”

⑥“为你今天的练习选择一个特定的目的，这样你就能在结束时对自己的工作（练习情况）进行评估。”

这些任务也传达了教师对学生优秀表现的期望。教师将其所设计任务的目的与学生进行共享，这样就能为学习者的学习经历拟定一个重点。

任务的重点越是具体确切，其目的导向也就越清晰。在教师将学生表现水平当作最重要标准的情况下，关注学生反应质量的后续任务（比如“使你的身体形态更为清晰”）就能为学习者设定一个明确的目的。这些类型的任务被称为“细化任务”，第 5 章将会对其进行讨论。这类重点更为具体确切的任务，其为学生安排学习线索的方式也是因人而异的。学生，尤其是初学者，无法一次性消化大量的动作信息。教师可以对表现目的进行逐个排序，这样有关做到优秀表现的主要信息就可以被率先掌握，那么表现自然也会越来越好。

一旦学生做好了对其表现进行测试的准备，那么一项重点在应用 / 评价的任务就能为其提供一个清晰的目的。应用 / 评价任务将学生关注的重点从如何做动作转移到了任务表现上面。应用 / 评价任务既可以被设计成“自我评估型”经历，又可以被设计成“与他人竞争型”经历。下面的例子就是对之前例子的改写，用于对应用任务的设计进行举例说明，同时阐明任务的目的取向。

①“看一看你需要多久才能使你的滚翻变得非常流畅，也就是说在你的头通过时不再需要停下调整。”

②“如果你做不到十次中有七次让球落在同一个落点，那么你还得继续练习。”

③“数一数你能找到多少种用身体三个部分作为支点来保持平衡的方法。”

④“当你准备好之后，就请你的搭档用检查表的形式对你的身体形态进行评价。”

注意：太早设计以应用/评价为重点的任务存在一定的风险。那样的话，无论是在高度竞争性的任务中，还是在“自我评估型”的任务中，学生都不会再对动作的质量这么关注。初始任务应当使学生更关注整体动作的含义而不是效果。

包含群组反应的任务，比如“以四人为一小组设计一段有氧舞蹈”，也应当有一个清晰的目的。在这个例子中，教师应当对以下问题做出规定：“学生的工作形式”“优秀舞蹈的顺序构成”以及“优秀小组工作的标准”。

3.2.3 任务的组织安排

3.2.3.1 环境安排

在分组教学中，教师必须对以下事情做出决定：

①学生是独自，还是与搭档或小组成员一起执行任务（人员）？

②他们需要练习多久（时间）？

③他们在哪里执行任务（空间）？

④他们将要使用何种器材（器材）？

这些都是有关组织安排方面的决策。他们为任务内容做出了环境方面的安排。教师对环境做出的安排不仅对活动任务本身的内容非常重要，同时也帮助该经历发挥出其对其他项目目的和目标达成的积极作用。“组织安排指的是在人员、时间、空间和器材方面做出的教学安排。”这些安排有时是显性的，有时则是隐性的。而且在对其进行设计时也应当有一定的目的。教师为达成特定的目标而对人员、时间、空间和器材进行安排。教师不应该低估环境安排在促进学习方面的重要性。Hough 等学者在 1975 年曾对教学有如下的定义：“为促进自身以及他人学习，而对人员、材料和现有资源进行安排的过程。”

3.2.3.2 人员安排

在体育教育中，人员安排包含下列决策：组内学生人数、组内骨干学生人数，以及教师的分组标准。

3.2.3.3 小组规模

小组规模和学习机会是密切相关的。在决定班级内学生组合方式的时候，可以考虑到以下组合方式：个人、搭档、小组（3 ~ 6 人）、大组（大于等于 7 人）和班级全体。

无论采用上述哪种分组形式，都不外乎以下两种活动形式：组中在某一时刻只有一位成员在活动，或是组内全体组员同时都在活动。举例来说，接力通常是一种小组形式的活动，但在同一时间却只有一位小组成员在活动。排球中的“接龙”游戏也是一种小组形式的活动，但全体组员却同时都在活动。

教师在决定小组成员数之前应当先问这样一个问题：“多少学生才能满足本任务的需要？”有些技能或经历需要的是一个小组，而不是一两个人（比如攻守兼备类游戏的经历就不是一个人单独能完成的）。然而，许多教师却为某些任务安排了超过其所需人数的大组。这样一来，学生们就必须共用器材，而且需要等待轮换。有时候，空间或器材的限制会令全体学生无法同时活动。有时候，那些在集体活动环境中收不到练习效果的学生，就需要被安排到教师监管更为严格的组织形式中去。还有时候，教师可能会给组中的某些学生安排一些非身体活动的任务，比如观察、互评或是合作完成任务等。同样，还给强调以下两点：

①教师要为没在活动的学生找到替代的活动方法；

②要打造一个能允许全体学生同时进行活动的环境。

3.2.3.4 分组标准

分组标准指的是学生分入不同组别的依据。下面“真实世界”方框给出的就是分组策略的两个实例，以及教师如何选择分组方案才能为全体学生提供一项好的学习经历。但不幸的是，大多数体育教育工作者所进行的都是随机、无标准的分组。对教师来说，分组是其能用来对学习过程施加影响的有力工具，然而他们在许多时候都没有利用好这一工具。在我们专业中，最具破坏性的学生分组方式是臭名昭著的。我们仍然让教师挑选队长，并让队长找出队内最好和最差的选手。

真实世界

分组策略在真实环境中的使用

小学

T老师注意到这样一种情况：如果让学生自己选择搭档，那么总会有一个学生是大家都不会选的；即使在“选择”结束之后还剩两个人都没有搭档，情况也还是如此。T老师认为与其不让学生自由选择，还不如在课前与一个较受欢迎的学生商量一下，让他选择那个最不受欢迎的学生做其这堂课的搭档，受欢迎的学生都以能被赋予这项工作为荣。

中学

SP中学所在的位置是一个各种族杂居的区域。虽然教师知道学生之间并不存在什么种族对立的情况，但如果让学生们自由组合，那么他们就会按性别和种族结成不同的小组。教师们为体育课堂制立了一个规则，即每个小组都至少要有一个种族和性别与其他人不同的成员。一开始的时候，各组要花很长时间才能做到这一点。然而，教师将“以此种方式结成小组”当作了活动开始的先决条件。这样一来，学生在很短的时间内就做到了这点；而且再听到几个男生说要加入“女生组”，或是非裔学生自愿加入“白人组”的时候，也就不觉得奇怪了。

设想这样一种情况：某个班级内共有25名学生，而他们从事某项活动的能力被分为五个层次。假如本单元的学习内容是篮球，处于第一和第二层次的学生能按普通规则进行5V5比赛。而处于第四和第五层次的学生则只能在修改后的规则下进行比赛。班级是男女合班，小组中也没有特别调皮捣蛋的孩子。你该如何处理这种情况？

大部分新任教师对这种情况的第一反应都是设置五个小队，并从每个能力层次各选择一人加入队中。正如本章开头说的那样，学习经历设计的第一标准就是“学习经历必须适合学生”。将 5 个不同能力层次的学生编成一支队伍，在这种情况下，无论对活动进行怎样的设计，这种学习经历对于绝大多数学生而言都是不合适的。“低水平的学生可以向高水平的学生学习”通常是为这种决策进行辩解的理由。学生也许会学习，但所学的东西可能大多与篮球无关。有时候，将那些技能水平较高的学生放在一个他们必须去适应低水平学生的环境中，他们也不会特别排斥。并且在某些情况下，低水平的学生还可以从高水平学术那里学到很多东西。有一种被称为“竞技教育”的体育教育教学方法，就有意识地将不同能力水平的学生编入一支队伍。接着教师就用一种的方法训练这支队伍，这一方法能确保队内全体学生的需求都能得到满足。在刚刚说过的篮球教学场景中，你也不希望有学生因他人一直失位所造成的传球失误而不断地受到指责。还有没有别的替代方案？这种情况该如何处理呢？

虽然研究表明按能力分组这一方法有利有弊，但它在技能学习领域仍不失为一种好方法。无论任务相同与否，教师都能按能力进行分组。学生在有机会进行选择的情况下也更倾向于按能力分组。除非学生的选择不具有社交意义，否则教师就应该认真考虑。多样化（不同能力水平混编）分组方法的效果不错，尤其在学生互教情景和合作学习（见第 8 章）中更是如此。然而，当处于学生技能水平跨度过大的竞争环境时，教师就应该尽量避免对多样化分组方法的连续使用。其他可供选择的分组标准包括以下这些：

①兴趣。一旦公布了备选任务，教师就应该认真地考虑“允许学生按照兴趣选择任务”这一议题。

②社交兼容性。教师在许多情况下都不得不将那些相处不到一起去的学生分开，并从社交关系的角度上对他们进行重新分组。

③身型。有时，身型对等与否对学生来说也非常重要。支撑类活动和对抗类活动都是应对身型因素予以考虑的典型例子。当身高成为决定性优势或劣势的时候，以身型作为分组标准就显得非常明智。

④偶然因素。有时，按照什么样的标准对学生进行分组已经没有意义。聪明的教师已经创造了许多随机分组的方法，用于取代费时的“报数”法。这些方法包括按学生所穿服饰的颜色分组、按生日分组，以及按照眼睛的颜色分组

等。如果教师希望其设计出的学习经历能让学生与那些他们一般不选择与之共事的同学一起合作，那么偶然因素就是一个很好的分组标准。“真实世界”就叙述了一位小学教师和一位中学教师按不同标准对其学生进行分组的情况。

3.2.3.5 时间安排

任务设计的时间方面关注的是学生在某项任务中所花的练习时长，以及谁来把控任务节奏的问题。时间是结构的重要方面，教师能利用其创造出更有效率的学习环境。

3.2.3.6 任务时间

即使是那些经验丰富的教师，也都很少有人能事先精确预测出学生在任务重点转移之前花在某项活动任务上的时间。然而在某些教学策略（比如站点教学法，见第 8 章）中，教师却必须提前做出决策。提前决策会使得时间安排更具难度，尤其是没有什么太好的方法对学生所需的时间进行预测，或是预测出学生在教师将注意力再次转移到其身上之前所能有效利用的时间。通过规定学生对某项技能的最低练习次数，教师可以确定若干技能的最低练习量；但却不应让学生按下列方式进行练习：在完成一组练习后还得停下等其他人练完后才能继续练习。

何时对学生任务进行变更或调整，在很大程度上都取决于教师观察到的学生反应情况。“教师不应让练习退化成毫无效果的反应。”无论是支撑学生持续练习的体能还是学生的兴趣（哪怕是对练习最有兴趣的人），都并非是无上限的。但若想让学生获得的反应具有持续性，还是要保证充足的练习时间。一旦学生的反应开始退化，很多能干的教师就会让学生停止练习，接着以评价的方式进行短暂过渡。这种评价往往会带来两种结果：一是继续之前的任务；二是在材料不变的情况下开始一个新的任务。

3.2.3.7 调和任务与反应

学生掌控任务节奏，就意味着学生在教师布置完任务后可以对任务的开始和结束时间进行自主安排。一旦教师掌控任务节奏，学生就得遵照教师的指令开始或结束某个动作。指令有时是口令，有时则是哨声、鼓声或是拍手声。教师对学生技能练习过程中的练习量、杆数或是步数都予以统计，这种情况一旦出现就意味着教师是在按照自己的节奏布置任务。一旦某项任务的节奏由教师掌控，那么全体学生都得在同样的时间，以同样的节奏执行练习任务。某项任务究竟是由学生掌控节奏还是由教师掌控节奏取决于教师所教授的技能种类（开放式还是闭锁式），以及任务的难易程度。由教师掌控节奏的任务类型可能更适用于那些闭锁式的技能，或是针对某项技能进行的介绍式通览（教师对技能要点进行“从头至尾”式的介绍）。

当教师掌控任务节奏的时候，他们就能选择适宜的线索，在这种情况下学生也更会追随教师而不从任务中掉队。对任务节奏的掌控能使教师更好地把握动作的速度以及动态变化的其他方面。许多年来，舞蹈教师们都是利用自己的声音和节拍器来确保反应动态变化的合理性，比如“前进——二——三，后退——二——三，转身——二——三”等口令。保龄球教师通过“拉球、后摆、弯腰、放手”等指令来告知学生完整的动作流程，教师的这些做法就是在掌控技能初次练习的节奏。很多优秀的体育教师在帮助学生进行初次技能尝试的时候，都会选择通过自己的声音和节拍而将技能的节奏和动态变化过程告知学生。

教师掌控任务节奏能帮助学生更好地记住技能指令的顺序，这是因为学生向来都是“令到即做”，而不会等到所有信息完备后才展开行动。正因为认知学习（见第 2 章）是运动技能学习的第一阶段，因此，指令的保留能帮助初学者在教师不再对任务节奏进行掌控的情况下制订出一个精准的运动计划。在复杂技能，尤其是在闭锁式复杂技能学习的初期阶段，由教师来掌控节奏是很有好处的。然而，对于开放式技能来说，由教师来掌控节奏则会摧毁伴随技能不可预知性而来的高质量；如果真的这么做了，那么就应当赶紧摒弃这种做法（Singer，1980）。“教师在掌控任务节奏的同时无法再扮演其他指导性的角色。”记住这一点也会很有用。

3.2.3.8 空间安排

教师对空间使用情况做出的安排非常重要，它能对任务目的的达成与否以及任务潜能的发挥与否起决定性作用。对下列问题的回答能在一定程度上决定空间的安排情况。

①什么样的场地能作为练习场地？

②如何对练习场地进行分割以满足学生需要？

③在空间中如何对人员进行组织？

3.2.3.9 确定练习场地

教师在一开始就必须要确定什么样的场地或体育馆才能被视为练习场地。如果教师忽视了场地划定工作，那么在没有清晰练习场地的情况下学生可能就要去很远的运动场或是只能在体育馆的边缘地带活动；在这些地方，学生可能就只是斜靠在墙上无所事事或是在吊在器材上玩耍。练习场地可以以自然边界或是人为划定的标记为界。

工作区域的选择在很大程度上取决于活动内容的性质。有些技能需要大块的场地，有的技能则仅需很小的场地就够了。对于那些不好控制的击打类活动来说，如果在室内练习，最好还是能对墙练习，这是因为捡球和安全问题都是必须进行认真考虑的因素。在许多情况下，教师为某些任务所划定空间的大小决定了任务的执行方式和安全性。在操作性技能中，那些需要发力与收力的技能会在很大程度上受制于空间的大小。如果某个学生与其搭档只能在网球场1/4 的区域练习击球，那么在这种情况进行的正拍击球练习似乎不像是击打，而更像是轻拍；这将会与在整个场地中所进行的练习大相径庭。

在幼儿教育方面更有经验的教师还知道另一个在空间方面需要考虑的因素，但不知为何他们却没有告知新任教师，那就是：对于年龄非常小的幼儿来说，大的开阔区域会令其感到不安。对于他们来说，大型体育馆有时候是非常可怕的。因此，很有必要将原本的大空间分割成能令儿童有安全感的较小空间。从心理学的角度来说，较小的空间能令个体更有安全感。同时，这也能帮助教师构建一个更高效的分组学习环境，这是因为组员在较小的空间里会具有更敏锐的感觉。其原因在于空间越小组员的感觉就越敏锐。如果没有大的护栏，那么椅子、交通锥或是箱子都可以作为空间分割工具。

3.2.3.10 划分练习场地

练习场地的划分涉及依据学生的需要对运动场地进行分割。教师这么做的目的在于控制每位学生的活动空间，这样一来全体学生就可以同时进行活动；同时，这么做在某些活动中还能起到削减空间以及降低力量与速度的作用。然而有时候，也有必要给学生机会去体验在更大空间内进行活动的效果。对于那些需要定向发力的活动来说更是如此。同样，在舞蹈和体操任务中也应对这点予以考虑。既能给予部分学生在更大空间内进行练习的机会，又能给另一部分没能用上大空间的学生安排有意义的任务；这对于教师来说，也是一项挑战。

空间的大小也是一项非常重要的组织安排决策，这是因为教师能通过对空间大小的调控来降低或增加某项任务的复杂性和难度，对班级和个人来说都是如此。在最大的活动空间与最多的活动人数之间应该有所平衡。我曾经就看到过这样一个场景：在某所高中的室内曲棍球课堂上，40 名学生中只有 12 名学生在活动，而另外 28 名学生则在一旁坐着。这种学习经历对任何学生来说，其价值都是值得商榷的。

空间中的人员组织。空间中的人员组织指的是对活动场地内人员所进行的空间编排。图 3.3 描绘的就是较为流行的几种人员编排方法。

现今对体育课堂参与程度最大化地强调，使得那些利用行、队和圈等队伍形态对人员进行组织的方法已经不如以前那么受欢迎。一来是因为组成这些队列形态会浪费大量的时间；二来是因为某些队列形态还会对同时活动的人数有所制约。

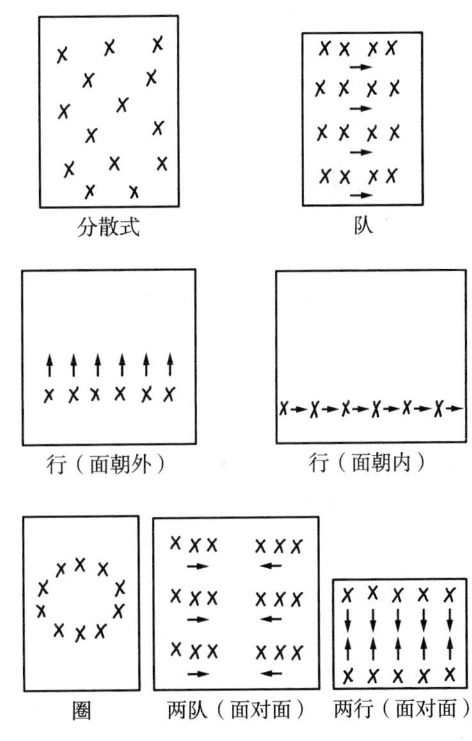

图 3.3　空间中的人员组织

在全体学生需要同时活动且无须对任务进行其他空间编排的情况下，分散式队列形态是一种非常实用的人员组织安排形式。命令各单个学生、搭档或是小组赶快找一个地方做准备活动，这样学生就无须在整队上浪费大量时间；而且这种方式也能充分利用所有场地。与在教师的监督下进行活动相比，这种夹在全体学生之间、与大家同时活动的方式可能会减少学生们的困惑。分散式队列形态也消除了部分同学作壁上观的情况，这正是其在集体教学条件下的优势所在，尤其在面对初学者时更是如此。

分散式队列形态的缺点就是教师无法像在其他更为正式的队列组织方式中

那样易于观察学生。除非教师对某位学生所在的小组都予以特别的关注，否则他很容易“消失”在人群中。有时，教师希望能用更正式的队伍组织形式来对学生进行组织。如果每位学生都能在教师主导的任务展示环节（比如对舞步的初次练习）中能得到相同的指导，那么成功率也会有所提高。在击打或投掷类技能的练习过程中，无论是采用与搭档合作练习的方式还是对墙练习的方式，如果打偏或投偏的球不会干扰到其他学生，那么这种方式就更为安全。在这类活动中，教师将会更多地考虑对前置线的使用。

集体游戏通常有着自己的队列组织形态。教师应当谨慎选择那些学生活动率过高的游戏。如果在技能练习时采用了高度组织化的队列形态，那么就得在学生组织上花费很多的时间，这对于技能练习本身来说是没有意义的。经常能看到这种情况：某位教师用了 7 分钟的时间才让学生进入了练习状态，结果却只练习了 3 分钟。

3.2.3.11 安排器材

对器材的采购与安排也是某项运动任务是否能达成其目标的关键决定因素（图 3.4）。在大多数情况下，尤其是在游戏和竞技活动中，器材分配的理想状况是人手一件，而对于某些专门器材，也得是两人一件。教师应当避免出现“人员组织和空间安排要受制于器材量”的情况。在一般课堂上，很少有儿童会与他人合用课本、纸张或铅笔。既然人手一件器材的做法恰当，那就不应当再让他们再合用器材。

图 3.4　教师可以对空间、人员、器材进行安排以使练习更为安全

在有关器材的决策中还应当包括这样一个，即决定是否为全体学生提供完全相同的器材（比如相同大小、重量和外形的球；舞蹈活动中相同的节拍器；相同高度的网等）。正如空间方面的决策那样，器材的安排情况也使任务有所

改变或调整。在排球项目中提升网的高度是为了引导学生多打控制球；反之则是为了鼓励矮个子或低水平选手多扣球。某些运动器材的组合鼓励在一个方向上前进，然而另一些器材组合则是鼓励。低龄和低水平学生能否成功高效地完成某项技能，经常取决于操作性器材的大小和重量。所谓的“标准化器材”也不是不可改变的。如果器材真的需要改进，那么哪怕只是一个人的意见，教师也应当严肃对待这件事情。有关器材的选择和安排不仅仅是一个组织细节，更是任务设计的一个关键因素。

3.3 组织形态之间的转换

在体育课堂上，最浪费时间的事情就是教师在不同组织形态之间所做的低效率转换。如果你想让本来独自活动的学生与别人结成搭档，或是对学生目前手里的器材进行变更，那么你就希望能有一个可以实现快速转换的策略。下列几个场景会帮助你思考出怎样才能实现组织形态之间的转换。

（1）器材更换。为学生准备好所有课上所需的器材，并将之放在几个方便拿到的地方，这样所有人就能同时更换器材。这样的话，即使只是发出一个简单的指令，对于大多数小组来说也仍然会非常有效；比如“拿着你的小球去换成放在呼啦圈中的大球，然后回到你原来的位置坐好。”如果学生有冲向器材的倾向，那么你就要同时下达几个指令，然而，更好的处理方式则是教会他们如何在不冲过去的情况下拿到器材。

（2）人员组织形式变更。如果学生正处于独自分散活动的状态，那么有几种方式能帮助教师重新对学生进行组织。最快捷的方式之一就是让学生停止活动。

（3）转移到新的练习场地并将队伍变成更正式的队列形态。有时候教师很希望学生能组成一种正式队列形态，比如圆圈式、面朝前的单行式或是面对面双行式等。下列指导方针将引发你对如何做到这点的思考。

①圆圈式。由于种种原因，在实践中我们通常无法做到使每一年龄段的学生都能手拉手围成一个圈。然而，无论是室内场还是室外场，大多数场地地面上都有为篮球项目画的圈。教师不仅可以通过让学生站在圈上的方式很快将学生围成一个圈，而且还可以根据需要采用集体后退的方式调节圈子的大小。

②面朝前的单行式。在进行舞蹈教学或对墙练习击打类或投掷类活动的时候，让学生排列成面朝前的一行（或是朝向墙）是很合适的。做到这一点的最简单办法就是命令学生“在蓝线上面向我站好”。如果没有线，就让学生在你面前排成一行；之后再调动他们面向你就可以了。

③面对面双行式。很多时候教师总希望学生能与其搭档进行面对面练习，因为这样所有人都会朝着同一个方向投、打或是踢，就不容易出现安全问题。教师可以借助下面的方法组成“面对面双行式”：先让学生找到各自的搭档，然后让各对搭档中的一人站成一行，接着再让各队搭档中的另一人面向各自的搭档站成一队。最后教师再通过让某行学生前进或后退的方式将两队距离调整至所需水平。如果地上没有画好的两道线，那么就先按照单行式的排法将各对搭档中的一人排好，然后再通过演示的方式告知他们另一人该站的位置。

3.4 学生在环境安排中的决策

学习过程中学生的参与程度，是在活动任务设计时会考虑到的一个关键要素。在对环境因素进行讨论的时候，学生通常会成为决策程序中的重要一环。他们既能进行自主决策，同时又可以在群体决策中发挥一定作用。方框 3.4 中所呈现的都是与任务环境安排相关的各类学生选择，考虑一下这些选择的可能性。

方框 3.4

与任务环境安排相关的学生选择的可能性

人员

- 与谁一起练习
- 如何选择练习搭档
- 与多少人一起练习

时间

- 什么时候开始活动

续

- 对选择好的任务练习多久后才能变换任务

空间

- 在哪里练习
- 需要多少练习空间
- 将边界设置在哪里

器材

- 使用什么样的器材
- 怎么对器材进行安放
- 需要对器材做哪些改进
- 需要用到多少器材
- 什么时候更换器材

一旦教师独自做出了有关环境安排、任务内容以及表现标准方面的全部决策，那么该任务也就成了“高度教师组织化”的任务，教学也会变成典型的直接教学。如果教师能让学生参与决策过程，那么该任务也就不会“高度教师组织化”，教学也会因此变得不那么直接。许多新任教师都会将任务结构认定为一个非此即彼的命题。但其实则不然。在具体的学习经历中，教师需要学会对任务的结构进行增加或者删减。

虽然某些学生在未经安排的环境中无法，甚至永远无法进行高效率地学习，但对“结构”这一概念的理解却不仅取决于学生高水平的自主学习能力。任何没有实践经历的学习者都需要多与“结构”打交道，直到其建立起某种情境下的一整套适当反应体系为止。适当的决策也是一种技能，它能将体育某个工作领域中的价值转到另一个领域中去。然而，决策也受来自内容经验方面的约束。

下列例子说明了环境安排在任务设计中的重要性。

例：一位执教三年级学生的教师已经在运动场地中带学生们学习了很多运动项目。在有一次课上，她先让学生们选择自己的搭档，接着去到体育场中的某个区域，再从球堆中挑选出一个球，最后开始进行投球和接球任务的练习。学生可以直接在这个区域进行练习，而无须在挑选搭档和器材的时候经历长时间的整队阶段。在对空间进行利用的时候，教师发现没有必要采用“排成行”或是其他更正式的队列组织形式。然而，在下一次课上，教师向学生们介绍了一些有关原创舞蹈方面的内容。教师介绍了身体不同部位空间动作轨迹的理念。她像学生们介绍了“路径”的概念并让学生们去到自己的场地进行练习。这一次学生们的练习就没有什么效率。在几秒钟之内，学生们没能做出任何有效率的事情。

教师在第二次课期间出现的是一种结构问题。对于学生来说，那是一个他们从未碰到过的全新任务。学生不具备有关某项任务适当反应的一个完整充足概念，因此也就无法独立处理相关的任务内容。在这种情况下，如果教师在之前能做到下列几点，学生就能从某些之前的经历中受益颇多。

①选择好需要用到的身体部位；

②利用口头指令或借助节拍器来掌控任务节奏；

③个人空间中的受限动作。

然后教师就可以在逐步解决结构问题的基础上鼓励学生独立执行练习任务。

究竟是将任务高度教师组织化还是鼓励学生参与决策，这同样也是一个课程方面的决策。参与到这一过程中的学生将会比纯粹进行技能学习和未参与到这一过程中的学生学到更多的东西。组织安排灵活性越高，也就更有可能符合个体的需要。证据显示，在那些高度组织化或由教师主导的环境中能更容易出现狭义上的“学习”（Good，1979）。然而，高度组织化的环境通常也就意味着会有大量的时间花费在行为组织方式上。

教师应当兼顾到这一时间序列中的每一个节点，对目标而言合适与否则是对各点进行操作的依据。对结构的需求取决于学生的能力、对任务的信心以及自主学习的能力。第 6 章的主题就是创设一种学习环境，在这种环境中，教师能以低组织水平的方式进行教学。除非学生能在无组织的环境中仍然能保持学习效率，否则就不能将其置于该环境之中。如果任由学生在毫无指引的自由中漫无目的地游荡，那么他什么决策技能都学不到。如果学生不能够引领自己，那么教师就应当提高组织化水平；而随着学生低组织水平环境应对能力的增长而逐步降低组织化水平。在有关决策和独立性的教学中暗含着对这些技能的培养。

3.5 运动内容的特点对学习经历设计的影响

体育教师工作内容的特点对设计学习经历有着重要影响。体育教育工作者都希望学生能养成一种积极锻炼的生活方式，因此其首要责任就是教会学生运动技能。体育教育工作者在培养学生运动技能方面有着独特的责任。教授运动技能的目的是为了提高学生体育参与时的技能表现。

在其所教授的运动技能内容方面，教师应当问自己的首要问题之一就是："怎样才算是对这一内容熟练呢？"如果问的是"怎样才算是一个熟练的投球手？"，那么几乎所有人都会给出相同的答复：一位熟练的投球手在大多数情况下都可以用球击倒瓶子，并且能用第二个球击倒第一次漏击的瓶子。如果问大家"高水平的保龄球手是什么样的？"，那么大家会通过对某人打出全中时动作的机械性描述（比如身体位置，以及配合动作不同部分的步法）来回答这一问题。如果第三个问题问的是"保龄球手如何针对不同比赛情况调整自己的技术？"，那么有关"SPARE"（全部补中）击打策略的信息将会出现在大家的回答中。

对这些问题的每一种回答都只描述了保龄球"技术熟练"这一概念中的某一部分。将这些回答组合到一起，我们就可以看到保龄球"技术熟练"这一概念的完整内涵：这 3 种回答分别描述了"技能表现效果""技能表现效率"以及"技能表现适应"的质量。这三部分共同构成了"技能熟练"这一概念。

"效果"的好坏是目的导向、目标以及活动的精髓。某次罚球是否有效取决于进篮与否；某次射箭有效与否则取决于是否命中靶心；某次防守是否有效取决于此次进攻得分与否。而运动技能有效与否则取决于是否达成了其目的。

“效率”高低描述的是技能表现。如果在技能执行者和场景都指定的情况下，技能动作依旧能以一种固定的方式准确完成，那么就可以说该技能得到了高效率地表现。许多技能都有着所谓的“最佳”表现方式。如果大多数人都能按照某一方式连续成功地表现出某一技能，那么这种方式就可以称得上“最佳”。某些运动项目中表现方式的变化正是我们始终在探索更好表现方式的证据，同时它也证明了不同人（尤其是儿童）的“高效率”表现方式也是不同的。“并非只有一种方式能实现固定高效”正是任务约束效应基础理论的观点。随着理论家在动作反应理解领域对动态系统理论和约束理论的倡导，这种差异便越来越明显。根据这一约束理论，动作是对任务（包括目的在内的任务本身的特点）约束、生理（体能）约束以及环境（与表现相关的情境因素）约束的反应（Kugler，Kelso，Turvey，1982；Newell，1986）。关于这一理论，有这样一个很好的例子：低龄儿童通常会用两只手来进行低手投篮，他们之所以这么做是因为如果用别的投篮方式，球对于他们来说就会显得太大，筐也会显得太高。所谓“固定高效”的方式也会随着任务条件和学习者特点的不同而有所变化。还有一个很好的例子，说的是让国家级羽毛球运动员进行后场吊球的故事。在比赛中，他们在吊球之前会先假装做出杀球的准备动作。而在对其杀球精确性有要求的测试环境中，他们就不会再做准备动作，而是在出拍之前尽量保持手臂的稳定。虽然使用固定的错误动作也有可能完成“高效率”的表现，但对于大多数人来说，使用错误的动作或技术很难一直保持“高效率”。

适应质量指的是执行者不断调整以适应相关技能表现条件的能力。对于那些在执行期间条件仍不断变化的技能来说，技能适应程度的高低就显得非常重要（比如篮球带球上篮、网球正手击球或是足球中的传球）。

如果问一个技术娴熟的运球手应该是什么样子，那么可能会得到方框 3.5 中所述的那些回答。描述篮球运球技能的回答可能会比描述保龄球的回答更为复杂。正因为篮球运球技能的运用环境几乎从不相同，因此它是一种非常典型的开放式技能。有关保龄球技术的回答之所以比较简单，是因它几乎就是一种纯粹的闭锁式技能，其运用条件保持不变。在保龄球运动中，技能执行者唯一要适应的就是打第二个球时瓶子的摆放方式。

方框 3.5

技术娴熟运球手的特征

效果

- 使球始终远离防守队员
- 通过运球为全队创造更好的得分机会

效率

- 运用手指指腹和手腕运球
- 在不动时将球控制在较为靠近持球手的位置，在带球移动中则将球保持在持球手的前方
- 在静止时始终保持膝关节弯曲

适应

- 适当变换运球方向以适应进攻或防守形势
- 适当变换运球速度以适应进攻或防守形势
- 适当变换运球高度以适应进攻或防守形势
- 选择合适的时间传球
- 将身体置于球与对手之间

对于诸如游泳和竞技体操一类的技能来说，高效率的表现就是其首要目的，而且能在很大程度上决定该技能表现效果的好坏。对于这类技能来说，适应并不是主要的问题。而在另一些技能中，适应却比效率更加重要。对内容目的和性质的了解，是进行该内容教学方法决策必不可少的条件。体育教育工作者会教授许多不同类型的技能，这些技能都有着不同的目的和熟练标准。这些技能可以被分为三类：闭锁式技能、能运用于不同环境中的闭锁式技能 / 半闭锁式技能以及开放式技能。表 3.1 对这三类技能进行了定义并分别举例。这 3 个类别之间的界限并未泾渭分明，有时教师在教授某项开放式技能时会先按闭锁式技能的教学方法进行教学。然而技能分组却能帮助教师对由各技能本质而

来的特定教学启示进行思考。

表 3.1　运动技能分类

内容分类	定义	举例
闭锁式技能	技能表现的环境条件在技能执行期间始终保持不变	网球发球 保龄球全中 排球发球 篮球罚球
能运用于不同环境中的闭锁式技能 / 半闭锁式技能	技能执行的环境条件在技能执行期间始终保持不变，但执行者却需在不同的环境中执行技能	保龄球二次击球 箭术 高尔夫 教学体操
开放式技能	在不断变化的环境中执行的技能	网球正手击球 篮球带球上篮 足球盘带 棒球守备

3.5.1 闭锁式技能

正如第 2 章中说的，Singer（1982）赞扬 Poulton（1957）所提出的闭锁式技能和开放式技能的概念。闭锁式技能指的是在封闭环境中运用的技能；封闭环境指的是技能执行者周围的条件在技能执行期间不发生改变。在某个闭锁式技能的执行期间，执行者可以专注于对技能进行自我调节（按照自己的节奏），并且通过自己身体的反馈指引自己的行动。虽然“闭锁式技能”和“自调节式技能”这两个术语之间可能存在理论上的差异，但实际上闭锁式技能通常指的是自调节式技能。保龄球、箭术、飞镖、篮球罚球、游泳中的跳水以及排球或网球中的发球都是闭锁式技能的代表。

要做到闭锁式技能的熟练运用需要“效率”和“稳定性”。每次都要按照同样的方式表现技能。高水平学习者做出的技能表现依靠的是动觉反馈（关节和肌肉同时作用）所提供的信息。如同所有的运动技能一样，闭锁式技能娴熟到一定程度后最终也会进入自动化阶段。

“闭锁式技能教学需要练习条件以及动作执行方式始终保持一致。”教师不希望条件的变异或变化影响到动作。即使是高水平的运动员也希望相关练习条件不变，比如练习地点、风速和风向、地面情况以及噪声水平等，总之，会对动作有所影响的练习条件都应保持不变。教师希望通过在稳定环境中进行重复练习的方式来培养闭锁式技能。他们希望能帮助学习者建立一种高效率的表现，继而通过这种模式来实现稳定性。但这并不意味着技能练习就是对某一动作无休止地训练和重复。正如第 2 章中所说的那样，目的是让学习者积极参与到练习之中，并认真完成动作的每一次重复。随着学生的逐渐进步，教师便希望能帮助学生培养技能的动觉意识，这样技能就能实现自我校正了。

正如第 2 章中讨论的那样，闭锁式技能究竟是该按整体教授还是应该分部教授，在这一问题上还存在很多争议。如果技能非常复杂，那么就该实行分部教授。然而，除非涉及安全问题，要不然学生还是应当首先对技能进行整体练习。教师应注意避免在许多例子中出现的那种情况：动作，尤其是流畅动作的节奏可能会因分部练习的过度使用而遭到破坏。整体动作与经过组合成整体的动作是不一样的：对于大多数复杂技能来说，某一动作成功的种子就蕴藏在前一个动作之中。不能将分部练习当成理所当然。如果有可能的话，还是应当对技能进行整体练习。而且，“先整后分”这种练习方式的难度小于“先分后整”的练习方式。

闭锁式技能只有通过高效率的技能表现才能产生效果。闭锁式技能的表现很少或几乎不需要适应什么，这是因为其表现条件在实际中始终是相同的。

3.5.2 能运用于不同环境中的闭锁式技能 / 半闭锁式技能

有一些技能需要执行者适应不同的环境（却不是不断变化的环境），但其本质却是闭锁式或自条件式技能。保龄球中的二次击球便是本质为闭锁式技能，但同时还要适应瓶子的不同摆放方式。在高尔夫运动中则要适应不同的俱乐部，离洞的距离以及不同的地表情况。这些技能就是所谓的“能运用于不同环境中的闭锁式技能 / 半闭锁式技能”。

对于那些必须适应不同环境的闭锁式技能来说，要想达到娴熟表现就必须要做到以下两点：首先，要在相对简单的条件中学习技能；其次，要在该技能必须适应的不同环境和条件中进行练习。在学生对某一技能进行调整以适应不同条件的时候，应将表现适应的理念加入到表现稳定性的理念之中。有时适应能力指的就是用途多样（Barrett，1977）。

当特定的闭锁式技能运用于不同环境中时，可以先将它们当作纯粹的闭锁式技能来教授，接着再到不同的环境中进行练习。是否还要对这些技能进行分部练习则取决于其复杂程度和流畅性。技能能否适应环境则取决于其是否有在不同环境中进行练习的机会（比如，保龄球中的二次击球或是高尔夫球中的沙坑救球）。

3.5.3 开放式技能

开放式技能的执行环境在技能执行期间是不断变化的。开放式技能的例子就是网球正手击球、篮球运球、棒球接球以及舞蹈中与搭档的互动。开放式技能通常都是自调节式的（时机由环境控制），并且高度依靠执行者快速处理知觉（最主要的是视觉）线索的能力。娴熟的执行者可以阅读环境并调整技能以适应不断变化的条件。

在有关开放式技能是否应先当作闭锁式技能进行学习的问题上，还存在很多争议。开放式技能非常需要先在极为简单的条件下进行学习。有时候这就意味着要对技能的性质进行简化，在使之更闭锁的同时也使其环境更为简单（比如在击球练习中用球座代替投来的球；在没有防守人的情况下进行篮球运球；或是进行无球练习）。正因为开放式技能需要执行者对知觉线索（比如来球或是其他队员）进行处理，因此就不能保证那些能在封闭环境完成技能的学生也能在开放环境中完成；但对许多技能来说，处理知觉线索只是第一步。开放式技能不应长时间在封闭的环境中进行练习。

一个出自高中女子篮球队的例子就证明了长时间在封闭环境中进行开放式技能练习的弊端。在这个例子中，有一个队员在每次传球之前总要先将球放至胸前传球位置。这就使得防守队员能封锁住传球线路，并能严重遏制其快速传球的速度。虽然很难说在球员传球技术与传球技术学习方式之间有着必然的因果关系，但却很容易得出这样一个结论：她一定是按照闭锁式技能的练习方法（比如她只用胸前传球这一种方式）来进行传球练习。如此一来，她就无法根据实际情况而对传球的高度和方式进行调整，在传球之前她能想到的就只是先将球放至胸前传球位置。

开放式技能的表现包括两个因素：

①执行者必须选择正确的反应；

②执行者必须能高效而有效地做出这一反应。

这两者都是教学中的重要部分。要想做到这样，练习环境就必须是变化的。教师的工作就是在学习的早期阶段降低知觉领域的复杂度，并且帮助学生明确“动作必须随难度的逐渐增加而改变”这一观点。

3.6 设计安全的学习经历

任务安排的本质特征之一就是要保证任务的安全性。在分别对任务内容、任务目的设定维度以及任务组织安排做出决策的同时，都要考虑到任务安全程度的高低。所有这些因素共同构筑了任务安全性的基础。

保证学生安全是教师的责任。当让学生做某件事的时候，教师必须确保这件事不会以任何方式对学生造成伤害。虽然在体育教育教学内容中存在着一定的风险，但可以采用以下防范措施来极大程度地降低风险：

（1）确保所有学生都拥有完成技能的先决条件。让学生去尝试一种其不可能成功的技能是不安全的。并非所有的学生都做好了进行体操跳马或接住又重又快来球的准备。有些学生做不到大多数学生都能做到的事情，如果在你班级里有这样的学生，那么你就必须对任务进行个性化。

（2）在任何任务中都不能让学生处于“失控”的状态。对于所有的学习经历来说，都要依据目的而对活动进行控制。允许学生冒冒失失地挥舞球棒、棍子或球拍，或是允许学生在器材或垫子上腾空，这些行为对于他们自己或其他人来说都很危险；无论教学内容是什么，都不能允许学生以这种方式活动。

（3）教学生如何安全地执行（活动）任务。在体育教育中，教师能教会学生如何安全地进行活动。

①帮助学生意识到活动中其他人的存在，并对其能波及他人的动作进行调整。

②使学生意识到处于飞行状态中球的危险性，继而加强对球的控制。

③教会学生不再用扔的方式归还别人的器材。

④教会学生控制好体操动作后续的落地动作，并教会其有控制地完成落地

动作。

⑤教会学生懂得这样一个道理：在课堂上不允许学生以任何形式对其他学生、垫子或别的东西进行“撞击”。

⑥教会学生遵守“除非教师让他们这么做，否则在别的学生做动作期间就不能上前帮助”这一原则。

⑦教会学生懂得：“在挥动任何器材之前都要环顾四周以确保空间充足”的原则。

⑧教会学生懂得“要离开器材休息，而不在器材上休息”，以及“在得到允许之前不使用大型器材”的原则，这样他们就不会试图在器材上“干蠢事”了。

（4）对环境进行安排以保证活动参与和技能练习的安全性。任何教学内容本身都具有一定的安全隐患，教师在安排任务之前都必须要仔细考虑。举例如下：

①如果体操中有从高处落地的动作，那么就一定要放置垫子。

②在墙或其他障碍物之前必须设置好终点线，这样学生就有减速的时间。

③箭术活动中，在距离起射线不同远近的位置上都要放置箭靶。你也不希望学生搞不清起射线的位置。

④凡是需要学生挥动器材的项目，必须要有足够的空间来保证安全。

⑤高速移动的物体绝不能“不小心”碰到其他学生。

⑥如果学生在同一空间内同时进行移动，那么就必须教会其安全移动的方法。

⑦对于需要进行身体接触的活动来说，要考虑到一起活动学生的块头和体重。

3.7 教师为学生安全应负的法律责任

教师应对学生的安全负责任。代表学生进行的责任诉讼，其主题通常都是教师过失问题；在某些案件中，还会牵涉到教师虐待学生的情况。体育教学内容的特殊性会使得学生受伤的情况更易出现。只要学生受伤，无论是有意为之还是由教师过失造成，学校领导和学校都要负法律责任。如果教师的惩罚方式过于残忍、野蛮、频繁，又或是其施以惩罚的原因充满恶意和愤怒，抑或是其惩罚的目的是伤害学生，那么法院就是认定教师犯了伤害和殴打罪。

在学生伤害诉讼中通常还会包含对责任人过失做出的侵权索赔。侵权行为法是个体在因他人不合理行为而受到伤害的情况下，可以依据其进行索赔的法律。虽然在美国每个州的侵权行为法都不太一样，但它们都是基于一个法律前提，即“个人有对其伤害到他人的行为做出赔偿的责任”。为了证明教师确实存在过失行为，学生必须向法庭证明所发生的事情并非是教师有意为之，同时这件事也不是教师行为的预期结果。控告教师过失的案件必须证明：

教师并没有在高风险情况下对学生进行保护；教师履责失败的原因在于未能实行一个合理的照看标准；在违背职责和伤害后果之间存在着因果关系；过失必须造成实质性的身体或心理伤害。

在法庭上，要想将伤害的原因归咎于教师过失，那么就必须先对上述四点进行证明。

法庭都知道我们的教学内容有其固有的风险，但他们也知道教师会采取谨慎的行为以降低这种风险。在体育教育类案件中，传唤专家证人的原因通常是为了确定教师的行为是否符合“最佳做法”的标准。特别是教师有没有做出体育教师应做的行为来保护学生，对学生不管不问、让学生必须做其明显未做好准备的技能、纵容学生无休止地恶作剧、允许学生用球砸人又或者是在气恼时抓住学生，如果真的存在这些行为，那么教师就再也无法对其行为进行辩护。像这样的课文教学方法就在某种意义上明确了“最佳做法”的内涵。你在将学生置于危险之中的同时，其实也是在将你自己置于必须承担法律责任之中。

3.8 总结

（1）学习经历指的是一整套的教学条件和项目，能够构成学生的学习经历，并与教师特定的教学目标息息相关。

（2）四大标准应当作为设计学习经历的第一道门槛：学习经历必须有提高学生运动表现的潜力；学习经历必须能为所有学生提供最长的活动或练习时间；学习经历须适于任何经验层级的学生；在可能的情况下，学习经历都应当兼顾技能、认知和情感三个领域的教育目的。

（3）活动任务指的是教师让学生做的事情，即活动内容。

（4）活动任务有三个组成部分：内容维度（任务的活动内容）、目的取向（练习或表现的预期目的），以及组织结构维度（内容进行时的种种条件）。

（5）学生可以对内容做出选择。如果只有很少的学生才能对任务的内容进行选择，那么这种任务就被称为限定性任务。随着更多的学生拥有选择机会，任务就逐渐变成了非限定性任务。将任务调整为限定性任务的时机取决于教师对内容的选择和学生的能力。

（6）活动任务中学生情感参与程度的提升主要依靠任务设计和任务的个体适宜性。任务能否为学习者带来积极影响，既取决于学习者的能力和信心，又取决于其在任务中的社会和情感参与情况。

（7）任务的目的设定阶段主要包括两项工作：一是将短期的练习目的告知学生，二是为每一个任务都设定相应的目的。

（8）环境安排指的是在人员、时间、空间和器材方面做出的教学安排。设计环境安排的目的都是为了实现特定的学习成果。

（9）人员安排包括三个部分：组内学生人数、组内骨干学生人数，以及教师的分组标准。

（10）任务设计的时间方面主要考虑两个问题：一是如何把控任务节奏（教师掌控还是学生掌控）；二是变换任务之前在某一任务上允许花费的最久时长。

（11）空间安排包括活动场地的确定，以及在已定场地中进行人员组织。

（12）一旦教师对所有有关环境安排和内容的问题都做出了决策，那么任务就是高度组织化的。如果允许学生做一部分决定，那么任务的组织化程度就会下降。在教学决策的过程中，还要对提高或降低组织化程度的时机做出决定。

（13）可以从“技能表现效果”“技能表现效率”以及“技能表现适应”三个方面对运动活动中的“技术熟练”这一概念进行描述。

（14）有效表现指的是达成其本身目的的表现。如果在动作执行者和场景都指定的情况下，动作依旧能以一种固定的方式准确完成，那么就可以说该动作的表现高效。适应质量指的是执行者不断调整以适应相关技能表现条件的能力。

（15）体育教育领域中的运动技能可以被分为三类：闭锁式技能、能运用于不同环境中的闭锁式技能/半闭锁式技能以及开放式技能。

①闭锁式技能指的是那些在技能执行期间环境始终保持不变的技能。练习条件以及动作执行方式始终保持不变。

②能运用于不同环境中的闭锁式技能/半闭锁式技能的执行环境是可以预见的，但每次执行的环境都与前次不同。能运用于不同环境中的闭锁式技能/半闭锁式技能首先要在简单的环境中练习，然后再为学习者提供在不同环境中进行练习的机会（比如沙坑障碍、保龄球中的二次击球）。

③开放式技能的执行环境是在技能执行期间是不断变化的。练习条件必须足够复杂，并且还要进行不断变换。

（16）对器材数量、器材种类和器材安放所做的安排都是器材安排工作中的组成部分。

（17）教师通过对学习内容及其呈现方式的选择，以及对学习条件安排，来确保学习环境的安全性。

3.9 课后自测

（1）对于学习经历的四个标准，分别从体育教育环境中举出一个正例和一个反例。

（2）写出为发展某项运动技能而进行的一系列相关活动任务。对于每一项任务来说，都要标注出其内容、组织维度以及目的导向。如果任务的组织维度隐含在学习经历中，那么就要用括号的形式将其呈现出来。

（3）列出同一个内容领域的五项任务，并按照学生选择内容的多少对其进行排序（从小到大）。

（4）之前介绍过存在 4 种不同的方式可以将学生纳入内容决策之中，将它们列出来，并且从同一个内容领域中分别进行举例。

（5）你可能会为一次体育课设定很多的情感目标，列出其中的 4 个，并为每个目标分别设计一个活动任务以促进该目标的实现。

（6）设计一次以 4V4 篮球比赛为内容的学习经历，其中至少要涉及下列概念中的一个：以某种积极方式鼓励队友的能力、以理性方式解决争议判罚的能力、无论输赢都保持风度的能力或是用好全队所长的能力。

（7）教师决定小组成员数量的依据是什么？

（8）以技能水平作为分组标准的优缺点分别是什么？

（9）教师如何决定进行下一任务的时间？

（10）教师掌控任务节奏和学生掌控任务节奏的区别是什么？各自的优缺点分别是什么？

（11）任务的空间安排怎样影响学生对任务的反应？

（12）分散式队列形态的优缺点分别是什么？举一个活动任务的例子，在这个例子中，行、圈、行（面对面），以及两队式等空间中的人员组织形式都得到了合理运用。

（13）教师做出器材改进决定的依据是什么？

（14）学生在某项学习经历的组织安排方面可以做哪些决定？教师将这些决策权转给学生的标准是什么？

（15）从效果、效率和适应性方面，描述对篮球带球上篮或网球正手技术来说何谓“技能娴熟”。

（16）列出 20 种体育技能，并将其分别归入闭锁式技能、闭锁式技能 / 半闭锁式技能以及开放式技能门类之中。

（17）教师在教授闭锁式技能时应遵循什么指导方针？开放式技能呢？闭锁式技能 / 半闭锁式技能呢？

参考文献

Barrett K. Games teaching：Adaptable skills，versatile players. ***Journal of Physical Education and Recreation***，1977，47（7），21-24.

Good T. Teacher effectiveness in the elementary school. ***Journal of Teacher Education***，1979，30（2），52-54.

Hough J B，et al. ***What is instruction***? Unpublished manuscript，Ohio State University at Columbia，Faculty of Curriculum and Foundations，1975.

Kugler P，Kelso J，Turvey M. On the control and coordination of naturally developing systems. In J. Kelso & J. Clark (Eds.), *The development of movement control and coordination*. New York: Wiley, 1982.

Newell K. Constraints on the development of coordination. In M. Wade & H. Whiting (Eds.), *Motor development in children: Aspects of coordination and control*. Dordrecht, Netherlands: Martinus Nijhoff, 1986.

Poulton E C. On prediction in skilled movement. *Psychological Bulletin*, 1957, 54, 467–478.

Singer R N. *Motor learning and human performance* (3rd ed.). New York: Macmillan, 1980.

Singer R N. *The learning of motor skills*. New York: Macmillan, 1982.

任务表述

概　述

在第 1 章中，我们叙述了教学的一个关键功能——学习任务的表述。大多数学习经历都是通过任务表述来告知学生其所要参与的（学习）内容。“学习任务”描述了教师在“学生如何参与内容”问题上的所思所想。“活动任务”则是要求学生通过肌肉运动的方式参与到任务之中。向学生表述活动任务的能力是教师最应当提升的技能之一，只有这样，才能促进学生对内容的适当参与。本章所讨论的内容是“一个好的任务表述应当具备什么样的特质”。尽管之前已经探讨过与任务表述相关的管理和组织问题，然而本章仍要在“提升任务表述清晰度”和“为运动任务选择和组织学习线索”两个问题上投入大量篇幅。学习线索是学生在内容学习中取得初步成效的主要因素。

▶ 标准 4：授课与管理

体育教师候选人利用有效的沟通方式和教学法技巧、策略以促进学生的参与和学习。

——《新任教师教学标准》（NASPE，2008）

每个人都有过观摩或亲身参与某种课堂的经历，在这种课堂上，教师能激发出学生的优异表现。受益于优质的教学，学生能高水平地参与进内容之中，并能在短时间内做到技能娴熟。同样，大多数人也经历过这样一种课堂：教师的任务表述有误，导致要浪费大量的剩余课堂时间来纠正沟通的错误。“学生不知道要干什么有时候是因为他们没有听讲，然而更多时候则是因为教师在任务表述时重点不突出或是不够清晰。”对于活动任务来说，沟通更是至关重要。在学习这类需要进行准备和练习的内容时，清晰表述任务的能力更是不可或缺。

不管任务内容的类型如何，任务表述都是交流的一种运作方式。在某些场景中，教师仅仅说出任务的名字或是对其进行快速描述；之所以会这样，是因为教师假定学生已然经历过需要类似反应的任务。然而，在大多数教学情境中这种假设都不成立。因此，本章重点关注那些与任务表述的某项方面相关而学生又不太熟悉的理念。

4.1 吸引学生注意力

“学生必须认真听取任务表述，这样才能从中受益。”这一点看起来似乎没必要专门强调。然而不幸的是，在几乎所有的体育场馆中，教师都要使自己的声音盖过学生才能与之沟通，这是因为在这种环境中，其他的沟通方式都是无济于事的。除非教师能抓住学生的注意力，要不即使是世界上最好的任务表述，也一文不值。

使得学生在任务表述时不专心的因素有很多（图 4.1）。即使教师对其中一些因素无法控制，然而他们还是能防止许多导致学生不专心的原因。下面的部分就探讨了一些导致教师无法吸引学生注意力的原因，并且对教师可以利用以更好吸引学生注

图 4.1　在教师背后的学生可能就无法看到或听到。教师在哪里表述任务会更好呢？

意力的某些方法予以了讨论。

4.1.1 设立信号和流程

如果你与学生们共同设立了一套信号和流程，那么你就会很容易地吸引他们的注意力。教师应当有自己的一套课堂例程，这样学生就能知道什么时候开始上课。学生有时候会聚集在体育馆或外面的某个地方。必须有一个能让学生舒服坐着的地方，而不是让他们坐在湿漉漉的草地或沙子上。学生必须站着或是坐着不舒服的时候，教师就很难使学生保持专注。如果教师想让学生在练习全程中都保持专注，那么信号的存在就很有必要。哨子在大型场地中的作用非常明显，然而其作用却不能用来替代学习环境对学习的有利作用。许多教师都发现哨子在小型场地中不仅没用，而且还会破坏学习气氛。教师应当教会学生对信号（拍手、鼓声或是教师举起的手）或教师提示注意的口令有所反应。如果学生听不到教师的声音或是拍手声，那么可能就意味着课堂太嘈杂或是场地太大。

如果你觉得自己不能很轻易地吸引学生的注意力，那么你可能需要腾出点时间来建立一套程序或信号。你需要向学生说明自己的意图，并与学生一起对某个信号进行演练，直到其能明确这个信号的意思是“安静”或“注意”（图4.2）。如果学生的注意力不集中，那么教师就不该继续上课。学生在嘈杂或纷扰的环境中也无法将注意力集中在教师的表述上。如果噪声来自课堂，那么教师就不应当再尝试让学生进行比赛。教师通过大声呼喊来让学生安静的方法可能会奏效一次或两次，但很快就不再有效了。

图 4.2　有时幼儿体育课的课前准备就是降低学生的兴奋度

还存在一些不受控制的干扰因素，教师对其的处理就会更加困难。两个班级共用一个设施、工人换电灯泡、场地中有狗或是飞机从头顶飞过等；一旦遇到这些情况，教师就必须尽可能想办法排除这些干扰因素。即使所有办法都没用，教师也得发挥自己的创造力，总归要进行应对。教师将干扰作用最小化的方法之一就是减小学习分组的规模，并让学生离教师更近，这样学生就能将注意力从干扰因素上移开。“我知道在房顶上有工人的情况下你们很难坚持听讲，但我们可以尝试一下。”能这么说的教师就更能吸引学生的注意力。

方框 4.1 包括一个任务介绍的例子。

方框 4.1

任务表述示例

Liz 是四年级学生的老师，她现在正准备带领学生学习一个新的单元——球拍击球。学生一进入体育馆就开始偷偷地看地面上那些一堆堆间隔排列的球拍。他们很想知道“今天会不会打球啊”。如同平常一样，Liz 先让学生们在体育馆的中间集中。当全体坐下之后，Liz 用正常音量说：“大家注意一下好吗？”她等了几秒，等学生们都看向她的时候便开始上课。

“今天我们开始学习一个新的单元——球拍击球。本单元的学习时间会持续几个星期。你们知道哪些要用到球拍的运动啊？”（学生举出了一些例子）

“我准备了一份录像带，其中展示了一些需要用到球拍的运动项目。当这些运动项目展示完之后，我会停止播放并看看大家能认出几个项目。”（教师准备的录像带中展示了网球、短柄墙球、羽毛球、甲板网球以及壁球，并让学生说出这些运动项目的名称）“在这些运动项目中有几种是你们玩过的啊？你喜欢哪些项目啊？”

“所有这些运动项目都需要你对球拍和击打目标进行控制——你必须让击打目标去你想让它去的地方。我们今天就开始，学着逐渐对球拍和泡沫球进行控制。”

“我说‘开始’，你们就拿上球拍和球去到场馆的某个位置——找一片练习场地——并告诉我你准备好了。开始！”（学生完成了组织任务）

“一旦我说‘开始练习’，大家就尝试着在自己的场地里用球拍拍球。

续

（教师示范用球拍往下拍球的动作，注意在示范中保持前跨步姿势、膝盖弯曲以及拍面水平）你想做到对球的足够控制，这样你就不会再跑出自己的场地了，同时你也能保持不间断地拍球。（教师示范什么是'失控'）谁能向我展示一下什么是'控制'？（教师让一位学生做任务示范，并指出任务的关键点）好，控制得很棒——一直在拍球，而且你也没离开自己的场地太远过。大家都站起来，试试看自己能不能在自己的场地控制好球，用球拍往下拍球。"

4.1.2 学生专注于其他环境因素

许多时候学生不专注的原因是因为他们的注意力被环境中的其他人或干扰因素吸引了过去。那些教学对象为幼儿的教师更是"日子不好过"，他们还要同儿童手中的东西（比如球、绳索、豆子袋）或附近的器材（比如垫子、杠、网）相互"竞争"。教师可以通过设立课堂流程来避免某些问题的出现，具体方法则是让学生利用手头的东西做一些事情（比如，让学生将豆子袋放在面前的地上）。如果给予这些幼儿足够的时间来搞清楚这些东西的性质，那么他们就不会再试图将豆子拿出袋子或是揪出球中的海绵了。

教师可以通过将下列事情变成课堂常规的方式来解决许多有关注意力的问题：任务间的休息，远离垫子、器材和墙等。如果学生未以搭对或小组的形式进行活动，那么他们就不该在别人旁边休息。从长远来看，教师花时间构建和强化的标准流程能避免很多问题的出现。

对那些年龄大一点的学生来说，教师就可以要求其集中注意力。在我们的预想中，大一点的学生可能会不受环境中干扰因素的影响。即使教师们能摒除外在因素的影响，但如果想让学生们始终保持专注，那么他们还要对导致不专注的内在因素进行控制。

4.1.3 无法听到或看到

许多时候教师无法集中学生注意力的原因在于学生们听不到或看不到正在

发生的事情。由于害怕浪费时间，因此许多教师都不愿将分散在大型练习场地各处的学生集中到场地某一点来传达任务。在全体学生都能听到、内容简短且所涉及概念不新颖的情况下，上述那种做法还是可以接受的。反之，如果这三个条件中有一点得不到满足，教师就不能采用上述做法。然而，为了节省有效活动时间，教师还可以采用将学生集中到较小区域的做法，这样也可以有效地传达任务。

教师必须对另一个经常出现，尤其是在户外环境中经常出现的问题予以关注，那就是：太阳光会损害学生的视力。对这种情况，有时候学生会抱怨几句，但通常他们都只会默默忍受。教师应当让学生始终处于背对太阳的位置。

4.1.4 时间利用率低下

教师可能会发现这样一种情况：他们在一开始吸引住了学生的注意力，然而随着时间推移，学生的注意力也慢慢分散。之所以会出现这种情况，很多时候都是因为教师设计的这一学习经历未能达到第 1 章所述学习经历标准中的条目。注意力衰退的原因通常都是因为教师用了 5 分钟来做本应在 1 分钟内完成的事情，又或是因为教师只会纸上谈兵而不付诸行动。

幼儿教师必须首先要知道“儿童注意力集中时间短，而且在进行活动的体育馆中更短”这样一个事实。使得任务表述有效的秘诀就在于简短。幼儿天性好动，因此，如果教师要和他们沟通的东西很多，那么还是要在活动的同时或活动各周期的间歇时进行沟通，才能取得良好的效果。

年龄大一点的学生能更长时间地集中注意力，但这并不能成为教师任务表述效率低下的理由。年龄大一点的学生对低效率有着更高的忍耐力，但这并不意味着他们听进去了。这些学生可能不会将自己不感兴趣的状态过分地表现出来，但却不会理睬老师。人们一次能接受的信息量是有限的，尤其是新的信息。高年级学生的教师必须在内容沟通和激发学生积极性方面花费更多的时间；但还是要避免长时间的喋喋不休，而是应当在活动间歇有针对性地与学生进行“短时间、高频率”的沟通。

4.2 内容排序与任务组织

教师对内容的排序和对任务的组织能决定学生对任务的反应。任务表述通常要包括：任务该怎样执行（包括目的导向）以及任务练习方式的组织安排。教师在任务表述的过程中将这两类信息进行混合的倾向。这会对学生造成困惑。如果在任务表述中没有将这两类信息混在一起，那么任务表述就会更加清晰。

例：有问题的任务表述

“今天我们要学的内容是地滚球防守。我们会与自己的搭档一起练习。在你防守地滚球的时候，你必须保证自己站在球后面的合适位置上。如果球过了你，那么就会越过那边的斜坡。”

在这个例子中，教师首先说出了要练习的技能，然后又给出组织安排形式。然而，一旦说出“搭档”这个字眼，大部分学生就什么别的都听不到了。他们要不就交头接耳地寻找搭档，要不就想方设法地猜测教师拟定的搭档挑选标准。

一旦任务中包含有组织管理的方面，那么教师就需要将组织管理方面与任务的内容方面分开。新任教师在初次教学时不能指望学生们学得又多又快。在对复杂任务进行表述的时候，教师应当首先叙述任务的组织方式，接着要等到学生们组织好之后再阐述任务的内容方面。如同下例：

例：将任务的内容与组织安排方面分开

“我们今天会与自己的搭档一起练球。当我说‘开始’，我希望你们能紧挨着自己的搭档在活动区域坐好。”教师等待学生们找好搭档后继续听讲。“搭档中一位同学走过去拿一个球，再回搭档身边坐好。”教师在一旁等待，直到学生们依照指示完成任务组织工作。“我们要学习给移动中的接球人传球……”

假以时日，许多小组的学生都能同时处理好这两件组织工作（选择搭档和拿球）。如果学生做不到，那么教师就必须将组织工作进行分解。有关组织方面的指示并不一定非要在阐述内容之前发出。在学生对自主挑选搭档和器材有所期望的情况下，将任务的组织方面与内容方面分开才是有用的。

“如果练习的组织形式对任务执行意义重大，那么组织安排就应在任务表述中占据一席之地。”举例来说，如果搭档分站排球球网两侧进行抛球过网后击球练习，那么学生就要知道球过网的时机，而抛球的人则要接住打回来的球。在这个例子中，学生是在进行一项排球技术的练习，教师安排的组织形式较为特殊，因此必须要提前与学生做好沟通。如果教师在表述中将任务的组织方面和内容方面混为一谈，那么没有哪个组的学习者可以处理好这种情况。

对于那些组织管理较为复杂（比如：以 3 人为一小组、选一个球、接着再进行移动中的传球练习）的任务来说，有关组织管理方面的任务表述通常要以“当我说‘开始’……”这句话起头，这样才能避免学生在充分理解任务内容之前就仓促接触任务的组织安排工作。信号和“开始”指示的价值不可小视，尤其是对于年龄大一点的学习者来说。教师通过语言的形式告知学生“要做什么”，并期待这些话能引发学生的反应（比如，“挑选一位搭档”），然而教师并不希望在自己还没说完的时候学生们就有所反应。幼儿或是之前未上过该教师课的人可能会不清楚做出反应的合适时机。提示学习者信号即将给出（“当我说‘开始’……”），以及对信号（“开始”）的使用能使教师的意图更为明显。

在讲授新材料时，“现在开始照此练习”这一指令通常隐含了详细说明的简要总结（比如，“拿到球之后就到墙边用身体进行对墙击球练习，而且至少要用到身体的四个不同部分击球”）。之所以可以这么做是基于这样一个假设：有关该技能的具体细节之前已经得到了解释。如此一来，教师就简而言之了。这一简要总结通常会与本章前面部分提到的其他简要线索类型同时使用。总结能帮助学生强化脑中的正确做法以及任务各部分的执行顺序。在总结中同样应当包括任务的目的导向（控制好球）。如果教师想要检测学生对指令的理解情况，那么只要问他们“接着要什么”就可以了。

4.3 提高沟通清晰度

学生会针对某项任务做出相应的反应，如果在其反应中所展现的意图与教师的意图一致，那么就可以说教师的表述较为清晰。在参与一项学习任务的时候，学生能否做到教师期望的那样取决于很多因素。这其中有很多因素都是教师无法控制的。在许多情况下，如果教师在任务表述中能那些可以吸引学生注意力、提高沟通水平的因素予以关注，那么教师就能吸引更多的学生参与到任务中来。如果教师在对材料进行表述的过程中遵循了下列指导方针，那么表述的清晰度就会得到提升：

4.3.1 引导学习者（入门）

如果人们能提前知道“他们要做什么”或是“他们为什么要做”，那么人们就会觉得舒服一些。对于教育工作者来说，这就是所谓的“入门”。教师应当慎重考虑要提前告知学习者他们将要学习的内容。这会帮助学生在部分课程与整体学习之间架设一座沟通的桥梁。

例：“今天我们的课程主要关注守备球与投球之间的过渡问题。这在比赛中非常重要，因为它能帮助你实现流畅过渡并将球快速投到你想让它去的地方。我们首先会与搭档进行近距离练习，之后开始逐渐增加距离并加入目标区域。”

4.3.2 按照逻辑顺序进行表述

按照逻辑顺序对材料进行排列有利于其沟通。有时候在体育教育中，率先表述活动的最重要部分是很合理的。因此教师并不一定要按照时间先后顺序来对活动的不同部分进行表述。举例如下：

①在民间舞教学中首先教授合唱部分；

②首先教授击打类活动的触球阶段。

有些教师对活动主要部分进行的率先表述工作非常成功（比如，在讲授带球上篮的步法之前先讲授起跳和打板；在讲授网球击球动作之前先讲授如何引拍）。这就是所谓的“反向链接”，相较于率先表述技能的准备方面，它更合理，也更有意义。然而，在通常情况下，顺序仍主要是时间先后顺序，也就是先对动作的初始阶段进行表述。至于许多复杂技能，则是按照准备、执行和跟进三个阶段的顺序进行表述。在第 5 章中我们会对“反向链接”进行更深一步地讨论。

4.3.3 举例（正反例）

通过举例子（正反例）的方式能使学习者更透彻地理解与动作相关的许多重要理念，尤其是关于动作质量方面的。举例来说，要想理解“软着陆”的含义，学习者就需要知道什么是“硬着陆”。与此类似，借助“静止”的概念来理解“移动”的概念；知道了什么是“非完全舒展”，就更容易理解“完全舒展”的含义。在教授这类概念的时候，正例和反例的同时运用会非常有用。

4.3.4 使表述更为个性化

在交流中提及学生或教师的经历会有利于师生之间的沟通。类似于“当我尝试……”或“Johnny 在……方面经验非常丰富”这类的话能帮助学生对正在表述的材料更趋认同。教师在课堂上直接提及某位在场人的经历，就是在力求使自己的表述更为个性化。如果教师所教学生的文化背景各不相同，那么教师就要想办法使自己的表述能不与任何一种文化冲突，只有这样才能激发学生对其所教授内容的兴趣。

4.3.5 重复难点

许多教师都想当然地认为只要将材料解释一遍，学生就能理解。然而重复很有用的，尤其是用不同的方法进行重复。在学生任务开始之前对关键线索所做的计划性重复能在很大程度上提升交流的效果。在学生尝试新技能或技能的练习时间不止一天时，对重要信息进行重复也非常重要。

4.3.6 利用学生的个人经历实现学习迁移

向学生展示其即将参与的活动与其之前学过的其他技能有什么异同点能帮助他们更有好地利用新信息。“飘发与过肩投掷姿势类似，只不过是少了击球后的跟进动作”就是融入过去经历的实例。教师在联系旧经验与新经验方面做出的尝试也有利于实现学习迁移，比如“你们还记得我们在上周热身程序中学过的提升上臂力量的方法吗？今天我们就要探索一些能提升腹部力量的方法，这样我们就可以使我们的热身程序更加丰富了。力量提升的原理都是一样的。让我们来复习一下吧。”

4.3.7 检查学生理解程度

教师需要掌握学生对教师指令的理解情况。学生只有按照教师所给的信息进行活动，许多教师才能发现学生们尚未理解其发出的那套指令。如果教师能在任务开始之前通过问问题的方式检测学生的理解程度，或是让学生示范一下教师所教的东西，那么就可以避免出现大量时间浪费的情况。如果教师能在这件事上花点时间，那么他们就会发现他们与学生的沟通并没有他们想象得那么好。

4.3.8 生动地表述材料

声音的音调变化、非语言的行为以及对时机的把握，都能促进师生间的交流。在表述中，教师可以通过对声音轻重、音调高低、语速急缓施以变化的方法吸引学生的注意力。虽说教师没必要成为演讲家，但还是要懂得利用声音的动态变化来使自己的表述更为清晰。

方框 4.2 中就总结了一些可以行之有效地提升沟通效果的有效方法；任务表述好坏与否都可以对照这张清单来评判。

方框 4.2

提升沟通效果

引导学生（入门）

告知学生他们将要学习什么、怎样学习以及为何学习。

按照逻辑顺序进行表述

如果没有充足的理由选择别的顺序，那么还是按时间先后顺序对材料进行表述。

举例（正反例）

如果能通过举正反例的方式来帮助学生理解，那么许多概念就很好理解了。

使表述更为个性化

利用课堂师生的名字或个人经历。

续

重复难点

在面临下列3种情况时，重复重要观点能提升表述的清晰度：初次表述、学生参与任务之前，或是活动延续到另一天。

利用学生的个人经历

通过向学习者展示两者之间的关联来拉近旧经历与新材料之间的距离。这能提升沟通的效果并促进学习迁移。

检查学生理解程度

问问学生你是什么意思，或者让学生示范一下其所学事物。

生动地表述材料

音调（音量、音高、语气、语速）要不断变化才能吸引学生的注意力。

4.4 选择沟通方式

有关任务表述的第三个重要方面就是沟通方式的选择。教师可能会通过语言、示范或其他可视材料的方式来表述某项任务。如同其他的教学决策一样，学生的特质和内容的特点是判定方法最优与否的根本标准。

4.4.1 口头交流

如果学生熟知其手头技能或活动的专业术语，那么口头指导应当就够了。然而，教师还是应当谨慎一些，这是因为他们通常会想当然地认为学生理解了很多东西。正因为对教学材料了如指掌，因而那些研究动作术语或在一天五节课上都使用同一套术语的教师会想当然地认为：只要“告诉”学生一两遍，他们就能理解那些教学材料。教师通常会认为自己在口头交流方面非常出色，然而他们只需要与学生对对话，问学生一些问题（检查学生理解程度），就可以通过抽象术语深刻地理解动作的难度。学生年龄越小，其对语言材料的理解力就越停留在具体实物阶段。因此，教师不能舍弃示范而单单依赖口头交流。

4.4.2 示范

在体育教育中，视觉沟通最好的方式就是示范（图 4.3）。示范与口头授课的配合使用能为学习者提供两种信息来源。对体育教育中示范这一教学形式的运用方法讨论如下。

图 4.3　好的示范能促进学习

4.4.2.1 示范应当力求精确

学生们会试着重复他们所看到的动作。无论在口头上如何强调，许多学生还是会首先借助视觉上的示范来获取信息。因此，示范应当力求精确。教师通常只会演示某一运动技能或任务的部分动作与流程，或者只在技能运用环境之外演示技能。然而，在某些情况下，学生还是需要看到某项技能的整套动作，而且演示速度和环境也都要适合。如果学生能从不同的角度观摩演示，那么其得到的信息也会更加精确。

4.4.2.2 在适当的时候让学生示范

如果学生能进行精确地示范，而且其也不会因示范而不受同伴欢迎，那么就应当让学生来示范，而不是教师。在学生示范的过程中，教师可以留心观摩者在重要方面示范时的注意力集中情况。

4.4.2.3 示范队列组织形式

如果任务的练习需要特定组织形式（比如：与一名搭档隔网而站或是以三人为一组）的保证，那么在示范过程中所采用的组织形式也应与练习所需组织形式一致。许多教师虽然做出了优秀的技能示范，然而却还是没能让学生理解理想中技能的样子，这其中的原因就在于他们在示范中未能涉及任务练习的组织形式。好的任务表述在示范的过程中既有对技能本身的示范，也有对练习组织形式的示范。

4.4.2.4 将示范和举例的方法运用于兼具创造性和认知性的问题解决型任务

许多教师都将学生创造性的反应、表现力、集体协作或是问题的解决过程设定为任务的目的，然而这类任务却很难进行示范。一旦进行了示范，学生反应的自发性就会受到损害，并且学生做出的反应也未经过理想的处理过程。诚然，如果教师在仅仅示范了一种任务反应或一种问题解决方法的情况下就让学生重复这种反应，那么学生的自主性无疑会受到损害。采用间接学习方法的教师通常希望学生们能从多种备选反应中选择一种，或是干脆就做出多种反应。其实，那些对表现力、创造性反应或动作问题解决方法有要求的任务也可以进行成功示范，具体方法就是将“何为理想的反应类型”以及反应生成的流程告知学生。如果要求学生有表现力，那么教师就需要将相关“概念”与学生能做的事联系起来，也就是要在该“概念”的范围内举出相应的反应实例（比如，“谁能给我举一个‘平衡’的例子？”）。如果教师让学生解决的动作问题只有一个解决方法，那么学生解决该问题的原则和理念就可以示范出来，而且评判最终成绩优秀与否的标准也应一起给出。举例来说，教师可以找一个搭档来做一些快/慢动作的对比示范。

那些追求多样性、表现力或以问题解决为目的的任务不应导致学生或小组在寻找任务时出现大海捞针的情况。各个年龄段的初学者都需依靠视觉和具体的学习线索。示范的作用不可小觑；示范的精确性更是至关重要。示范和对概念的举例能提升任务表述的清晰度。教师可以鼓励学生在大家都能清楚理解的框架内寻求适当的反应。

那些以使学生产生认知反应为目的的任务需要按下列方式进行表述：既要说清楚期望学生们产生的反应类型，又要说清楚学生应该经历何种流程才能产生这种反应。举例来说，如果你想让学生找到将羽毛球打到底线的最佳方法，那么你就要清楚下列流程：第一步，先让学生们实验不同的发力方式，继而找到能将球打到底线的那种。第二步，为确定和表述已选定的最佳方法做好准备。如果你想让学生找到三项能在课外参与的剧烈运动，那么你就应先将选择标准告诉他们。首先，必须是剧烈运动；其次，找到的这三个课外运动项目必须符合学生自身的实际情况。

4.4.2.5 对任务中的重要信息加以强调

正因为示范是学生信息的最主要来源，因此教师必须对学生的观察加以引导。技能或任务的关键方面要以语言的形式加以强调，要不厌其烦地强调任务的重要方面；如果可能的话，在关键点上不仅要用语言阐释，还得要配上静止的动作。举例来说，如果教师要教授后手翻这项技能，那么在学生做动作之前要强调三点：

①先坐好并挺直后背；

②接着向后倒下；

③用手臂和腿使劲推。

如果教师想让学生找到三种提升心肺耐力的方法，那么教师就应向学生强调其做出的所谓“适当反应”应满足的两个条件：

①活动能使心率上升并保持一段时间；

②要是三种不同的活动。

4.4.2.6 告知学生技能如此完成的原因

如果教师能告知学生某项技能如此完成的原因，那么有些学生就能更好地记住该技能的视觉和语言线索。比如羽毛球中的发球，必须在低点进行引拍和跟进动作，这是因为规则规定羽毛球发球时“球不能过手腕”。在某项规则或某个动作运动效率原则的影响下，学生通常会对重要线索更加关注。虽然这类信息非常有用，但却不能因此把一次高效的任务表述变成关于某项技能的演讲。是否提供某些信息，要看其对技能的理解是否关键。

4.4.2.7 以较慢的速度演示技能

许多爆发型动作的速度太快，即使是很有经验的观察者也很难看清楚发生了什么。因此，如果学生已在常速看过几次技能的示范，那么教师再示范这类技能的时候就应当减慢速度。

4.4.2.8 在示范之后检查学生的理解情况

在让学生练习某项技能之前，教师应当先检查学生对所观察到事物的理解情况。可以通过下列三种方式对学生的理解情况加以检查：

①在观摩后提问；

②在观摩后让学生示范其所学事物；

③先在观摩期间让学生找技能关键点，过后再进行检查。

方框 4.3 中总结了优秀示范的若干标准。

方框 4.3

优秀示范的标准

- 信息准确。
- 在可能的情况下，最好让学生示范。
- 教师在示范中要使用学生在练习中会用到的组织形式。
- 要对重要信息加以强调。
- 告知学生技能如此完成的原因。
- 要检查学生的理解情况。
- 要进行多次示范。

4.4.3 多媒体材料

由于 CD/DVD、录音机 / 放音机以及计算机已经成为许多家庭的标配，因此它们也正在逐渐成为体育器材的重要组成部分，教师在自己的内容领域也会接触到各种各样的视听媒体。教师可以用自己的智能手机轻易地记录和下载视频短片，并拿到课堂上使用。借助这些材料，教师既可以激发学生的积极性，又可以帮助其树立"整体"观念，还可以将所教技能在现实生活中的例子举给学生看。让学生知道自己学好技能后在比赛中的英姿，能帮助明白自己努力的方向，练习也会因此变得更有意义。

随着商业化生产的发展，能供体育教育工作者使用的计算机程序、图片、电影、图表、DVD 以及网络存储材料 / 云材料越来越多，价格也较为便宜。正因为视觉教具在技能教学中的突出作用，因此这些材料也就具备了进行专业化生产的必要。除此之外，教师也确信这些多媒体材料所给出的模型非常规范。如果需要，大多数的材料还可以进行慢速重复。这些材料还有可能激发生活在计算机和电视时代人们的运动积极性；并能使教师实现对示范和学生反应的同步观察。

使用批量化生产的技能教学视听材料有一个缺点，那就是这些材料对教师所教的特定学习者来说可能并不适合。超过或低于学习者能力水平的材料都没有什么价值。许多批量化生产同时带有对话的材料，其提供的信息可能超出了学习者技能学习的需要。如果不用于对某项动作技能或理念的初次演示，那么这类材料的音轨可能会更有价值；然而如果到了学习者能够好地利用更多具体信息的时候，音轨也就不再需要了。

为了能更好地利用这些视听材料，教师在教学之前应当预览一遍，同时为本次视听材料教学设定一个特定的目标，并且还要提前安装好教学所需的器材。学生的时间不应该浪费在教师的准备工作上。教师不应当舍弃自己教师的身份而仅仅做一名放映员或是计算机程序教员。器材的安装和拆卸应当放在教学时间之外。由于这些材料是非常有用的教学工具，因此在对其的使用问题上教师应当谨慎对待，利用其来满足学习者的特定需要。

图 4.4 “将球放在手掌边缘的位置”是这名学生关注的重点

4.5 选择及组织学习线索

任务表述的最后一个方面就是教师对学习线索的选择和组织。学习线索是一个单词或是一个词组，用以辨识并告知学生某项运动技能或任务的关键特征。方框 4.4 中就是高质量线索的若干特点。

如果教师要教某个已经学过常规上手发球的排球班学习飘发（图 4.4），那么下列信息可能有助于学生对技能的理解：

①飘发的起始动作与常规上手发球类似。

②用手掌直接触球。

③要有一个闪击的动作，同时只有一点或没有跟进动作。

方框 4.4

高质量学习线索的特点

- 准确。
- 简短而切中当下技能中的要点。
- 适合学生的技能水平和年龄。
- 适用于不同种类的内容。
- 如能对其进行有序组织，那么效果会更好；同时学生也能对其进行提前演练。

每一点都应该被当成技能的关键特征。教师先要确定某项技能的关键特征（有时候也称之为“基本要素”），继而再为这些特征分别选择一个可以代表其自身的学习线索（方框 4.5）；只有做到了这些，才能有利于指定技能精准动作计划所需认知过程的实现。

方框 4.5

辨识学习线索

学习线索定义

- 能既高效又充分传达关键特征信息的一个单词或词组。

举例

网球头顶扣球的关键特征

- 将自己的身体位置调整至球落点的位置（球应当位于身体前方偏右的地方）。
- 膝盖弯曲。
- 将拍头置于身后，位置与头顶平齐。
- 将身体重心移至后脚。
- 将手或手指指向球。

续

●向前上方挥拍，在触球瞬间手臂伸直。

关键特征的学习线索

●预备。

●指向和移动。

●向前上方挥拍。

在为羽毛球杀球设计学习线索的过程中，教师决定将“预备”线索进行合并教学。前四个关键特征要包含在“预备”姿势中，这样在练习中才能将它们与执行和跟进动作分开。

虽然选择高质量的线索对于所有学习者来说都很重要，但对于初学者来说却是非得如此不可。这是因为运动表现与认知之间存在着相互依赖的关系，在学习的初级阶段更是如此。给予学习者的线索应当简化为关键词的形式，并要按照学习者的特定需求来进行组织/并为特定学习者量身打造。教师引导学生关注的东西非常重要，并能在很大程度上决定任务能否带来预期的结果。

高质量的线索应当具有若干特点，具体为：准确；切中当下任务要点；数量少；适合学习者年龄和学习阶段。

4.5.1 准确

教师必须在了解自己教学主题的基础上才能选择出准确的线索，同时优秀教师会在高质量线索选择工作上投入大量的时间。学生表现的成败在很大程度上取决于教师引导学生关注了什么。体育教育工作者经常不得不教授某些他们从未接触过的活动。然而，一些可供利用的资源却能帮助教师熟悉他们被要求教授的活动。如果你能借助教材或网络列出一张技能关键特征的清单，那么你接着就可以将之简化为重要的学习线索。许多教师之所以仍然懵懵懂懂，其原因就在于他们未能参阅到合适的资源，而要完全依靠自己为教学工作做准备。

南加州大学的一个研究团队邀请了四位体育教育专家来教授起跳和落地技

能，其教学对象是一个二年级班级。在每位教师教学前和六节课后都会对学生的能力进行测试。四位教师中只有一人准确地辨识出了所教技能包含的学习线索。学生们的表现也反映了这种准确性。这位教师能使用参考材料正确辨识出所教技能的重点，因而其教学效果也更好（Werner & Rink，1989）。

"准确选择关键线索，并通过这些线索激发学生产生出预期反应"——这是教师的一种能力，这种能力可以通过准备和练习而不断进步。有了经验，教师在为某项动作技能或概念选择关键线索时就会更具选择性。

4.5.2 简短而切中当下技能中的要点

如果有关动作反应细节的信息量过大，学生在利用时反而无从入手。"先让学生演练技能，而后再对其进行正式表述。"这种做法在某些情况下反而更好。教师所选择的线索应当切中技能表现的要点。下列关于上手发球的描述可能出自一名新任教师之手：

①演练者两脚分开站立，同时身体侧向预定来球方向。发球手的异侧脚在前。

②在引臂击球之前先将臀部和肩膀向后转动。由手肘带动手臂的动作，同时手肘大致与肩膀同高。引臂到位后手要后翻，同时将重心转移到后脚上。

③在向前挥臂击球之前要先向前转体，并用手肘带动手臂。发出的击球力量要依次经过肩膀和手肘，最后才传递到手腕；发力动作要急促而突然；同时重心由后脚过渡到前脚；最后在身前完成跟进动作。

学生需要知道多少呢？如果将这些信息全都一股脑儿地告诉学生，那么没有人能消化多少。最好还是能先做出技能的准备姿势，接着再为这一动作选择如下的三个线索：

① "抬高手肘并身体前倾。"

② "迈击球手异侧脚。"

③ "在击球时伸出你的手并快速转动手腕。"

选择关键线索的重要性不言而喻，它能为学习者勾画出其所学事物的优质、准确图景（图 4.5）。某位教师让一名 8 岁的孩子告诉班级其他同学如何投球。这位小伙子回答："我……我……我只是向……向……后……仰就使球飞出

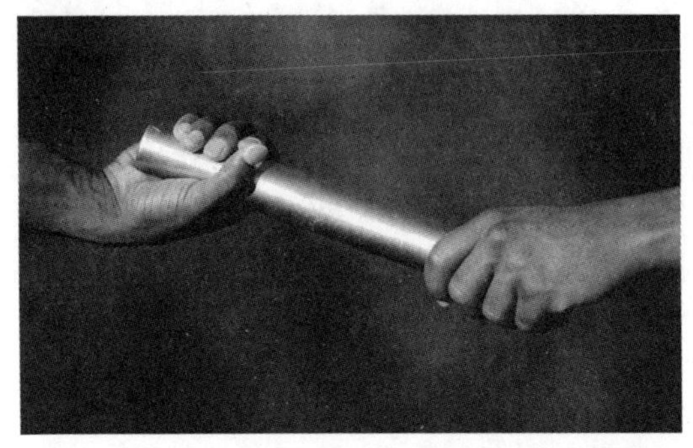

图 4.5　教师需要确定一项技能是如何完成的具体线索

去了。”全体体育教育工作者都可以从那个孩子身上学到一些东西。

对于复杂技能来说，某些线索尤为重要。很多时候，在这些线索中都涉及动作关键点时的身体姿态问题。对于操作性任务来说，身体姿态、引拍以及跟进动作通常都是其关键点。将大多数身体动作分解成准备、执行以及跟进三部分能使其更易于管理。将侧手翻、保龄球的助跑和释放以及前滚翻都分解成类似的三个阶段。

在线索设计的过程中，那些能使学习者理解所需动作类型的一类字眼（比如甩、闪击、推、压）非常有用。由于这些单个字眼能抓住动作的特性和关键特征，因此有时候也被称为“简易线索”。这一类的字眼能向学习者描绘出动作的时间（比如，是快速还是持续）和力量（比如，是重还是轻）特性。对于诸如篮球带球上篮一类的技能来说，知道“球要先打到篮圈之上的篮板再反弹进框，而不是把球扔上去”这点很重要。击打类活动主要由快速动作组成，因此在触球之前需要保持肌肉紧张。在诸如陆上曲棍球一类的运动项目中，有击打类动作（需要引拍），也有推送类动作（不需引拍）。在体操项目中，软翻需要持续用力，而踺子则是爆发性动作。描述动作的线索能准确描述出学习者要做的事情（图 4.6）。

任务表述中线索选择的重要性不亚于环境设计方法的运用。

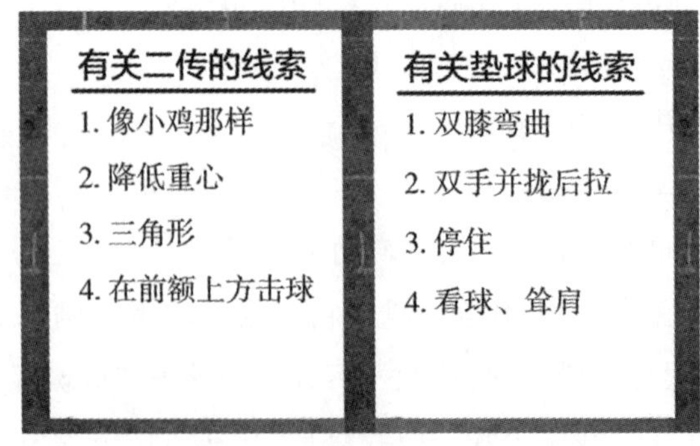

图 4.6　提示有助于对技能的认知理解

例：

- 教师正在教授过肩投掷技术，在教学中教师制定了很高的目标，并且给了学生一条学习线索——“使出全力将球打到墙上那道线以上”；除此之外，在过肩投掷的操作层面，教师没有给学生其他更多的信息。
- 教师决定通过将球传进篮筐或3米高铁环的方法，来加强学生在排球上手传球时对球的控制力。教师使用的线索为“将球传进篮筐”或“通过高弧线球将球传进篮筐”，之所以使用这两条线索是因为他们知道这样一个事实，即学生必须对球有着高度的控制力才能将球传进篮筐。

这些例子中的学习线索并未引导学习者关注动作的完成方法，而是更为关注动作的目的。如果假设这一线索有用，那么学习者就能准确完成这项技能。

4.5.3 适合学生的技能水平和年龄

在选择线索并告知学生的过程中还要考虑到他们的年龄和能力水平。学生的这两个特质都能在很大程度上影响线索的类型选择和传达方式。

4.5.3.1 学生的技能水平

虽然大多数年轻学生都是初学者，但仍有一部分不是；同理，虽然有些年龄较大的学生处于高级学习阶段，但大部分人却不是这种情况。因此，体育教师在课堂中碰到的学生主要都是初学者。随着学生运动技能的熟练程度越来越高，他们所需的学习线索也会异于从前。教师必须依据学习者的技能熟练程度来调整学习线索。

（1）初学者。不管什么年龄的初学者都是处在运动技能学习的认知阶段。选择线索的目的就是用尽可能简练的语言将技能的“整体观念”或“全部动作”告知学生。如果学生从未有过与某项技能相关的经验，那么他 / 她也就无法利用有关技能完成方法的更具体信息。从某种意义上来说，这就是为什么在许多技能的学习中环境设计（设计任务环境以激发动作产生）对初学者来说这么有用。过多的分析反而会毁了反应。“当教师说‘跳’，学生就完成跳跃的软着陆。”这就是一个有关整体动作的例子。即使是在这种水平上，示范对于整体观念的传达也非常重要。

（2）高级学生。一旦学生跨越了学习的初级认知阶段，他们就进入了联想阶段。在这一阶段，教师期望他们能对技能的具体方面予以更多的关注。然而，对于诸如原始线索一类的细节，应该在精挑细选的同时对其按照重要性排序。一如既往，线索还是应与学生的技能熟练程度相适合。在教学对象为高级学生时，教师应当注意避免一次性纠正其所有的错误。对于高级学生来说，对过程导向型线索的使用会多于“整体框架”型线索，但仍然要严格限制其使用数量。如果让高级学生进行软着陆，那么教师可能会说：“伸开脚趾并弯曲臀部、膝盖和脚踝。”

4.5.3.2 学生的年龄

在选择和组织学习线索的时候，应当考虑到不同年龄学生的不同学习特点。虽然相同年龄段的各个学生之间也存在很大差异，但依据其所能利用线索类型的区别还是能辨识出他们的年龄特点，这点可以为教师的工作提供指引。举个例子，“将你的重心移到右脚上”这一线索对于幼儿来说不是条好线索；同理，对于年龄大一点的学生来说，“用你超人的速度”也不那么合适。

（1）幼儿学生。当教学对象为幼儿时，教师应当记住两个问题。第一个问题是，由于在学习新技能时可供他们利用的活动经验较少，因而也就无法回忆起业已建立的先决运动反应链。幼儿可能有能力将某个复杂反应链的绝大部分拼合起来，但却不能像年龄稍大的学生那样以一种新的方式将之重新组合。与幼儿相关的第二个问题就是他们的语言能力尚不完善。体育教材中用以分析技能的大部分术语对于幼儿来说都没有什么意义。大部分语言在进行动作描述时所表现出的抽象性质都不利于幼儿对抽象概念中具体层次的理解。

在技能学习，尤其是复杂技能学习的初始阶段，教师为幼儿选择的线索可以有多种类型。幼儿擅长模仿；也就是说，他们能观摩过动作之后以惊人的准确程度将整体动作再现出来。因此，进行准确且关键线索突出的示范通常会很有用。如若能在动作的关键点上静止一下，那么就能为学生创造一个视觉图像，这对于其学习也很有帮助。

第二个对幼儿有用的策略，就是要在一开始先将学生的注意力放到整体动作及其效果上，而不是对动作的各个组成部分来一次进程分析。如果教师想在跳跃动作中强调“发力”，那么就应该让学生“尽全力跳到最高”，而不是让其“弯曲臀部、膝盖和脚踝，并将手臂向上摆至完全舒展状态”。这些例子中使用的线索能帮助学生形成一个有关整体动作的视觉图像。

环境设计对于幼儿来说特别有用。创造一个需要正确反应的环境就能激发相应的正确反应。如果教师在学生最大投掷距离之内设置一个较高的目标，同时采用“使最大力投”这一学习线索，那么很可能会激发学生使用过肩投掷姿势来进行投掷。通过缩短器材之间距离的方式能激发学生做出团身前滚翻这一动作，同时还要用到“翻得越慢越好”或“在一块垫子上你最多能做多少个滚翻？”这两条线索中的一条。幼年排球运动员在球网较高的情况下练习“控制球”，其效果会比在球网较低的情况下更好。

幼年学生在体会了全部动作之后会对完善型的线索更加关注。因为这时候，他们就可以把本来投入在整体反应上的注意力转移到有关未来表现的具体线索上。如果学生的动作完成还是不具备稳定性，那么教师必须退回到之前的阶段并找到能向学生传达任务目的的线索。如果学生的表现具备了一定的稳定性，那么教师就能向前更进一步：让学生更为关注其表现不同方面的各个细节，以完善学生的反应。然而，教师给学生的线索不能贪多，应该少而准确，同时还要越来越细化。通过对许多优秀幼儿教师的观察，我们发现他们对后续完善型任务的关注度仍然非常有限。

（2）年龄较大的学生。许多时候年龄较大的学生能依据其以往相同或相关任务的表现，判断出自己能否成功完成某项任务。如果之前学生在某项任务上从未成功过，那么现在其再次学习的积极性可能就会下降。除此之外，年龄较大的学生可能已经学过了成功表现所需的动作反应，并且已经按错误的方式练习了很长一段时间。改变已经建立的模式是很难的。

然而，对于年龄较大的学生来说，其从师生间口头交流中受益的能力已经得到了提升。许多对于幼儿来说没有意义的话，在年龄较大的学生看来可能就会非常有用。年龄较大的学生能回忆起整个动作反应链，而不是单单只关注反应的某一方面。包含有相似动作反应的既往经历能帮助年龄较大的学生依据动作环境来选择出正确的线索。

许多教师仍在使学生，尤其是年龄较大学生的信息处理系统“超载”，原因就在于为其表现提供了过多的线索。“分析致瘐”这句话还是有一定道理的。对于教师来说，下面的练习可能会有用：将其所给出的原始线索减到四个或四个以下，之后再看他们能否列出其认为在任务完善这一高级阶段中所需的若干线索。在许多学校环境中，即使是年龄较大的学生也没有掌握基本技能；因此，教师也就不能指望大家都会这些技能。对于那些之前从未成功过的学生来说，教师必须要谨慎设计任务，以确保他们能在合理的时间范围内取得成功。虽然经过一个“不断尝试，不断犯错”的完全随机过程也能学会技能，甚至是复杂技能，但教师的工作之一就是缩短技能的学习时间。如果教师能在明智选择线索的同时照顾到学生有限的信息处理能力，那么教师就能做到这一点。年龄较大的学生各自有着不同的问题，但也有着各自的资源；然而对于初学者来说，无论其年龄大小，都仍是一名初学者。我们之前叙述的那些用于年轻学习者身上的方法也同样适用于那些年龄较大的初学者。

4.5.4 适合不同的内容类型

教师所用学习线索的类型要随着讲授内容种类和具体任务的变化而变化。运动内容可能是闭锁式技能、开放式技能，也有可能是某个动作概念。一旦为每个内容领域都制定了各自的（学习）进程，那么就要用到一系列的任务，这些任务所需的线索类型自然也各不相同。方框 4.6 中列出了三种类型的线索。

方框 4.6

不同种类内容的线索

反应表现型线索

告知学习者动作流程。

任务：胸前传球给保持不动的搭档。

例：双脚保持前跨步姿势。

反应调整型线索

告知学习者如何根据情况的不同来调整动作反应。

续

任务：在有防守队员的情况下运球（篮球）。

例：遭到贴身防守的时候让球更靠近自己。

反应利用型线索

告知学习者如何在特定的情况下运用某一动作。

任务：在有防守的情况下将球传给移动中的队员。

例子：将球传给前方移动中的接球人；快速出手；根据接球高度确定传球高度。

这三种类型的线索能在很大程度上代表我们在体育教育中所教授的各类运动内容。下面就是对三种类型的线索（闭锁式技能的线索、开放式技能的线索以及动作概念的线索）进行讨论。

4.5.4.1 闭锁式技能的线索

大多数人对于体育教学的心理印象通常都是这样：教师对某个动作进行解释或者示范，之后学生对其进行重现。在这种情况下，教师的角色就是用组织线索的办法将动作翻译成语言或视觉图像，此外教师还要促进学生动作计划的发展。学生的角色就是再现出教师预期的反应。

在为闭锁式技能选择的线索中包括了大量的反应线索，利用这些线索能创造出技能关键要素的视觉图像。如果教授的是闭锁式技能，那么许多能干的教师在动作示范时候会对动作的关键空间状况予以定格；同时也会提醒学生们注意动作中身体与空间的关系，以及在进行身体位置移到时动作的先后顺序。“刮到你的背”这句话就是一条很有用的线索，它能很形象地描述出向前挥拍之前拍头所在的位置（网球发球）。

借助一些描述性的词语，教师们可以实现对技能各个动作的生动排序；如此一来，教师就帮助学生实现对闭锁式技能的准确再现。如果教师能在揭示动作动态变化特性（包括动作的节奏特征）的基础上使用这些线索，那么学生的动作计划可能就会更加准确。用在侧手翻学习中的“手—手—脚—脚”这一线索就是进行有节奏排序的一个例子。

4.5.4.2 开放式技能的线索

某一开放式技能的具体反应类型要根据技能执行的环境变化而变化（比如，足球盘带的环境时时刻刻都在变化）。大多数教师在教授某项开放式技能时会先按闭锁式技能的教学方法进行教学。在教授初学者的时候，教师通常会将环境的复杂性降低至闭锁式技能练习时所需的那种水平（比如，对某项技能进行无球示范；使用球座练习击球；在没有干扰的情况下从同一地点出发进行带球上篮练习）。如果对某一开放式技能的练习方式已经近似于闭锁式技能，那么教师所给出的线索也会与闭锁式技能的线索类似。然而，对开放式技能的练习却不宜长时间沿用闭锁式技能的练习条件。

当某一开放式技能在变化的环境中练习或某一闭锁式技能在不同环境中练习的时候，为了适应环境的变化，所需的线索类型就要从反应表现型变为反应调整型。使用的线索类型应当与学生所处的具体环境条件相符合。

例：

- 棒球的投球姿势要根据所需球的类型、速度、投掷距离以及接球角度的变化而变化。
- 如果需要借助楔子将球打出沙坑，那么高尔夫的挥杆方式也需要进行改变。

在介绍完上述提到的所有条件之后，学生要关注的就是如何对投掷姿势或高尔夫挥杆进行适当地改变，以成功适应各种不同的条件。

知觉线索对于开放式技能来说非常关键，这是因为它们能引导学习者将注意力从“动作行动的表现”转移到“根据既定情境选择适当行动”上来。只有当学生身处复杂环境时，才能看出其是否有做出恰当反应并采取相应行动的能力。

表 4.1 中的例子说的是篮球运球技能经四个技能发展阶段而不断发展进步的过程，这一例子生动阐释了线索类型变化在应对复杂环境时的作用。如果能对示例任务中的不同线索进行仔细研究，那么就能看出线索的变化，即从“如何运球”变成“如何在日益复杂的比赛环境中运用运球技能”。

教师以线索形式给予学习者的信息，应当也是其就学生表现所做反馈内容中的一部分。如果在技能发展的早期阶段教师就必须对线索进行不断调整以适应当时的学习环境，那么其现在所教的课程可能就太难了。在这种情况下，“退回到技能学习的早期阶段”对教师来说不失为一个明智的选择。

例：如果教师在学生进行 2V2 篮球比赛的过程中所提供的反馈仍是针对如何运球或如何传球，那么这就意味着学生还没有做好进行 2V2 篮球比赛的准备。教师在 2V2 篮球比赛过程中所给出的线索，其主要着眼点应是战术以及攻守之间关系的处理方法。

表 4.1　篮球运球技能学习中线索适宜性的变化情况

技能发展阶段	示例任务	适宜的线索
阶段一	在你自己区域内进行不同高度的运球 带球朝不同方向行进	运用指腹运球，并将向下拍球以产生（反弹的）力量 通过球、手之间接触点的变化来改变球的方向
阶段二	对墙练习运球，传过去再接回来，接着再运球去到另一面墙；始终保持移动	在将球传到墙上时要选择好角度，这样才能在移动中接到球 实现运球与传球、传球与接球、接球与再运球之间的流畅过渡
阶段三	进行 1V1 攻防演练；进攻方运球，而防守方尝试触球 / 碰到球	将身体置于球与防守方之间 变换运球手 眼睛始终紧盯防守队员并将球运低一些
阶段四	进行 4V4 全场比赛	如果前方队友有空当就停止运球（传给他） 通过运球为队友制造空当

4.5.4.3 动作概念的线索

在动作概念完善的过程中出现的任务类型是如此多样化，因而也就很难指定精确的指导方针。方框 4.7 中的例子就是在概念完善过程中会经常用到的两种任务类型。

方框 4.7

概念完善过程中常用的任务

从某个概念的范围内选择一种反应

任务示例

- 依靠你身体的三个部位进行平衡。

续

- 用不同方式行进，并对方向进行变化。
- 设计三种提高跟腱灵活性的练习方法。

动作原理确定问题的解决方法

活动任务

- 确定正手击球完成后的重心位置。
- 设计一个防进球而不是防人的策略。
- 确定一个最佳的运动准备姿势。
- 确定打出不同转球时的各个击球点。

当教师让学生从某个概念的范围内选择一种反应时，他们通常也会对学生的选择附加一些限制条件。这些限制条件就是作为线索来引导学生选择出适宜的反应。在针对反应选择所举的例子中，第一项任务的限制条件就是“身体的三个部位”。在第二项任务中，限制条件就是“改变你的方向”。那些学生在进行顺序选择时必须待之如线索的限制条件，其数量必须非常有限。经常能听到初中体育教师让他们的学生在行进时对高度、方向以及速度进行变化。

当教师让学生将某些原理用于某一动作反应或是从他们自身动作反应中找出一些原理的时候，线索就能可以向学习者提供解决这一问题的策略。在给出的有关概念应用的例子中，教师让学生关注网球正手技术中的重心转移（由后脚至前脚）问题。对于学生来说，“注意挥拍之后重心所在位置”可能是一条有用的线索。在第二项任务中，“努力在所有可能进球的位置都布置上你的防守队员”可能就是在设计防守时能用到的一个有用策略。

在这两个例子中，学生都需要知道这样一个事实，即概念性词语在其真正实践之前就会用到。必须对诸如平衡、行进、重心、防守策略等一类的概念进行清晰地界定。

4.5.5 如能对其进行有序组织，同时学生也能对其进行提前演练，那么效果会更好

如果能对线索进行有序组织，或是学生能有机会对其使用顺序进行提前演练，那么学生可能就会更愿意使用这些线索。如果教师能先选择描述性语言作为线索，再将线索简化为一个词，然后对线索进行排序，最后再给学习者一次对学习线索进行提前演练的机会，那么即使是描述起来较为困难的复杂任务，也可以被表述得非常清晰。如果教师做到了这点，那么就可以说他们运用了“简易线索”。下列例子就是不同种类任务的简易线索排序方式。

保龄球:“推球—展臂—后摆”；浮沉:“旋转上浮—旋扭下沉”；行进与平衡:“行进—平衡—行进”；飘发:“抛球—后退—展臂—停止”。

简易线索的使用能帮助学生在无须记住动作各个步骤冗长描述的情况下，就能实现对复杂技能顺序的练习和提前演练。大多数教师都经历了一个“不断尝试，不断犯错”的过程，才慢慢找到了能激发出学生预期反应的最有效字眼。或许有一天，那些经验丰富的优秀教师能找到一些更正规、更普适的表述方式来用在工作之中。同时，新任教师也能在为学生准备和设计字词线索，并将之排列成总结性顺序的工作中投入大量的时间。

如果某位教师试图让幼儿从器材上跳下，并采用软着陆的方式落地，那么有这样几种字词线索可供其进行选择。首先，教师或许可以考虑一下某些“行动词语”，比如“跳”和“落地”。然而，虽然这类词可以提示行动的顺序，但却表明不了对学生动作质量的要求。因此这类词的表达能力不足。除了“跳”和“落地”外，教师还可以选择“跳起—展开—落地”这类线索。这些排列有序的线索能表达出多得多的信息。

对于学生和教师来说，简要线索能发挥以下作用：

①这类线索能强调某一动作的重要方面，因而可以加强学习者对其所学事物的记忆并形成一些关于其的直观视觉图像。

②这类线索能提示学生行动的顺序；而且如果对其进行认真选择和生动表达，那么这类线索还能具有一定的节奏感。

③对教师来说，简要线索还可以扮演观察线索的角色，并能为教师的反馈工作确立一种通用的语言。

简要线索再次对教师向学生表述的信息进行了概括。线索的有效性要建立在其对学生有用且师生都能进行同义理解的基础上。

方框 4.8 为教师提供了一份高质量任务表述的特征清单。即便是优秀教师做出的任务表述，也不可能永远如其所愿那般清楚明白。然而，教师通过练习仍然可以使“任务表述清晰”成为其教学特长之一。

方框 4.8

教师的任务表述清单

- 我有没有抓住学生的注意力？
- 我在课堂刚开始时候有没有进行“入门”？
- 我有没有按照逻辑顺序进行表述？
- 正例和反例我都举了吗？
- 我有没有使我的表述个性化？
- 我有没有对难点加以重复？
- 我有没有将新材料与之前的经验结合起来？
- 我有没有检查学生的理解情况？
- 我的表述生动吗？
- 我的示范

  准确吗？有没有让学生进行示范？

  有没有使用合适的练习组织形式？有没有对重要信息加以强调？

  有没有告知学生某一技能如此完成的原因？
- 我在使用多媒体之前有没有做准备？
- 我的学习线索

  准确吗？

  与内容相适合吗？

  适合学生的年龄和能力水平吗？有没有浓缩成高效的字词线索？

  有概括性吗？顺序明确吗？
- 在我的表述中有没有将组织方面与内容方面分开？

4.6 总结

（1）学生若想在教师的任务表述中受益，那么就必须要集中注意力。

（2）多关注有助于人们交流的因素能提升沟通的清晰度。

（3）口头交流、示范以及多媒体材料的应用是最为常见的任务传达形式。如果能遵照正确的指导方针对其进行使用，那么每一种形式都能发挥出其独到的优点。

（4）有关技能完成方式的重要信息可以作为某一技能的关键特征。

（5）学习线索是一个单词或是一个词组，用以辨识并告知学习者某项运动技能或任务的关键特征。

高质量的线索应当具有以下特征：准确、切中当下任务要点、数量少，并适合学生年龄和学习阶段。

（6）那些既能提示行动顺序，又能表明对学习者动作质量要求的线索，能帮助学习者制订出一个更为精确的任务计划。

（7）任务的组织安排方面应当与任务的内容维度分开。

（8）某一行动的线索应当有序且概括。

4.7 课后自测

（1）什么会导致学生的注意力不集中？教师怎么做才能极大程度地规避这些因素的影响？

（2）在任务表述中教师做些什么来提高与学习者的沟通水平？

（3）在示范时遵照哪些原则才能产生效果？

（4）多媒体资料的优缺点分别是什么？

（5）高质量学习线索的特点是什么？尝试设计出一套学习线索，备选条件如下：年轻的初学者或者年长的高级学习者；闭锁式技能学习、开放式技能学习又或是动作概念学习。

（6）如果低龄学生在做纵跳时没有充分弯曲身体，或是没有充分利用好自己的手臂，又或是没有充分舒展身体，那么让学生关注什么才能解决这些问题？这些关注为什么有用？

（7）组织安排信号有哪些？分别用在体育教育课堂中的什么位置最合适？

参考文献

Werner P，Rink J. Case studies of teacher effectiveness in physical education. *Journal of Teaching in Physical Education*，1989，4，280-297.

内容分析与开发

概 述

能将专家与新任教师区别开来的一个显著特征就是：专家具备将内容与学生进行关联，并按学生需要对其进行改造的能力。为了做到这一点，教师不仅需要具备有关内容与一般教学技能的知识，还要具备有关特定内容最佳教学方法的知识。这就是所谓的"内容教学知识"（Shulman，1987），同时，它强调了内容与内容教授最佳方法在教—学过程中扮演的重要角色。本章力求培养教师在内容分析与开发方面的技能，该技能也是教师基本内容教学系列技能中必不可少的组成部分。

▶ **标准 3：计划与实施**

体育教师候选人计划与实施一系列适宜的发展性学习经历，其内容须与地方、州和国家促进接受体育教育个体发展的标准相匹配。

——《新任教师教学标准》（NASPE，2008）

5.1 内容发展过程：概述

在基本内容教学的系列技能中，就有一项说的是教师对内容进行分解和排序以使之适于不同学习经历的能力。体育教育课堂上的主要互动单元就是第 1

章中所说的活动任务及学生对该任务的反应；第 4 章中描述了任务的表述方法。然而，前后相继布置的活动任务之间并非毫无瓜葛。教师通过利用以内容为标准的任务进程来引导学生从初始水平逐渐进步到更高的水平。教师在建立内容序列时要以其教学目标、有关内容性质的知识以及课堂的全部过程为基础。内容发展的根本在于有序列的活动任务能以促进学习的方式呈现。表 5.1 所示情境可为参考。

你会注意到本课程包含多个“任务—学生”反馈板块。本课程所选任务之间彼此有所关联。学生表现水平通过一系列精心设计的教学任务得到提高，课程内容正是在这一过程中展开，而这一过程称为内容发展。教师如何发展整节课内容可从教师内容决策角度进行描述。优秀的内容发展具有以下特征：

①能将学习经历由简而繁、由易而难地进行排序；

②能提升学生对优异表现的关注程度；

③能为技能的应用提供机会。

5.1.1 建立一个流程（拓展）

“将学习经历由简而繁或是由易而难地进行排序。”有时候也被称为“流程”。教师通过一系列的拓展任务来完成这一工作。教师从一个较为容易或是较为简单的点开始，逐步增加复杂程度和难度。有时候教师并不会增加难度或是复杂程度，而是仅仅寻找该任务的另一种练习方式。有时候教师还必须降低，甚至是大幅度地降低难度或是复杂程度。方框 5.1 为垒球课堂上的活动排序。

方框 5.1

◆ 垒球课堂上的活动任务排序 ◆

Fred 是一名三年级的体育教师，他刚开始垒球单元的教学工作，其课程的重点放在守备技能的学习上。在告知了学生今天课程的大致趋向之后，Fred 向各小组布置了以下任务：

“站在距离你搭档 6 米的位置，并将球慢慢滚向你的搭档。将你所认为的最佳守备方法展示给我看，之后再把球送回去。”

续

在给予学生充足时间来进行不同方法的尝试之后，Fred 让大家集合并请志愿者来解决这个问题。几名在少年棒球联盟打球的学生示范了标准的守备位置。Fred 对这些有棒球经历的学生进行了点评并对其示范表达了谢意。他问班级学生“你们为什么认为这是最好的方法?”，学生回答道，“这能防止球从两腿之间穿过。”

首先，Fred 对有关守备位置的适宜线索进行了表述；其次，让全体学生在无球的情况下进行练习；再次，他指挥学生向着“假想球”快速向前移动，并进入守备位置；最后，再让学生自由练习。

Fred 在本次垒球守备课上所用到的若干观点如下所示：

①从无球练习到有球练习；

②距离由短而长；

③从接球手可以直接接到球，到必须移动才能接到球；

④从不强调速度到强调速度。

这种类型的内容发展被称为任务内发展，其原因在于教师所教授的技能在内容发展前后是同一个。Fred 正在对垒球守备任务的条件进行排序。有时候教师会在涉及不止一种技能的课上对技能的种类进行彻底地改变，比如垒球守备和击打。这种类型的内容发展被称为任务间发展，其原因在于前后并非同一个，而且除非从狭义上来说，彼此之间也互不关联。教师制定课程、单元以及年度学科计划的基础正是其有关任务内发展和任务间发展的知识。那些在复杂程度和难度上与之前任务有异的任务被称为拓展任务。

Fred 注意到这样一种情况：虽然许多学生的身体都进入了守备位置，但他们中有很多人却没有将手套贴在地上。他让大家停下来，说道：“你们在让身体进入守备位置方面做得特别棒；现在你们要注意的是要将自己的手套始终放在下方。”他再次对技能进行了示范，并在示范中对手套的位置进行了强调。

在下列任务中，Fred 都延续了之前的做法：

"将球送到你搭档的右边或者左边，这样他就必须要移动起来。"

"怎么进行左右移动才最快？我们来探讨一下。"

"在你觉得自己准备好了之后，就可以离你的搭档近一些，这样球速就会更快一些。"

"看看你和你的搭档在一分钟之内最多能守住几个球而不让球穿过你。"

"这次我希望你能在你搭档进行守备时仔细观察。你们要看的东西有两点：一是看你的搭档有没有进入守备位置；二是看你搭档的手套有没有放在下面。如果你觉得你搭档有必要知道自己的错误，那么你就赶紧停下来看看自己是否能帮得上忙。"

5.1.2 彰显对表现水平的关注（细化）

教师优秀运动技能内容发展的第二个特征就是告知学生其对表现水平的关注。教师对班级全体学生或个别学生表现情况所做的反馈体现了其对学生表现水平的关注。而当教师让学生停止练习以关注特定动作的完成质量时，教师对学生表现水平的关注也得到了清晰的体现。教师这么做的目的是希望学生能在之后的练习中提高自己的任务表现水平。Fred 让全班集合的原因是因为他观察到学生在守备地滚球的时候没有将手套贴在地面上；而他让班级学生专门练习"将手套贴在地上"的行为，也正体现出了他对学生表现水平的关注。他在对学生的表现进行细化。这些类型的任务也被称为"细化任务"。下面是另外几个细化任务的例子：

"现在开始练习落地，努力做到最轻盈。""在你击球之后确保重心移到前脚上去。"

如果教师对学生提高表现水平的行为十分关注，而且学生有义务在细化任务的关注范围内进行练习，那么细化任务就会对学生的表现带来重大的影响。这里的"义务"指的是如果教师看到学生没在任务的关注范围内进行练习，那么他就会再次让学生集合并对任务关注点加以强调。如果教师让学生提升表现的某一方面，那么其在学生随后的练习中应当看到他们提高这一方面表现的意图。如果教师没有看到学生做出与细化任务关注点相一致的表现细化尝试，那么其就应当让学生停止练习，并对学生练习的关注方向加以强调。

5.1.3 给予学生应用 / 评估自己技能的机会（应用）

“教师究竟用哪一种方式来整合学生应用其技能的机会”是优秀内容发展的第三个特征。在大多数技能的学习中，动作完成方式总是教师让学生关注的重点。这就是运动技能的效率成分。虽然教师可能会对学生姿态的好坏更感兴趣，但学生还是更为关注“用动作做点什么”，即实现某种目的。最终，教师会让学生将他们的技能应用在更为关注因素的经历之中，而不是那些关注动作完成方式的经历。这就是运动技能的效果成分。某种竞争性的比赛就是这类经历的实例，比如关注得分数的比赛（也就是如何得分，而不是什么样的动作能得分）。舞蹈类的经历关注的则是动作的表现力。教师也可以通过让学生评估自己表现时身体姿态的方式来让学生应用其技能（比如：“评价你自己对线索的使用情况”）。

在我们的示例课堂中，Fred 也向学生布置了一项应用任务：让学生看看自己能在一分钟之内成功守备多少个球而不让球通过。篮球运球技术的初学者可以通过不让球失控或保证球不被搭档断掉的方式来检验自己的能力。虽然这一技能没能用在篮球比赛中，但也得到了应用。“让一名学生对其搭档的姿态加以评价”也是 Fred 所采用的另一种应用任务。当学生充满自信且具备了一定的技能水平时，教师才能在课堂中加入应用经历。

在学生技能发展的过程中，有效的进程能为学生提供在应用经历中使用技能的机会。教师不用等到所有篮球技能都“学过”时才让学生打一场完整的篮球比赛。教师在学生进行技能学习的过程中加入与篮球类似的游戏，以及学生自评和互评经历。

如果应用经历中所涉及的技能水平学生已经达到又或者没有超前太多，那么学生几乎在其技能学习的每一个阶段都能对其技能效果加以测试。那些能为学生提供技能应用和测试计划的任务被称为应用 / 评估任务。

在实际的课堂中，通过对教师所表述任务类型的分析就可以看到其对内容的发展。教师在课堂伊始会布置一项初始任务，这个任务也被称为情报任务。情报任务指的是在一堂课中为发展某项技能所设任务序列中的第一项任务。教师对内容的发展正是从这第一项任务开始。要对教师的上述三种行动进行综合利用才能实现内容的发展：

①拓展——难度与复杂程度的渐进过程；

②细化——对学生表现水平的关注；

③应用 / 评估——应用经历的综合利用。

教师这三种行动所代表的三种任务类型共同组成了任务流程，通过这一流程，教师实现了对内容的发展。为了便于讨论，我们分别对这些任务进行了命名和定义，详情如下：

- **情报。**技能学习流程中的初始任务。
- **拓展。**教师的行动之一，传达出教师对“在学生表现的复杂程度和难度方面进行变化”的关注。
- **细化。**教师的行动之一，传达出教师对学生表现水平的关注。
- **应用 / 评估。**教师的行动之一，传达出教师对“将学生的注意力从动作完成方法转移到动作的应用以及姿态的评估上去”的关注。

虽然教师所有有关内容的行为都能对这些过程有所裨益，但对流程建立来说最显著且最重要的方法还是教师布置给学生的活动任务（比如，“在同一个地点连续拍球十次”或“今天我们来玩垒球”）。教师在流程中对拓展、细化以及应用 / 评估任务的使用行为得到了越来越多的研究支持（见第 2 章相关内容）。对学生的技能学习来说，单单练习“技能本身”是远远不够的。方框 5.2 中所描述的是在教授排球头顶二传技能时所使用的两种流程。对于初学者来说，那种既包含有拓展任务和细化任务，又包含有应用 / 评估任务（应用程度不少于一整场比赛）的流程最能促进其技能的学习。

方框 5.2

头顶二传技能学习的适宜流程与不适宜流程

在每一堂课中，教师都会对头顶发球进行讲解和示范，之后再让学生与其搭档合作进行练习发球：接住搭档抛出的短球后再将球发回搭档手里。要在之前的课堂上练习过前臂垫球技能之后才能进行发球的学习。

续

教师 A——不当流程

任务 1：将球高抛（大约 3 米高）给你的搭档。你的搭档将球二传回给你，你再将球接住。

任务 2：现在让我们在比赛中运用头顶二传技能。在你能将球从球网上方回过去之前，你必须用双手将球二传给你的搭档，再让其用前臂将球垫起来。

如果用图表的形式来表示这一流程，会是这样的：

情报任务

拓展任务

细化任务

应用 / 评估任务

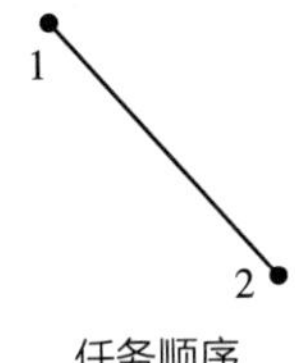

任务顺序

教师 B——适宜的流程

任务 1：将球高抛（大约 3 米高）给你的搭档。你的搭档将球发回给你，你再将球接住。

任务 2：在你这一次的练习中，在击球之前试着先让你自己进入“预备”位置。进入位置并做好准备。

任务 3：如果你所二传出的球线路不高，那么这对于你的击球点来说意味着什么呢？怎么才能提高球的线路？没事，这次我们加强一点控制。

任务 4：当你和你的搭档都能连续 5 次将球又高又准地二传出去时，那么就重复任务 2 或任务 3，并在提高抛球高度情况下再次尝试。

任务 5：现在让我们尝试一下进行前臂垫球后的二传。将球抛给你的搭档，你的搭档会将用前臂将球垫给你；你将球二传回你搭档那边，他 / 她再接住。顺序变成了抛球—前臂垫球—发球—接球（抛—传—二传—接）。

任务 6：当你们能连续这么做五次的时候，就拉大彼此之间的距离，看看你们是否还能做到这样。

续

任务 7：三人一组，一人发球，一人前臂垫球，一人再进行二传。一开始发较为简单的球，当你准备好之后再逐步增加难度。

如果用图表的形式来表示这一流程，会是这样的：

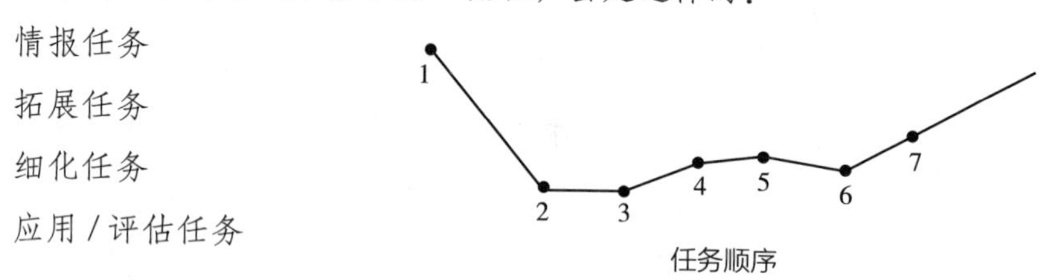

内容的发展非常重要。就一般层面来说，它是一种明确教师目的和教学意图的手段。它在“仅仅为学生提供活动”与“为了学生的学习”这两种意图之间做出了明确地区分。而就更具体的层面来说，它体现了教师的一种能力——对“练习条件序列”“表现水平”以及“综合利用应用经历”这三者进行同步关注的能力。拓展任务的存在体现了教师的一种愿望——对经历按逐渐复杂、逐渐困难的顺序进行排序。细化任务的存在体现了教师对表现水平的关注；教师不仅仅只是让学生完成一次动作经历，而是还要强调技能的完成质量。应用任务的存在体现了教师的另一种愿望——帮助学生在学习技能执行方式的同时对该技能加以应用。

5.2 内容发展计划：发展性分析

在教学过程中，教师的计划可以促进内容的充分发展。过去，教师在学会“为学习者安排适宜的经历顺序”之前得要经历一个“不断尝试，不断犯错”的过程，同时还要对内容有一种深刻的理解。如果教师在计划中对自己所教授的内容做一次“发展性分析”，那么其选择经历顺序的过程就会变得相对容易。对内容的发展性分析指的是有关内容发展的一个图表，该图表分为三栏（拓展、细化和应用 / 评估），参见表 5.1。有关网球发球和篮球运球的发展性分析会在本章的结束部分中得到呈现，然而在本章的讨论中也会涉及两者。具体包括网球发球的发展性分析（方框 5.6），篮球运球的发展性分析（方框 5.7），以及对应用于物体操作型项目中卸力概念的发展性分析（方框 5.8）。等你阅读完本章节，你就会对这些分析的顺序非常清楚。

表 5 .1　内容的发展性分析

情报任务：教师对要学的第一项技能进行描述。

拓展	细化	应用/评估
较先前任务更为复杂和困难的任务	拓展任务的质量方面	一次自测性质的竞争性应用或是关注表现

发展性分析会将内容分解还原成它自身的各个组成部分——拓展、细化与应用 / 评估。内容性分析能赋予教师向学生提供适宜、渐进经历顺序的能力；它还能帮助教师辨识出经历中优异表现的种种特征，并提高教师对适宜应用经历的综合利用水平。辨识出技能发展的拓展方面是发展性分析的第一步。

5. 2. 1 拓展任务发展——教师的流程

“拓展”栏是对内容进行发展性分析的第一步。在这一点上，教师所要描述的是：

①如何从学生的角度出发来降低内容的复杂程度和难度；

②如何对要加入进来构成经历序列（链）的部分进行排序。

教师必须首先想清楚哪些因素能增加学习经历的复杂程度和难度，之后再循序渐进地对经历进行排序。通过对许多因素的调控都能改变运动表现的复杂程度和难度。我们选取了分部练习、调整器材、练习的空间安排、技能完成目的的侧重点、技能完成过程中的人数、技能完成条件、改变规则、技能或动作组合的数量和不同反应数量的拓展因素进行讨论，并在方框 5.3 中对其进行了总结。

5.2.1.1 分部练习

为了降低技能学习初始阶段的难度，教师通常会先将某个完整动作分解成不同的部分进行练习，之后再组合成完整的动作。教师在指导学生进行队列或

方框 5.3

拓展总结：拓展活动任务的一般方法

分部练习

例：

- 对篮球带球上篮技能中的起跳和球的落点进行练习。
- 练习网球或其他拍类运动中发球技能中的“向下丢球”。

调整器材

例：

- 在排球技能学习的过程中先用较轻的球，并逐步增加球的重量。
- 在拍类运动中，先用缩小尺寸的球拍，之后再逐渐增加球拍的尺寸和重量。

扩大或缩小场地

例：

- 在追逐游戏中，通过缩小场地来降低追人一方的难度。
- 在 2V1 足球比赛中，通过扩大场地来降低进攻方的难度。
- 对于投掷类或击打类技能来说，可以通过增加距离来提高对力量的需求。

改变练习目的（意图）

例：

- 先以“感受节奏”作为网球发球练习的目的，之后再以“在场地中得到球”作为网球发球练习的目的。
- 先以“打到球”作为击球练习的目的，之后再以“将球打到不同的位置”作为击球练习的目的。

增加或减少比赛的人数

例：

- 先自己练习舞步，再与搭档一起练习。
- 先进行足球中的 2V1 练习，再进行 2V2 练习。（两名进攻队员对抗一名防守队员的难度要小于 2V2。）

续

改变技能完成条件

例：

- 防守人努力贴近进攻队员，并不尝试去抢球。
- 如果你无法将球发过网，那么就往发球线前方走几步。
- 在不运球的情况下打篮球。

改变规则

例：

- 多发几次球，直到能把球发过网。
- 今天我们不会对走步犯规进行严格地吹罚。

对两个技能进行组合

例：

- 先单独进行篮球投篮练习，之后再将运球和投篮结合起来练习。
- 先单独进行前滚翻练习，之后再在前滚翻后接一个头手倒立。

增加针对某一概念所举例子的数量

例：

- 从任务“让我看看什么是‘平衡’”到任务“给我看到三种保持平衡的方法。”
- 设计三种能提高“后向柔性化”练习方式。

民间舞蹈学习的过程中通常会采取这种方式。教师会先从舞蹈一小部分开始，之后再逐渐加入舞蹈的其他部分，最后在学生学完所有舞蹈部分之后再将各部分组合在一起。与此类似，在表述完网球发球的完整技能之后，也可以这样学习网球发球：首先在无拍的情况下练习抛球，之后在无球的情况下练习挥拍，最后再将抛球和挥拍结合起来进行练习（有球无球皆可）。除非因安全或其他方面的问题而不能先进行整体练习，要不在进行分部练习之前最好还是能让学生有一些整体练习的经历。

如果技能较为复杂，那么将技能进行分部练习的优势就会更加明显，当然这还是要建立在已经进行过若干次整体练习的基础之上。如果技能简单或是分解会破坏技能节奏，那么在技能学习的初始阶段就不适合进行分部练习。

教师还会对“反向链接”（见第 4 章）这一理念有所考虑，或是在分部练习时先对技能链条的最后一部分进行练习。对于很多复杂技能来说，“反向链接”非常有用。将对技能主要动作的练习置于技能早期动作的练习之前，能赋予主要动作之前的部分更多意义。“反向链接”的例子包括：在网球发球流程中先从最后一部分——击打动作（用球拍在背后击球）开始；在保龄球和篮球带球上篮的流程中剔除了“靠近”的部分；在民间舞蹈的流程中先从合唱部分开始；在掷铅球的流程中直接从推球部分开始（而不是从准备动作开始）。

如果教师选择对技能进行分部讲解，那么在条件允许的情况下还是很有必要给学生一次对整体技能进行练习的机会；如果条件不允许，那么也要将完整技能展现给学生看。在对技能进行分解之前，很多教师都会忽略一件事：让学生体会一次完整动作。如果与整体技能的理念不一致，那么分部练习就是毫无意义的。

图 5.1　变换练习器材有利于学习

5.2.1.2 调整器材

在技能学习中，降低表现难度或复杂程度的最好方法之一可能就是对器材本身或器材的安排方式进行调整（图 5.1）。对于像掷铅球、扔足球或传排球这类直接对物体进行操作的技能来说，缩小器材或减轻器材重量可能会使得这些技能更容易学会。同样，如果滑雪板、球棒或者球拍能短一些或轻一些的话，那么那些需要用到这类器材的技能也会更容易学会。尤其是对于那些更为幼小的学生来说，如果器材尺寸不合适，那么其就很难习得一种高效的动作模式。对于那些需要借助器材来获得早期表现效率的初学者（不关乎年龄层次）来说，正如第 2 章中讨论的那样，学生会根据不同的环境条件以及自身的能力水平来选择出适宜的反应。教师应当遵循这样一项原则："如果使用某些器材培养不出学生成熟且高效的动作模式，那么就应当对'变换器材'这件事做出慎重考虑"（图 5.2）。

图 5.2　如果使用某些器材培养不出学生成熟且高效的动作模式，那么就应当对"变换器材"这件事做出慎重考虑

在某一学习环境中，可以对器材安排做出如下调整：为促进特定技能的学习可以降低或提升排球网的高度；为年龄较小的学生降低球筐的高度；在处于学生技能发展初级阶段时，要扩大靶子或目标区域的面积，以提高成功率。体操器材则可以在高度方面有所调整；在教育体操中，也可以对相互关联器材群的布置方式进行调整，以提高学生操作的难度。

5.2.1.3 练习的空间安排

教师可以通过空间安排来建立一个渐变的难度序列。通过对技能中距离的操控可以引起技能所需力量的变化，继而会造成诸如投掷、接球或者击打抛射物体这类技能难易程度的升高或降低。

那些涉及在空间中与他人一同移动的技能，比如篮球中的运球，其难度会随着空间的减小而上升。在建立各个难度序列的时候，必须要考虑到空间减小或扩大所带来的影响，这是因为它会贯穿这些难度序列的始终。

在为运动技能发展规划任务流程的时候，能考虑到比赛的需要也会很有好处。排球中的前臂垫球技能最终还是必须在接对手发球时才会用到。在技能练习的初始阶段，搭档给出的短距离抛球可能还会有点用处；然而除非教师能在练习的过程中不断扩大搭档间的距离，并最终从较远的位置抛出或打出球，要不然学生就很难像教师期望的那样能在接排球发球的时候使用出前臂垫球技能。随着学生人数的增加，分配给学生的练习空间呈现出越来越小的趋势。在设计（任务）流程的时候还要不断提升所需空间以及力量的大小，原因：一是因为物体覆盖范围与物体力量大小之间紧密相关。二是因为流程的最终目的还是让学生能发出或接到力道十足的物体。

5.2.1.4 技能完成目的的侧重点

无论是在经历序列的哪一点上，通过操控有关技能完成目的的指令，都能增加或降低经历的难度。这也就是第 4 章中所说的“目的导向”。任务的目的导向都能对学生的技能完成方式造成较大的影响。举例来说，在击球练习中，如果任务重点从“只是打到球”变成了“将球打到特定区域”或是“打出不同的飞行轨迹”，那么击球这一技能的完成方式就会发生很大的变化。如果练习跑步的目的变成了追求速度，那么练习方式也会发生很大变化。同样，如果是为了追求更远的距离，那么田径项目中投掷技能的完成方式也会发生变化。教师在设计经历或经历序列的过程中可以对学生的目的进行操控。

5.2.1.5 技能完成过程中的人数

独自练习是许多技能在练习初期所采用的练习方式，然而这些技能最后还是要在更为复杂的活动中与他人共同使用。单独进行技能练习的难度要小于与他人共同练习的难度。因为随着其他参与者的加入，技能也就不再只受个人控制，个人也必须要开始适应其他人。举例来说，独自借助发球机练习网球击球技能，就能消除人工发球时来球多变的问题；在进行舞步模式学习的时候，首先进行某种舞步的单独练习也就可以暂时不用考虑与搭档协调动作的问题。

许多技能很难进行单独练习，比如接球练习的初级阶段就是如此。对于这项技能来说，毕竟学生最终还是需要对来球进行操作，而且如果单独对着墙练，经墙面反弹的来球力量就会过大。对于诸如此类的情况，个人在进行练习的时候还是需要搭档配合。

对于大多数任务流程来说，在其中加入其他人的目的都是为了发展在某项运动技能使用过程中出现的各种关联技能（既有合作性技能，又有竞争性技能）。在大多数团队运动中，都既存在与他人合作的关系，又存在与他人竞争的关系。而这些关系的建立则需要依靠序列中人员的依次加入。排球或是大部分隔网类运动在一开始的时候总是先从两人之间的关系开始，之后再慢慢地沿着2—2，3—3，4—4的方向逐步向前发展。篮球和田径类运动也可以采用相似的流程。随着参与人数的增加，练习空间也要相应扩大。在体操运动中也需要对“在练习过程中逐渐加入必须发生关系的各方参与者”这一理念加以考虑。虽然在教育体操、传统杂技以及翻滚技能单元的学习过程中也必须进行团队练习，然而鉴于这些项目团队协作的难度，上述过程更需循序渐进。

5.2.1.6 技能完成条件

技能完成条件（提高或降低内容的难度水平）要随着具体内容的变化而变化。教师必须想出一些能提高或降低内容难度的方法。对于大多数操作性技能（比如投掷、接球和击打）来说，通过对下列技能完成条件的调整就能提高或降低练习的难度：

（1）难度降低：速度慢；力量轻；发球人静止；接球人静止；向前运动；飞行轨迹适中等。

（2）难度提高：速度快；力量重；发球人移动；接球人移动；向后方或两边运动；飞行轨迹较高或较低。

“真实世界”方框中情况出现的原因就是未能对技能完成条件的变化做出充分预计。

◆ 真实世界 ◆

不理想任务流程实例

教师以一次排球头顶二传技能的示范开始了今天的课程。在坐着练习完手形之后，学生被分为了若干个六人制的小组。每一个小组都围成一个圈。教师让学生练习将球发给圈内自己旁边的那名同学。学生在这种技能练习方式中没有体会到丝毫的成功感。他们之所以无法将球传给自己旁边那名同学的原因在于他们是在一个方向上接球，而又要朝另一个方向发球。在学生们还尚未在同一个方向上进行过传接球练习的情况下，这种练习条件对于他们来说难度太高了。

音乐这一技能完成条件在舞蹈学习流程中扮演了重要的角色。在音乐添加与否，以及音乐速度快慢方面所做的决策都会对流程产生很大的影响。技能在下列两种情况下可能会更好学一些：一是在技能学习的初始阶段不加音乐；二是在音乐本身节奏很快的情况下放慢音乐速度。在活动中所加入的音乐究竟是会促进还是妨碍技能的完成，取决于音乐的速度是否能与动作本身的速度协调一致。

5.2.1.7 改变规则

对于许多体育活动来说，都可以通过对其规则的操控来提高或降低学习经历的难度。规则作为练习诸多条件之一，能对技能的完成方式有所限制。这些规则既能限制单个技能的完成方式，又能限制人们之间的交流方式。涉及安全考虑的规则（比如曲棍球挥杆的高度）应当始终都有。教师们应当扪心自问，是不是因规则缺失而导致的坏习惯很难改掉。如果在安全和练习习惯方面都没有问题了，那么就不该再制定出会使初期学习复杂化的规则。在何时以及何种程度上将“移动”规则或“违规击球”规则分别添加到篮球运球以及排球中去，这些都是流程中的可操控的部分。

大多数比赛规则都可以进行修改，而且应当进行修改。我们应当遵循这样一项良好的规则，即“如果比赛的某项规则或其他方面破坏了比赛的流畅性，那么就应当考虑对其进行修改”。“在网球或排球比赛开始时不考虑发球的问题”，或是“在篮球比赛中规定其他进行罚球的情形”都是对于这项规则的良好运用。

5.2.1.8 技能或动作组合的数量

许多有关技能学习流程的观点都还停留在单个技能学习，并且认为技能可以直接用于复杂竞技环境的阶段。技能发展的完整过程必须包括将该技能与其他共用技能联合起来的阶段。在篮球项目中，学生不仅仅只要单纯的投篮；他们还要在运球后投篮或是接球后投篮。在排球项目中，学生也不仅仅只要单纯地进行二传；他们还要将接球、二传以及移动到其他防守或进攻位置这三者连贯起来。教师必须既要考虑技能的使用方式，又要让学生为技能间共同完成方式的多种变化做好准备。如果学生必须要进行运球后投篮，或是要在接球后运球再传球，那么在期望他们能在复杂环境中完成好这些技能的组合工作之前，应当给他们在简单环境中练习所有可能技能组合方式的机会。

5.2.1.9 拓展不同反应的数量

对于概念教学或发散调查（后第 8 章内容）的流程来说，其最终目的都是为了能将学生对某个概念的知识迁移到新的经历中去。经历序列也会有所变化，即由原先那些能帮助学生进行概念界定的经历变成既能拓展学生适宜反应数量，又能给予学生实践机会的经历。最初的经历必须能帮助学生进行概念界定（比如：什么是平衡？），经历序列后段的经历必须要增加概念应用渠道的数量（比如：找到三种能依靠身体的三个部位来进行平衡的方法）。再晚一点的经历会让对其反应进行选择和优化（比如：在这三种方法中选择一种，并按照这一方法实现完美的平衡）。如果教师要求学生做出不同的反应，那么反应的复杂程度就会增加。如果某位教师首先为学生界定了“平衡”这一概念，接着又让学生进行平衡练习，之后再让学生尽可能多地找出不同的平衡方法，那么这位教师的做法就是在为学生拓展“平衡”这一概念的内涵。如果某位教师先是将“提高心肺耐力所需锻炼类型”的定义介绍给了学生，之后又让学生依据这一定义找出两种能提高心肺耐力的锻炼类型，那么这位教师的做法也是在为学生拓展“提高心肺耐力所需锻炼类型”这一概念的内涵。

5.2.1.10 经历顺序的建立

为学生的学习经历排序并不是一件容易的事情。教师必须在对内容进行透彻思考的基础上决定内容怎样的排列顺序才最适合特定的学生群体。发展性分析中“拓展”一栏描述的正是教师为特定学生群体所选择的顺序。在本章结束部分有关网球发球和篮球运球的发展性分析中会出现拓展任务顺序的示例。这里的每一种顺序都蕴含着有关“逐步提高复杂程度和难度”的许多理念。在这些技能的发展过程中，你会发现任务流程中有许多关于如何增加复杂程度和难度的例子，你还会发现许多任务内发展与任务间发展的例子。

如果教师已经建立了复杂程度和难度逐步提高的顺序，那么他 / 她就必须在鉴别学生拓展任务表现水平的工作中投入一些精力。这就是发展性分析的细化方面，接下来就要对其进行讨论。

5.2.2 提升细化的质量

发展性分析中的“细化”一栏就是对“何为‘圆满完成任务’？”这一问题的回答。对于发展性分析“拓展”栏中所出现的每一项经历来说，有关其质量维度的描述会出现在“细化”栏中。在有关网球发球的发展性分析中，教师需要明确在每一拓展经历中动作执行者的重要动作特征：教师已为每一项拓展任务都制定了学习线索。“细化”栏所涉及的主要线索与技能完成方式（形态特征）相关。虽然在很多案例中都是如此，然而有关反应的线索（动作执行）在许多情况下仍然不是最重要的。我们来看看有关篮球运球的发展性分析：在任务流程的结束部分，“细化”栏中所涉及的并不是有关篮球运球方法的内容，而是有关“运动员怎样根据防守队员情况来对运球进行调整”的内容。正如在第4章中讨论的那样，这正是有关反应调整的线索。正因为这处于整个任务流程的后段，学生在此时可能都已经学会了各种运球技巧，因此其就应当把注意力放在运球技能的“运用”上。

在为学生规划任务流程的过程中，“细化”栏服务于以下目标：

①辨识出教师能用于任务表述的线索；

②使教师注意观察学生的表现；

③为教师提供能在反馈中用到的信息。

在实际课堂中，教师在向全体学生表述完任务之后就会对学生进行观察，以获取“细化”栏中的相关信息。如果教师未能看到符合“细化”栏中线索标准的优异表现，那么教师可以有以下选择：

①如果问题并不普遍，就单独纠正个别学生；

②如果任务太难就降低难度；

③让全体学生停下并将其注意力转移到某一能提高表现的线索上去（细化任务）。

正因为大多数体育教育工作者都未能对其所教授技能的必要部分进行透彻理解，因此也就很难完成“细化”栏中的各项任务（发展性分析）。然而他们却能获取一些描述任务执行方式的优秀资源，这些资源无论是对新任教师，还是对有经验的教师来说，都非常有用。不过如果体育教育工作者需要亲自执行技能，那么这些资源虽然有用，但却依然远远不够。教师还必须有对内容发展不同阶段的优异表现进行描述的能力。教师必须做好准备，如果你想要取得成功，那么你在进行技能教学的过程中还要不断提升自己在任务排序和突出重点方面的能力。

一旦教师完成了分析中“拓展”栏和“细化”栏的全部任务，那么也就说明教师已经做好了在经历中为学生规划技能应用途径的准备。

5.2.3 设计内容的应用 / 评估经历

发展性分析中的“应用 / 评估”栏描述的是那些能帮助学生在各种环境中应用习得技能的经历，其关注重点也由技能完成变成了技能使用和技能评估。“应用 / 评估”栏为有关网球发球和篮球运球的发展性分析画上了一个圆满的句号。

“应用 / 评估”经历通常都是竞争性或评估性的经历，但也并不全是。应用任务会将学生的注意力由“技能完成方式”转移到“运用技能达成某个目的”。应用任务也会为学生提供有关任务表现特征的信息。下面就是应用任务的几个例子：

5.2.3.1 自我检测（个人或搭档）

鼓励学习者检测自己对某一技能的掌握情况（比如：看看数量、速度、距离）（图 5.3）。

例：“你在不让球掉下的前提下能抛接球多少次？”

“你最多能站在离墙多远的位置还能将球打到墙上？”

“检查一下你究竟掌握了这一技能的哪些学习线索，以及其中的哪些线索还在发挥作用？”

图 5.3 “看你在自己的空间内双手控球多久”是一项自我检测活动

5.2.3.2 自我检测（小组）

鼓励学习小组的组员检测一下自己

对某一技能的掌握情况。

例："你能将排球保持在空中多久而不落地？"

"在每边至少进行两次传递的情况下，你方能将球传过网多少次？"

5.2.3.3 竞技比赛

与他人进行对抗的活动，复杂程度各异。

例：1V1 的篮球比赛或十一人制的足球比赛。

5.2.3.4 依据标准评价表现

就过程或表现情况做出客观反馈。

例："拿上这项活动的线索清单以及你的录像带，评价一下你在比赛中的表现能在多大程度上与我们在比赛中使用的线索一致。"

"选择搭档中的一人作为观察者，看看你的搭档在做动作序列中下一个动作之前能否保持 6 秒的平衡。"

应用经历是一个强劲的重点。无论教师为某一经历设定了其他什么额外的重点，但应用经历仍然会占据经历的大部分时间。应用经历会将学生的注意力从"动作完成方式"转移到"技能目标"或"符合评价标准"这一重点上去。因此，学生在进行能力测试之前应当熟练掌握测试内容，而且还要满怀信心。如果让篮球运球技能的初学者在竞速接力赛的场景中运用这项技能，那么无论教师怎么提醒学生要做好控制，学生对球的控制力还是会大幅下降。这是因为学生还未能熟练掌握这一技能。对于已经在一定程度上掌握内容且信心十足的学生来说，竞争性重点可以提高其表现水平；而对于未能掌握内容且信心缺乏的学生来说，竞争性重点则不能提高其表现水平。对于后一种学生来说，竞争性重点可能只会令其沮丧，而不是调动其积极性。

应用经历应当契合任务序列中拓展经历与细化经历的水平。下面的例子就是教师为学生制定的一个经历序列，其中应用任务的水平与前期拓展和细化任务的水平并不契合。

①借助搭档给出的简单抛球来练习排球中的前臂传球技能。

②在无网的情况下借助搭档给出的抛球来练习前臂传球技能，要前后左右移动起来接球。

③借助搭档给出的抛球来练习前臂传球技能，并衔接上头顶二传技能。

④在排球比赛中使用前臂传球技能。

对于规划这一任务序列的教师来说，要做的第一项工作就是考虑哪些条件能使得前臂传球技能难度提高。教师决定让一开始的抛球简单化，这样的话技能执行者就不需要进行移动；第二项经历则要鼓励技能执行者移动起来，而第三项经历的重点则是前臂传球技术的应用。这些都是在技能发展过程中需要考量的重要因素，然而兼具这些因素的任务序列还是算不上尽善尽美。这是因为只要尚未进行过完整的比赛，那么在前臂传球技能练习的过程中难免会遗漏几个关键要素。因此，可以预见的是：学生在正式比赛的环境中很难成功使用前臂传球技能。还有一种情况更为糟糕：那就是学生不具有接过网重球的经验。如果球（在练习的过程中）是被发过网或抛过网的，那么学生就能得到这种经验。即使学生对其他所有比赛条件（比如，场地上的人数；选择垫球或是上手二传）都进行过练习，然而恰恰就是这个单独的条件会对技能使用的成功与否有着决定性作用。

发展性分析也可以作为一种检查，即考察经历序列中的应用经历与内容的发展水平是否契合。体育活动中的应用经历应当在经历序列中间隔排布置，并且不能放在经历序列的结束位置。经历中所涉及的技能发展水平也应是学生在非竞争环境中经历过的。在设计这些经历的时候，教师可以对学生的成就水平有所考虑，还可以考虑将某些责任和选择权转移给学生。

5.2.4 现实课堂中的内容发展情况

在本章开始的时候我们设计了一个情节，说的是一名叫 Fred 的教师在教授守备技能。现在再回到 Fred 的课堂（方框 5.1）上，来确定一下 Fred 就守备技能所做的发展性分析是否真如你所想的那样，这对你来说可能会很有帮助。在其课堂上，Fred 使用了拓展任务、细化任务以及应用 / 评估任务。然而 Fred 不太可能用到了其列出的全部拓展任务和应用任务，也不太可能将其为“细化”栏中各个任务确定的线索全部分享给学生。这是因为教师在现实课堂中的所作所为要以满足学生即时需要为目的；教师要记住几条有关内容发展与教学中发展性分析运用的理念。

拓展任务、细化任务以及应用 / 评估任务都没有固定的顺序。教师在完成内容的发展性分析并布置完初始任务之后，之后的所作所为就要根据其所看到的东西随机应变。方框 5.4 中的内容便是教师可能会出现的行为。

方框 5.4

教师基于所观察到的学生需要而可能做出的行为选择

重新表述任务

学生显然没能理解任务，或是做法超出了任务的范畴。

跳过序列中某一步骤

任务太过简单。

降低初始任务的难度和复杂程度

学生无法取得成功。

使用细化任务

在学生某项任务完成的过程中未能对“细化”栏中已有的表现线索有所体现。

使用拓展任务（经过规划或者未经规划的）

学生已经做好了提高或降低技能复杂程度的准备。

使用应用任务

学生有足够的能力和信心完成教师所布置的任务。

那些擅于发展学生运动技能的教师能将这些教师行动与课堂恰如其分地结合在一起。有时，那些对内容发展过程的复杂程度有了一定了解的新任教师会评论说：“算了吧，这是训练！”然而问题就在于此（他们没有意识到）：好的训练就是好的教学。实际上，好的教练也是好的教师。

5.3 发展不同类型内容的指导方针

在之前的部分中，我们已经学过了若干用于内容领域的一般概念。而且还各举了一个闭锁式技能（网球发球）和一个开放式技能（篮球运球）的例子。在下面的部分中，我们会对不同类型内容的发展理念进行更为具体地探究。第 3 章将运动技能的内容分为了三类：闭锁式技能、能运用于不同环境中的闭锁式技能/半闭锁式技能以及开放式技能。由于这三类技能的学习目的各不相同，因此其为取得学习效果所需要的方法也不一样。内容的独特性质肯定会对发展性分析的设计工作产生影响，本章的这一部分就会对这些影响进行讨论。

5.3.1 发展闭锁式技能

发展闭锁式技能的目的是为了使学生能在固定的环境中取得前后一致且高效率的表现。然而，学习初始阶段的技能练习方式往往会与技能的最终使用方式大相径庭。因此，教师必须就学习流程和技能发展做出较多决策。

5.3.1.1 学习的先决条件

- 确立先决条件。
- 对技能或器材进行调整以确保成功。

学习闭锁式技能的先决条件通常包括体能条件（比如：力量和灵活性）和运动能力条件。

对于体操技能来说，体能条件异常重要。如果腹部和手臂力量不足，那么学生怎么也无法完成高低杠中的手臂回环动作或者双杠中的摆动动作；只有自身体能得到了提高，学生才有可能完成这两个动作。

运动能力是物体操作性技能的重要因素。在击打姿势的学习中，已经很好地学会投掷姿势的学生会比那些没学过的学生更占优势。那些已经很好地学会各种运动模式的学生在需要进行移动或物体操作的时候能用出这些模式。运动能力是学习者经验和成熟度的产物之一。

对于那些要教授学生闭锁式技能的教师来说，如果其学生不具备先决的能力，那么他们就必须要培养学生的这些能力，还要对技能和器材进行调整以提升学生成功率，更要做好教授另一项技能或是为学生提供另一些经历的准备。如果在哪个特定时间进行技能学习很重要，那么教师就应当问问自己。针对幼儿和残疾学生的项目应当谨慎选择，这是因为技能对于学习的一个特定阶段来说非常重要。虽说教师最终有可能将任何一项技能教会任何一名学生，但教师还是必须要对个别学生的技能发展阶段有所考虑。教师必须对以下两点做出决定：一是是否为技能学习保证充足的时间；二是如果将时间花在其他学习效率更高的技能或是能为运动学习提供发展基础的经历之上，那么这样做是否会是对时间的更好利用。

5.3.1.2 “整体—部分”问题

- 只要可能，就整体教授。
- 在分解技能之前，教师最好还是能给学生一次观摩或练习整体技能的机会。

正如之前所讨论的那样，教授闭锁式技能的教师要决定究竟是对技能进行整体教授，还是分成不同的部分进行教授。这一决定通常也被称为“整—分两难困境”。如果可能的话，闭锁式技能还是应当进行整体教授。分部完成的动作，其节奏通常会与整体完成的动作不同。某动作中的一部分会是另一部分的前期准备。即使学生能分别完成动作的每一部分，然而还是无法保证其能成功完成整个动作。高尔夫挥杆就是高度节奏化技能的典型代表，因而如果将之分成不同的部分，就会对其节奏形成破坏。

然而，在教授复杂技能（比如网球发球）的时候，将其分成不同部分可能还是较为合适的。不过，即使面对这种情况，许多学习理论家还是给出了这样的建议：在分部教学之前，教师最好还是能给学生一次对整体技能进行学习的机会。于是，教学流程就会变成“总—分—总”的模式。

进行技能整体教学并不对教师将学生注意力集中在部分上的行为形成妨碍。在这种情况下，发展性分析的“细化”栏会成为任务序列中的关键部分。这是因为即使练习条件不变，学生还是无法做到同时处理好所有其应当处理的事物，因此教师才将学生之后应当关注的事物放在了“细化”栏中。高尔夫挥杆技能的练习就是这种情况的典型实例。虽然学生可能是在做整体的挥杆动作，但教师还是可以按照重要程度来对要点进行一次排序，比如臀部、左臂、头的作用等。

对于“整体—部分”这一问题来说，并没有什么固定的答案。每一种技能都有其独特性。什么时候进行分部教学？什么时候进行整体教学？在对这两个问题进行回答时要以技能的复杂程度和节奏性为指引。

5.3.1.3 调整器材

- *如果器材会对成功造成阻碍，那么就对其进行调整。*

在进行闭锁式技能教学的过程中，一旦学生的表现水平下降，那么教师就必须对“通过对器材的调整能否使得学习行为迅速发生，且成功率更高”这一问题有所判定。在大多数情况下，如果器材真的会对成功造成阻碍，那么调整器材就能使学生受益。球棒或球拍太长或太重；球太硬、太重、太小或是太大；又或者是目标太小、太大或太远；这些情况都会使得初学者的成功困难重重。

如果学生在使用标准器材时仍然必须通过对技能模式的调整才能获得学习效果，那么这些器材也需要进行调整。“低龄学生在面对高框罚篮时必须采用低手投篮的方式；或是某人必须用双手才能完成‘抛球’这一本应用单手完成的技能。”就是上述这种情况。在这些情况中都应对器材进行调整，这是因为这些器材不适合学生的年龄或技能水平。

许多初学者都不具备操作或使用标准器材所必备的体能。然而如果投掷物或保龄球都能轻一些、弓的拉力和障碍的高度都能低一些，那么初学者一定能从中受益。通过对器材的调整也能消除初学者对标准器材的恐惧（比如：在高杠上加一根绳子；用绳制障碍替代木制障碍；硬球换成软球等）。

5.3.1.4 改变练习条件

- *改变练习条件以确保成功，并逐步提升难度。*
- *在教授动作形式的时候先不考虑结果。*

闭锁式技能最终还是要在稳定的条件下执行，而且大量的练习要在“真实”的环境中进行。在初始练习中，教师会简化练习的条件来保证成功率，或是在练习中更为关注效率而不是效果。

只要不损害技能的完整性，那么就可以通过对练习条件进行的改变来保证成功率。对于排球、网球或是其他目标类技能来说，在一开始都可以通过将其发球线前移的方法来降低技能成功所需的力量输出。

在初始练习的时候，教师还应当考虑让学生忽略环境所造成的结果。“不考虑结果”意味着不让学生看到其行动的效果。如果能允许学生不去考虑结果，那么教师让其针对自身表现所做的优化工作或对闭锁式技能中关键动觉线索的关注行为，都会变得容易一些。在保龄球项目中不设球瓶、在高尔夫球挥杆或箭术射击中以网为目标，这些做法都可以消除对结果的追求。

5.3.1.5 建立意图序列

● *调整表现目的（意图）以保证成功。*

大部分闭锁式技能都有一个明确的表现目的。操作性技能（比如：保龄球、高尔夫球、箭术）通常都有着具体的“目标对象”；非操作性技能（比如：舞蹈、游泳、跳水、体操）则以“形式”为目的；而自测型技能（比如：跳高、标枪、跨栏）的目的则是“效果”。

对于初学者，我们不应当坚持对其采用与那些高水平技能表现相同的准确性、形式或者效果标准。针对初学者所设置的效果和效率目的应当低一些，之后再随着学生能力的提升而逐渐升高。这些目的应当是教师计划中的一部分，并被包含在内容发展性分析之中。在刚开始的时候，投球新手应当努力使球保持在球道上。网球发球新手则可以尝试先将球发过网或是发进围栏之中。技能要整体完成，然而练习的目的则应随着学生能力的变化而改变。因此，要将对成功的追求融入整个流程之中。

5.3.1.6 准确性与力量输出

● *高度的准确性要以具备发力能力为前提。*

许多具备操作性质的闭锁式技能都有着准确性的要求，比如：篮球罚球、网球发球、保龄球、箭术、高尔夫球。在这类技能的学习过程中，教师必须决定何时强调准确性、何时强调力量输出。这一领域中有关运动学习的理论建议我们先强调力量输出。只有动作形式的稳定性达到了一定程度，对高度准确性的追求才会变成练习的关注重点。太早强调准确性的教师会迫使学生调整动作形式，这是由于学生的控制能力还未达到足以准确命中的水平。有关这种情况的例子通常会出现在网球发球中。许多学生在发球时都会采用砍式击球法，而不用正常的发球姿势，这是因为采用前者所发出球的准确度会高于后者。如果教师要求学生所发出的球具有高度的准确性，那么学生就会采用砍式击球法发球，这其中的原因在于他们用正常发球姿势发出的球不能保证准确性。

教师通常都不愿让学生在技能练习的过程中使出最大的力量。这是因为如果想让物体能不受控制地飞行，那么就要给学生足够的练习空间，而在这一过程中教师则会面临管理与组织方面的困难。然而，在“不发力练习”和“发最大力练习”之间却没有什么过渡。如果技能本身就需要力量输出，那么在这一技能的学习过程中，教师还是要给学生进行最大力量输出的机会。

5.3.1.7 环境设计

- 如果可能，就对环境进行设计以激发学生的反应。

环境设计是为初学者建立任务序列的一个有用方法，这是因为口头交流在学习的初级阶段并不是最重要的。对器材和环境的安排都可以促进学习。这被称为环境设计。“在练习向前跳水的学生前面放置一根棍子，以鼓励学生先跳‘起来’，而不是跳‘下去’”就是环境设计的一个例子。环境设计的另一个例子就是“在网球围栏上放置若干个高度与击球高度持平的目标，以之作为学习的指引”。网球教师可以通过对环境设计的运用来进行发球节奏教学，其具体做法就是让学生挥舞有球的袜子。如果学生打破了节奏，那么袜子中的球就会不受离心力的控制。教师可以通过让学生在一个小垫子上连续进行三次翻滚的方式，来促进其对团身前滚翻这一技能的掌握。

通过对环境的设计，我们可以找到许多能促进复杂技能学习的方法。如果教师想要提高自己设计环境以促进技能学习的能力，那么他/她就得问自己这样一个问题：“我怎样才能将学生放在一个能激发出特定动作或是提高动作质量的环境之中？”

5.3.2 发展能运用于不同环境中的闭锁式技能/半闭锁式技能

- 先在最简单的环境中对技能进行介绍，之后再将练习拓展至活动中的所有环境类型。
- 提醒学生注意其针对自己在不同环境中的表现所做调整的不同类型。

半闭锁式技能的发展方法与闭锁式技能相似。半闭锁式技能最终还是要在不同的环境中进行练习。对于诸如保龄球、高尔夫挥杆，或是前滚翻（奥运体操）这类半闭锁式技能来说，其基本模式要随着环境的变化而调整。在引入更复杂的条件（如对保龄球进行二次补击，将高尔夫球打出沙坑，或是在平衡木上进行前滚翻）之前，就要先在简单条件下建立这类技能模式的稳定性。

在为半闭锁式技能规划之后的流程时，教师应当在其中加入许多不同的练习环境。学生在基本模式所需的具体调整措施应当成为发展性分析中“细化”

栏的一部分。这些调整措施之间的区别以及基本的动作模式需要借助两点才能传达给学生：一是教师所给予的线索（比如：指导学生在高草丛中进行高尔夫球击球时要突然发力）；二是能帮助学习者辨识新条件下模式变化情况的问题解决经历。方框 5.5 中的例子就是针对某个半闭锁式技能所做的发展性分析。

方框 5.5

不同环境中的高尔夫球挥杆（右手握杆）

拓展	细化	应用/评估
将球击出高草丛和沙坑	向下发力击球，而不是来一个长的上挥杆 在瞄球时将铁杆打开一定角度 始终握紧球杆 球在沙坑时不要直接触球，而是要触碰球后的沙子 用球杆头掠去球上的沙子，将球从沙中抠出来 将杆头击球面切入厚厚的沙子 将球置于右手边 将左边的背转离目标线 进行短距离引杆（方向径直朝下）	**单独练习** 将球放在沙坑和草丛；尝试在一次击球之后使球离球洞更近；在一次击球之后使球离球位更远 **与搭档一起练习** 将球放在沙坑和草丛；看看谁能用最少的击球次数将球打到目标区域
在斜坡上击球 打下坡球 打上坡球	呈开放式站位，身体垂直于斜坡；打右脚附近球时要弯曲右膝 保持击球动作沿着斜坡方向引拍 用能打出腾空球的球杆 瞄准目标的左侧 平行于斜坡挥杆 瞄准目标的右侧 再加一个球杆以提升高度	**小组形式练习** 4 个位置（下坡球、上坡球、高于脚面的球、低于脚面的球），每个位置 3 个球；每组选手及每种球位所使用的目标区域相同；记录各个选手将球打进目标区域所用的击球次数（杆数）
打高于脚面的球	笔直的瞄球 使用弹道较为低平的挥杆 瞄准目标的右侧 使用短球杆 呈轻微开放式站位	
打低于脚面的球	俯身瞄球 站得离球近一些 挥杆时保持挥杆面垂直 使用长球杆 瞄准目标的左侧	

续

讨论：教师提前为学生准备了其必须要适应的各种不同环境。教师已经让学生经历了这些不同的环境，并向其提供了改变基本打法的线索。
（用于本分析中的线索来源于 B L Seidel，et al. *A Conceptual Approach to Meaningful Movements*，2d edition，1975，1980，Wm. C. Brown Publishers，Dubuque，Iowa。）
注："在理想条件下，学生使用木杆以及铁杆击球的稳定性已经达到了一定程度"是本任务序列的主要假设。

5.3.3 发展开放式技能

在构筑开放式技能学习经历序列的时候要本着这样一个目的：要帮助技能执行者，使其技能可以适应以后复杂多变的技能执行环境。为了能给开放式技能构筑一个有用的学习经历序列，教师必须对这些技能在开放式环境中的使用方式做一次透彻的分析。

大多数用在体育教育中的开放式技能也都是用在比赛环境中的技能。因此教师必须能够明确某一技能是怎样用于比赛的。下面是对学生必须怎么做才能够将排球头顶二传和网球正拍技能用于比赛环境中的分析：

①排球头顶二传。

学生必须会二传：来自各个方向的球；发往不同的方向；来球和出球的力量与线路都可以变化；可以向不同的方向移动；从固定的位置出发；球来自一次发球或前臂垫球。

学生必须能决定：何时才是以前臂垫球方式进行二传的合适时机？什么球要接？在哪里传球？

②网球正拍。

学生必须能使用正拍击球：来自各个方向的球；击往不同的方向；不同高度的来球；打出不同高度的球；不同力量的来球；不同旋转的来球；为了能打到球而向不同的方向移动；能从场地的任意位置打球；能将球打到场地的任意位置。

学生必须能决定：将球放在对面场的什么位置？何时是使用正拍击球的合适时机？什么时候在击球时加入不同的旋转？

本分析构成了经历序列（条件从简单到复杂）建立的基础（拓展）。

对开放式技能进行发展性分析的难度要远远超过闭锁式技能，这是因为在面对开放式技能时学生必须为技能对不同条件的适应做好准备。除非提前做好准备，否则能在某个固定条件下完成某一技能的学生可能无法在另外的条件中也这么恰如其分地完成这一技能。你可能会注意到上述“排球与学生”例子中拓展性的“任务间发展”，其目的就是能让学生在面对开放式环境时做出当时所需的反应。

许多引导闭锁式技能发展的关注点同样也是引导开放式技能发展的关注点。教师在做有关条件调整、整体或分部流程选择、练习条件变化、鼓励学习在准确性之前先关注力量输出等方面决策时所遵循的标准，也与之前讨论过的标准（用于闭锁式技能发展）类似。然而，对于开放式技能的发展来说，有一些决策也是其独有的。

5.3.3.1 先按闭锁式技能的教学方法教授开放式技能

- *应当限制开放式技能在封闭环境中的练习时间。*

“是否要先按闭锁式技能的教学方法教授开放式技能”这一问题在体育教育工作者群体中还存在着很大争议。“按闭锁式技能的教学方法教授开放式技能”的一个典型例子就是在棒球击球练习中先用球座代替真实的来球。“击打球座”之所以是一项闭锁式技能，其原因在于此时击球手无须像面对真实来球时那样需要依据速度、高度或者方向的变化而对击球技能进行调整。大多数理论家以及身处教学一线的教师都认可下列这样一种做法有其自身的优势：“在教学对象为初学者时，教师可以在保持技能特点不变的情况下将开放式技能的复杂程度降低到闭锁式技能的水平。”然而，在封闭条件中进行开放式技能教学的行为还是会造成许多问题。

如果教师能想起开放式技能发展过程中所需的两项不同的能力，那么有关学习流程的决策就会变得相对容易。第一项就是以适宜动作模式作为反应的能力。对于击球技能来说，这第一项能力就是挥棒姿势要合理（效率）。第二项就是使技能适应环境的能力。对于击球技能来说，击球手必须要选好合适的击球时机，而且其触球点要在球棒击打区的周围，击球手无法控制的一个环境因素。除非学生既学会了技能的“反应”方面，又学会了技能的“反应选择”（调整）方面，要不然其很难有效地完成这一技能。熟练的技能执行者不但能很好地执行技能，还能为其选择一种适宜的反应。

“仅仅只对某种反应（尤其是复杂动作模式）进行练习，而不对技能进行调整以使之能适应多变的环境”这种做法在一开始的时候可能还能够差强人意。然而，长时间在封闭环境中进行某种开放式技能练习的行为还是存在着一定的隐患。如果该技能发展成了一种高度成熟的闭锁式技能，那么技能执行者就很难再使之适应适宜的环境线索。闭锁式技能的环境是可预测的，然而开放式技能则不能如此。在技能练习的过程中，只有不断地变换练习方式和练习环境，这样才能为不可预知的环境做好准备。

5.3.3.2 练习执行以及反应的使用

- *在开放式技能的学习流程中，应当包括对执行反应进行练习和对选择适宜反应进行练习的机会。*

开放式技能的发展包括两个方面。第一个方面就是通过采取一个特别的方式（任务内发展）来提升执行反应的能力。第二个方面就是使学生做好选择适宜反应的准备。这两者都是达到“技能熟练”这一目标所必不可少的条件。

在篮球比赛中，运球的队员必须能做到以下 7 点：

①能用不同球速运球。

②在不同的高度都能运球。

③能采用不同的运动模式运球。

④在运球时能变向。

⑤运球与传球。

⑥运球与投篮。

⑦在保持球权的前提下运运停停。

这些能力都是篮球运球手在比赛环境中运球时所必须能成功做出的反应，是执行某种反应的能力。在任何既定的情况下，篮球运球手都必须能选择出适宜的反应。技能娴熟的运球手能适时地对运球速度进行提高、降低，或是调整运球的高度；变向；运球后或传或射；又或者是停下来。这些能力与反应的使用有关，能根据比赛中任何特定时间点上的具体情境选择适宜的反应。

在开放式技能的学习流程中，对内容进行的发展性分析中所要考虑和规划的不仅仅是动作的执行，还有对反应的选择。对选择反应的练习能在环境中增加“知觉的复杂性”，并帮助学生决定“如何反应”。如果只是单纯地构筑一个反应序列，那么其难度要小于构筑一个能帮助学生对环境中知觉线索做出准确反应的序列。学生面临的选择越多，反应起来就越困难。

在学习篮球运球技能时对选择反应进行练习的一个例子就是：教学生如何应对防守队员试图抢球的情况。在这种情境下，教师针对选择反应所给出的线索就变成了下列形式：

通过将身体置于球与防守者之间的方式进行护球。

①将球运得低一些。

②快速变向。

③眼睛始终盯着防守者。

学生应当能做到在离身体较近的位置运球，并能将球运得低一些，同时能用自己的身体护球。在排球头顶二传技术的教授流程中所要关注的并不是“怎么进行头顶二传”，而是“何时选择使用这一技能”，以及“该往哪个方向传球”。在羽毛球吊球技能的教授流程中，所要关注的也不再是“如何吊球”，而是“何时选择使用吊球技能”。反应选择能力的发展要以具备一定技能控制能力为前提。如果学生在复杂环境中进行反应选择的能力达到了一定程度，那么其所能做出的这些反应应当都已具备了相当的稳定性。

有关开放式技能的更多信息请参见方框 5.6 至方框 5.8。

方框 5.6

网球发球（右手持拍型选手）

拓展	细化	应用
练习握拍	像握刀一样握住拍头，并使用大陆式握法（介于西方式握法的正反手之间） 伸开手指 握紧球拍	闭上眼睛，尝试拿起球拍，并按照正确的握法握好球拍

续

拓展	细化	应用
练习站位	站在离中线 0.6 ~ 1.2 米的位置 采用投掷的姿势 前脚在发球线后离其 2 英尺 * 的位置，并与之呈 45° 角 两脚与肩同宽	在全部 4 个发球位置上都进行正确站位 持续练习，直到抛出的球能连续 5 次落在场地的正确位置
练习抛球	将球抛向空中。 球要高出一个球拍的距离。 球应当落到前脚右边 0.6 米的位置。	
抛球并张开手掌击球，从“刮到你的背”位置开始出手；站在离网几英尺的位置，并将球发过网。	手肘与地面平行 手应当碰到头 用指腹而不是手掌 放松握拍 保持握拍 在完全舒展的情况下触球	持续练习，直到打出的球能连续三次干净利落地过网
抛球并用球拍击球，从“刮到你的背”的位置开始出拍；球拍有一个停顿；站在中场的位置，并将球发过网		持续练习，直到打出的球能连续三次干净利落地过网；并能落在发球区
换场地	保持姿势	持续练习，直到打出的球能连续三次干净利落地过网；并能落在发球区
往后站一些；往下握拍；从“刮到你的背”的位置出拍击球；将球发过网	发力击球，方向不朝下	持续练习，直到打出的球能连续三次干净利落地过网；并能落在发球区
站在底线；加入引拍；正常握拍；将球发过网	闪腕 保持握拍 保持引拍与击球动作的连贯性	持续练习，直到打出的球能连续三次干净利落地过网；并能落在发球区

讨论：教师在这一技能中已经发现了以下几种能控制发球复杂程度与难度的变量：有拍或无拍；握拍的长度；整体击球动作与分部动作；发球过网的高度；发球目标；右场目标或左场目标。

针对这里每一种变量的操作都是在任务序列中进行的。“拓展”栏中每一层次的经历都有的质量线索（“细化”栏中）和适宜应用经历（“应用”栏中）与之对应。

* 英尺：英联邦、美国等国家使用的长度单位，1 英尺 =30.48 厘米 =0.3048 米。

方框 5.7

篮球运球

拓展	细化	应用
在个人空间内运球 持续运球而不使球失控 改变运球高度 在个人空间内运球移动 变换手运球 运球时眼睛看向别处	弯曲膝盖 维持身体低姿态 抬头 球朝向运球侧 用手指往下拍球	在看着球、换手、不看球的情况下尽可能多地连续运球
在综合活动区内运球行进 行进速度慢一些 变向（前、后、两边） 变换速度 快速启停 改变运球高度 先使球离身体近一些，之后再逐渐拉大距离 在较小共享空间内行进，并逐渐加速	迅速改变球回弹的角度 迅速将球从身体正前方移开 迅速改变身体角度，呈直立状态 注意其他人（视线从球上离开） 寻找能进入的空间	在不丧失对球控制的前提下，以尽可能快的速度移动 在 30 秒的时间内用球尽可能多地触碰体育馆中不同的线 可能多玩“冻僵触球者”游戏（班级内一半的学生分隔开扮作冻僵的障碍，设法触碰到球）
运球与传球 运球，将球传到墙上，捡起来继续运 运球并将球传给搭档 在朝同一个方向慢速移动的过程中运球并传球 在朝同一个方向加速移动的过程中运球并传球 在一个狭窄空间内向不同方向行进的过程中运球并传球	实现“运球后传球”与“接球后运球”的流畅过渡 在将球传到墙上的时候要选择好角度与速度，这样才能不中断行进的过程 在搭档移动前传球 在传球时要注意搭档 在停下的时候依靠旋转来改变方向	在不丧失对球控制的前提下，在 1 分钟之内去到尽可能多的墙上
在有防守队员的情况下维持球权 另一个学生试图迫使你失误 另一个学生试图夺取球权	将身体置于球与防守者之间	在不停止运球或丧失对球控制的前提下，尽可能久地维持球权 防守队员在 1 分钟之内每触到一次球就得 1 分
在有防守队员的情况下与搭档合作维持球权 在不设方向线的情况下练习 增加方向性目标 增加走步规则	在防守者阻断传球路线时运球，而在传球空当出现时传球 快递传球 移动到空位去接球 防守影响传球质量	与搭档合作维持对球的控制，时间越久越好 从某一区域的一边边界开始，将球运到对面边界就得 1 分（在不丧失对球控制的前提下至少进行 3 次传递）

续

讨论：在这个分析中，教师已经识别出运球技能发展的三个阶段。第一个阶段是控球反应的练习；第二个阶段是练习运球技能与其他技能、其他队员的配合使用；第三个阶段是在与其他人更为复杂的关系网中运用运球技能。

以下变量是作为技能复杂程度与难度，以及任务“任务内发展”的一部分而设立的：

球的重量和大小
运球高度
球在个人区域附近的方向
惯用手和非惯用手
队员的静止和移动
与另一防守队员的关系
与单个防守队员的关系
与进攻队员以及防守队员（同时存在）的关系
方向性目标或非方向性目标
移动方向
动作速度
球与身体的距离
一个区域内活动人员的数量
与其他技能的组合
走步规则

注：可以对球的大小和重量进行选择。

方框 5.8

卸力：操作性物体

拓展	细化	应用
将一个球抛入空中并用手无声无息地接住	碰到并接住 手随物体一同向下移动，直到抵消来球力量	将球尽可能地抛高，同时仍然用“柔和的手法”把球接住
明确概念（通过跟随移动的方式来卸力）	创造最长的距离来承受力量	在停住球之前可以尽可能地离地面近一些
接住不同种类的来球（比如：足球、篮球、垒球）	将身体部位摆放在所接物体的正下方，以达到卸力目的	在手不发出声音的前提下尽量走得离搭档远一些
接自己抛出的球	依据来球高度和形状调整手的位置	在能保证接球质量的前提下尽可能离搭档远一些
接不同方向的来球 接住更远距离、更大力量的来球 无论静止还是移动，都能接到球 借助工具接住打来的可操作性物体（比如铲子、长曲棍球杆、曲棍球球棍、球棒） 接住搭档从更远距离、用更大力量抛来的球 既要在固定位置接球，又要在移动中接球	预测球的落点 照搬上述所有的方式对工具进行调整	移动到球的下方 照搬上述所有的方式，而仅对工具有所调整

5.4 游戏和比赛教学

本文中大多数讨论的对象都是个人运动技能发展或单独概念。对于许多闭锁式技能来说，一项技能的活动便是所必须要考虑的全部内容（比如：篮球中的罚球）。对于诸如篮球、网球、排球这类能用到许多开放式技能的复杂团队运动来说，其游戏并不只是单个技能游戏的总和。每一种游戏或比赛都包含有许多不同种类的运动技能，这些技能的习得和运用都要以彼此之间的组合为前提，而且参与者也必须在适宜的攻防框架中才能学会使用这些技能。针对这些技能使用方法所做的指导不同于运动技能的学习。下述这一框架正是着眼于游戏与比赛教授的流程，这一流程要同时兼顾到技能发展与战术能力（进攻与防守）发展。

5.4.1 游戏阶段

能对技能进行组合、能用更复杂的方式使用技能以及能在攻防关系中与他人相处，这三者都是为玩复杂游戏所做的准备。本部分介绍了一种从更宏观角度培养游戏参与者的方法，这一方法的发展性框架既考虑到了技能的提升，又考虑到了游戏中战术的培养。游戏阶段的重要方面体现在学习“技能在游戏中的使用方法”上，而不是体现在学习“单个技能的执行方法”上。在游戏教学的流程中，教师会逐渐将练习的复杂程度提升到类似于游戏的水平。

游戏参与者的培养过程可以划分为四个阶段，参见方框 5.9 中的描述。

方框 5.9

游戏阶段

阶段一

- 关注单个技能。
- 控制物体的能力。

出球活动——在静止和移动中，始终按照一个预定的力量品质、水平和方向来将物体送往某个地方。

续

例：

简单——将轻抛来的球用前臂传回给抛球者。

复杂——将发来的球用前臂传给左右接球的队员。

接球活动——可以得到从任何高度、任何方向或以任何速度过来的物体。

例：

简单——对从近距离直接滚过来的球进行守备。

复杂——对从左右大力扔过来的球进行守备。

阶段二

- 以彼此组合的方式使用技能。
- 以合作的方式将自己与他人的动作联系起来。

例：

简单——在篮球项目中运球，并进行定点投篮。

复杂——在网球运动中用各种击打方法将球打过网/在排球运动中使球保持在空中。

阶段三

- 基本的攻防策略。

例：

简单——1V1 篮球比赛；不投篮。

复杂——足球 5V5 比赛，设置两名守门员。

阶段四

- 在规则、边界、球员人数等方面对游戏进行调整——特定位置。
- 全场比赛。

例：

简单——对篮球项目的各个特定位置进行介绍。

复杂——在全规则的情况下进行全场比赛。

表 5.2 也以篮球游戏为例对这四个阶段进行了举例说明。

表 5.2　游戏技能发展的四个阶段：篮球项目

拓展	细化	应用
阶段一		
技能：运球		
主要任务：在自己的区域内运球		
改变运球高度 绕着身体运球 运球向前、后、两边走	用指腹触球（发力） 注意身体姿势（弯曲膝盖并用手肘做动作） 滑步	在不失去对球控制的前提下尽可能走得远一些 在不失去对球控制的前提下以最快速度变向
主要任务：在综合活动区内运球		
变向 逐步提高运球速度 改变运球高度 偶尔不看球 提升环境的复杂程度（更多的人、更小的空间、设置障碍物）	注意其他人，并在遇到别人的时候适当改变速度和方向 为了加速而将球运得离身体远一些 为了变向而在方向线后触球	在保持对球控制的前提下走得快一些
技能：传接球		
主要任务：静止状态下传球给静止的接球人		
站在不同的高度 在不同高度接球 从不同高度传球 在个人区域内完全舒展地接球 根据接球高度确定传球高度 跳起来	利用身体的弯曲来产生力量，并用在发球上 用两只手去导球 将球传出去再接住 传接球动作要连贯 找到那个能让球以特定力量水平反弹至预期位置的点	在不失去对球控制的前提下做最多次的传球 在 30 秒内完成最多次的传球
主要任务：静止状态下传球给移动的接球人		
改变传球距离 改变传球高度 让接球人分别朝向、背对或是在传球人两边移动	将球传到接球人前方其即将到达的位置 旋转身体 旋转身体，面向方向线 依据接球人方向选择合适的传球高度	在不失去对球控制的前提下尽可能多地连续传球 在不随接球人移动的前提下，在 1 分钟内完成最多次的传球
注：我们并未想过使本分析能包罗万象。举例来说，出于节省篇幅的需要，在早期阶段中就未引入投篮技能		
主要任务：在移动状态下传球给移动的接球人		

续表

拓展	细化	应用
传球给静止的接球人 传球给移动的接球人 进行不同高度的传球 改变传球距离 传出的球要使得传球人完全舒展开才能接到球	不断出球以使接球人无须停下等球（超前传球） 找到那个能使接球人在接球时必须完全舒展的点 依据与搭档的距离来选择适当的传球高度 在接球人开始移动之前就出球	在不失去对球控制的前提下，从最远的距离尽可能多地连续传球 在用上全部场地的前提下，在 1 分钟内完成最多次的传球
阶段二		
技能：将运球与传球组合起来		
主要任务：个体在移动中运球并将球传到墙		
变换速度 提升环境复杂程度 变向 变换线路	注意他人 从运球中接球，以使传球一气呵成 将球传到墙上能回弹到接球人前方的位置（角度）	在 1 分钟之内尽可能多地去到不同的墙面
主要任务：运球并将球传给搭档		
运球并将球传给同向移动的搭档 运球并将球传给反向移动的搭档 增加搭档间的距离	实现运球与传球间的流畅过渡（一个动作） 在传球之前使用最少的运球次数 始终注意接球人的位置 依据搭档位置给出适宜的传球（方向和距离）	在不失去对球控制的前提下，尽可能多地连续传球 在不失去对球控制的前提下，在 30 秒内完成最多次的传球
主要任务：以三人或四人为一小组进行传球		
设置方向性目标 不设方向性目标 使用无限的空间 / 场地无限 使用有限的空间 / 场地有限 将运球加入其中	卡入一个空位去接球 在接球人后方移动 始终注意传球和潜在的接球人 边运球边寻找潜在的接球人	在不失去对球控制的前提下，尽量前进更远的距离
阶段三		
技能：针对传球的攻防策略		
主要任务：标记座位（两名学生、无球、面对面坐、想办法标记对方的座位）		
使用场地无限 使用场地有限	使用快速变向来做假动作 在进攻的过程中始终保持面对面的关系 用脚进行快速滑步	在座位不被标记的前提下，尽量地前进更远的距离
主要任务：个体在有防守人试图断球的情况下运球		

续表

拓展	细化	应用
使用场地无限 使用场地有限 加入犯规的设置 加入方向线	进攻 用身体来护球 变换运球手 用快速动作来迷惑防守人 保持身体位置并将球运得低一些 防守 贴近运球人 使用假动作来获得有利位置 始终盯住运球人的躯干和上半身 挡在进攻队员和预定（进攻）方向之间	尽可能久地保持球权 防守人想办法拿到球
技能：利用传球、运球和投篮来演练攻防策略		
主要任务：两名防守队员对抗一名进攻队员 / 2V1（走步违例正常吹罚）		
使用场地无限 使用场地有限 实施走步违例 不设方向性目标 设置方向性目标 将运球和传球组合在一起	进攻 快速传球 依据防守队员位置给出适宜的传球（传高球给中锋；反弹传球给附近的后卫；胸前传球给空位接球人） 移动到空位接球（卡位） 卡位时机 如果接球人不是空位，就继续运球 防守 选择与另一名球员在一起 待在球与接球人之间 展开身体并降低重心，以便能更快地接到球	玩保护型游戏（如果球被防守人碰到，就更换中间的球员）
主要任务：两名防守队员对抗两名进攻队员 / 2V2（不运球）		
使用场地无限 使用场地有限 不设方向性目标 设置方向性目标 将运球和传球组合在一起 将运球、传球与投篮组合在一起	同上，但更强调快速传球以及守在球与预定进攻方向之间 实现进攻角色向防守角色的快速转换	玩保护型游戏（如果球被防守人碰到，就更换中间的球员）
主要任务：三名防守队员对抗两名进攻队员 / 3V2（不运球）		

续表

拓展	细化	应用
使用场地无限 使用场地有限 不设方向性目标 设置方向性目标 将运球和传球组合在一起 将运球、传球与投篮组合在一起 加入进攻犯规和防守犯规 加入出界规则	进攻 强调第三名进攻队员要利用进攻与防守的空间关系来谋划下一步进攻 防守 加入得分之后练习区域防守的各种形式 实现进攻角色向防守角色的快速转换	打半场比赛 打全场比赛
阶段四		
技能：调整后的篮球比赛		
主要任务：在运用所有技能和大部分规则的前提下进行 4 名进攻队员与 4 名防守队员之间的对抗		
在得分之前最少进行 3 次传球 不运球 不设投篮犯规 以发边界球的形式开始比赛 只使用区域防守 确定进入发球区的成套战术 用半边场地	运用先进的策略（战术）来进行攻防 对具体的比赛场景进行讨论，并为具体情况设定战术 通过调整比赛来对比赛的特定方面（教师认定其为软肋）进行强化	打半场比赛 打全场比赛
主要任务：进行正规篮球比赛		

下列讨论便是对这四个阶段的分别描述。

5.4.1.1 阶段一——提高对物体的控制能力

在阶段一中，教师所关注的是游戏参与者对物体或身体的“控制”能力。初学者会遇到这样的问题，即他们不知道在其对物体进行过诸如掷、打、击、接、收这类操作之后物体会怎么样，或是如何让物体按其所想那般做。在“学习玩游戏”的这一阶段中要达到最低控制水平。针对不同的技能，所谓“控制”的内涵也各不相同。一般来说，“控制”有以下含义：

①出球活动（比如：击球、踢球、掷球）。个体可以始终按照一个预定的力量品质来将物体送往某个地方。

②接球活动（比如：接球、收球）。个体可以得到或控制从任何高度、任

何方向或以任何速度过来的物体。

③运球或推进活动（比如：盘带足球、篮球运球）。个体可以在持有物体的同时以不同的方式或速度进行移动。

在阶段一技能发展的过程中，教师要为游戏参与者提供能使其获得控制能力的经历。这些经历首先要在最简单的条件下进行，之后控制的难度会通过对高度、方向或物体抛接力量的操控而逐渐增大。阶段一中的发展还要包括物体与人“由静而动”的变化过程。想一想幼儿在学习接球时可能会用到的流程顺序，并将之与你在学习排球前臂传球技能时可能用到的流程顺序进行对比。

（1）接球。任务内发展：轻轻从手中抛出；增加抛球高度；增加抛球距离；向左 / 右抛；接另一个人抛过来的球；增加力量和距离；改变投掷高度；增加力量和距离；在移动中接球。

（2）前臂传球。任务内发展：轻抛后传球；增加抛球高度；增加与抛球者的距离；接住左边 / 右边抛过来的球；移动抛球和传球；增加力量和距离；改变投掷高度；将从不同方向过来的发球传出去。

所有这些例子构筑了一个渐进的流程，这一流程能引导学生提升自己对技能的掌握程度，并通过改变条件的方式提升其对物体的控制能力。方框 5.7 篮球的例子也能阐明有关渐进流程构筑的理念。通过对力量（速度 / 距离）、方向、物体高度，以及参与者动、静理念的操纵，可以提高或降低任何操作性任务的复杂程度。在移动中接球或投掷的难度要大于静止状态。对于技能娴熟的参与者来说，尽管他们可能已经具备了能用于游戏和比赛中的高超物体控制能力，然而在其参与游戏或比赛时却仅需控制能力中的很少一部分。

5.4.1.2 阶段二——复杂控制与技能组合

阶段二所关注的仍然是个人对物体的控制能力，只不过是技能的联系方式变得更复杂了一些。在阶段二中，技能被组合在了一起（比如运球和传球）；限制活动执行方式的规则也得到了强调；而且在技能练习的过程中还要与其他人发生合作关系（比如排球中的“接龙”游戏；网球中的“交替击球”）。

在学习“如何玩游戏”的过程中，以组合方式进行技能练习是其中关键却易被忽视的一个方面。一个只会运球、传球，或者只会投篮的学生可能很难将运球与投篮或是运球与传球结合起来。这是因为对后一项技能的准备工作往往蕴含在前一项技能之中（过渡）。在技能组合之中也有这样一个过渡阶段，它是学生实现娴熟表现的关键要素，然而它却常常会被教师和技能执行者忽视。许多篮球的初学者会对球先运—后停—再传。在阶段二的教学活动中，“技能之间动作的过渡”是教师关注的重点。虽然许多学生在经过练习之后都能实现平稳地过渡，但是仍有一部分学生还需要教师的帮助。以足球中的盘带与射门为例，球员在盘带结束之时必须能使球位于其能射门或传球的位置，而不是先停下来再把球挪到射门或传球位置。下列从复杂足球游戏中找出的例子会对技能组合方式的各种可能性加以说明，这些组合方式可以实现技能在阶段二中的充分发展。

足球阶段二的技能组合；接到传球后盘带；盘带与传球；盘带与射门；接到传球后，先盘带再射门；接到头球后盘带；接到头球后传球；接到头球后射门。

虽然在游戏环境中也存在独立技能，但是以组合的形式对技能进行练习仍然非常重要。以排球学习的阶段二为例，一名学生可能会将球颠给另一名学生；接到球那名学生会将球传起来扣杀，或是再将球传给另一名学生；这次这个接到球的同学会将球发起来扣杀。如果教师想要确定哪些技能需要以组合的方式进行练习，那么教师就必须对游戏进行分析。技能的最终练习方式应当取决于其在游戏中的使用方式，排球发球之后再就位。

在阶段二期间，教师还应让学生与其他人一起参与到合作性练习活动中，比如排球中的“接龙”游戏或是羽毛球中的“让羽毛球始终在网上来回穿梭”。这一阶段游戏的目标仍然是对技能的掌握和对物体的控制，而不是共同活动学生间的相互竞争。从某种意义上来说，这些活动就是以掌握物体控制能力为重点的所谓“小组合作活动”。

5.4.1.3 阶段三——攻防策略的开端

在阶段三中，学习的重点已经从技能执行变成了使用技能来扮演简单的攻防角色。既然已经将阶段三中的学习经历都告知了学生，那么也就是默认了这样一个前提：学生不再需要将其全部精力都投入到对物体的控制之中，因而可以对攻防关系中的技能使用问题加以关注。阶段三考虑到了体育活动中的基本战术（策略）问题，继而开始着手构建这些战术，构建条件则是由简至繁。

在目前流行的两种运动类型中，都存在着复杂的策略。第一种流行的运动类型是入侵游戏（有时也被称为保护型游戏），第二种运动类型则是所谓的隔网类运动。

（1）入侵游戏。除了篮球、足球、速递球类、长曲棍球和冰球，橄榄球在一定程度上都可算作是入侵游戏。在入侵游戏中，球员无论攻还是守都共享一块场地或区域，而且攻防角色还会因球权归属的变化而互相转换。在这一类型的游戏中，攻方的目标是维持球权并进攻得分；守方的目标则是取得球权。对于这类体育活动中的阶段三来说，其关注的重点在于球权（以得分为目的）取得或维持途径的建立。

入侵游戏的策略：

①如何在 1V1 的情况下维持球权；

②如何在 1V1 的情况下取得球权；

③如何在 2V1 的情况下维持球权；

④如何在 2V1 的情况下取得球权；

⑤如何在 2V2 的情况下维持球权；

⑥如何在 2V2 的情况下取得球权；

⑦如何在 3V2 的情况下维持球权；

⑧如何在 3V2 的情况下取得球权；

⑨如何在 3V3 的情况下维持球权；

⑩如何在 3V3 的情况下取得球权。

在所有这些理念中都包含有一套关键线索，这套线索与作为所有游戏必备部分的策略相关。每一名进攻队员（持球队员和非持球队员）都有各自独立的角色，防守队员（持球队员和非持球队员）也是如此。如果能在游戏变得过于复杂之前就教会学生这些角色，那么学生就会具备将游戏形式（全场、全员、全规则）玩得更复杂的基础。

（2）隔网类运动。第二项流行的运动类型是隔网类运动。排球、网球以及羽毛球都是隔网类运动的例子。在隔网类运动中，队员并不会同时在同一片区域内共处。隔网类运动的目标是通过迫使对方漏球的方式而让己方得分。其攻防策略既包括学习如何防御己方的空间，又包括学习如何迫使对方漏球。隔网类运动的攻防策略大致包括以下部分：

①隔网类运动的进攻策略：将球打到对方场地中（对方队员）不好防守的某个位置；打“重复落点”（比如：羽毛球杀球、排球扣杀、网球杀球）；在对方认为你可能还是会打与之前类型相同的球时变换球路（比如吊小球、吊球）；改变球的方向和高度，打对方的弱点；连续打同一点而迫使防守对方失位。

②隔网类运动的防守策略：防守己方的区域；预测球的落点；阻止进攻来球。

在阶段三中，学生应当能在游戏条件较为简单且以基本策略为主要关注点的活动中运用攻防策略。对于大多数体育活动来说，最简单的条件就是“1V1”的情况（如果是诸如足球这类技能动作较为复杂的活动，那么就采用 2V1 的形式）。应当在最简单的条件下对策略进行介绍。与入侵游戏一样，隔网类运动技能发展的条件也应由简而繁。学生在“1V1”排球比赛中可以开始进攻策略的学习。在比赛中引入的队员越多，学生便越能从中受益：他们将会懂得如何使自己的做法适应新加入的队员以及在大多数情况下随人数增加而扩大的活动空间。以排球为例，如果让两人同时在场，那么他们就需要懂得如何去分配场地。处于位置的锋线球员必须学会如何“展开”（要在球从头顶上方过来时进行转体），以及如何辨别“哪些是应当放过去的球”。

阶段三中复杂性的增加是通过增加人数、边界、得分、活动规则来实现的。随着某一复杂性因素的加入，学生就不得不为了这一因素而对其反应进行调整，复杂性也就会逐渐提高。

5.4.1.4 阶段四——玩复杂的游戏

阶段三与阶段四的经历之间不存在精确的起止时间点。阶段四中的经历都是非常复杂的。全场比赛以及那些经过改进以促使学生达到这种程度的经历都是阶段四的组成部分。对于大多数游戏来说，“攻防队员的专业化”是阶段四开始的前提。人数更多，技能应用更全，甚至游戏的实施和组织都变得越来越复杂（比如：增加开始规则、犯规程序、得分、出界球）。

如果到了阶段四，那么也就意味着学生已经具备了以下两个条件：一是其个人技能已经达到了相当的水平；二是其已经习得了能用于简单游戏条件中的基本游戏策略。下面举一些达到阶段四学生的例子：那些在篮球运动中能独自或与他人合作防守一名进攻队员的学生；或是那些在网类运动中既能将球打在远离对手的位置，又能守住己方区域的学生。

“保持比赛连贯性”这一概念是使得阶段四中活动实施得更有意义的一个关键方面。如果游戏的某项规则或某个部分执行起来会拖慢游戏的连贯节奏，那么就应当对游戏进行调整以保持其连贯性。如果学生不能使用一个队的所有球员，那么就减少参与者的人数。对游戏进行调整的例子包括：不设点球或罚球、变换排球发球方式、让一些队员用扔的方式击球或球座代替球、在游戏开始阶段不设边界或者缩减运动场面积。

那些在课堂中选用阶段四游戏的教师也不要放弃自己的教师角色。教师的目标是教学生玩好游戏，而不仅仅是让那些能达到这种水平的学生随心所欲地玩。虽然一项阶段四的任务即是一项应用任务，然而却还是可以通过提高或降低游戏的难度来对其进行拓展。教师还应当通过细化任务以及明确游戏重点的方式来优化学生的表现（图5.4）。

图5.4 精细的流程和成功的练习是使技能达到高水平的前提

例：“在今天的游戏中，我会找几个防守队员来‘展开’空间。然而，只要让我看到你们在防守时未能利用好空间，我就会停止游戏。”

比赛的神圣性有时会令教师对调整游戏或改变规则的行为犹豫不决。无法将球踢到底线的低水平球员无法按照足球比赛应有的样子进行比赛；以发球开始、发球结束的网球比赛也不是真正的网球；如果在一场篮球比赛中一名球员运球后就投篮，而其他队员抢篮板的目的只是为了自己也能像他这么做，那么这也不是真正的篮球。

5.4.2 游戏阶段的注意事项

与所有的教学概念框架类似，游戏阶段可以使用但却不能滥用。在规划课程和课堂的时候就应当对有关这一阶段的一些关键理念加以考虑：

（1）即使学生已经为下一阶段做好了准备，他们也不能脱离目前的阶段，因为不可能实现对某一阶段的完全掌握。在学生能成功完成较高一个阶段的经历之前，他们就必须要达到最低的能力水平。即使是在大学篮球校队的训练中也要包含所有阶段的经历，尤其是要对阶段二和阶段三加以强调。

（2）在体育教育项目中最易被忽视的游戏技能发展阶段就是阶段二和阶段三。如果能对在阶段二和阶段三中发展的技能加以审视，那么就能看到无论是技能还是游戏策略的本质方面都在这些水平中得到了最好地教授。

经常能在教师所构建的教学单元中见到直接从阶段一跳到阶段四的现象。其结果总是一样的：游戏过程不连贯，技能看起来也是四分五裂。如果教师先能对游戏的需要进行分析，继而在学生做好准备的基础上逐渐提升这些需要的复杂程度，那么学生们就更容易成功，并学会玩这个游戏。在排球游戏中，如果防守一方在球过了网之后就从来球路线上挪开，那么这样就很难提升其排球技能。

（3）通过对游戏中的技能使用方式和涉及的策略进行分析，你可以判定出在游戏中需要用到哪些技能。你可以通过逐渐提升复杂程度的方式（从最简单的环境到类比赛环境）来决定技能和策略的发展流程。看看一名选手在比赛中都做了什么——先对其进行描述，之后再对能提升这些能力的学习经历进行排序。

在本章中我们学习了所谓的“游戏阶段”。所谓“游戏阶段”即是一个着眼于游戏教学的框架，这一框架假定学生会先从简单的条件出发开始学习技能，之后再逐渐提升条件的复杂程度（阶段一和阶段二）。而当学生们具备了对其在游戏中所操作物体的足够控制能力之后，就可以开启一个新的流程，这一流程能帮助他们提升游戏战术能力以及对“什么时候该做什么”的决策能力（阶段三和阶段四）。

5.5 总结

（1）内容发展就是教师用之引领学生从一个学习水平到另一个学习水平的任务序列。

（2）不同的内容类型（闭锁式技能、半闭锁式技能、开放式技能、动作概念）就需要强调娴熟表现的不同方面，因此需要强调的发展类型也各不相同。

（3）在课堂中，教师通过使用拓展任务、细化任务以及应用任务这一过程来发展内容：

①拓展任务会对先前任务的复杂程度和难度进行改变。

②细化任务将学生的注意力集中在表现的质量方面。

③应用/评估任务要求学生在关注竞争性、表现、自我检测或是评价的前提下应用先前的任务。

（4）教师可以通过对内容做发展性分析的方式来规划发展的不同方面。

（5）最后，开放式技能必须提升到其复杂程度是技能未来使用方式一部分的水平。这就意味着在练习中必须逐渐加入复杂条件。

（6）闭锁式技能以及半闭锁式技能在刚开始练习的时候可能会先降低复杂程度和难度，但其练习条件则主要应是技能的实际使用条件。

（7）如果教学内容是一个复杂的游戏，许多不同技能都在与他人之间的攻防关系中得到了运用，那么就必须对技能之间以及技能使用之间相互关系的复杂性予以重视。复杂游戏的发展过程分为四个阶段，从提升技能掌握度与物体控制能力，到技能在复杂攻防安排中的使用问题，这些阶段涵盖了复杂游戏发展的全部过程。

（8）在阶段一中，选手需要控制物体的能力。

（9）在阶段二中，选手需要能将技能用于更复杂情境，以及能将技能高效组合的能力。

（10）在阶段三中，学生需要具备比赛所需的基本攻防策略（战术）。

（11）在阶段四中，选手可以在复杂的环境中进行比赛。

（12）两种常见的游戏类型是入侵游戏和隔网类游戏。

5.6 课后自测

（1）识别并描述出教师针对内容做出的三种不同行动，通过这些行动可以建立起（任务）序列/流程并能代表教师发展课堂内容的方式。

（2）教师可以操纵活动任务的哪六个方面来提高或降低运动技能练习的复

杂程度和难度?

（3）开放式技能和闭锁式技能在流程建立方面有什么区别?

（4）在帮助教师教学方面，发展性分析中的“细化”栏有什么用处?

（5）在关注本章所建立流程独特方面的前提下，发展闭锁式技能和开放式技能的“拓展”栏。

（6）将细化方面和应用的可能性充实到之前问题所建立的流程中去。

（7）为什么教师在所有给学生的任务中会对应用任务格外关注?教师在决定是否进入应用任务阶段的过程中应当遵循什么指导方针?

（8）在教师进行发展性分析并以之引导课程规划的时候，他/她怎样才能知道布置细化任务或拓展任务的时机?

（9）开放式技能中的“练习反应”和“练习选择反应”有什么区别?

（10）选择一项团队运动，列出四项可能包括在其中的主要任务，并使之与各游戏阶段分别对应。

（11）从某项团队运动中选择出两项技能，并对这两个技能在比赛环境中的使用方式进行描述。

参考文献

Shulman L. Knowledge and teaching：Foundations of the new reform. *Harvard Educational Review*，1987，57（1），1–22.

学习环境的开发与维持

概 述

对于新任教师来说，管理是教学功能中最难的几项之一。教师必须激发出学生参与学习的合作意识并且开发和维持一个适宜学习的环境。本章的目的正是帮助你设计和维持学习环境，并且帮助你实现学生控制方式的转变——从教师控制转变为自我控制。对于一个好的管理体系来说，其目标就是建立起学生对其自我行为的责任感。本章叙述了管理体系与内容教学之间的相互关系。有关建立与维持规则、常规和策略的建立与维持，自我控制的培养，以及学生纪律问题的处理，与这些问题相关的理念也同样在本章中得到了叙述。

▶ **标准 4：授课与管理**

体育教师候选人利用有效的沟通方式和教学法技巧、策略以促进学生的参与和学习。

——《新任教师教学标准》(NASPE, 2008)

6.1 体育馆生态

“课堂环境有益于学习”应当是体育课堂的特征。体育馆应当建在能使全体学生都具有积极体验并能在生理和心理上保证学生安全的地方。教师和学生都应对地点表示满意。体育馆应当建在教师“想教且有的教”、学生也“想学”的地方。教师的责任如下：

①教师给予学生适宜且有一定挑战性的学习内容；

②开发并保持一个有益于内容学习的环境；

③逐步提升学生的责任感。

如果教师利用其权威、知识和技能而未能达到发展学生能力的目的，那么就意味着他们未能尽到自己的责任。

我们通常会从教学的管理功能和内容功能两个方面来对教学进行思考：

①管理：创设进行学生适宜行为学习、维持和发展，以及内容参与的环境。

②内容：某一课程领域的内容——学习内容。

教师高超的管理技能是教学优质与否的关键。只具备这些可能并不能使你成为一名优秀的教师，然而不具备这些你就肯定不是一名优秀教师。尽管在论及教学时能考虑到管理功能和内容功能两个方面就已经会很有帮助，但最好还是能认清两者之间的关系。就一个具备独一无二特点的课堂环境来说，这两者是交织在一起的。正如之前所说的，教师能设计出一项适宜的学习经历，但却可能无法在参与方面获取或维持学生的配合。同样地，某一教师可能具备良好的基本管理技能，但其却没有任何有价值的东西可以教给学生。在这种情况下，无论管理技巧优秀与否，学生都不会配合教师。

教—学过程经常会被称为一个生态系统，这是因为“生态系统”这一概念往往暗含着若干系统同步工作、相互依存的意味。你在课堂上建立的内容系统与管理系统就是这样相互依存的两个系统。鉴于管理和内容是教学中两个相互依存的系统，因此两者应当共享一致的课程目标。对学生“在内容学习方面名列前茅”与“在追求学生服从的管理系统中成为一名自主学习者”的这两种期望不可同时兼得（McCaslin & Good，1992）。下面这一来自体育教育过程中的例子就可以说明内容与管理两者之间的紧密关系。

例：凯文是一名高中教师，目前他正在学习其硕士期间的教学策略课。他所在高中的各位教师都在努力探寻激发学生积极性并使之在更高层次上参与学习经历的方法。因此，他也开始思考体育教育在提升学生独立性、协作能力以及高阶思维能力方面的潜力。他的教学方式非常直接，他认为自己必须始终控制着学生，而学生的首要角色则是服从。凯文没有采用任何一种在其研究生课堂上提到过的策略，这是因为他认为如果采用了这些策略，其就会失去对学生的控制；没有了他事无巨细地介入，学生就无法进行相关内容的学习。鉴于凯文未能帮助学生在学习的过程中更为自主地学习，因此其就内容教学方面的选择就存在缺陷。他既限制了学生学习的“方式”，又限制了学生学习的“内容”。

教育工作者已经开始思考管理这一有关谋求和维持秩序的问题（Doyle，1984）。“在教育环境中，规则意味着学生对其应尽之分的高度参与，以及不适当行为及破坏性行为的尽量规避。”要记住，严格遵守纪律而只“坐在课桌前”的学生无法以一种有意义的方式参与到内容学习之中——也就是说，一定程度的参与能促进学习。还要记住，学生之间的相互作用也是参与内容学习的一种适宜方式。这并不一定是因为学生都是“好学生”，他们就在学习；或是因为课堂上已经开始显露混乱的迹象；又或者是学生开始开小差，他们就在学习。

对于一个教育项目来说，单纯追求“学生服从”这一目标太过有限。学生服从意味着他们能做到教师所说的事情——他们愿意与教师合作。在大部分（教育）环境中，教师对学生行为的期望都应比这更高。教学优质与否的一个度量标准就是教师能在多大程度上提升“学生对内容学习的参与程度”。对内容学习的参与是学习的必要条件，也是对优质教学的最低期望。

若想实现学生“在内容学习方面高度参与”这一目标，教师就应当采用一系列有保障的教学策略，这些保障正是能使学生在这些策略范围内活动的保证（可供选择的教学策略会在第 8 章中进行讨论）。从管理的角度来说，这就意味着学生必须在忠实按照教师的指导和监管行事而不逾规的同时，还能以积极和互助的方式相互进行合作。在某些体育馆中，学生都是在没有教师监管的情况下独自完成一系列任务。而在另一些体育馆中，学生则以小组的形式高效且互助地进行活动。教师对其执教班级的期望早已不仅仅是“控制”而已。在其他一些体育馆中，教师与学生之间仍旧因为控制问题而冲突不断。学生对教师连最起码的服从都没有。

本章设置的初衷就是帮助你建立与发展起一套针对所执教班级的管理体系。目前，许多学校都建立了相应的管理体系，其中的规则与程序定义清晰且后果明确。（体育）教师自然也想与学校管理体系保持一致，但为了体育教育环境考虑却又不得不打破这些规则与程序。他们也需要建立一套适应体育教育独特环境的管理体系。

在本章中，我们不仅会考虑谋求与维持控制的相关策略，同样也会对在学生高度参与内容学习和具备自主学习行为这两种情境下的教学工作进行考虑。要记住，学生们具备高度自主学习行为的前提条件是你已经对执教班级具备了最起码的控制力。同样，你建立控制力的方式也会对你进一步提高学生自我引导水平的能力造成影响。

6.2 建立及维持一套管理体系

在你课堂上构建良好管理体系的首要步骤之一就是建立教学课堂常规与规则，以及让学生们对自己每天的日常负起责任。

6.2.1 常规的建立

常规指的是处理某种情况的惯常方法，它是优秀体育馆管理（体系）的重要组成部分。教师应当与学生共同建立起针对频繁发生事件的常规，只有这样才能将更多的课堂时间投入到实质内容之中。许多事情都是反复出现，比如点名、拿器材、换衣服等。然而教师一旦把处理这些事情的常规建立起来，学生们就会知道教师想让他们怎么做，这样他们也就更可能做出适宜的行为。

6.2.1.1 常规类型

许多体育教师都已经建立起了处理以下事情的惯常方法：

（1）更衣室常规。

①何时进入。

②衣服的摆放位置以及可随身携带的东西。

③许可的社会行为。

④课前课后的换衣时间。

⑤离开更衣室后在哪里等，什么时候离开。

⑥在上课期间允许进入更衣室的情况。

⑦不记得自己储物柜时的解决办法。

（2）课前常规。

①从离开更衣室到开始上课这段时间的要做些什么。

②对于小学生来说，怎样进入体育馆以及该先去什么地方。

③点名程序。

（3）课堂相关常规。

①体育馆的哪些区域算是“界外”。

②怎么获取和收纳不同类型的器材。

③你指示活动开始与结束的信号。

④在你想与学生说些什么的时候，他们是应当待在原地还是集中到体育馆的某处；他们是应当马上停止动作还是等先完成动作；他们是否应当放下手中的器材；他们是否应从垫子上起来。

⑤学生怎么找寻搭档，组建小组，结成大组。

⑥当你的器材侵犯到别人的活动空间时该怎么做。

⑦怎样在个人或小组之间分配活动空间。

⑧学生怎么引起你的注意以寻求帮助。

⑨怎么借阅及归还学生刊物。

⑩怎样拿到铅笔并在得分表上为自己或同伴做出评价。

（4）课堂结束常规。

①怎么对课堂进行收尾。

②如果学生的穿衣时间缩短，他们能否继续练习。

（5）其他注意事项。

①怎样处理迟到人员。

②怎样处理未换衣服的学生。

③怎样处理学生喝水问题。

④怎样处理学生洗浴问题。

⑤怎样处理火情。

⑥怎样预防学生受伤。

6.2.1.2 教授常规

你应当对学生说清楚你希望他们如何处理这些事情。设计常规的目的就是使事情进行得更为顺畅，同时最大程度上降低它们影响课堂主体内容的机会。教师应当将这些常规教给学生，并使其不断练习与巩固。

（1）常规教学。将常规教授给学生的方法有很多种。教师通常会在年初的时候花上一些时间来对常规进行解释并不时进行一些练习。年幼的学生需要对许多常规进行练习并不断地巩固。教师可能要给学生几周的练习时间才能在某一课堂之中建立起一些常规。对于年龄较大的学生来说，他们身上通常都会带有教师想要改变的某些已有常规。无论在哪种情况下，教师都必须将某一常规的预期行为以及某一常规执行时的预期适宜行为告知学生。如果能举出有关适宜行为的正、反例，或是学生明白了适宜行为的必要性，那么他们就会对适宜行为展开学习。教师对常规持续不断的强化与巩固是影响课堂常规建立的最重要因素。如果某位教师教授了一项常规却在其未得到执行的时候不进行任何作为，那么该项常规是不太可能建立起来的（图 6.1）。

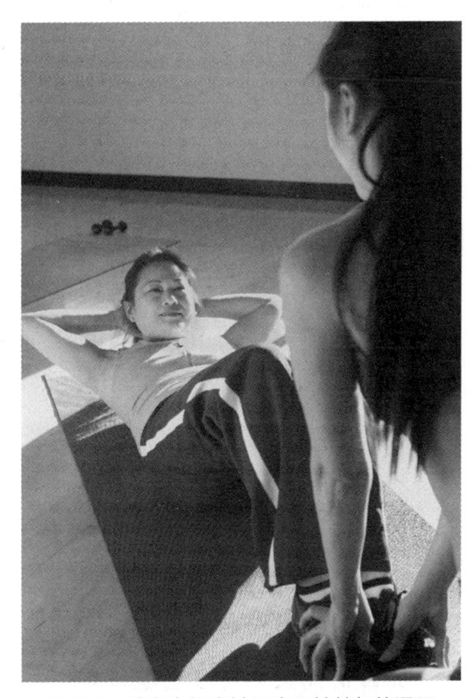

图 6.1　健身常规常被用来开始较长的课程

（2）结构化程度。教师与学生一步步地指导与反应是高度结构化的标志。结构化程度越高，步骤越细化。在结构化程度较低的情况下，对学生的要求无非就是根据简单的指令行事，而没有教师的线索提示。下列的两个例子就证实了这一点：两者都是与搭档着手对某一操作型任务进行练习的例子，其中一个是高度结构化的常规，而另一个则是结构化程度较低的常规。

例：高度结构化："选一个合适的位置挨着搭档坐下。搭档其中一人拿球后再回到自己原来的位置坐好，然后示意我你们已做好准备。等大家都准备好，我就会给出开始的信号。"

结构化程度较低："挨着搭档坐下。当我说'开始'，我希望搭档中能有一人去拿球，之后你们二人就去找地方开始练习。"

教师工作的最终目标是随着学生对自身行为管理能力和责任意识的提高而降低常规的结构化程度。学生能做出适宜的反应是低结构化常规的前提；同时，它也鼓励学生对适宜行为的责任感和决策意识。低结构化也不一定就意味着适宜行为的缺失，而只是意味着有更多的行为被认可为适宜行为，这样也就能在课堂内容上投入更多的时间。优秀教师会在必要之时提升常规的结构化程度，同时又会随着学生独立性的增强而对其进行降低。不同的学生群体/组别也需要不同的常规结构化程度。年幼的学生以及那些处理不好杂乱事宜的小组就需要更高的结构化。举例来说，某些中学生在班级其他同学做好上课准备之前就从更衣室来到体育馆后，并且利用器械做了大量的练习。而另一群中学生则由于他们不能高效地利用这段时间，而只会等其他同学都到达体育馆且正式上课铃声响起后才会开始练习。通过教学可以帮助学生学会在低结构化常规中学习。

例（小学）："让我们看看你和你搭档能否在我不发出开始指令的情况下找到活动场地并开始练习。在你们不需要指令就试着做这些事情的时候，我想看到的是什么呢？"

例（高中）："你们中的一部分同学一走出更衣室就问我在正式开始上课前能不能打羽毛球。我认为这非常好，但是这也意味着你们在这段时间里要对自己负起责任来。什么是我不想看到的呢？"

（3）巩固强化常规。在将某项常规教给学生之后，还必须要对其进行强化。许多教师都认为只要将某事的做法教给过学生，那么他们就没必要再对那个观点进行重复。然而，即使教师已经将常规教给学生，但如果不经过提醒、课堂讨论，以及偶尔复教的过程，学生的行为还是会发生偏转。这种情况在升学、长假后以及年末的时候更容易出现。优秀的教师在一整年的时间内都会对已经建立的常规进行持续地强化。

例："当我让你们开始执行任务的时候，我看到你们中的有些人还尚未掌握要领，这就是我今天叫你们回来的原因。你们进入自己的活动区域后应当做些什么呢？”

“你们队伍今天在比赛中的任务是防守。许多队伍都非常努力而且已经完成了大量的任务。然而有少数队伍的努力程度还不够。我怎么做才能让你们开始呢？”

有关上述提到所有常规的指导方针都在下面“真实世界”方框中有所提及。有关常规建立与维持的某些基本原则也会在下文中出现。

真实世界

常规建立指南

更衣室常规

建立更衣室常规的目的是使换衣服这一过程变得更安全、敏感和高效。在刚开始的时候，更衣室必须处于教师监管之下，有时一次只允许一个小组待在更衣室中。学生应当有足够的时间和空间来穿衣服，并且有一个安全的地点来挂衣服，只有这样才不会让学生觉得来上体育课是个负担。

对于许多中学体育项目来说，课前课后会有 5 ~ 7 分钟的时间供学生来换衣服。如果学生需要洗澡，那么就得分配出更多的时间。在更衣室中一定不能允许学生打闹；而为了防止出现偷盗问题，全体学生也应当同时进入同时离开。如果更衣室很拥挤，那么在学生穿好衣服之后就应当允许学生到别处去等候下节课的开始。大多数学校都不允许学生在上一节课下课铃声响起之前进入教室等待上下一节课。

课前常规

小学　小学生通常会按班级的形式进入体育馆。如果教师能在体育馆大门口迎接学生，那么便可以很快使其进入上课状态。如果因为背靠背上课（在小学中经常出现这种情况）而无法做到上述这点，那么就应当建立如下常规：让学生静静地走进体育馆，到固定地点（体育馆一边的中圈或是中线）坐好等教师。

续

中学 学生换好衣服之后就会进入体育馆。如果可能的话，场馆内应当有器材和一名监管教师，这样学生就可以在等待其他人的时候有更多练习的机会。一般来说，如果学生知道体育馆中有为他们准备好的东西，那么他们换衣服的速度也会加快。

出勤

对于大多数小学这种独立的班级设置来说，检查出勤情况是没太大必要的。在学生进入体育馆的时候就可以很容易地从学生或教师那里知道当天谁没来。而对于中学课堂来说，用最高效的方式检查出勤情况才是目的。查勤的好方法有很多，这些方法不会像教师逐个点名那样浪费时间。如：

①每个学生对应一个地点；教师扫视空着的地点。

②每位学生都归属一个小队；小队长（这个职位应当轮流担任）检查各自小队的出勤情况并将出勤卡交给教师。

③教师在课前例行热身过程中查勤。

课堂相关常规

分配器材 教师应当设置若干个分配与收纳器材的存取点。对于小学生来说，这种做法能防止学生“一拥而上”拿器材的现象。而无论对于哪种层次的课堂来说，这种做法都能节省时间。

界外 在开始的时候，教师就应当指定哪些区域学生适宜或不适宜将之选定为“活动区域”。对于小学的儿童来说，其活动区域要离墙远些，这样才能避免“撞墙”的危险。在中学里，大型器械要放置在体育馆的某些规定区域以规避安全问题。

信号 不同的场景要使用不同的信号。在小学中，信号对于活动起止的意义格外重要，这是因为一旦提及某项活动，年幼的孩子在教师发出全部指令前就会跃跃欲试。“当我说‘开始’的时候，我希望你们能去……”如果说这对中学生不是问题的话，那么教师就可以用更随意的方式告知学生“开始”。

续

在大空间或室外，大部分教师就必须使用哨子或鼓来让学生停下手中的事情，以听取下一步指示。在较小的空间中，语音命令/口头指令通常就够用了。如果不需要用到哨子，那么最好还是不用。

“结束”这一信号的意义应当是“完成你正做的事”，而不是立刻停止活动。这么做可以防止正在做某一动作的学生伤到自己。

如果在变换活动或任务的时候不是非得把学生“集中”起来，那么最好还是不要集中了。然而，如果存在注意力、听觉或是视觉方面的问题，那么教师就应当让学生离他们近一些来变换活动或任务。

分组 各种分组的形式在前文就已经叙述过了。一般来说，教师应当教会学生自我分组；然而如果教师想以另外的标准来进行分组，那么就要另当别论了。

课堂结束常规

收尾 一般来说，在学生离开体育馆回到自己班级或更衣室之前，教师最好还是把大家集合起来给本节课做个总结，并且告知大家下节课要准备些什么。

解散 小学生需要列队回到自己的教室。因此教师如果能为学生划定与他们列队进来时相同的固定排队位置，那么真的会很有用处。学生应当知道自己何时解散，何时该去指定地点排队。中学生在解散之后可以自行去更衣室。

其他所需常规

迟到人员 迟到的学生只有在得到了教师的指令之后才能进入课堂。教师不应当停止教学来处理迟到人员，而是应当建立一套程序来使教师等到一个更合适的时机再让其加入课堂活动。

喝水和洗澡间歇 如果体育馆中有饮水机和浴室，那么教师就应当允许学生随时去喝水或洗澡。有时候小学生可能会在喝水期间“打打闹闹”。这类地点可能就是教师必须以特殊规则管控的地方，而随着学生逐渐展现出能把控自身责任的迹象，那些规则也就需要变得更加灵活。如果整个班

续

级都在排队喝水，那么就会占用大量的课堂时间。在许多中学里，水房和浴室都是在更衣室之内的，而更衣室则可以锁起来。

受伤学生 如果某位学生只是受了轻伤，那么教师在照看伤者的时候可以让别的学生继续活动。通常教师都会同另一名学生一起将伤者送到医务室。如果这名学生确实非常需要帮助，那么在教师找人帮忙的过程中就应当让大家停下来坐好等着。

6.2.2 课堂规则的设立

鉴于常规建立的预期目的是以习惯的方式处理课堂上经常发生的活动，因此为了使课堂中的预期适宜行为更为明晰，也应设立相应的规则。规则指的就是在某一环境中对行为的普遍预期。上学多年的孩子已经碰到过许多“上学规则”。当你与幼儿一起共事的时候，你就会发现诸如举手、排队、声音洪亮、听指挥一类的理念还尚未灌输给他们，他们的身上也不会表现出这些行为。特定学校的教师与行政人员业已设立的许多规则都能在体育课堂上得到体现。

除此之外，在体育教育这一独特的环境中，还需要额外的规则来确保花在体育馆中的时间能获得一个积极且安全的学习经历（方框 6.1）。

方框 6.1

体育课堂的基本规则

体育教育领域中积极、安全的学习环境要符合以下被广泛认同的基本规则：

- 在别人说话时尽量安静。
- 要认可班级同学的努力。
- 尊重其他人的权利。
- 爱护器材。

续

- 努力做到最好。
- 有控制地进行活动。

从根本上来说，规则就是概念。而概念并不针对某种特殊的情形，而是可以适用于多种情形。正因为规则是概念，因此其含义也常常晦涩而并不明确。教师必须要借助适宜行为的正、反例才能将规则在不同情形下的不同含义教给学生。举例来说，教师可能会发现这一种状况：在学习操作性技能的课堂上，学生会独立学习而不相互干扰；而到了体操课上，他们就会变得更有社交倾向，别人做动作时试图帮忙却往往会带来危险。在特定的情形中，教师需要将“别人练习期间不要打扰”这一规则教给他们。规则教学可能也就意味着将期望或者问题分享给学生，之后学生和教师合作来确定问题的解决方法。如同学习其他概念时需要不断举正、反例一样，规则的学习也要靠适宜行为正、反例的不断列举。在制定和传达规则的过程中，儿童的年龄越小，所需适宜行为正、反例的数量也就越多。一般来说，规则应当：

①如果可能的话，应与学生共同制定。

②肯定地阐释。

③使学生清楚明白，需要的话张贴出来。

④不断强化与巩固。

⑤条目尽量少。

教师可能会就具体的课程或是内容领域而考虑更多的具体规则。举个例子，某位教师可能会制定诸如“不要在体育馆的器材上休息”或是“不要在垫子上休息”这样一类规则来消除在学生接触器材期间可能发生的注意力问题。在控球课上，教师可能需要制定这样一条规则——“在教师说‘停’之后就把球放在身前的地上”，它可以避免出现学生一边拍球一边听讲的问题。

6.2.3 获得并维持学生的合作

教师管理范畴中的一大部分都要花在设计程序以获得与维持学生的合作

上，这其中包括遵守常规与规则、做出适宜行为以及对教学内容的高度参与。本章就叙述了几种获取与维持学生合作的策略。当你浏览完这些材料，并开始对你要在课堂上建立的管理体系有所思考之时，有这么几点有关管理体系建立的理念你要记住。

6.2.3.1 依据你学习环境的相关目标规划一个经历序列

不同年龄段的学生所需的管理重点也各不相同。Brophy 和 Evertson（1978）所提出的“四个发展阶段”理论可以在建立及维持体育馆学习环境方面给予教师帮助和指导（方框 6.2）。

方框 6.2

与体育馆中学习环境相关的各发展阶段

阶段一：幼儿园至二、三年级

学生很顺从，并想尽最大可能讨大人欢心。需要对其进行社会化以使之进入“上学角色”。他们在规则、程序以及体育馆预期方面都需要大量的指导。

阶段二：二、三年级至五、六年级

大多数学生都想遵从教师并与其合作。在管理方面需要投入的时间较少。

阶段三：五、六年级至九、十年级

同辈群体关系变得极为重要。学生有了质疑权威的倾向，并且会通过滑稽、颠覆性言论，以及恶作剧来博取注意力。管理任务变成了某个积极性高涨且自控能力强的学生做其本就认为自己该做的事情。与学生个体共事变得更为重要。

阶段四：九、十年级之后

回归学校学术的倾向不断增强。学生的社会性发展和情绪发展也变得更为稳定。管理占用的时间越来越少。

虽说这一发展的观点很有助益，但必须要记得的是：对于一名新环境中的新任教师来说，他/她还是必须得建立自己的管理体系；而这一管理体系可能会与学生之前所习惯的体系有所不同，因此他/她还必须得教给学生。

学生的管理行为要靠学习。许多新任教师在谈论“好”“坏”学生的时候就仿佛这些是他们与生俱来的品质。作为一名教师，你要想到教班级学生学习行为的方式是与教其学习某项新运动技能的方式大体相同的。学生的起点不同，因此你只有在适宜的层次上对学习经历进行规划才能助其从一个层次上升到另一个层次。期望那些在低监管度学习任务中都很难独立学习的学生能在无组织学习活动的小组中独立学习的想法是很不明智的。然而并不是说这个目标毫无价值，而是说对于那些不具备这些技能的学生，教师要先教其变得更加独立。教师需要一个能将独立学习和高效合作技能教给学生的过程。

6.2.3.2 肯定的方法比否定的方法更有效

在获得与维持学生合作这一点上，肯定的方法比否定的方法更为有效。教师不应该扮演与学生对抗的角色，更不应该像警察那样将时间主要花在捕捉学生错误行为上面。如果教师能提前将预期行为和制定规则与预期的原因教给学生，并且能用建设性和合作性的方式与学生一起解决问题，那么在这种正面的环境中教师肯定更容易获得与维持学生的合作。如果能将学生的不当行为看作是对某个学术问题的错误回答或是某项运动技能中的错误姿势，那么在行为与管理方面，教师坚持采用起肯定方法来就会更容易一些。

6.2.3.3 教师不应将学生的不当行为看作是具有个人威胁的反应

教师要乐于与具有特殊问题的学生共事，总之就是应该尊重每一位学生。教师在充满同情心与关怀意识的同时仍然可以坚持对学生行为的高要求，并以坚定的态度应对（相关问题）。高效的管理者靠的是教导与说服，而不是权势与要求（Brophy，1983）。

例：Elwardo 对其第一年的教学工作有着高度的期待。刚开始的两个星期，他怎么要求学生就怎么做，事情进展得非常顺利，之后学生就开始考验他了。Elwardo 以一种非常和善的态度让一位学生不要做某事。之后 Elwardo 在从学生面前转身走掉的同时用余光瞄着他，看看他是不是真的会按照自己刚刚要求的那样不去做某事。

Elwardo“发火”了，而且学生的这种行为让他感觉到了威胁。然而，在转身之前他先做了个深呼吸，同时决定要用一种坚定而专业的态度处理这种情况，而不会告诉学生他刚刚感受到了威胁。

6.2.3.4 了解自己的期望

在构建管理体系之前，你必须要决定（在你的体系中）何为规则与参与，何为管理与内容任务中的不当行为。这通常都是构建课堂控制体系中最重要的一部分，然而却也最经常被忽视。其中的原因在于新任教师会发现很难提前对学生行为做出预期，他们对学生的预期也会“有所变化”，之后就不得不在失控后重新补救。“一致性是优秀管理的一个重要方面，然而如果你无法提前决定你对学生行为有何预期，那么你就很难保持前后一致。”观察优秀教师及其对学生行为的预期，这可以帮助你确定你在课堂上的期望。在确定了你的期望之后，你就可以决定用何种方法来实现它。

6.2.3.5 确定你在学生行为方面想达到的最终目标

学生可能并没有就你的许多理念做好准备，但你应当有一个长期的目标。到一个学年结束的时候，你希望你的学生学到什么程度？两个学年之后呢？你愿不愿意花时间来教学生这些行为？你是否觉得为学生设置的这些目标（自我引导和控制）已经足够重要？

6.2.3.6 提前将你对其行为的预期告知学生

虽说课堂程序和规则对构筑适宜行为的基本形态有所裨益，但却无法保证你或学生能对所有发生在课堂上的事情做好充足准备。“学生不能靠‘犯错’来了解教师的预期。”然而很遗憾，由于教师未能提前让学生清楚其预期，因此他们只有做出不当行为之后才能认识到教师的真正预期（图 6.2）。优秀管理

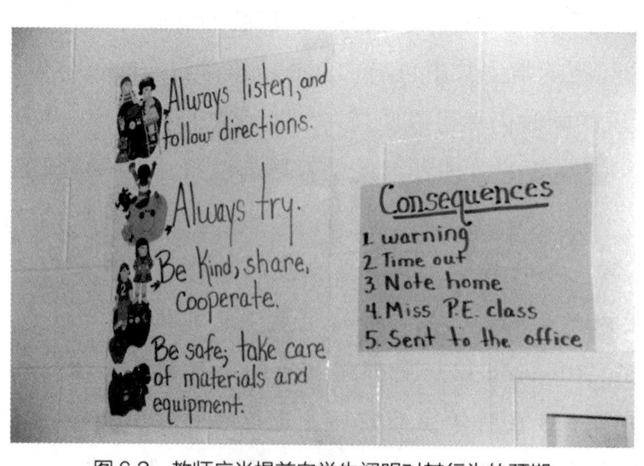

图 6.2　教师应当提前向学生阐明对其行为的预期

体系的首要特征就是提前阐明预期——千万不要放到学生犯错之后。

6.2.3.7 努力帮助学生内化适宜行为

如果教师能帮助学生明白特定反应之所以适宜的原因，那么他们就能更多地内化这一适宜行为。教师希望学生能做出适宜行为的原因并不是因为不那么做会有不好的后果，而是希望他们能明白适宜行为的价值。如能将某些特定行为之所以适宜，而另一些行为之所以不适宜的原因告知他们；或是能让他们参与公共期待行为的决策之中，那么学生就会珍视这些适宜行为且将这种期望进行内化。

例："如果大家都在同一时间呼喊，那么谁也无法听到别人的声音。"

"我们怎样才能让全体学生同时活动而不担心被球砸到？"

"你为什么认为我会关心我所看到的？"

6.2.3.8 在学习经历参与方面也必须要构筑相应的期望

许多时候教师虽然已经在将组织任务的规则与程序（比如准备器材、穿着活动所需服装、排队以及点名等）教给了学生，但却没有将学习任务参与的相关事宜告知学生。如果能在教会学生社会参与规则的基础上再将对学习任务参与的期望告知学生，那么就能减少课堂内容方面的不当行为。对你练习的期望如何？你该怎样与搭档或小组进行合作？如果球进入了其他人的活动区域，你该怎么做？"对某一技能进行练习并努力练好"到底意味着什么？你在需要帮助的时候该怎么做？上述这些理念对于学习经历的质量来说至关重要，因此教师必须要对其进行认真考虑，并在将其教给学生的基础上不断巩固。

6.2.3.9 进行过程中的管理

管理目标可能永远也无法达到。一旦教师构筑了一个以控制为特征的学习环境，那么他 / 她就必须要对其进行维持。而如果教师构筑的是最低学生控制水平的学习环境，那么他 / 她就应当努力帮助学生不断提高其自控水平。

6.3 发展学生自控和责任感的策略

本章中有关本点的大部分内容说的都是对体育课堂控制的最低期望。基本常规和规则的建立能使课堂进行得更为顺畅，同时也能有助于体育课成为一种积极且高效的学习经历。学生学习的前提条件是教师能将其合作意识激发至这种最低要求水平。在这种情况下，教师的角色都是教会和说服学生遵守程序和课堂规则，而不论这些程序和规则究竟是由师生合作制定还是教师独立制定，绝不能低估对控制和服从的需求。创设环境只是第一步，还由其他更为重要的学习类型要在其基础上进行。

在培养学生对自己、他人以及其所生活的这个相互依存世界的态度来说，体育教育环境具有很大的潜力。作为体育教育国家标准（见第 1 章）的一部分，其中的情感目标清晰地阐明了这样的观点：对自己、他人以及体育教育内容的价值观和态度可以对其定位造成影响。近来对冲突化解和教学特点的强调再次确认了体育教育情感目标的重要性。教学内容与教学方式的性质是重要生活技能的实验室。体育教育的积极性与社会性能在教育工作者教授学生人类价值观与关系构成，以及帮助年轻人在自己世界中找寻定位与意义的过程中为其提供一个强有力的背景。

如果想在课堂效果上超出“仅仅服从”的程度，那么就需要理解最低水平以及预定方向的含义。就“能使体育馆中的教学活动得以进行”这一最低控制水平来说，其主要要求就是学生要按照教师所说的做。这一理念对于学生学习行为的发生来说至关重要，但它所能提供给学生让其带入现实生活环境中应用的东西却寥寥无几，而且它也限制了教师所能提供学习经历的类型。

现今的孩子以及大人们在其生活中拥有着空前的自由与选择量。他们需要依据那么一套能助其过上幸福、高效、有意义生活，且不断发展的价值观来学会怎样对其应做之事以及重要之事进行选择。早晚有一天学生会脱离教师或是其他控制其生活之人的控制。从外部行为控制向内部行为控制的转变必须从学校开始。然而令人遗憾的是，许多幼儿园学生练习自控的机会比很多高中学生都要多。

许多体育教师判断课堂进行顺利与否的标准是学生是否给其制造了麻烦，以及是否都遵守了“规则”，如果学生未给其制造麻烦并且遵守了“规则”，那么许多体育教师就会认为课堂进行得很顺利。如果仅仅是去追求这样一个最低水平的个人及社会责任，那么就忽视了我们这个领域引领学生进入更高职能层次的潜力。如果想引领学生进入更高的职能层次，那么教师就不能再将“控制”作为其唯一的追求。教师必须愿意花时间教学生如何在更高层次上发挥职能，以及如何共享权力和控制。你可能会遇到毫无自控能力的学生，但重要的却是你不能对其不闻不问。

培养学生价值观和高层次行为的方法有很多。针对不同的目的和环境，优秀的教师会采用不同的策略。帮助学生变得更自主、更有责任感以及更关心人并不是一个一蹴而就的过程，而且会占用你课堂上用于内容学习的时间。然而从长远来看，你所构筑的学习环境能帮助你实现你在运动技能学习以及健身方面的学习目标，同时还能在养成积极锻炼的生活方式方面大有裨益。一旦你的学生在课堂上变得更为自主，那么你不仅能节约时间，而且还能开创许多在学生不具备自我管理技能时所不可能出现的师生合作机会。下面讨论中所描述的每种策略都会以某个有关人类行为及其控制的理论为基础。

6.3.1 海尔森的责任感水平划分法

海尔森所描述的“价值观与生活方式养成过程的五种发展水平”可以帮助学生做出更为明智的选择，并且引导他们走向一个自我满足的生活方式。方框6.3所描述的正是责任感发展的各种水平。海尔森对每一阶段描述的方式，其重要性不及从零控制水平到更高级水平期间所发生事情的影响。海尔森所描述的前四个阶段追踪了行为的变化历程，即从毫无控制力可言的行为到能受更高自主行为责任感和决断控制的行为。第四种发展水平能使学生超越个人的界限，感受到对他人的责任感。第五种发展水平说的则是责任行为超出体育馆的界限，拓展到了外部环境。

方框 6.3

海尔森的责任感发展水平划分

零级：无责任感

特征：无动机；无纪律；否认个人责任；在语言和身体上粗暴对待他人；打岔；不断分心；始终需要监管。

I 级：自我控制

特征：虽不能深度参与到课堂之中，但却没有破坏性；不再需要持续的监管；经历服从与否的摇摆。

续

Ⅱ级：认同

特征：展现出自我控制以及对主题的热衷；愿意尝试新鲜事物并对成功有着个人的定义。

Ⅲ级：自我责任感

特征：脱离直接监管时的工作能力；可以确定自己的需求和兴趣，并能独立进行追求。

Ⅳ级：关怀

特征：与他人进行合作并对其进行支持与关怀；愿意帮助别人。

Ⅴ级：体育馆之外

特征：将负责任的行为拓展到体育馆之外的生活中去。

引自 D Hellison，2011. *Teaching Responsibility Through Physical Activity*（Champaign，IL：Human Kinetics Publishers）.

海尔森在其著作中为我们描述了一个可以提升学生责任感的教学策略体系。设计教学策略的目的如下：唤醒对适宜行为和目标的意识；为学生提供能反思其行为目标相关行为以及设定个人行为转变目标的机会；建立积极与消极行为的后果体系，从而鼓励学生正向发展；将学生纳入团体进程以共享教师“权力”；帮助教师以激发成长的方式与学生互动。在海尔森的著作中，这些策略可以用来提升学生的责任感。那些探寻具体良方以求开发出一种系统方法以提升学生责任感的教师可以去参阅海尔森的原著，或是去访问那些分享有教师（用过这些材料）经验的网站。

6.3.2 行为矫正

有关行为矫正的策略有其行为心理学基础。行为学家相信人类行为主要是环境的结果，因此环境如果变了，行为也会因此发生变化。虽然无法知晓所有学生的具体行为，但教师还是可以先去探寻一下学生做出当前反应（可能会在教学环境中发生变化）的原因。行为学方法改变行为的关键在于“强化”的理念。行为主义的主要假设是“人们做出某些特定反应的原因在于其曾对这些反应做出过强化”。从本质上来说，教师这份工作就是在奖励那些做出积极回应学生的同时制止学生的消极行为。方框 6.4 对教师恰当的奖励或制止行为进行了描述。我们按照教师实施时所须做出努力和准备的多少而将这些理念排成了一个前后相继的序列轴。如果学生对不太需要准备和注意力的理念都无法做出反应，那么教师就要必须前进到序列轴中的下一个理念节点，这样才能对行为做出有效改变。

方框 6.4

奖励和制止的措施

奖励措施

不需要或花工夫的简单措施

- 给出反馈（也就是，告诉学生或班级最推崇什么样的做法或行为）；
- 给一个微笑、竖起大拇指或是对其眨眨眼；
- 鼓掌；
- 轻拍后背；
- 在学生离开教室时让其排在第一个；
- 让学生做教师的小助手。

需要进行一些准备和努力的措施

- 颁发个人获奖证书；
- 奖励一个笑脸或一颗星星；
- 将学生放到公示板上的“超级明星”一栏中；
- 给家长发一封表扬信；
- 在自由活动时间享有使用专用器材的特权；
- 享有一段进行特定游戏或自由活动的时间；

续

- 安排一次对本地教练的拜访；
- 允许最棒的班级或小队享有在特定时间（上学前、放学后或是午饭时间）到体育馆活动的特权；
- 给予特殊的奖励（比如：一个气球、一个球、一套抛接子游戏玩具、一根跳绳或是一张飞盘）。

需要进行大量准备和努力的措施（慎重使用）

- 将能集齐以“兑换”特权的徽章奖给学生；
- 安排去观看一场当地的比赛或舞蹈演出。

制止学生不良行为的措施

不需要准备和努力的简单措施

- 命令学生停下来（也就是告诉学生终止行为）；
- 让学生陈述其所违反的规则；
- 将预期行为告知学生；
- 在行为终止之前始终盯着学生；
- 走近学生；
- 给学生一次选择活动地点的机会（在那个地点其不会受到诱惑而做出不当行为）；
- 下令暂停（也就是在一段时间内禁止学生参与活动）；
- 将学生的轮次放到最后。

需要进行一些准备和努力的措施

- 与学生进行交流；
- 孤立学生或将其赶出班级；
- 给家长发一封批评信；
- 约见父母；
- 放学后对学生进行跟进；
- 剥夺学生的某项权利；

续

- 关禁闭。

需要进行大量准备和努力的措施（慎重使用）

- 将学生送往校长室；
- 取消学生享有的某项课堂待遇，比如开会或者野游；
- 订立行为合约；
- 采用行为矫正项目；
- 将学生驱逐出课堂。

秉承行为主义的教师格外明确何为适宜行为，而且他们会花时间来帮助学生清晰地理解适宜行为的含义。教师对学生低层次的期望往往表现为规则或是规定行为目标（包括教师教授、张贴公布以及人所共有三种类型）的形式。至于那些更复杂和更高阶行为的相关目标，在学生做好准备之后教师会明确告知或教授。

6.3.3 行为技术的使用建议

6.3.3.1 对行为进行明确定义

在试图将某种特定行为方式教给学生之前，你要先列出一张心目中适宜行为与不当行为的清单。行为的重要程度越高，可能也就越复杂；行为的重要程度越高，也就越需要你举出足够的例子来进行详细清晰地阐释。你的期望不能太过琐碎，但就这些期望所举出例子的则要具体。了解行为之所以重要的原因并将之告知学生。下面这些例子说的就是采用行为原则教授复杂行为的方法。

例：你希望学生能支持班级中的其他同学。你将适宜反应和不当反应罗列出来。你所罗列的部分行为如下：

（1）适宜行为。

①愿意与班级内的所有学生合作。

②当另一名学生倾尽全力仍然做错或是遇到困难的时候，要就其做出的努力进行鼓励，即使那名学生是比赛中的对手也不例外。

③将进入你活动区域的球拿住并将之递还给别人。

（2）不当行为。

①在与某位女生、男生、技能生疏或不受其他人欢迎的学生进行合作时发出抱怨。

②揶揄、嘲笑或是采用其他方式令某名学生自卑。

③当别人的球进入自己区域后一脚踢开。

6.3.3.2 花时间将行为教授给学生或就其与学生进行沟通

虽说教师能轻易地将规则和程序传达给学生，班级也能不费吹灰之力地将规则和程序制定出来，但就重要和复杂的行为来说，教师最好还是能通过互动讨论的形式将之分享给学生。教师能帮助学生了解的行为概念如下：

①培养有关重要行为的共识。

②对学生拥有不同反应选择的场景进行描述，并帮助学生懂得这些选择的重要性。

③就适宜行为和不当反应举出足够的例子。

在某些情况下，（教师）可能需要通过让学生进行行为练习的方式，或者在反应选择最有可能发生的场景中进行角色扮演的方式来强调你所要教授的内容。

例：“强尼，我希望你能来帮我一下。萨丽的球滚到你那里去了。让我看看你想怎样帮助萨丽。”

“你们队的弗雷迪刚刚把球发进了网中。他每次发球都能进网。你认为弗雷迪这队的队友会怎样对待他？谁会模仿弗雷迪？谁会对付弗雷迪？”

6.3.3.3 强化积极反应

当教师在教授某一行为的时候，他们可以通过公开或私下提醒的方式来对那种行为进行强化。因为对于年幼的小学生来说，大人的认可很重要，公开的表扬也常常会很有用。然而对于年龄较大的学生来说，表扬就没有什么强化效果了，教师可能就得去寻找其他方法来体现你对其的支持。在一开始的时候，即时且频繁的表扬能帮助学生在明确行为定义的同时搞清楚教师的预期，然而之后教师则要逐渐降低表扬的即时性和频率。

如果某些作为积极反应的行为发生频率很低，那么你就可以通过停止上课并告知学生你刚刚看到了一个适宜反应（比如我们之前讨论过的那种行为）的方式来对该积极反应进行强化。你也可以私下对某个学生的某种行为进行强化。或者你也可以聊聊你在课后都看到了什么。

在许多案例中，如果教学对象（学生）的控制力很差，那么许多教师都会以实物奖品来代替口头表扬。例如，将行为合宜学生的名字写在一个板上；设置一个分数或奖励体系；给予课余时间使用权；或者是其他特别的安排。这些手段在一开始的时候都可以作为强化工具来使学生服从，同时还可以提高其对适宜行为的意识。然而教师的目的是帮助学生在内化适宜行为的同时增强自控意识。因此，他 / 她必须制订一个长期的计划来逐步摒弃那些用以使得学生服从的外部强化工具。对外部奖励持续且大范围的使用会使得学生（由外部控制）向自我控制转变的难度加大。外部奖励在需要的时候可以使用，但应当逐渐摒弃。

6.3.3.4 如果未对他人造成损害，在某些情况下可以对不当行为置之不理

某些学生做出不当行为的原因是为了得到教师或者其他学生的注意。如果你能确定是这种情况，那么只要这些不当行为未对他人造成损害或是为了博取你的注意而变本加厉，那么你最好不要去理会。

6.3.3.5 自己展现出适宜行为

除非教师以身作则，否则便很难去期待学生能按照某种特定方式行事。学生从你做法中学到的远比从你说法中学到的更多。教师有责任展现出成人的风范，并时时以一种积极且专业的方式与他人进行交往。

6.3.3.6 培养学生的反思性技能

让学生在快下课或一周即将结束的时候用文字或者口头的形式对其自身行为和反应进行评估（图 6.3）。

例：“将你在课堂上给予别人支持的事，以及你今天付出巨大努力完成的任务记在你的日记中。”

图 6.3　教师应当对学生的反省行为进行鼓励

在管理的行为取向以及学生纪律方面存在着这样一个问题：虽然行为学的各种方法在培养学生服从和顺从方面很有效果，但就其使用效果来说却未能帮助学生内化适宜行为、培养自律能力，或是变得更有担当。对于以培养学生自律能力为追求的教育项目来说，学生的服从并不代表其全部目的。行为学方法的使用问题只是该问题的一部分，另外一部分则与教师所追求的目的有关。

帮助学生从教师控制向学生控制进行转变是管理行为取向的一个难点。过度使用外部奖励而又难以摒弃，规则与条例缺乏灵活性，预期行为的环境发生了变化，以及教师对体育教育中所谓“忙—喜—好”综合征（Placek，1983）的沾沾自喜，这些情况都会使得管理体系的效果不佳。

6.3.4 管理的权威式取向

鉴于某些课堂管理不善的情况，McCaslin 和 Good（1992）建议教师应当考虑采用以自律为目的的权威式管理体系。有关权威式管理的相关内容会在下个部分中进行讨论。权威式管理并不是一种完全意义上的管理体系，而只是一种使得管理更与现状相宜、改变学生需求以塑造自律的观点。以下是构建一种权威式管理的若干内在理念。

6.3.4.1 教师对于管理应当秉承坚决但又灵活的观点

权威式管理者对于学生有着明确的期望，但这些期望却也依旧灵活。这就意味着他们认为规则、程序以及预期是灵活且具体的。预期因组别、内容领域、学习经历以及学生的不同而彼此相异。

6.3.4.2 教师应当花时间将自主学习行为教给学生

权威式管理者会与学生讨论特定行为之所以重要的原因，以及学生达到教师预期的方法。自控和自律弥足珍贵，教师要让这一观点深入人心。

6.3.4.3 随着学生做好为其行为承担更多责任的准备，教师控制应当逐渐放松

在行为系统的实施方式上存在着这样一个问题：规则、程序以及行为预期固定不变。教师倾向于在大多数情况下都对学生都抱有相同的预期，然而就体育教育中学生对其行为的责任来看，这种水平的预期已是低了。相较于一年级学生来说，六年级学生做出独立行为的能力应当更高；十年级学生做出独立行

为的能力相较于六年级学生也应更高。在学生做好准备的时候将行为责任转移给他们是权威式纪律的焦点。随着学生做好准备为其行为承担更多责任，以及面对需要更多自我责任的情境时，教师的管理体系就应随着学生日益增长的能力而进行改变。在激励能力各异的学生变得更有责任感方面，严格且高度明确的体育馆规则就显得欠缺灵活性。

6.3.5 提升自我引导水平的团体历程策略

在大多数课堂中，教师都会发现团体历程策略在帮助成组学生建立更高层次预期行为以及解决行为相关问题方面很有效果。团体历程策略强调学校环境中的群体和社会情境。这一方法中的一些基本策略如下：

6.3.5.1 将学生纳入决策进程

运用这一策略就意味着许多规则、进程以及更具内容导向性质的决策，其制定过程可能要有学生参与其中。教师先提出一个需要制定规则或进程的问题（即使只是与教师相关的问题），之后在学生的帮助之下制定规则或进程。用好这一策略就意味着教师必须愿意花时间与学生共同解决问题。这也意味着你可能得让学生尝试用你觉得不会奏效的方法来解决问题，之后再让他们对自己的解决方案进行评估和修订。当教师已经做出与规则相关的某些决策时，还需将规则在学生中进行强化，并提醒他们注意这些决策。

如果学生参与了设计过程，那么其行为就会更与规则、进程以及目标相符。然而，如果学生还是没有服从，那么教师还必须得愿意再花时间重新审视这些问题。

6.3.5.2 通过讨论来解决冲突

一旦冲突发生，教师就必须放下手中的事情，并让学生都意识到问题的出现。之后再与学生讨论如何解决这一冲突。讨论的目的是增加学生对其行为的责任感，并帮助其认识到自己对他人和自己的责任。

6.3.5.3 运用角色扮演的方式进行概念交流

角色扮演曾作为行为矫正的策略已经进行过讨论。这里的使用方法与之前类似——通过有意义的方式来帮助学生了解预期行为。角色扮演分为两步：先将自己放到他人的位置上，之后再在某一场景中对这一角色进行扮演。角色扮演的目的是帮助学生从另外的角度审视问题。通常情况下，教师构建角色扮演场景的方法如下：先设计出问题或冲突，之后再告诉大家究竟该如何代表各部分来表述自己对这一问题的看法。如果教师能对角色扮演过程中发生的事情了如指掌，而且又能总结出可供学习的教训，那么角色扮演的学习潜力就大大增加了。

6.3.5.4 理解与接受

理解某个学生做出不当行为的原因很重要，但也不要将理解与接受混为一谈。你可以对某个学生做出不当行为的原因表示理解，但你却并不一定要接受这种行为，事实上，也不应当接受。

6. 3. 6 冲突解决

冲突解决是一种帮助学生在集体环境中找到适宜行为方式的方法（Johnson & Johnson，1995）。虽说制定冲突解决策略的初衷是为了处理学校中的暴力问题，然而却被用作预防程序来改造学校——将学校从教师、学校皆扮演权威来实施奖惩的地方转变成了学生学会自律与合作技能的地方。学生合作学习小组组内指导的大量组织是这些程序的主要推动力；而“竞争性学习环境的缺乏是学生冲突和不当行为出现的主要原因”这一假设则是这些计划的前提条件。第 8 章将会对作为教学策略的合作学习进行更为细致地讨论。

在那些采用冲突解决程序的学校中，学生要对那些处理他们之间冲突的策略进行学习。在某些情况下，个别学生还要被挑选出来训练成谈判专家。这些谈判专家的作用如下：

①描述并明确冲突各方的“立场”与“意见”；

②帮助冲突中的学生理解其他人的观点；

③创造双赢的方案来解决冲突；

④帮助冲突中的学生达成一个“明智的”协定。

在许多情况下教师都会充任冲突谈判专家的角色，并在帮助学生解决发生在学生内部，以及发生在师生之间的冲突方面被寄予厚望。有关冲突的决议应当以能引领学生经历刚刚所描述过程的方式进行呈现。只有在谈判专家的角色失败之后，教师或者另外一名学生才会担任仲裁人来做出有关冲突的最终决定。

6.4 纪律：如果不奏效该怎么做

纪律是在你倾尽全力之后学生仍然不肯合作，仍然选择做出不当行为时的对策。并不是所有学生在你积极建立心目中学习环境之后都会选择与你进行合作，因此教师就必须对这些学生中的很多人采取区别对待。并不是所有学生对任一管理或纪律体系都会有所反应，也不是所有学生对你制定的纪律都会做出同样的反应。如果教师能按照方框 6.5 中的指导方针行事，那么纪律方面的问题就会减少；但大多数教师还是必须得对学生所展现出的不当行为、破坏行为以及问题行为进行个别化地处理。

方框 6.5

纪律问题防治指南

- 建立一个有效的管理体系
- 以一种积极的态度面对所有学生
- 提前清晰地将你的预期分享给学生
- 将学生纳入规则和程序之中
- 课程要适合且具有一定的挑战性
- 在你所教授的内容方面展现出热情

6.4.1 在问题成为问题之前就将其解决

如果教师已经将预期清晰地告知学生，并对行为做出了结构清晰且合理的预期，那么大部分对规则和行为预期的违反都只会是暂时的，而且借助简单方法就能轻易解决。这就是 Kounin 所谓“目击者”理念（不管你在做什么都能随时察觉一切的能力）和“重叠”理念（同时做许多事情且都能做好的能力）之所以重要的原因。教师必须防止问题演变成严重的纪律问题。方框 6.5 所描述的几种理念就可以用来防止行为问题演变成严重的纪律问题。

6.4.1.1 眼神交流法

一般来说，如果教师抓住某位学生正在做不当行为，那么只需与其眼神交流片刻，那名学生就会停下来。有时教师还需停下正在做的事情和正在说的话来进行强调。

6.4.1.2 接近控制法

当教师采用接近控制法的时候，他们需要走近学生以示其已经知晓了他们正在进行的不当行为。他们无须多言，学生就会停止不当行为。

6.4.1.3 叫停法

这一消除不当行为最基本的方法有时却会被遗忘。该方法只有在不被滥用的时候才会有用。如果教师是要去反复提醒同一名学生或是整个班级都做出了不当行为，那么叫停法就不起作用了，教师就得使用别的方法来更为严肃地对待这一问题。叫停法应当在有可能的情况下用于与学生进行私下交流的场合，当然在这种场合中也不能总是使用这一方法。

6.4.1.4 明确法

将适宜行为对学生进行明确，有时会比仅仅让学生停止不当行为更加有用。这会使得学生更为关注适宜行为而不是不当行为。下列就是两个教师明确适宜行为的例子。

例：“我们应该怎样拿取器材？”“什么才是优秀的搭档行为？”

6.4.1.5 远离法

如果学生无法做出适宜行为的原因是由于器材或是活动时靠近问题区域（比如饮水机、篮架或是其他器材）的缘故；又或者是因其与那些怂恿不当行为的学生相邻，那么教师就可以让这名学生去到另外的区域，或者更换其搭档或小组。

6.4.2 持续的不当行为

一般来说，如果刚刚讨论的那些方法都不能长时间消除不当行为，那么教师就必须提高其反应水平。下列这些理念会很有用。

6.4.2.1 普遍的课堂不当行为

如果你发现做出不当行为的学生不止一两名，那么再对个别学生进行处理就不合适了。你需要停止上课来明确地指出问题（图 6.4）。思考一下下列师生之间的互动：

"请大家到这儿来，就一分钟的时间。我不知道今天是怎么了，但是由于某种原因我们在做事情的时候遇到了一些麻烦。一定是某种坏东西或是别的什么缠上了我。谁能告诉我你们为什么会觉得我遇到了麻烦？"

"我们现在该做的事情是什么？"

"让我们回去继续工作，看看我们能否再来一遍。"

在这个对话中，教师先是唤起学生对问题的注意，之后再搞清楚发生了什么不当的事情，最后再将学生的注意力转移到他们应做的事情之上。关键问题在于就这个层级的反应来说，这种方法依然是积极的。这就与在课堂上运用叫停法可以解决大多数问题的情况差不多。如果问题继续存在，那么教师可能就需要继续再说下面的话：

"看来今天你们中的有些人很明显没有做好上课的准备。我们在这坐一分钟吧。当你们觉得自己做好准备继续，且能表现合宜的时候，我们就站起来开始上课。如果不能，那么你们就在这儿坐到准备好为止。如果在让你们出去上课的时候你们还出问题，那么我可能就会让你们坐到旁边去想想你们该做什么。"

图 6.4　一旦水歇成了课堂上的一个问题，那么组织就是必要的了

6.4.2.2 暂停法

就处理幼儿以及想上课学生的破坏性以及不当行为来说，暂停法是一种非常有用的工具。然而对于那些宁愿不去上课的学生，这一方法就巩固了他们的

这种不当行为，因而是不合适的。

采用暂停法的教师会将某位学生从活动中请出并让其坐到指定的地点。有时教师会让学生在外面坐一段指定的时间，比如五分钟。有时教师可能会说："你什么时候觉得你又可以参加了，就过来跟我说。"其他时候则是除非教师过来告诉他们可以再次参加活动，否则他们就得一直"暂停"。只要不让学生在整个活动期间都"暂停"，那么"暂停法"就能很好地发挥作用。而对于年龄较大的学生来说，这种层次的措施可能就要变成取消其某项权利（比如选择活动的权利），但是这对于课后或放学后约见学生，或是根据学校纪律体系对不当行为进行"公示"一类的措施来说，其效果还是有一定差距。

6.4.2.3 协商 / 对质法

如果教师采用了"协商 / 对质法"来解决师生间或学生间的问题，那么他们就是在尝试让学生承担起对自己行为的责任，或是让他们设计一个行动计划来提升自己的行为水平。帮助学生识别并承认自己的行为，之后在此基础上完成一个行动计划来提升自己的行为水平——这两点在这种策略的使用过程中都非常重要。

例：

教师："你觉得这里的问题是什么？"

学生："我们把球打出界了。"

教师："你觉得我们为什么不想打出界？"

学生："因为我们要在捡球上浪费时间。"

教师："我们要怎么改进呢？"

学生："我们不再把球打出界了。"

教师："你觉得如果再发生这种情况我会怎么做呢？"

学生："不再让我们碰球。"

6.4.3 处理行为屡次失范的学生

6.4.3.1 体育教师能做的尝试

大多数学校的纪律体系中都对教师在面对持续不当行为时的做法有着明确的规定。体育教师也应参与到这一纪律体系的制定过程之中，并且应以与这一政策一致的方式来应对学生的不当行为。对于大多数这类体系来说，其中应对不当行为的措施都被设计成会随着不当行为级别和一致性攀升而不断升级的样子。

在你课堂上持续做出不当行为的学生到了学校其他课堂上很可能还是这个样子。因此，解决这种持续不当行为问题的最好办法是在学校全体教师中达成一致，这样一来这些学生就会面对着同样的预期和反应。如果不能对其进行"一对一"的关注，那么教师对那些在课堂上持续做出不当行为的个别学生就很难做出处理。首先你要对这名学生进行关注，搞清楚他到底在课堂上做了什么，以及他是在何种情况下做出这些行为。

一般来说，你要将这名学生挑出并给予其额外的积极关注，以此来彰显你对他/她的关心，但不要对其不当行为进行强化。在上课期间做这些有时是很困难的，这是因为这种做法会将其他学生弃之不顾。如果教师有空的话，那么在课前、课后或是上学前、放学后进行个别学生会议是最好的处理方式。如果不当行为还在持续，那么你就得开始制订在这名学生身上单独投入时间的计划，并且还得准备一些需要你付出更多努力的措施。方框 6.4 描述了针对学生不当行为而不断升级的处理措施。方框中最后一栏说的是那些在个别情况下需要教师高度介入的干预措施。在这些层级的措施中，教师需要参与其中才能有效改变学生的行为。

在处理个别行为问题的时候，应当考虑以下几种理念：

（1）你对集体所做的事不能对儿童产生消极影响；反之，你对儿童所做的事也不能对集体产生消极影响。这意味着你不能允许个别学生破坏班级其他学生的学习经历。你必须采取行动。另外，你也不能为了整个班级的利益而采取会对个别学生造成伤害的反应（比如，拿学生来做反面教材）。

（2）努力搞清楚行为出现的原因。学生做出不当行为的原因通常都是由于其存在的个人或社会适应问题。有时候他们做出不当行为的原因是为了寻求关注、控制和力量，或者是由于他们的自卑心态。在这一领域，你可能会有很多种方法来满足他/她们的需要，而且是以一种积极且具有建设性的方式。然而这些方法见效需要很长的一段时间，不能立即满足对行为变化的需要。以下两个例子便是这类方法的代表：

①给予学生做出积极行为所需的关注；

②让他们担任班级内的某种职务或是布置一些课外的事情让他们做。

（3）**对事不对人。**教师在处理不当行为时最应当秉承的有用理念之一就是要将其针对不当行为的反应与针对不当行为人的反应区分开。教师在面对学生时应当保持一种关心、关怀的态度，而且要积极地接近不当行为人。然而这并不意味着教师对学生行为改变的期望不再坚定。

> 例：你今天来上课并没有做好学习的准备，这对于我和你的同学们来说都是一个问题。我知道你可以做得更好。下节课我希望能看到一个真正的变化。希望在下节课课前我就能看到你，这样就可以确保我们能在“那个变化”上达成共识。

（4）**在问题的解决方法上与学生进行交流。**对于学生那些会随情绪变化而变化的问题来说，教师首先应当成为一名积极的倾听者。在需要的时候你应当允许学生将怒气发泄出来，并且帮助他/她判断怒气可能的来源，之后再着手对问题进行界定并找出解决办法。你应当找到所有可能的解决办法，之后再就这些解决办法的实施与学生达成共识，追踪这些解决办法的效果，如果需要，还需对其进行修改。

（5）**如果非正式的行为改变方法未能奏效，那么就要探索与学生签订应变契约的理念。**如果你已经与学生进行过探讨并设定了行为变化的相应目标，然而却发现他们并没有按照预期对行为进行改变，那么你可能就得开始采取更为正式的程序来改变其行为，应变契约就是其中的一种方法。应变契约会就学生行为设定切实可行的目标，并且在其达成目标后就对其进行外部奖励。这种奖励可以很简易，比如一颗星、一枚徽章、糖果、在课堂上做特定事情的时间，总之就是对于特定个体来说具有积极强化作用的东西。教师同学生达成契约并对其在特定时间段内为达成目标所必须完成的事进行明确。在这段时间结束的时候，会因目标的达成而对学生进行奖励，之后再设定一个更接近预期行为的新目标。一般情况下，这些奖励就足以使行为发生改变。如果不行的话，教师就会想着将应对未达成目标的消极措施写入契约，比如必须在放学后多留一段时间或者取消一项权利等。在每节课上都应当对契约的实施进行监控；也可以让学生通过自我评估的方式对其进行监控，或是先由教师监控，之后再交给学生。应对契约中的长期目标应当能培养学生的自主学习行为。为了做到这一点，就应当不断提升奖励的时间间隔及其期望值，直到学生在没有奖励的情况下也能做出适宜行为。方框 6.6 就为我们呈现了一些纪律执行指南。

方框 6.6

纪律执行中的一些"要"和"不要"

要

- 使用学生的名字
- 期望学生去做
- 问自己为什么
- 坚定而一致

不要

- 公开训斥
- 贬低学生
- 形成对抗
- 进行威胁

6.4.3.2 将其他人纳入到你应对问题学生的工作之中

如果你已经将上述所有理念中能做的都做了但还不起作用的话，那么你可能就要需求其他人的帮助。

（1）将学生的父母纳入其中。学校通常都会有针对课堂行为问题而让学生父母来校的制度。在你寻求父母帮助之前需要先了解这些制度。大部分家长都会非常关注自己孩子在你课堂上的进步和行为。如果你让他们来校面谈，那么你就应该向他们解释清楚问题所在以及你的应对对策。父母在应对孩子问题时的过激行为或是消极立场都是你不想看到的；你希望他们能通过向孩子表示关心以及不断交流的方式来支持你的工作。

（2）将校长或是合适的学校领导纳入其中。大多数学校都有“让教师在学生做出不当行为而其又无法在课堂上进行处理时将学生送到办公室或指定地点”的制度。教师只有在自己确实无法处理的情况下，才能将校长或禁闭室的权威作为最后绝招。许多中学都建立了包括公示和禁闭制度在内的管理体系。然而令人遗憾的是，对于这些体系的过度使用通常会导致学校不当行为的增加。学校管理者在制定处理那些在课堂上持续做出不当行为学生的对策方面负有首当其冲的责任。惩罚、禁闭、监管、引入学校辅导员都是可供选择的对策。

6.5 总结

（1）好的管理技巧对于优质教学来说至关重要。

（2）内容和管理是教学中两个相互依赖的系统。

（3）优秀管理体系的目标是学生对其应尽之分的高度参与。

（4）教师必须将其预期教给学生，之后再对其建立的（学习）环境进行维持。

（5）常规就是在教一学环境中经常发生，而又要用类似方式进行处理的事件。

（6）课堂规则数量要少，要像教概念那样教授，并且要不断巩固与强化。

（7）行为矫正主要靠明确的预期和强化来建立学生控制。

（8）权威式纪律能增进学生建立对适宜行为的理解；其坚决而又灵活的特点能教会学生进行自我引导。

（9）团体历程策略强调学校环境中的群体和社会情境，并且强调将学生集体纳入决策过程。

（10）在纪律方面最好的方法就是防微杜渐。

（11）教师在小的纪律问题演变成严重问题之前就应当试图解决。

（12）如果在教师已经做出了最大努力的情况下学生还是不选择与其进行合作，那么教师就应当寻求校内其他人的帮助。

（13）持续的纪律问题需要更多的参与方以及更充分的准备，这样才能有针对性地改变学生行为。

6.6 课后自测

（1）“教学和管理是一个相互依存生态系统的一部分”这一理念是什么意思？

（2）管理体系的主要目的是什么？

（3）列出 5 个有关构建管理体系的重要理念。

（4）描述一下你如何建立点名常规（教学对象为高中生）。

（5）如何培养自我管理技能？在上一个问题已经建立点名常规的基础上，你如何开始着手培养学生的自我管理技能？

（6）描述行为矫正、权威式纪律以及团体历程倾向在培养学生控制方面的相似点与差异。

（7）列出 5 种你可以用来防止不当行为愈演愈烈的事物。

（8）如果在你已经做出了最大努力的情况下某位学生还是持续做出具有破坏性的事情，而且也不与你合作，那么你该怎么办？

参考文献

Brophy J E. Classroom organization and management. ***Elementary School Journal***，1983，83（4），265–286.

Brophy J，Evertson C. Context variables in teaching［J］. ***Educational Psychology***，1978，12，310–316.

Doyle，W. Classroom organization and management. In M. Wittrock（Ed.），***Handbook of research on teaching***（3rd ed.）. New York：Macmillan，1984.

Hellison D. ***Teaching responsibility through physical activity***. Champaign，IL：Human Kinetics，2011.

Johnson D，Johnson R. ***Reducing school violence through conflict resolution***. Alexandria，VA：ASCD，1995.

Kounin J. ***Discipline and group management in classrooms***. New York：Holt，Rinehart & Winston，1970.

McCaslin M, Good T. Compliant cognition: The misalliance of management and instructional goals in current school reform. ***Educational Researcher***, 1992, 21: 3.

Placek J. Conceptions of success in teaching: Busy, happy, and good? In T. Templin & J. Olson (Eds.). ***Teaching in physical education***. Champaign, IL: Human Kinetics, 1983.

活动中的教学

概 述

教师在学生参与活动任务期间可以发挥多种不同的作用。在教师所能发挥的这些功能中，有的可以对课堂目标的实现有直接帮助；有的能为课堂目标的实现提供间接帮助；而另一些则对课堂目标的实现没有什么帮助。优秀教师会积极主动地促进学生学习。对于那些不能对课堂目标实现有所帮助的活动来说，这些教师会尽可能地缩短其所占用的时间；而对于那些能对课堂目标实现有所帮助的活动来说，他们则会尽可能地延长其活动时间。本章所描述的主要内容有两点：一是教师在学生任务进行期间所能发挥的各类教学功能；二是帮助教师学会如何对这些功能的次序进行安排。

▶ **标准 4：授课与管理**

体育教师候选人利用有效的沟通方式和教学技巧、策略以促进学生的参与和学习。

——《新任教师教学标准》(NASPE，2008)

7.1 我已经让学生开始练习了——现在该做些什么呢？

新任教师之所以能很快地掌握任务表述技能，是因为它符合我们对于教师“教”这一角色的最常规理解：“教”就是告诉人们该怎么做。很少会有新任教师会对学生参与某一活动任务或学习经历后的事情进行过多的思考。对于新任教师来说，这一时间段会令其感到不安，其原因在于他们作为教师要做的事情在很大程度上要取决于学生的行为，而学生的行为则又与教师让他们做的事情密切相关。

教师在这一时间段的积极性应与其他课堂时间段中的积极性保持一致。相比于其他时间段，教师在这一时间段中必须通过各种不同的方式来发挥作用。教师在保证自己对每一个学生的所作所为都了若指掌的同时还必须能够掌控体育馆中的一切风吹草动。Kounin（1970）称之为“目击者”：不管你在做什么都能随时察觉一切的能力。他同时也创造了“重叠”这一术语，即教师能同时做许多事情且都能做好的能力。在优秀教师身上，以上两点都能得到展现。“真实世界”就以真实的课堂为例，对这一点进行了例证。

真实世界

教学：同时做很多事情

例：小学

S 小姐在多功能教室的门口见到了这个有着 27 人的一年级班级，并让他们换上网球鞋（如果带了的话）。汤米解不开鞋带了，因此 S 小姐就去帮助了他。萨丽又过来跟她说自己昨天晚上拿到了能跑得很快的新网球鞋。班级同学逐渐在教室的中间集中了起来，之后教师便对他们今天要进行的“抛沙包”活动进行讲解。在对活动进行讲解的时候，班主任又领着两名迟到的学习走进了教室。S 小姐让他们加入进来。

S 小姐让学生从地板上捡一个沙包，之后再找一片场地开始进行沙包抛接练习；在练习的时候不能让沙包掉下或是超出自己场地的界限。在

续

学生开始活动之后，S小姐将剩余的沙包捡起来放到一个篮子里。她又对整个班级的练习情况做出了“安静且控制得当”的评价，这是因为她没有听到任何说话或是沙包掉到地板上的声音。她帮助玛丽调整了沙包的位置，以使之始终保持在其身体的前方；又告知凯文降低沙包抛掷的高度以使其能更好地保持对沙包的控制。

S小姐让全班同学在保持对沙包控制的前提下对沙包抛掷的高度进行变幻，并且尽量无声地接住沙包。她走到将沙包抛到天花板吊灯上的布莱恩面前，让他再去从篮子里拿一个沙包。希拉过来跟老师说她得去浴室了，S小姐应允了她之后就继续对班级学生进行观察。

现在我们来比较一下一年级教师的行为与下列情景中那些九年级教师行为的区别。

例：中学

一个男女合班的九年级班级正在通过一种改进过的垒球游戏来练习守备中的守备站位。游戏中设置了三个区域，每个区域中有10名学生。“准备击球”的学生将球扔往该区域，并尽可能在球不被扑到的基础上将球扔得越远越好。学生轮转进入其他九个守备位置，并对游戏进行计分。

T先生在各个区域间来回移动，在为个别学生提供帮助的同时也就集体表现做出反馈。杰夫，一个很胖的男孩，让一个很容易接到的球从他面前飞过而没有做出任何接球尝试。杰夫所在小组的其他成员都在冲其喊叫。T先生走到他面前，先是让另一名学生照看他的区域；之后将他拉到一边询问情况。杰夫说即便他努力了，肯定还是接不到，所以他就不想努力了。T先生把凯文叫过来与他一同练习，要练到他能对守备球十拿九稳为止。T先生告诉凯文应当先从正对杰夫的慢球开始练起，之后再通过加快球速来迫使他移动起来。达琳过来告诉T先生她的手套坏了，T先生示意她再去拿一个。

T先生走到另一小组面前并询问谁的得分超过了一垒。没有人举手，之后T先生就评论说他们的防守必须做得更好。他吹哨将该小组的所有学生

续

集中到一起；告知他们从现在开始要争取不让任何一名跑垒员进入一垒。任何守备员如果能在一垒前就碰到要出界的球，他/她就能得一分，跑垒员的得分翻倍。

方框 7.1 对在“真实世界”所举例子以及其他课堂观察中所体现的若干常见教师功能进行了确认。组 1 中是与课堂内容直接相关的各种功能。这些功能对课堂目标的实现以及学生的学习最有效果。组 2 中的功能虽然也是教学的重要组成部分，但对于课堂目标的实现来说却只能起间接作用。然而对于教师来说，掌握这些功能也非常重要。

方框 7.1

活动进行期间的常见教师功能

组 1：直接作用行为

- 维持一个安全的学习环境
- 向学生阐明任务并进行强化
- 观察并分析学生的反应
- 向学生提供反馈
- 针对个人和集体而对任务进行改变或调整
- 维持一个高效的学习环境

组 2：间接作用行为

- 与学生共同参与并担任裁判
- 应对学生的个体需求
- 加入题外话讨论之中
- 照顾受伤的学生

本章所讨论的正是那些最有利于学生学习的教学功能。这些功能指的就是“直接作用行为”，其原因在于它们具有直接对课堂内容产生积极作用的可能。教师还必须对方框 7.1 组 2 中所列的情况加以处理，它们也是某些课堂的一部分。教师的这些行为指的就是“间接作用行为”。它们虽是教学中不可或缺的重要部分，但实际上却与课堂不直接相关，而且也只能“间接地”对课堂内容产生积极作用。在本章章末部分会对那些教师应当避免的行为（于课堂无益）进行讨论。

7.2 设定活动的先后顺序

与那些经验丰富的成功教师共事之后就能明确这样一个理念：在学生活动期间，教师职能的发挥要遵循某种策略。而这些教师所做的就是明确事情的先后顺序。鉴于新任教师在刚开始练习个体教学的时候更倾向于以小组的形式开始个体教学的练习，那么经验丰富的教师就应当先站在后面对整个小组进行观察，以确保学习环境的安全与高效。之后便要通过对学生反应的观察来确定全班学生是否已经掌握了该任务。下面这一按时间先后顺序排列而成的清单说的就是经验丰富的教师在让学生开始练习之后可能会做的某些事情。之后我们还会通过提出建议的方式来对这些理念进行逐个讨论。

学生任务开始之后教师行为的先后顺序：

①确保环境安全。

②确保学生理解任务并能按照任务所设计的那样进行参与。

③根据学习目标来观察并确定全班同学对任务的具体反应。根据需要对任务进行调整。

④不断检查以确保学生学习的效率。

⑤观察个别学生的表现并尽可能给予帮助。

⑥对整个集体都加以留意。依据任务节奏和任务参与情况随机应变。

刚刚列举的这些活动中可以很明显地体现出这样几个理念：第一，这些功能的有效发挥取决于教师对学生行为的观察与分析能力。第二，这些功能都是相互关联、互相影响的。如果环境安全、任务明晰且适合（无论是对个体还是对集体），那么学生就更能参与到任务之中。如果某位教师能积极地给予学生反馈，那么在通常情况下，他就很可能可以维持住一个高效且安全的学习环境。那些能在课堂上依据个体和集体情况而对任务进行调整的教师，也能使得学习环境更加安全和高效。所有这些有可能直接助益于学生内容学习的行为都向学生传达了这样一个讯息：教师对其学习非常关心。将学习环境的相关知识告知学生是催生优质教学的重要因素。

在这类情境中，无论是集体需求还是集体内的个体需求，教师都会加以留意。然而与新任教师所不同的是，那些经验丰富的教师会更加懂得与集体接触以及满足集体需求的重要性。只有在集体参与得当且高效的基础上教师才会对个别学生或学生团体予以照顾。虽然教师也不能忽视个体，但在集体需要得到满足之前必须要对其进行“搁置”（图 7.1）。

图 7.1　有时候，解决课堂上所出现问题的最好方式就是在课前或课后抽几分钟时间来与学生进行交流

刚刚所讨论的这些先后顺序都能对课堂内容施加直接的有益影响。然而在这期间教师很有可能还须有效地处理那些对课堂来说没有直接助益甚至毫无助益的各类小插曲。

7.3 维持一个安全的学习环境

安全的学习环境几乎都是要提前准备的。经验丰富的教师会学着对安全问题进行预期，并且会对器材、空间以及人员进行安排，以使得环境在安全的同时还能对学习有促进作用（见第 3、6 章）。经验丰富的教师还会学着在其布置给学生的任务中构筑安全措施（比如，在手倒立下落时轻轻落脚；在挥拍、棒或棍之前确保周边没有人）。经验丰富的教师要为了安全以及培养学生的安全责任意识而教学。

对于那些提前准备仍尚显不足的情况来说，教师在活动进行期间的首要任务就是保证环境的安全。下面“真实世界”方框所描述的正是那些可能会导致安全问题的常见情形。安全高于一切，无论导致不安全的原因是什么，我们都要对不安全的环境进行改变——哪怕是要为此停止个体乃至整个班级的活动，又或者是通过其他不那么明显的方式来排除不安全因素。

真实世界

教师所能预见的常见安全问题

- 学生尝试完成其尚未掌握的技能，比如在器械上跳跃或是近距离接大力打来的球。
- 学生在进行诸如拍、棒、棍一类器材挥动练习的时候，彼此之间的距离过小。
- 需要学生进行快速移动的活动没有足够的减速距离（比如，比赛终点线设置得离墙太近）。
- 所选择的活动会给学生带来不必要的风险（比如，轮椅橄榄球）。
- 没有教会学生在活动时要对其他人或空间加以留意，比如跑到公共区域中去接球。
- 没有教会学生有控制地进行活动，或是教师也未能施加持续的控制（比如，要将身体的某些部位放在地上而不是摔在地上；同时要轻柔地承担起身体的重量）。
- 大件的器械以及体育馆四周的其他器材会成为“诱人的麻烦”。

7.4 向学生阐明并强调任务

许多教师都发现在学生刚开始着手完成任务之际有必要将任务再次对其阐明或者重申。这有时候是因为教师观察发现学生对任务的反应与预期不符，而有时候则是因为教师想提高学生对所述任务的专注度或是保持学生对任务的责任感。

如果教师所教的学生还没有习惯于按照某一任务的要求执行，又或者是其太过拘泥于任务要求，那么在他们明白其必须按照任务规定方向执行（这是因为他们在任务执行过程中要对其负责）之前，教师可能就需要不间断地向其阐释任务。

例：教师让学生进行分步网球挥拍练习。虽然学生都在挥拍，但是教师却发现大家并没有分步来挥。于是教师就让大家停下并对任务进行了重申。

教师让学生与自己的搭档一起通过向墙上投球的方式来进行篮板球练习。在练习开始之后，就很明显地发现从教师在墙上所贴胶带的高度位置弹回的球不能给学生一种“比赛中”篮板球的感觉。教师就暂停了活动并让学生将球投到远高于胶带高度的墙面位置。

理想的情况是在第一次的时候就对适宜的任务进行了清晰的阐释，而不需要再次阐明、重构或者重申。然而，如果教师观察发现学生并没能对所述任务有着及时或适当的反应，那么辨明和强化就会很有必要。如果教师发现他们总得进行强调或辨明，那么他们就应当回过头来重新检视一下自己最初的表述。一旦其设计的任务中确实存在问题，那么那些经验不足的教师反而会更倾向于责备那些“坏”孩子的开小差行为。

教师可以在学生做活动准备甚至在活动进行过程中对任务进行辨明和重申，而不需要打断课堂进程。如果对任务感到困惑的人不多，那么就可以只针对这少数几个人进行任务重申。对于那些已经按任务要求进行活动的学生，就可以通过正面强化的方式来达到这一目的。举个例子来说，在网球课上教师可能会说：“我们中的大部分人都在练习向墙上发球，同时以一次反弹作为一次间隔。”

话虽如此，然而一旦发现学生对任务的反应没有像教师一开始预期的那样，那么就必须让全班都停下来，并且重新对任务进行说明。教师不应对这种做法心存恐惧。如果教师一开始是因为其适宜性而选定某一任务，那么在此之后学生对此任务的执行就成了重点。如果学生对任务的反应未能符合教师的预期，那么通常都是因为他们不明白教师想让他们怎么做。造成这一情况的原因有时是因为教师在一开始就没有说清楚，有时则是学生没听或者没有注意教师话中的细节。无论是因为哪种原因，教师都应当毫不犹豫地停下来将学生的反应导入正轨。经验不足的教师则倾向于对学生的各种反应都持容忍态度，而不是对预期行为进行巩固和强化。

7.5 维持一个高效的学习环境

在活动期间向学生辨明以及强调任务的理念与维持高效学习环境的理念两者密切相关。选择去对任务进行辨明与强调就意味着教师已经把学生“跑偏”的反应归咎于其未能理解或是未能注意到任务中的指令。通常如果在任务刚开始的时候学生就出现了这种“跑偏”行为，那么教师就会用这种方式来解决问题。然而，如果教师随着活动进程的深入才慢慢发现高效学习环境的逐步丧失，那么就应当去寻找其他导致学生“跑偏”行为或行为异化的原因。举例来说，教室外部噪声的突然增大就有可能转移学生本来集中在任务上的注意力。

“跑偏”行为之所以难以处理是因为其原因众多。在第 6 章中就已经针对“跑偏”行为的处理方法进行过较为完整地讨论，在这里我们会稍微重复一下。导致学生“跑偏”行为的首要原因是任务不适合于集体或个人；而任务之所以不适合则既有可能是因为任务内容上的原因，也有可能是因为任务组织方式上的原因。

例：

- 教师让学生练习后滚翻。做不了后滚翻的学生则可以去找点别的事情来做。如果任务因过难或过易而不太适合，那么学生很快就会丧失对其的兴趣。这样的话教师就应当给学生再设计一个既有一定挑战性而又不至于太难的任务。
- 教师让学生排队等待进行某一技能练习的机会。学生在等待期间会更愿意找点别的事情来做。
- 教师将那些练习效率不高的学生集中在一起。教师在让他们进行练习之前并没有将其聚集在一起。
- 鉴于学生都没什么经验，因此教师在让他们去练习某项技能的时候并没有设定相应的组织结构。教师在让学生自主练习之前可能需要预先为练习设置相应的组织结构。

有时需要在任务中设置更多的结构才能保持学生的兴趣。正如之前所讨论的，任务中的结构可按下列方式添加：给予学生足够的时间来完成特定的目标；让学生依信号活动；将学生放到教师更易于监控的组织安排中；缩小任务的重点范围。

任务的结构越完善，学生的表现就越能得到保障。那些无法以自主方式进行练习的学生对任务结构的需求更为迫切。

为了判断接下来该做什么，教师必须首先搞清楚学生“开小差”的原因。刚刚所举例子描述的就是任务结果以及教师为使学生按任务要求练习而做出的安排。“如果发生了学生虽然按要求执行任务但却逐渐丧失任务兴趣的情况，那么问题很可能出在任务节奏上。”任务节奏与教师在变换任务重点、进行任务间歇，或者是变更任务之前给予学生的任务执行时间有关。对于运动技能学习来说，任务节奏是一个非常重要的概念。这是因为在学习运动技能的时候，学生需要进行大量的练习，教师也必须要学会一些策略来帮助学生保持住对练习的兴趣。以下理念有助于在较长的时间内保持学生的兴趣以及其对任务的专注度：

①就学生表现提供反馈。如果教师能在教学期间就个人和集体表现积极地提供反馈，那么学生对任务的兴趣就会保持较长的时间。

②练习时劳逸结合。学生在练习的过程中经常需要休息。教师可以将学生叫过来，并且让某些学生示范一下自己的做法。在休息结束之后教师既可以延续之前的练习重点，也可以将之调整到其他需要练习的方面。

③重新组织练习。教师可以通过改变学生组合方法（不同的搭档）、变换学生所用器材或场地的方式来对任务安排进行重新设计。正因为这里的每种理念都代表着某种变化，所以它们都有可能延长高效练习的时间。

④通过横向拓展任务来对任务进行拓展。教师可以另外设计一个与学生目前所学技能难度相同的任务，这一任务可以帮助学生用另一种方式来进行该项技能的练习（比如，用排球来进行投篮练习而不是与别人一起练习）。

如果个别学生难以融入课堂之中，然而教师又认定（其设置的）任务很适合这些学生，那么在其“跑偏”行为演变成问题之前，教师就必须进行阻止或纠正。在第 6 章中我们已经对管理和纪律进行过一番完整的讨论。下面就是教师可以在学生执行任务期间采取的某些行动，它们可以解决大部分的问题。

例：如果学生在明知教师预期行为的基础上还要做出不当行为，那么教师就可以有以下选择：

- 让学生去到其他位置。
- 向学生重申任务。
- 告知学生只有做出适宜行为才能参与活动。
- 停止学生活动，直到其有了做出适宜行为的觉悟才让其继续活动。

有时候，尽管教师会尽一切努力来保持学生的练习效率，但有些学生会做出不当行为。如果做出不当行为的学生不是少数，那么就要从教师的行为中来找原因了。

7.6 观察并分析学生的反应

对学生反应的观察能力是教师的一项基本功。除非你能在观察的基础上精准判断出学生当前的行为。否则你就无法向学生提供反馈、分析其表现，或是决定接下来该怎么做。近年来，体育教育工作者已经开始将观察与分析过程看作是独立的学习技能，而不再像之前一样认为它们是大多数教师与生俱来的能力。

你的观察能力取决于很多因素，包括你对所教内容的知识、你的教学对象、具体的课堂教学环境以及环境的复杂程度和你所观察到的内容。那些所带学生过多、对所观察技能不熟或是对教学角色感到不适的教师，其对瞬间反应的观察能力就不如那些所带班级规模较小、所教内容熟练以及对教师角色得心应手的教师。在某些技能中所出现的问题也同样也很难看出。对于像过肩投掷或跳远这类发生过程非常短暂的技能来说，如果不对其进行降速，就很难对其中出现的问题做出准确的分析。

下面这些从 Barrett（1979，1983）、Biscan 和 Hoffman（1976）以及 Craft（1977）等作者作品中所提炼的要点可以为那些想提升自己对学生反应观察能力的教师提供一些指引：

①教师所处的观察位置非常重要。

②如果教师能提前明确自己想找的东西，那么就能做得更好。

③如果教师能在观察成组学生时具备一定的策略，那么其观察起来就会更

加得心应手。

在接下来的部分中，我们会对这些有关教师在活动期间做法的表述进行逐个论述，以理解其所代表的含义。

7.6.1 教师的位置

教师在活动期间位置的重要性可以从三个角度来说。

①鉴于教师对于全体学生的共有责任，因此其绝不能长时间离开那个始终能把全体人员都收入眼底的位置。

②如果教师想要了解学生表现的不同方面，那么其可能就要换一个新的观察角度。

③教师所站位置会影响学生的表现。

大组学生的教师很早就认识到这样一个道理：在学生中来回巡视并尽可能去到所有能去的地方，这样做可以在提升学生对任务专注度的同时提高学生的效率。教师应当尽量避免被围在中间，处在这个位置的教师就无法再将全体学生都收入眼底。此外，学生也不会在教师为自己预留的教学场地中活动。那些不在活动场地中为自己设置固定位置的教师就可以避免这些问题。

教师自己所处的位置对于其判断表现特定方面的能力有着至关重要的影响。对于不同的运动技能以及某一运动技能中的不同部分，我们都需要从不同的角度来审视其表现。举个例子来说，如果教师从侧面来观察跑步，那么就无法看清其中的横向位移。同理，如果教师能从前方以及两侧分别进行观察，那么其就能在对过肩投掷姿势的评判中处于一个更好的位置。对于所有的教师，尤其是那些经验不足的教师来说，要根据所要观察的任务具体方面来慎重选择一个观察位置。只要教师让学生以小组的形式进行活动，那么不管时间长短，他们都有责任在对这些小组的学生进行持续观察的基础上与之互动。在其与某一小组进行互动的同时也仍需对其余小组的动态有所掌握。

7.6.2 制订大组情况的观察计划

在有关观察技能的研究中，Barrett（1979，1983）发现了这样一种情况：如果大组学生的教师制订了针对个体的观察计划，那么在其观察期间就会有着更高的效率。所谓“观察计划”可能就是：

①从一个特定的动作视角来扫视整个小组；

②选择水平不同的学生分别加以观察；

③一次只观察一部分学生，之后再观察另一部分学生。

观察计划可以帮助教师解决“如何去看”的问题，但对“看到什么”却无能为力。如果教师面对学生人数极为众多，那么这一问题就更容易出现。

教师在某一学生或小组那里所待的时长与其要观察的对象与重点密切相关。教师观察某一学生或某一小组的时长在很大程度上取决于其要观察的事物。虽说某些针对表现和任务行为的评判可以很快地做出，但还有许多却不能如此。因此，就需要教师对同一技能进行反复观看，或者是多花点时间来对某小组的做法进行观察。教师必须要决定其所要观察的学生人数与重点。在观察某一技能的时候，以网球正拍技能为例，对于诸如“展臂情况”这类关键点的观察就可以采用“扫描策略”来进行快速浏览。如果教师在教学之前就已经借助内容发展性分析整理出重要线索，那么教师就能很容易地做出选择。然而，教师还是必须要决定观察的先后顺序，即决定最先观察什么，而后再观察什么。

7.6.3 明确观察重点

如果某位教师向一组学生布置了以下的网球任务，那么他/她应该观察什么呢？

例：学生及其搭档要用正拍击球技术来回将球打给对方，在这一过程中要注意将手臂展开。

对这一任务来说，首要的观察线索显而易见：教师要观察学生手臂的展开情况。那么教师应当站在哪里来观察学生手臂的伸展情况呢？教师要怎样反馈才比较适于本任务呢？对手臂伸展情况的观察最好从前方进行。教师的反馈则要与学生的手臂伸展情况相关才比较适于本任务。在这个例子中我们应当记住的最重要一点就是教师要决定观察重点。

对于那些需要学生对其表现中各个方面都同时予以关注的任务，以及那些没有明确重点的任务来说，教师就很难确定关注重点。如果因学生需要关注的细节过多而导致教师无法确定观察重点，那么就可以认定那些引导学生学习的线索反而给学生造成了过重的负担。

有时那些重点并不明确的任务反而能让教师找到一条明确的观察线索。比如说在学生，尤其是初学者初步接触某一动作概念后所进行的尝试就是这种情况。正如之前所说的那样，教师在这种情况下应当首先观察学生的尝试是否与技能本来的施展方式大体类似。举个例子来说，如果教师让学生们做出以下行为：倒立着用手来支撑自己身体的重量；再将脚轻轻放在手边。那么此时教师就可以对学生落脚轻盈与否以及是否靠近手边等情况做出评判。如果教师能对“刚开始就把臀部抬起会导致难以将脚落到手边”的这一情况有所了解，那么就能帮助其更容易地分析出“落脚点不够靠近手边”这一情况出现的原因。然后教师可能就会在对学生表现整体状况进行分析的基础上给出感性评价；在学生之后的练习中教师也会给出更多的线索。

就手倒立任务来说，整体状况指的可能就是头与臀的位置，以及脚蹬离地面的情况。在动作中可能会存在一些关键特征，对其进行观察的重要性要远高于其他特征。能对动作进行分析并不意味着万事大吉。教师还必须要能根据其教学目标以及学生的学习阶段来选择观察线索。

如果是初次学习网球正拍技术，那么对于教师的观察来说，什么样的总体线索才最重要呢？对于这个问题并没有什么固定的答案，各种所谓的正确答案都是由经验丰富的成功教师在反复试验与经验判定的过程中探索而来。在向初学者阐明任务的过程中，教师应当只选择有限的几个任务关键特征来进行表述。教师给予学生的学习线索也应当为教师的观察线索服务。对于网球正拍技术的教学来说，初学者的教师在一开始可能只会去观察学生是否面向球网站位，以及（挥拍）之后拍头在空中的运行轨迹。

在未来的某个时间，在教授各类各级技能时对重要观察线索的研究或许会成为体育教学研究中的一部分。到那个时候，教师可能就需要对技能进行更深层次地分析，同时还要在观察其所布置的任务时更自觉、更慎重地选择观察线索。对于新任教师来说，在其制订课堂计划的时候就应当对这些决策加以决定与辨明。

体育教育工作者会发现：他们之所以要布置集体任务并且观察集体情况，

其原因在于近来教育领域对于合作学习环境中学生合作学习价值的强调。以搭档和小组为中心的学习任务举例如下：

> **例：** 与你的搭档共同创编一支舞蹈，要用上至少三种本周所学的技能。技能表贴在墙上。你们的动作以及动作间的过渡必须流畅。关于舞蹈形式，你既可以选择与你的搭档进行同步共舞，也可以选择领舞 / 伴舞的形式。要不断练习，直到你们的舞蹈可以连续两次以同样的方式呈现才行。
>
> 今天你们小队会有 10 分钟的时间来练习上节课你们所选定的那项需要投入大量精力的技能。我之前布置让每个小队长都回家从技能练习手册上琢磨出一种练习该技能的好方法。练习完之后你们有两件事要做。你们必须要做的第一件事就是决定你们小队在今天比赛中的裁判员和守门员人选，以及这周剩余时间的器材管理员人选。你们必须要将这些决定写下来放进入团队资料夹。接下来你们会有 7 分钟的时间来为今天的比赛规划策略并且做好比赛准备。每位队长都能负起自己的责任，因而使得练习工作进展得十分顺利；同时所有小队在上节课期间都能在比赛开始之前做好准备，所有这些都令我非常欣慰。

在对成组的学生进行观察的时候，我们也可以采用之前所讨论的那种观察个体表现的策略。作为一名观察者，我们的首要任务就是要确保学生能明白学习经历的预期是什么，同时还要确保他们对所布置任务的练习效率。至于搭档合作型任务，观察者要看的就是学生是否以策略合作的形式来完成教师所布置的任务。搭档合作型任务的线索就是（再次拿刚刚那个例子为例）："设计的舞蹈要用到三种教师所指定的技能"，"搭档之间的关系要不是共舞关系，要不是领舞 / 伴舞关系"，以及"舞蹈要进行重复"。我们要确保学生在任务完成过程中要用到这些线索。同样，在刚刚那个团队学习经历的例子中，线索也在教师对学生的期望中表现得非常明显："教师期望学生能对其上节课期间选定的技能进行高效率地练习"；"教师期望他们能选出 1 名裁判、1 名守门员，以及 1 名器材管理员；同时还要将这些写下来放进当天的队内资料夹中"；"教师还期望他们按时做好比赛的准备"。"小组成员间的互动会积极而包容"是分组学习经历的假设。小组中的全体成员都必须参与决策过程，也必须作为一分子来完成分配给小组的任务。教师会希望能观察到每个小组中的互动过程，以确保组内确实进行着成员间的互动；如果不能，教师就会介入进来，并且还会提出一些有关互动的建议。教师所进行的观察不光要能确保小组交互过程积极与包容，还要能确保这一过程是以其所接受的任务为主题。有时这就意味着教师在更长的时间里只需对过程进行默默无言地观察，而无须观察学生的运动技能表现。

7.7 为学生提供反馈

到目前为止，我们所讨论的都是维持一个专注、安全且高效的学习环境所必需的教师功能与行为。然而却还没有讨论过那些与教师向学生传达任务内容相关的行为。但这些行为却是构建与维持学习环境的关键因素。

反馈即是学习所收到的、有关其表现的信息。教授运动技能的教师并不能就学生的运动表现提供出诸如考核和书面作业这样一类可以带回家并进行认真评价的永久性产品（除非能用上录像机或者 DVD 机）。学生在其运动表现上所得到的大部分反馈都是在其表现期间或表现后即时得到的。虽说我们还没有论述教师反馈与学生体育课堂学习的具体关系，但可以肯定的是，相对于教师就学生个人表现所做的反馈来说，其在小组教学中所做的反馈一定扮演着更多的角色。

“教师反馈可以维持学习对于学习任务的专注度，同时还可以对学生的反应进行激励与监控。”如果教师将注意力放在学生身上，那么学生（其他人也是一样）可能就会更有动力，同时也会对任务更加专注。那些与任务内容密切相关的反馈更能体现出教师帮助学生提升其反应质量的意图，因此也就更有利于高效任务导向型学习环境的构建。

教师就学生反应做出反馈的即时性要求给教师的观察及分析能力造成了较大负担。给出适宜的反馈可能是最考验教师知识及观察技能的行为。

反馈类型的划分可以有多种形式。每种反馈类型在教学设置中都对应着各不相同的目的，因此在使用的过程中也就都有着特定的意图。本章所讨论的各种反馈类型在表 7.1 中都能找到例证。

表 7.1 反馈类型中的评价式反馈与纠正式反馈举例

分类	评价式	纠正式
概括	“做得好。”	“不要再那样做。”
具体	“你那时确实做到了将腿展开。”	“脚趾绷直。”
消极	“一年级的学生都比你们做得好。”	“膝盖不要弯曲。”
积极	“汤米的球每次都能命中目标。”	“锁住膝盖不要动。”
班级	“全部同学都有了 100% 的提升。”	“击球后不要忘记回本垒。”
小组	“这一组做得没有我想象中那么好。”	“做好你自己位置的本职工作。”
个体	“你没有打到球。”	“要打到球。”
* 一致	“你的传球迫使接球手停了下来。”	“传球要传到接球手前方一点。”
不一致	“在你看清谁处于空位之前不要运球。”	“你没有将球传给你们组内的每一个人。”

注：* 假设任务是练习将球传到接球手身前，这样接球手无须停下就能接到球。

7.7.1 评价式反馈与纠正式反馈

如果要对某一任务表现情况的好坏做一个价值判断，那么就会出现评价式反馈；而且要将这一评价式反馈直接告知学生。评价式反馈是针对学生过往表现所做出的判断。纠正式反馈，如果非常具体的话也被称之为规范式反馈，它会告知学生在未来的表现中要做什么、不要做什么。教师通常会将评价式反馈与纠正式反馈结合起来使用，比如，“你刚刚确实把脚放到了正确的位置；现在我们来试一下，另外还要接上击球后的跟进动作”。在这个反馈的前半部分中，教师就学生的过往表现做出了评判；在后半部分的反馈陈述中，教师则告知了学生该如何更正未来的表现。

评价式反馈与纠正式反馈：

①可以与任务重点一致，也可以与任务重点不一致；

②可以概括，也可以具体；

③可以消极，也可以积极；

④可以全体学生为反馈对象，也可以班级内的某个小组或是班级内的某个

同学为反馈对象。

7.7.2 反馈的一致性

反馈的一致性指的是反馈内容、任务重点以及教师就任务所给出线索这三者之间的关系。在做一致性反馈时，针对表现或结果所给出的信息与学生所应关注的重点“直接相关”。针对以脚内侧传球为重点的足球盘带任务所做的一致性反馈示例如下：

- “你偶尔还是会用脚外侧传球。”
- “不是用脚趾尖，约翰。”
- “对的，贝蒂，每次都要用脚内侧进行传球。”
- “一直要用脚的内侧，苏珊。”

所有这些反馈陈述都与足球盘带脚法的“内侧”特点直接相关。

如果是不一致的反馈，那么其中给予学生的信息虽然也有可能非常重要，但却不与任务重点直接相关。我们还以刚刚所描述的那个任务为例，针对其不一致反馈示例如下：

- “将球保持在身前较近的位置。”
- “观察你要去的地方。”
- “在你要转向的时候要兜一个圈。”

这些反馈之所以不一致是因为它们并没有关注盘带中对脚内侧的使用。如果教师给出了高度一致的反馈，那么其教学就会变得更为精确，重点也会更为突出。同时，学生针对任务所付出的努力也会变得更有针对性，重点也会更为鲜明。一致性的反馈会强化任务重点。通常所使用的反馈方法被称为“鸟枪法”。“鸟枪法”分为两个步骤：首先要让学生专心完成某一任务，之后再将所有教师知道的或是观察到的、与该技能有关的东西统统都反馈给学生。在布置某项活动任务时，如果教师既能浓缩其所给出的线索数量，又能使其反馈更加贴近这些线索，那么体育教学就会变得更加高效。学生也可以仅仅对有限数量的线索予以关注。教师应当对这些线索进行慎重地选择；其所给出的反馈也应能起到巩固和强化这些线索的作用。如果教师在短时间内不断地用反馈来转移学生的注意力，那么学生就会很难保持住对于任务的专注。尤其是对于那些采用了互动式学习策略的情景（全体学生都在执行同一项任务）来说更是如此。

教师反馈在同化学生反应方面作用巨大。它是一柄双刃剑：以其来强调任务的预期目的——效果显著；然而它在改变学生学习目的方面同样效果显著。设想这样一种场景：某位教师让学生用其身体的不同部位来保持平衡。教师看到某位学生在做头手倒立，就大声喊道“强尼在做头手倒立”。如果发生这种情况，那么在短短几秒钟之内，全班同学就都会开始做头手倒立。然而头手倒立却不是任务重点，“至少用身体的三个不同部位来分别保持平衡”才是本来的任务重点。这个例子中的教师通过其给出的反馈已经改变了任务本来的目的。以下两种方法可能会更好：第一种方法是“既对头手倒立这个主意进行积极表扬，又同时鼓励学生去探索其他反应方式”。第二种方法则是“对学生的各种反应方式都加以表扬”。

如果教师在告知学生要关注表现质量的同时却只强调比赛的胜负或得分，那么质量也就无从谈起。身处竞争性场景之中的学生就很难再去关注别的方面。教师反馈结构中的竞争性成分占比越大，学生头脑中以及实际任务执行过程中的关注范围也就越狭隘。所有的反馈也并非总能保持一致。学生需要个性化的帮助——这有时候就意味着他们需要班级其他人对其进行程度或高或低的“细化”。然而，教师最应优先使用的观察线索就是要观察与任务重点相关的表现。然后教师就应当在切换到其他线索之前给出恰当的一致性反馈。

7.7.3 概括性反馈与具体性反馈

有关概括性反馈与具体性反馈的应用已然成为许多运动学习与教学领域相关研究的主题。从理论上来说，具体信息对学生的价值应该更大。就学生学习来说，具体性反馈所能起到的作用肯定大于概括性反馈。在保持学生对任务的注意力以及提升学生对任务的责任感方面，具体性反馈同样扮演着重要的角色。大多数教师所受到的训练都会要求其给出更加具体的反馈。

说到具体性反馈对于学习者的帮助，就不得不说到其在维持表现某方面或表现结果前后一致方面的作用。在初学阶段，那些还不能做到前后反应一致的学生可能就无法利用与不一致错误相关的反馈。对于幼儿和初学者来说，要给予其阐明表现“目的”概括性信息，而不是有关表现细节的相关信息。如果面对的是自我观念水平较低的学生，那么经验丰富的教师可能也会同意这样一种观点：那些较为概括，但却能提高学生积极性的正面反馈有时候会比针对错误表现所做的具体性反馈更加关键。然而不管怎么说，口头反馈中出现的概念不应当超出学生的理解范围。

概括性反馈和具体性反馈都可以分为许多级别。琢磨琢磨下面这些表述：

①“好。”

②“打得好。”

③“击打后的根基跟进动作很不错。”

一个字——“好”是这三种表述中最为概括的。教师使用“好”这种概括性反馈表述主要是为了提高学生的积极性。然而“好”字评价的对象有时候却很难确定。在击打类任务中，教师所用“好”字的意思可能是“能做出努力——好”，“你能来执行这个任务——好”，也有可能是“打得好”。这样的话学生可能就会非常困惑。在帮助学生明白什么表现是“好的”的基础上对其“好的表现”进行巩固和强化——这才是“好”字应当发挥的作用。

技能目标清晰明确，具备技能完成方法的相关知识，同时还要具备良好的观察和分析技能，只有这样，教师才能给出精确且恰当的具体性反馈。如果教师们发现他们就学生表现所给出的反馈大多都是概括性反馈，那么就应当训练自己去按照“什么是好的表现？”这种提问的方式来进行反馈。

学生的年龄层次不同，教师就其技能或其他行为所给出的反馈也会有所差异，然而其中最大的差异就是频率（Rink，1979）。小学教师会给出更多的反馈，大学教师其次，中学教师给出的反馈最少。然而这些教师给出的大多是概括性反馈，这一情况似乎就表明他们更多的是把反馈作为一种激励和监控的工具，而不是真要对学生的表现给出什么具体性的信息。

7.7.4 消极反馈与积极反馈

体育教育领域中的各种描述性研究已经揭示出这样一种现象：体育馆中的反馈越来越向消极化发展，而不是越来越积极。这种情况非常令人遗憾，然而若要细究其中的原因，可能最后就要归咎于体育教育工作者纠正学生错误的方式。实际上，通过积极的方式也能帮助学生改正错误。诸如“夸赞好表现”类的信息，其价值也不亚于那类“指出错误”的信息。思考下列表述：

①“你击球太用力了。”

②“击球时少用点力。”

这两种表述之间的差异是非常微妙的。第一种表述是针对过往表现的观点（评价性），而第二种表述则是针对未来表现的观点（纠正性）。教师往往会想当然地认为如果学生知道不要怎么做，他们就会明白应该怎么做。这可能就是一个错误的设想。

如果能让学生明白其自身表现与应有表现之间的差异，那么反馈就会更容易理解。举个例子来说，在教师觉得需要提供纠正性反馈的时候如果能将刚刚给出的那两种表述结合使用，那么就可以实现这一目的。这样的话学生就既从“要怎么做”的例子中受益，也能从“不要怎么做”的例子中受益。如果教师在学生（或小组）身上所花的时间足以保证学生有机会使用其所提供的这些信息，那么这种类型的反馈就会更有效果。之后，学生对反馈的理解情况也能得到检验。只要不是全班学生都需要教师的帮助，教师就可以做到这点。

最近某些研究所给出的解释对于消极反馈与积极反馈进行了过度地强调，言下之意好像就是即使学生犯了什么错误教师也不应指出。这就是对这类研究的曲解。“避免使用消极批评，尤其是那种对人不对事的批评”才是隐含在这类研究下的意义。指出学生错误反应的相关信息还是很有价值的，但在给出这类有关学生表现情况的相关信息时，不能使之太刺耳或是批评意味太强。教师可以在不对学生个人进行评价的基础上纠正其错误，同时提供反馈的时候也应将学生“行为”于学生“个人”区分开来（比如，教师应该说“手腕发力速度加快”而不是说“约翰，你做错了”）。从教师的视角来说，那些越是能对学生渴望成功心情感同身受的教师，就越能敏锐指出学生的错误，继而告知其正确的完成方法。

7.7.5 反馈对象

课堂时段不同，作为教师反馈对象的学生群体单位也各不相同。以下就是有关反馈对象的分类：

①全班：反馈的对象是全班学生。

②小组：反馈的对象是班级内的部分学生。

③个体（全班）：反馈的对象是学生个体，但全班都能从教师的评论中受益。

④个体（私下）：反馈的对象是学生个体，且为私下反馈。

“教师先是将任务布置下去，之后便开始奔波于学生之间纠正错误”，这是体育教育领域中的一种典型教学方式。如果学生都能长时间独立而高效地进行练习，那么教师就有机会以私下个性化的沟通方式来使得其反馈更加具体而有针对性。然而，这种教学方式存在一个问题：那就是教师通常没有足够的时间与所有人沟通。那些努力想在课堂上与每个学生起码沟通一次的教师经常都会失败。“为更多学生提供更多有关其表现的信息”才是一种更好的方式。

通常情况下，体育课堂上的大部分学生都能从相同的反馈中受益，尤其是对于初学者来说更是如此。在这种情况下，教师就应当考虑以全班学生作为自己的评论对象。那些本来针对个体但却全班都能听到的评论，以及那些本就面向全班学生的评论，这两者在集体教学中都能发挥出很强的监督功能。在诸如小学这类需要积极监督的环境中，上述反馈方式尤为有用。然而，如果把某个中学生单独拎出来作为公共反馈的例证，那么就有可能会对这个年龄段的学生产生相当不良的社会后果。因此，教师应当避免这一情况的出现。

下面这些就是“直接面向全班”以及“本来针对个体但却全班都能听到”这两种反馈类型的实例，其用法也在例子中得到了展示：

（1）直接面向全班的反馈。

①情境：教师将“持续将球抛至空中，直到球能连续落到脚尖前方为止”这一任务布置给了高中网球学生。教师观察发现许多学生抛球时的握球方式都是错的。

②反馈：教师让全班都停下来，说道：“你们中有许多人都是用手掌将球抛出，这是不对的，要运用指腹来抛球。”接着教师又示范了正确的抛法，并让学生继续练习。

（2）本来针对个体但却全班都能听到的反馈。

①情境：教师让一班二年级的学生从长凳上轻轻跳下，尽量不要发出落地

的声音。教师注意到还是有一部分落地过重。

②反馈：教学选了一名落地声音很轻的学生，之后用全班都能听到的声音说道："强尼落地非常轻盈，我听不到任何声音。"

7.7.6 反馈的时机

教师在学生表现之后所给出的反馈越是及时，就越能帮到学生。教师既可以在表现之后立即进行反馈，也可以延后再进行反馈。通常情况下，在学生间进行游走的教师都会在其表现过后立即给出反馈；如果某一个小组出现了类似的问题，教师同样会让其停下来（图 7.2）。

图 7.2　教师必须要有足够的时间与学生相处，才能使得个体反馈更有效果

对于那些先给学生时间练习再给出评价性和纠正性反馈的教师来说，虽然其所给出的反馈对于当前任务重点来说有些延迟，但却也提供了"未来任务重点"这样一个有价值的事物。包含新任务改进重点的延迟性反馈能提升大型学生群体的表现质量，尤其是对于初学者来说更是如此。不具备提升学生表现机会的延迟性反馈很难帮助学生提高表现水平。

7.7.7 反馈以促进学生理解

就帮助学生从认知上理解他们正在做的事情、理解他们要做的事情，以及理解他们为什么要进行调整等方面来说，教师反馈是一件非常有用的工具。如果教师有充足的时间来与学生个体进行沟通，那么就能帮助他们提高对于动作信息（以特定方式完成动作的重要性）的认知理解水平。体育教育领域的国家内容标准（NASPE，2004）着重强调了学生对于表现水平提高方法的理解。思考下列情景：

例：教师A观察发现某位学生在运用网球反拍时没有将重心移至前脚。教师A走到这位学生面前，说道："击球之后的重心应该在哪？"学生回答道："我不知道。"教师A告诉学生说："再做一遍然后告诉我。"学生遵照教师的指示又做了一次，回答道："在后脚上。"教师A又问："重心应当在哪呢？""在前脚上。"学生回答道。"为什么呢？"教师又问道。学生回答说："我可以更加用力地击球。"教师A肯定了学生的发现，并且说道："是的！因为这样你就可以借助身体重量的冲力来获得更大的力量，因此你就能更加用力地击球。"

只需"击球后沿着摆臂方向往前走一步。"这样一句简单的指示就能很轻易地解决身体重心转移的问题。在这种情况下，教师就能成功地纠正学生的错误。对于那些选择了其他方法（效果较差）来纠正学生错误的教师来说，就只能寄希望于学生理解程度的提高了。

理解在很大程度上是一种认知目标。其对技能提升方面的影响还不是那么明确。如同动作概念一样，理解的目的也不仅是实现单个技能的即时变化，同时还要将这种变化转移到其他技能之上。

7.8 为了个别学生或小组而对任务进行变更与调整

教师在活动期间的另一个主要角色就是为使任务更适合于个别学生而对其进行变更与调整。无论一名教师在任务个性化方面投入了多少精力，他/她仍然有必要来使得任务更加适合于班级中个别同学或小组。学校环境之外的活动参与机会越来越多，不是越来越少，因此体育课堂上所要设计到的能力范围也越来越大。教师可以采用与其为整个班级拟定任务方式相同的方式来对任务进行调整，以使之更适合于个别学习者。他们可以做下列事情：

①对任务内容进行整体变更，即让个别学生做一些班内其他学生都没有在做的事情。

②通过降低、提升复杂程度，或是从同类个体上或同个小组中寻找各种反应的方式来为个别学生拓展任务。

③将学生移出或放入竞争环境。

④为了个别学生而对任务进行横向拓展（针对同一任务的另一种难度相同

的练习方式）。

⑤划分（技能）细化层次或是基于个体基础上而对错误加以纠正。

举例来说，如果是这样一项任务——搭档双方分别站在球网两侧，在保证球不失去控制的情况下将球来回打给对方，那么为了个别学生或学习小组的需要，可以有很多种方式来对其进行调整（任务假设如下：每位学生都有一把球拍；每对搭档都有一个球，塑料球、软棒球或是网球皆可，一道网，或是其他能让球在其上通过的障碍物）。这个例子是下述讨论的基础，这些讨论所探究的内容正是使任务更适合于班级个别学生的各种备选方法。如果要对这些备选方法进行描述，那么就要借助于那些用在（任务）内容分析与发展上的相关概念，其中包括拓展任务、细化任务以及应用评价任务。

7.8.1 为了个别学生而对任务进行拓展

第一种要考虑的调整方式就是教师对于任务条件的变换。以个人需要为基础，教师在这个例子种可能需要按照下列方式行事：

①拉近那些控球困难学生间的距离。

②将那些击球力量不足或不发力击球的学生往后移。

③为那些控制不好击球方向的学生划定边界。

④如果某些学生对球的控制力已经达到了一定的水平，且其能连续按照任务要求击球，那么就可以让这些学生将球摆得离自己的搭档远一些。

⑤让某些学生退回独自对墙击球练习阶段。

⑥将塑料球、软棒球或网球替换成其他易于控制的物体。

这些都是教师可以依据其所观察到的组内个体需要而在任务条件中进行的调整。许多课程都需要针对个别学生来做出调整，其原因既可能是因为这些学生能力欠缺而不能成功完成任务，又可能是因为他们每次都成功以至于任务对其来说太没有挑战性。

对于教师在体育课上所布置的许多任务来说，错误率这一概念再次变得非常有用。如果学生几乎每次都能成功完成某项任务，那么教师就要考虑拔高任务条件来为学生创造挑战性。如果学生的失败率高于成功率，那么教师可能就应当想到是任务的难度太大了。甚至是在那些允许学生选择反应水平的情境之中，教师都应当帮助学生以一种适宜的反应水平来完成任务。

7.8.2 为个别学生设计应用 / 评价任务

第二种教师可以为个别学生而采用的任务调整形式就是将他们放入或移出竞争性的环境，或是让学生对其自身的表现表现进行评价。然而令人遗憾的是，应用型任务大多不适合学生个体以及班级中的小组。教师也很不愿意为学生改造这类任务。

刚刚那个示例任务中的教师可以通过以下方式来将学生放入竞争性的情境：让那些做好挑战准备的学生数数自己能在不漏球的情况下与自己的搭档打多少个来回。教师还可以让某些学生来设计出一种比赛，在这种比赛中大家能用上目前仍处在练习阶段的若干种技能。那些有能力、有信心完成这些技能的学生就会对这一能在类比赛环境下检测 / 评价自己的机会非常热衷。

如果班级内大部分学生都还没有为竞争性的经历做好准备，那么教师可能就得通过将任务转变成个性化应用 / 评价任务的方式来满足另一部分学生（已经做好准备的学生）的需要。如果是班级内大部分学生都已经为竞争性的经历做好了准备而只有小部分没有，那么教师可能就得将那个别几个学生从竞争性任务中移出。

7.8.3 为了个别学生而对任务进行彻底改变

为使得任务适合于个别学生或小组，教师可采用的第三种方法就是彻底改变任务。为了对示例任务进行彻底地改变而不是调整，教师就必须要将其从一个击打类任务变成非击打类任务。尤其是对于那些存在残疾插班生的班级来说，改变任务就更成了关键需求。我们可以通过以下方法来对示例任务进行改变：以“将球抛向有弹性物体”的练习方式来代替“搭档间互相击球”的练习方式。

如果教师教授的是专业技能，那么在这种情境中，“为了个别学生或小组而对任务进行彻底改变”的这种方法就再适合不过了。让那些双手没有负重能力的学生做侧手翻不光是在浪费时间，而且无论是从安全角度还是从学生积极性角度，教师的这种行为都是不可原谅的。让那些还不能用低手发球方式触球的学生采用头顶发球方式发球，这种做法同样是不可接受的。对于那些选择将异类反应容忍度为零的高度专业化任务布置给学生的教师来说，他们就必须要有对任务进行改变的觉悟；只有这样才能使得任务同样适合于那些尚未就这些技能做好准备的学生；也只有这样才能使那些学习程度高的学生不受这些技能的束缚。

7.8.4 为了个别学生而对任务进行细化

为了个别学生或小组而对任务所进行的调整还有另一种方式，即为其设置一个难度较之前或高或低的任务重点。细化任务在要求学生以更高质量完成原始任务某一方面的基础上，仍能实现教师降低任务整体预期的目的。在“以球拍击球”的例子中，典型的细化任务可能包括以下这些：

①“离网近一点。”

②“击球点离你的身体远一些。”

③“将球控制在你自己的场地中。”

④“动作完成时重心要落在前脚上。”

正如之前讨论“反馈”的部分中所说的那样：以提高学生反应某一方面质量为要求的细化任务是为满足不同学生需要而对任务进行个性化的最常见方法。细化任务同样在对任务重点进行强调的同时巩固了学生“以良好表现为己任”的责任意识。

7.9 间接作用行为

间接作用行为指的是教师那些虽将注意力放在学生和学习环境之上，但却不对课堂内容有直接效应的行为。这种不为内容功能服务的行为示例如下：照顾生病或受伤的学生、与学生闲聊，或者是修理上课期间坏掉的器材。正如同那些无益的行为一样，教师并不总是会去发挥这些功能。下面所讨论的正是间接作用行为中最常见的那部分，然而，我们最要注意的还是教师选择做出这些行为的情境。

7.9.1 关注伤病学生

必须要对受伤的学生加以照顾。再重复一遍，我们的目标是用（对课堂）破坏力最小的那种方式来处理问题。大多数学校都有处理受伤学生的标准流程，而教师则有按照这一政策行事的义务。除非是出现了重伤的情况，否则教师就必须得对是否允许剩余学生继续进行课堂活动这一问题做出决策。只要不是有出血状况的发生，大一点的学生就可以在教师的指导之下对小伤进行处理。在当今的学校环境中，为了保护教师和其他学生免受艾滋病毒及其相关疾病的侵害，教师会以特定的流程来处理体液流出的情况。几乎所有学校都指定了专门的人员来进行急救。教师应当迅速将那些受伤较轻学生送到急救人员处，之后再继续回来上课。无论在什么情况下都不能出现有伤员得不到照看的情况。在专业人员达到之前，不要移动那些重伤的学生。

7.9.2 参与到题外话的讨论之中

虽然与学生一起就校内轶事、最喜欢的职业运动队、新网球鞋，或者是家里的小弟弟等话题所进行的讨论可以拉近师生间的距离，但这种讨论却对课堂内容毫无裨益。体育课通常都有着自己的时间结构，也有着明确的起止点。教师最好把题外话讨论安排在课堂内容正式开始之前或刚刚结束之后（图 7.3）。如果这种对话的参与者不止一个学生，那么就更要这么安排了。“先说一句‘我们课后再讨论吧’，之后再在下课后继续进行讨论”——这种做法通常既能将学生的注意力集中到任务之上，又能使教师在剩下的课堂时间中尽到自己的责任，还能满足师生间进行人际关系互动的需要——可谓一箭三雕。

图 7.3　要快速解决学生的个人问题，只有这样教师才能顾得上全组学生的需求

上课期间肯定会有那么几个时间点是全组学生都需要教师的时候，比如说一项任务开

始的时候就是这种情况。如果教师在这些时间点上与某个学生进行私人对话，那么就会给整组学生的学习效率带来灾难性的影响。

这种对话可能就像那种严苛、冷酷、无情的教学方法一样会对师生间的人际互动造成恶劣的影响。这时候教师就应当不去理睬或者阻止那些想要说话的学生。然而，无论如何，教师都应当以一种和蔼但果决的方式处理题外话讨论的问题，之后在更适宜的时机重新提起。

7.9.3 解决学生个人需求

活动期间是教师最经常要被迫应对学生必要及非必要卫生间需求的时段。经验不足的教师经常会因其计划周密的课堂安排被这些朴实的需求打乱而备感受挫。虽然这些侵扰的本质只是所谓“体育馆中的生理知识”，但教师却仍要提前做好应对这些侵扰的准备。

最理想的情况就是让学生在不需请求教师许可的情况下可以自行离开去解决这些需求。虽说可能还是会有必要知晓某个学生从房间离开的时间，但所有教师依旧要朝着这个目标而努力。

新任教师应当对在这些情况中潜在的问题有所察觉。在小学或者初中的环境中，由于学生非常重视其排队的先后顺序，因此喝水和离开体育馆这两件事可能会演变成一种传染性的游戏。许多教师之所以能有效地处理好这种情况，是因为他们能将学生的真实需求与所谓游戏的环节区分开来。如果学生只是把请求当作游戏的一个环节，那么他们就不会同意这个请求。有些教师会让学生自己来就这种情况进行选择，同时还会去帮助他们做出更为明智的选择。教师要提醒学生在来体育馆之前就要提前解决这些生理需求。如果某些教师规定学生只能“下课喝水”，那么也就说明他们认为与其花时间来帮助学生做出明智决定，还不如将这些时间花去达成其他的目标。

虽说大多数高中生都能在课前解决好这些（生理）需求，然而教师还是必须得为（学生的）紧急请求做好准备。而且与这些请求有关的许多问题也都与刚刚说过的小学和初中阶段不太一样了。蓄意破坏行为的增多、毒品问题，以及偷盗问题都使得教师不能给予学生不受监管的自由。许多带有厕所功能的更衣室在上课期间一定要上锁，因为只有这样才能保护好学生的个人物品，也只有这样才能确保教师对于厕所中卫具的监管。还有必要再强调一遍：这并不是一种非常令人满意的情况，教师还是要去认真想一些别的方式来支持与鼓励学生做出更具责任感的行为。

7.9.4 参与并主持学生活动

在大多数情况下，如果教师跑去参与学生活动、主持学生游戏，哪怕只是去监督学生活动，那么都可以说他们舍弃了那些更能对学生表现产生直接作用的教学行为。教师对学生活动的参与应该只是去做个示范或提升一下学生表现的积极性。如果教师跑去参与班级内小部分学生的活动，那么剩下的学生就会处于无教师状态。

那些仅仅把自己当成“官员”的教师就不会与学生发生过多的直接接触。他们之所以这么做的原因是因为他们秉承了这样一个原则：“学生需要在无间断且无指导的情况下比赛”。但这一原则很难兑现，其原因在于即使是专业的运动员在比赛期间也需要得到不间断地指导。

那些视监督学生活动为第一要务的教师通常将满足学生对非结构化自由活动的需求作为自己的原则。然而学生的这种需求能否在无结构化的活动时段中得到满足，仍然值得商榷。如果时间有限，那么学生在学习过程中可能还是非常需要教师指导的。高质量的指导能促进学生学习。教师的间接作用行为通常被用于维持高效的学习环境。然而，教师必须要防止自己沉迷于参与、主持和监督一类的事物之中，否则就再没时间去做那些直接作用行为（之前部分已经对其进行过讨论）了。

7.10 无作用行为

无作用行为对于课堂内容来说毫无意义。消防演习、公共广播系统发布通告、与校长（一进入教室就急于与教师交谈）间的谈话等，都是发生在现实教学场景中的此类事件。教师虽然控制不了这些情况的发生，但却可以采用以下两种方式来将这类情况或类似情况对课堂的损害降到最低。

（1）教师应当借助结构化的行为来帮助学生提前做好应对此类事件（比如通告和消防演习等）的准备。

（2）教师应当以一种一贯的方式来应对此类事件。

例如：在可能的情况下，可以通过让学生继续自主练习的方式来最大限度地降低访客所带来的破坏性影响。即便是校长或监管老师，我们也可以让其晚点再与教师交谈，毕竟他们也要尊重教师的上课意愿。作为一种常规程序，在公共广播系统发布通告期间，教师要让学生停下来待在原地，没有获得其允许就不能乱动。如果是消防演习，那么就应当让学生停下来等候教师的指示。

然而令人遗憾的是，某些教师所做出的选择会使他们脱离其本身的教学职责。为其他班级划分场地、擅自离开教室、参加与学生及课堂无关的活动，这些行为都是作为教师所不该做出的行为；教师做出的这些选择也是非常不明智且不负责任的。

总之，无作用行为对教学有害无益。如果可以，就将其规避；如果不行，就要用破坏性最小的方式对其进行处理。

7.11 总结

（1）教师在学生执行任务期间可以发挥多种作用。

（2）教师有可能直接助益于课堂内容的六种主要功能：

①维持一个安全的学习环境；

②向学生阐明任务并进行强化；

③维持一个高效的学习环境；

④观察并分析学生的反应；

⑤为学习者提供反馈；

⑥为了个别学生或小组而对任务进行变更与调整。

（3）积极主动的教师会不断地做出直接作用行为。

（4）教师在活动期间的所有这些直接作用行为都是相互关联、互相影响的。

（5）间接作用行为指的是教师那些虽将注意力放在学生和学习环境之上，但却不对课堂内容有直接效应的行为。受伤学生、题外话讨论以及器材故障都是间接作用行为的典型代表。要采用那种不妨碍教师直接作用行为的方式来处理这类事件。

（6）教师的无作用行为对于课堂内容来说毫无裨益。此类行为包括下列事件：消防演习、公共广播系统发布通告、与班外人员的谈话，以及教师身体上或精神上的擅离职守等待。如果可以，应对这些行为进行规避；如果不行，就要将其破坏性影响降到最小。

（7）就下列反馈类型分别写出一个例子：

①概括、积极、以全班为对象且具有评价性质的反馈；

②具体、消极、以小组为对象、不一致且具有纠正性质的反馈；

③具体、积极、以个别学生为对象、同时具有纠正性和一致性的反馈。

（8）听教学录音并按照下列方式来对教师的反馈进行分类：

①一致反馈与不一致反馈；

②概括性反馈和具体性反馈；

③消极反馈与积极反馈；

④以班级内的个别学生、某一小组或者全体学生为对象的反馈。

（9）设计两种活动任务，并且以之为基础来演示教师在活动期间从学生角度出发而对任务所进行的调整（升级或者降级），调整方式包括拓展、应用、细化或是彻底改变。

（10）观看体育课视频录像带，从中找出那些教师应当为其调整任务的学生。

（11）列出三个涉及三种不同运动技能的任务，并且指出教师在其中的最佳观察位置。

（12）以上一个问题中的任务为例，确定教师的观察重点。

7.12 课后自测

（1）如果某位家长或校长在上课期间到来，那么教师要怎么做才算是对这种情况最好的处理方式呢？

（2）如果在课堂的关键时段某位学生想与教师进行闲聊，那么教师应对这种情况的最好方式是什么呢？

（3）为什么教师在活动期间选择扮演参与者或“官员”的角色通常是不明智的呢？

（4）列出 6 种教师可以在活动期间做出的行为，而这些行为又都能对课堂目标有直接的助益。

（5）为什么教师在学生未做出预期反应的时候会毫不犹豫地对任务进行重新阐明？

（6）教师怎么做才能让开小差的学生重新将注意力集中到任务上呢？

参考文献

Barrett K. Observation of movement for teachers: A synthesis and implications [J]. *Motor Skills: Theory into Practice*, 1979, 3 (2), 67–76.

Barrett K. Observing as a teaching skill [J]. *Journal of Teaching in Physical Education*, 1983, 3 (1), 22–31.

Biscan D, Hoffman S. Movement analysis as a generic ability of physical education teachers and students [J]. *Research Quarterly for Exercise and Sport*, 1976, 47 (1), 161–163.

Craft A. The teaching of skills for the observation of movement: Inquiry into a model. *Dissertation Abstracts International*, 1977, 38 (4), 77–81, 745.

Kounin J S. *Discipline and group management in classrooms* [M]. New York: Holt, Rinehart & Winston, 1970.

NASPE. *Moving into the future: National standards for physical education* (2nd ed.). Reston, VA: NASPE, 2004.

Rink J. *Development of an observation system for content development in physical education*. Unpublished doctoral dissertation, Ohio State University, Columbus, 1979.

Sutliff M, Bomgardner R. HIV/AIDS—How to maintain a safe environment. *Journal of Physical Education, Recreation and Dance*, 1994, 65 (5), 53–56.

教学策略

概　述

通常情况下，教学功能的发挥不能超出教学框架的范围；教学框架即是一种将教学内容传递给学生的配送系统。教学框架又被称为教学策略或教学方法，其在集体教学中还能起到组织师生角色的作用。为了某些或某几项教学功能的发挥，每种教学策略都会给学生和教师分配不同的角色。如果教学策略与具体目标以及特定内容结合到了一起，那么就会被称为教学模式。教师对教学策略的选取通常会取决于内容性质、教师目标以及学生特质。

本章先是对“直接指导”和“间接指导”进行了比较与对比，之后又对7种主要教学策略及其具体教学功能的发挥方式进行了描述。同时，本章还探索了这些教学策略运用于集体教学情境时各自的优、缺点。

▶ 标准4：授课与管理

体育教师候选人利用有效的沟通方式和教学技巧、策略以促进学生的参与和学习。

——《新任教师教学标准》（NASPE，2008）

第 3 章讨论了教师为实现不同学习成果而对学习经历和活动任务进行设计时所能采用的各类方法。在大集体教学情境中，教师可以通过下列两种方式来组织这些学习经历：区别学生对教学内容责任和参与水平的方式；组织学习经历，以使学生和教师都能在教学环境中以不同的方式发挥各自的功能。

如果教学的所有环节都因特定内容而以特定方式进行了组织，那么通常就会被称为教学模式。教学模式会在第 12 章中进行讨论。教学策略能与所有类型的教学内容兼容，这也就意味着其可以作为一个单独的学习经历而被运用于所有的内容领域。

教学策略的选择以及学生责任的划分并不仅仅只是涉及学生在学习经历中的参与度问题。教师可以为认知过程选择专门的方法来鼓励学生间积极的社会交往或提升学生对空间和器材的使用效率。他们可以通过不同的组织形式来对课堂进行设计（比如：个人、小组、搭档、全体）。他们也可以选择不同的方式来向学生传达任务、告知任务进展、提供反馈，以及进行评估等。

没有哪一种模式或方法描述可以解决体育馆中出现的所有问题。学生认知参与的类型、教学的组织形式以及学生的决策参与程度都可以不同的方式进行组合。

8.1 直接指导和间接指导

在所有有关教学策略选择的决策中，教师要做的主要决策之一就是确定教师指导的“直接”或“间接”程度（对于那些应当使用直接指导或间接指导的课堂来说）。20 世纪 70 年代所做的有关教师效率的研究使得教育工作者明白了这样一个道理：“如果教师直接教授教学内容，那么学生就会更愿意学习。”直接教学包括下列形式：

①虽为任务导向型的学习环境，但却较为轻松，同时还有着明确的学术目标。

②针对这些目标选择明确的教学目的和教学材料，同时还要对学生的学习过程加以有效的监控。

③结构化的学习活动。

④即时且学术的反馈。

有效的监控、重点突出的学习以及学生的责任是直接指导理念的内在本质。在体育教育领域中，直接指导通常指的就是教师对学生“学什么”以及“怎么学”加以全面地控制。采用直接指导的体育教育工作者会做出下列行为：

①将技能分解成教师易于控制且学生易于成功的若干部分；

②对学生应做的事情进行清晰地描述和精确地示范；

③为学生所学内容设计结构化的练习任务；

④通过积极的教学和有针对性的反馈来保持学生对于任务的责任感；

⑤对学生的学习情况以及教师自己的教学情况进行评价。

随着教学方法向更间接的方向转变，学习过程也不再仅由教师控制，学生也逐渐加入控制者队伍中来。间接指导描述起来并不像直接指导那般容易，这是因为如果不管方法的话，间接指导与良好指导两者之间有着许多相同的特征。然而一般来说，随着教师的教学变得更为间接，下列若干种情况就起码会发生一种：

①内容会以更为完整的方式呈现。所划分的内容板块也更具使用价值，而不是将所学技能分解成许多子技能。

②学生在学习过程中的角色通常会得到拓展，因为只有这样教师所设计的学习经历才会考虑学生的想法、感觉或是互动技巧。

③诸如学生能力、兴趣、需要这一类的个人品质才会得到更多的考虑。

方框 8.1 中所描述的是一节分别运用直接指导和间接指导进行教学的篮球课。动作概念课的情况会在方框 8.2 中得到呈现。在“直接指导”的例子中，学生的主要角色就是“照教师所说的做”以及“与教师的示范一致”。而在“间接指导”的例子中，教师所关心的则是学习过程以及学生练习的个性化。

方框 8.1

篮球课：直接指导和间接指导

直接指导：篮球胸前传球（技术）

- 教师以清晰的线索示范胸前传球技术，并且组织学生以“两两组合”的方式练习固定位置的胸前传球技术。
- 在对学生进行观察之后，教师通过以下任务对胸前传球技术进行细化：对投球步骤进行示范，并且让学生进行 5 次以上胸前传球并投球。
- 教师通过说这样一句话而对任务进行拓展：“当我向你和你的搭档发出信号的时候，如果你们还能做出一次干脆而漂亮的传球，那么你们就后退两步。”
- “现在让我们试着用胸前传球的方式传球给一名移动的接球人。”

间接指导：篮球胸前传球（技术）

- “今天我们要做的就是将其以最快的速度传给近距离的接球人。现在让我们来看看这段专业球员的打球视频；看看我们能否找出其中高质量的短距离快速传球，同时还要大致识别出球员的传球手法。”
- “你和你的搭档去找个地方进行练习，同时看看你在练习过程中能否找到三个（至少）可以确保你能在固定位置上出色完成这一技能的要点。”
- 学生回来并分享自己的体会。教师总结出何为高质量的短距离快速传球。
- 学生尝试使用小组内部确定的线索来进行定点胸前传球练习。教师通过必要的任务而对学生进行个别地细化。
- 教师在房间内来回走动，并且让那些已经做好准备的学生后退——试着在更长的距离间进行胸前传球。
- “如果你觉得准备好了，就试着将球传给从你左边或右边开始移动的接球人。”

方框 8.2

动作概念课：直接指导和间接指导——通过“缓冲”来吸收力量

直接指导

- 教师正式对“到达”和“缓冲”这两个概念进行解释，之后便在长距离内发力。
- 教师跳起后落地来对“达到”进行示范，并且让学生试着做一下。教师对学生的表现进行细化并且在可接受的范围内提升难度。
- 教师分别对“自己抛”和“搭档扔”这两种给球方式进行示范，并让学生判断自己能否在接球时使用“到达”和“缓冲”这两个线索。教师对学生的表现进行细化并且在可接受的范围内提升难度。
- 教师用曲棍球球棍来对缓冲动作加以示范，之后便让学生借助“到达”“接触”以及“缓冲”这类线索来接搭档打来的冰球或球。

间接指导

- 教师阐明了今天上课的重点——力量的吸收方法，之后便让学生跳起来，与此同时看看他们是否能找出最易吸收力量且能落地无声的着地方式。学生将教师与其共同探索出的想法提炼出来，教师也让学生将自己个人的想法付诸实践。学生将自己认为能帮助吸收起跳力量的“线索”整理出来，教师则将之写在板上。
- 教师告诉学生其将要使用的球、球拍、球棒有着不同大小和形状。学生要确定其想用的具体器材类型，同时教师则要根据学生所选器材的类型将其分成不同的小组。小组的任务是确定线索，而这些线索的作用则是用来描述如何在保证力量被吸收的前提下接球，或是使用球拍或球棒来接住某个物体。学生分组进行练习。
- 分组练习一结束，学生就要将用自己所选器材练习所得的线索写在板上，同时全体集合。
- 教师让学生回顾板上的所有线索，并且找出彼此间的异同点。然后，教师便让学生尝试看能否整理出一套在大多数需要吸收力量的情形中都行之有效的线索。

如果教学内容有着自己的层次结构且主要涉及基本技能，或者是要强调学习的效率，那么直接指导便是最好的教学方式。如果教师目标和目的的实现需要较为复杂的学习（过程），或者是教师的课堂目标涉及其他学习领域（认知、情感），那么不论效率如何，直接指导都不再是最好的选择。在体育教育中，“在教授教学材料时究竟是选择‘直接指导’还是‘间接指导’”这一两难问题因为这样一种理念而变得更为复杂，那就是——运动技能习得的首要途径是练习以及针对练习所进行的认知加工，而不是所谓的复杂认知过程。然而，那些能使得学生在更高水平上发挥认知功能的教师可能更容易确保学生能从肌肉运动的角度处理自己当前所做的事物，这是因为他们对其当前所做事情的参与程度更高。这类教师所教授的运动内容与其他实用技能或比赛策略之间可能也更容易发生“学习迁移”的现象。

如果想在有限的项目时间内谋求最大的练习量，那么通常就会采用直接指导的方式。而间接指导关心的则是所学内容的相关性和意义。太过频繁的直接指导会导致“学习脱离实际且对学生毫无意义”现象的出现，同时也会使得教师忽视对学习全面性以及学习层次的提升。《体育教育国家标准（2004）》（简称 NASPE）中就明确阐明了经常采用间接教学风格所带来的种种结果：比如学会了如何学习，价值观、感觉、独立性以及社会技能等都得到提升。同样还是这些标准，也阐明了采用更为直接的教学风格所带来的高效率，比如运动技能的习得等。

从教育学理论发展的历程来看，教育界对与“直接指导”与“间接指导”的推崇总是交替而行。那种注重提升学习意义和学生参与的较间接教学风格是当今教育文献更为推崇的类型。本文的观点是“优秀的教师通常有能力并且确实会在一堂课上同时运用直接指导和间接指导”。至于究竟具体是用直接指导还是间接指导则既要取决于教师的目的和目标，又要取决于具体情境中所学内容的性质。教师并不会全凭自己对这两种教学策略的好恶而取此舍彼。取舍不同，带来的结果自然也不一样。如果学生的学习重点是对基本技能的有效掌握，那么优秀教师就会选择直接指导。然而，如果教师是为了别的目标和目的，那么其选择间接指导就会更为恰当。就教学策略而言，优秀教师应当有着宽广的选择面，因为只有这样，其教学才会更为高效。

教师还须记住的一点就是“教学策略的选择还要取决于教师与学生共同培养起来的学生自我引导水平”。虽说许多教学策略都可以在设计时加入更直接或更间接的教学方法，但剩下的其他教学策略则需要依靠学生在没有教师严密监控时的独立学习能力。

正因为除直接指导外的许多教学策略都要仰赖学生的学习责任感，因此“那些未能构建出适宜学习环境或未能帮助学生培养起自我引导能力的教师在选择教学策略时就会受到限制，其教学效率也会随之受到影响。”

“直接指导”与“间接指导”作为两个完整的概念分别位于内容组织方法序列的两端。因此，许多教学因素都可以在教师的调整之下运用于直接指导和间接指导之中。换句话说，就是许多教学策略都可以帮助你实现直接指导或间接指导的目的。无论你是想通过直接的方式呈现教学内容，还是想通过间接的方式呈现教学内容，本章所描述的许多教学策略既可以用于对内容的直接呈现，又可以用于对内容的间接呈现。

1966 年，摩斯登在体育教学方法论方面做出了不朽的贡献——从“命令式”到“发现式”，他对教学风格进行了详尽的描述。其所谓“教学光谱”划分教学风格的主要标准是教师在学习过程中赋予学生的决策权大小。有些教学风格非常直接，有些则较为间接。时至今日，经过几十年的发展，该“教学光谱”已经涵盖了 10 种风格，这些风格分别对应着学习过程中学生责任的不同大小（Mosston & Ashworth, 2002）。这些风格都会在方框 8.3 中进行描述。原著认为在课堂上要始终坚持某一种风格。然而，教师却逐渐认识到这样一个道理——“即使是在同一节课上也很少会坚持使用同一种风格，不同目标的达成需要选择不同的教学风格”。同样，有关教学风格的问题也并不一定就是取此舍彼。优秀的教师会在同一节课上用到多种教学风格。

在本文中，不同的教学方法即等同于按教学功能组织而成的教学策略。

方框 8.3

摩斯登教学光谱

风格 A“命令式”　　所有决定都由教师做出。

续

风格 B“练习式”	学生两人一组进行练习，一人练习，一人反馈。
风格 C“交互式”	学生两人一组进行练习，一人练习，一人反馈。
风格 D“自查式”	学生对照标准对自己的表现进行评估。
风格 E“包含式”	教师做好计划，学生自我监控。
风格 F“引导发现式”	学生在教师的帮助下解决教师设置的动作问题。
风格 G“发散式”	学生在没有教师帮助的情况下解决问题。
风格 H“个体式”	教师决定学习内容。学生在教师指导下规划自己的程序。
风格 I“学习者自发式”	学生在教师指导下规划自己的程序。
风格 J“自主学习式”	学生全面负责自己的学习过程。

来源：Mosston M, Ashworth S. *Teaching Physical Education*. (5th ed.). San Francisco: Benjamin Cummings, 2002.

8.2 作为配送系统的教学策略

之所以要设计教学策略是为了给分组教学安排教学环境。教学策略的关键点在于“小组不学—个体学”。这就意味着对分组教学环境的安排必须要以促进个体学习为要。在体育教育领域中，必须要为个体学生提供适宜且表述清晰的学习内容。他们还必须要有能进行准确练习和取得适当进步的机会，同时还能得到有关其表现的反馈。如果教师对学生进行分组，那么组内每名成员的角色都要清楚明确，同时对任务、进程以及反馈的清晰阐明也必不可少。

鉴于教学策略具有组织教学的作用，因此教学功能可以在教学过程中以不同的方式得到发挥，同时它还能赋予教师和学生以不同的角色。教师在区分不同教学策略时所要发挥的主要功能有选择学习内容；任务表述；建立内容序列；提供反馈与评价。

教师就这些职能所做的决策会对预期教学目标的达成产生深刻影响。有关这些决策的性质会在下一部分中得到叙述。

8.2.1 选择学习内容

分组教学的一个主要问题就是学生在大多数任务中都会展示出不同的能力水平。教师所选择的内容必须要满足组内所有个体的需要。教师在大型分组教学中要做出的决策如下：

①对于那些有着不同内容需求的学生来说，怎么做才能使内容符合他们的需求呢？

②全体学生都要在同一时间做同样的事情吗？

③不同的学生需要不同的内容吗？

④谁来做有关内容的决策，是教师还是学生？

⑤内容学习是为了提升学生的参与水平，那么究竟要提升到什么水平呢？

8.2.2 任务表述

在一段学习经历中，教师必须要将自己想让学生做的事情告知他们。“任务表述”这一教学功能说的就是教师向各组学生传达任务的方式，它包括了与“如何向学生传达学习任务”相关的各类决策。可能的传达方式有教师或学生的口头交流、示范、书面讲义、海报、任务卡、计算机程序以及其他类型的视听材料等。

8.2.3 内容序列

在教学情境中，教师要为学生做好从一项技能到另一项技能以及从一个技能表现水平到另一个技能表现水平的内容递进安排。从一项技能到另一项技能的发展序列被称为任务间发展（比如某一拍击技能中的正手变成反手），而从一个技能表现水平到另一个技能表现水平的发展序列被称为任务内发展（比如由通过抛球来练习正拍技术转变成通过围栏来练习，见第 5 章）。

在学习经历中，内容序列既关注对于从技能到技能的递进安排（任务间发展），又关注技能内的递进安排（任务内发展）。内容发展的拓展、细化以及应用 / 评价方面（在适当情况下）都须在一项教学策略的内部得到构建。在构建内容序列时要回答的问题如下：

①谁来判别某位学生是否遇到困难或者何时该开始另一项技能的练习？

②是否应当建立表现的相关标准?

③这些标准应当提前建立吗?

④这些标准要告知学生吗?如果要的话,该怎样告知呢?

8.2.4 提供反馈与评价

向学生提供反馈以及评价学生反应是教师在教学过程中的一项关键教学职能。分组教学模式会增加向学生个体提供反馈以及评价其表现的难度。为了能向学生个体提供反馈并且对其表现进行评价,教师可以考虑做出的选择有:教师进行观察和反馈;同伴反馈;自我评价;环境设计;正式测试;视频记录。

8.3 教学策略描述

设计体育教育学习经历时要用到的 7 种基本教学策略或教学方法有互动教学、站点教学、同伴教学、合作学习、自学策略、认知策略、协同教学 / 班组教学。

我们所描述的这些策略中没有哪一种可以兼容一切,也不会纯粹作为策略而在实际教学种贯穿整个课堂。这些策略中的许多都可以互相组合,一起用于课堂的不同学习经历之中。

每种策略布置教学环境的方式是我们对其进行讨论的依据。如果你仔细阅读这些策略,你就会发现其中每一种策略都只关注和强调了教学中的一个方面,对其他教学功能则可能几乎没有涉及。虽说为某一种教学功能所做的环境布置会影响其他功能的环境布置,但还是有可能会同时使用几种教学策略。

8.3.1 互动教学

目前,在设计体育教育学习经历时最常见的策略就是互动策略。大多数人都能理解互动策略这一概念的意义。“教学”这个词通常包含有以下意义:教师的讲授、示范或是针对某组学生所做的指导;学生则按照教师的指导行事;之后教师还要在学生完成之后做出好坏评价,同时还要对学习内容做进一步发展。这就是互动教学的一个类型。在互动教学中,教师是教学过程的控制者。就像管弦乐队不能没有指挥一样,互动教学也不能没有教师。

在互动教学中，教师下一步的行动或有关下一步行动的决策都要取决于学生对其前一步行动的反应。教师的计划有助于进程向前推进，但教师的下一步行动还是要取决于学生的反应。在这种策略中，教师是主导者，要全面负责所有四个教学功能的发挥。通常情况下，全体学生都要执行相同的任务或在同一个任务框架下行事。

互动教学策略可以用于任何内容的教学之中。方框 8.4 和方框 8.5 中所给出的便是教师运用互动教学策略来教授开放式技能——网球正手技术与动作概念——平衡的例子。

方框 8.4

网球正手技术的互动教学（初中）

教学内容——网球；

教学阶段——起步阶段；

教学对象——八年级学生；

教学背景——一部分学生在校外打过网球，但绝大多数学生没有任何网球经历。

教师在上课前先与那些有过网球经历的学生进行了谈话。教师告诉他们其在课堂开始阶段的任务是“要将球从底线打到底线，正反手皆可，同时要看看他们能否在将球打到底线的同时使球的落点离角落更近。”

之后教师就让其余的同学通过在无球情况下演练技能的方式对正手技术的线索加以复习。教师先让学生按照他的节奏做几遍，之后便让他们自由加快动作练习速度。教师将组员进行两两组合（自由组合），并告知他们每对搭档会拿到 6 个球。一个同伴站在几英尺外抛球，这样击球人就能在球反弹后用正手击球。之后击球人用正手将这个球打出。教师将球抛给某位学生，以此来进行示范，同时还要对球拍击球瞬间的理想接触点加以强调。教师在每片场地的两边都放置了两名击球人，之后练习开始。

在练习的过程中，教师提醒几名抛球者要尽量将球抛到能弹至击球人

续

手腕高度的地方。他向几名击球手提供了具体性反馈——“要挥杆击球”。教师让全班都停下来并且问他们击球瞬间球与身体的距离是多少。几名学生都给出了不同的答案。之后教师再次让学生在无球的情况下开始挥拍，同时让他们在自己想象中的触球时刻将动作定格。学生照做，之后教师便让学生在能通过判断球身距离来保证合理击球点的前提下继续之前的练习。教师走到进度领先的小组那边给出反馈，并将他们的任务换成发球练习。

方框 8.5

“平衡”的互动教学（小学高年级）

学生在门口遇到了教师。教师让他们在多功能房间内的垫子上进行热身，热身方式是对身体重心的不断调整与拉伸运动。在学生进行热身的过程中，教师在他们中间来回走动。她既要指导个别学生加大拉伸幅度，又要对自己预期/理想中的身体形态加以阐明，同时还要对那些已经清楚理想身形和拉伸程度的学生进行积极地强化与巩固。

教师以“让学生选择一种可以令其保持6秒的倒立平衡姿势”作为今天课堂的开始。之后她又让学生找出至少3种能令其从当前平衡姿势转换成新姿势（新支点）的方式。在学生练习期间，教师在小组中间来回走动，并帮助个别学生以其所选的平衡方式进行平衡。她让全班停下并让几名学生示范一下自己所选择的平衡转换方式。教师对其所看到的滚翻、扭转、阶梯动作、滑动等方式分别进行了评论。她让学生退回到之前的阶段，继续探索平衡姿势恢复方式的各种可能性，并告诉他们如果愿意的话可以再选择一个新的平衡方式。

在学生练习期间，教师又让部分学生试着以某些特定的方式从平衡姿势中恢复，比如将重心移至身体的另一部分、滚翻、扭转等。教师还会在学生练习期间提醒他们可以尝试用向前、向后、向旁边移动的方式来从平

续

衡姿势中恢复。

教师让全班都停下来。她让学生将刚刚所说的那些组合成一个序列，即先做一种平衡方式，之后通过重心转移的方式从该平衡姿势中恢复，最后再做一种新的平衡方式。她告诉学生如果愿意的话还可以在这个序列中加入“移动”的部分。教师还对学生提示了以下三点：“平衡起码要保持6秒以上”“平衡姿态要清楚明确”“重心转移的时候既要合理又要富有控制性”。

现在我们来对互动教学策略使用时各教学构件的组合方式进行讨论。

8.3.1.1 选择学习内容—互动教学

互动教学所使用的活动任务是直接面向布置给整个小组的。内容即个性化与否取决于任务的设计。篮球投篮课上的备选活动任务示例如下，这些例子同时也证明了为组内个体选择适宜内容时活动任务的灵活性：

①“每个人都要从不同方向出发完成10次带球上篮，同时还要完成10次罚球。”

②“想想自己最需要练习带球上篮还是罚球，决定好之后便针对自己最需要练习的内容做10次练习。”

③“我们今天要学习罚球。选择一个你自己能投进的距离。如果你能在这个距离上连续投进，那么就将你的罚球位置后移。”

所有这些任务都赋予了学生或多或少选择适宜（学习）内容的自由。随着学生在任务中的决策权越来越大，这些任务的性质也就变得越来越间接。在这些任务中既包括某一具体运动项目的开放式技能，又包括其闭锁式技能。如果学习内容是概念，那么也要赋予学生同样的自由度。下面这些小学生和高中生在学习“平衡”概念时所要完成的任务就能对这一点进行例证：

（1）小学。

①“用头和两只手来保持平衡。”

②“用你身体的三个部位来保持平衡。”

③“选择一种平衡方式，然后保持 6 秒。”

（2）高中。

①“应用我们之前在课上用过的‘2-3 联防’。”

②“在盯人防守之外开发一种保护篮下空间的方式。”

③“开发出一种 2-3 区域防守模式。”

在以上 3 种任务中，第一种给予学生的自由度最小；而第二种则能给予学生更多的选择；第三种任务还能在提供更多选择的基础上赋予学习内容最高的个性化程度。

如果教师使用的是互动教学策略，那么该策略满足组内个体需要的程度取决于活动任务的适宜性。给予学生的反应自由度则要取决于学习目标和组员的能力水平差异。如果某一任务适合于全体学生，那么任务时给予学生的反应自由度就会很小。如果教师让学生跳过去而某些学生做不到，那么这些学生就会处于非常困难的境地。如果教师让学生或跑或跳而全体学生都能做到，那么就可以说教师的“服务”比之前做得更好。因此，如果不能断定哪一种反应可以适用于所有情况，那么就要对任务进行规划以保证全体学生都有成功的可能。

如果教师在学生“做什么”和“怎么做”方面给予学生的自由很少，那么互动教学有时候也被称为命令式教学（Mosston & Ashworth, 2002）。比如说教师带领大家所进行的练习、空手道操练，又或者是教师在民族舞中所做的一步步线索提示，学生在这些情况下都要按照教师的命令信号行事。如果学生在教师所布置的任务中有了自己掌控练习节奏的机会，那么教师的控制程度就会减弱，这种情况有时也被称为练习风格（Mosston & Ashworth, 2002）。

与此对应的另一种极端就被称为活动教育。在活动教育中，教师更有可能向学生布置一项不止有一种正确反应与其对应的任务（通常与某个概念相关），比如：“用你身体的四个部位来保持平衡。”无论是命令式教学（可能的反应通常只有一种）还是活动教育（不止一种反应可能性），其本质都趋向于互动教学策略，这是因为教师在这两种教学策略中都对任务选择、任务传达、任务进程以及反馈和评估起着主导作用。在活动教育中，学生可以在预先设定的框架内对学习内容进行选择；而在命令式教学中学生则没有选择权。虽然除小组以外还有许多组织形式可供选择，但教师还是要在全班身上投入极大精力。

8.3.1.2 任务传达—互动教学

如果采用互动策略来教授具体技能，那么教师通常会全面负责起任务的传达工作。但这并不意味着教师就不可以寻求学生或其他材料的协助。它真正的含义是教师始终都对任务传达工作负有责任，永远都不能将这项工作完全交给别人。线索的选择与表述的清晰度都成了任务传达的关键组成构件。

在互动教学中，教师之所以要在任务传达工作中扮演主导角色的原因是因为任务在很大程度上是互动过程的结果。任务要基于学生之前的反应，同时内容也不能拘泥于预设的进程。教师在未看到学生对上一任务的反应之前也不能准确预知下一项任务。下一项任务有时是要追求质量（细化），有时又是要提升或降低复杂程度和难度（拓展），还有时则是要在应用环境中检测学生反应的效果（应用/评价）。

8.3.1.3 内容序列—互动教学

在互动教学中，教师通常都会全权负责任务序列的构建，然而也可能会有师生共建的情况出现。互动教学的优点之一就是可以基于教师对学生表现的观察而对任务序列和任务节奏进行恰如其分地选择和敲定。敏锐的观察者知道何时追求质量以及应当追求何种质量（细化）。同时他们还知道何时提高和降低任务的难度（拓展）。下一项任务开始的时机并不是取决于时间的推移，而是要取决于教师观察到的学生表现，只有这样，互动教学的效果才能发挥出来。如果没有了学生反应与教师下步行动之间的互动过程，那么互动策略就会丧失其对于管理性和预定性进程的优势。有了经验，教师便能更好地对学生的反应做出预期，同时也能更好地判断出课堂接下来要做的事情。

8.3.1.4 提供反馈和评价—互动教学

在纯粹的互动策略中，反馈和评价的责任主要由教师来承担。对于互动教学来说，教师在活动期间应当可以自由行动，因为只有这样才方便向学生提供反馈，因此教师在提供反馈之前应当认真思考，而不是去做其他的事情，比如做剩下那名落单学生的搭档、参与活动、为下一项任务准备器材。

反馈对象既可以是个体，也可以是小组全体；反馈时机既可以是活动期间，也可以是活动之后。学生在任务开始、继续、停止时对教师线索的绝对依赖（命令式教学）程度会影响教师对任务执行节奏的把控，继而会对教师所能为学生提供的反馈量有所限制。那些能让学生独立进行练习的教师便可以更方便地提供反馈，但这些都要建立在学生知道要做什么且能按照具体线索独立行事的基础之上。

8.3.1.5 策略的优缺点—互动教学

互动教学作为学习经历设计策略的优势就是所谓的“互动”。教师可以通过适时布置活动任务的方式来构建任务序列，以及促进任务的个性化。对任务序列的把控和任务本身的发展都需要具有灵活性，同时还要以所观察到的学生需要为基础。正因为教师在传达学习内容时所面对的对象通常都是整个小组，因此这也就提前决定了学生的理解程度；与此同时，这种“传达”本身也会因此出现“朝令夕改”的情况。互动教学的对象如果是人数较多的大组，那么反馈和评价就会因为教师对任务选择、传达和进程的主动参与而变得越发困难。

教师（必须要快速确定下一步行动）的观察及决策能力在互动教学中占据着重要的位置。某些教师在设计活动任务时会遇到困难，具体来说就是未能做到内容选择和排序的个性化，或者是未能培养起学生在不同类型或水平任务中都能保持高效的独立学习能力。如果是这种情况，那么互动教学就有可能会演变成“学习内容对于全体学生来说都不适合”的情形。

8.3.2 站点教学

站点教学所创设的环境可以容纳两个甚至更多的任务在课堂的不同地点同时开展。通常情况下，各个任务都会被分至体育馆中的某个区域或某个站点，学生从一个站点转到另一个站点。站点教学有时也被称为任务教学。

站点教学已经成为体育教育领域中一种流行的教学策略。如果运用得当，它就能为兼具所有教学功能的学习经历提供相应的框架。如同其他所有策略一样，在很多情况下选择站点教学也并非明智之举。这些情况会在对站点教学进行阐释时指出。方框 8.6 中的内容就是站点教学的例子。

方框 8.6

排球的站点教学（高中）

教师在刚上课时告诉学生："从今往后，所有这一单元的课都会先花十五分钟在体育馆中的各个站点上。"他将各站点描述如下：

- 对墙传球（二传）
- 对墙发球
- 与搭档碰撞
- 接二传球后对墙扣球
- 救球

教师对每个任务进行了逐一回顾并且让学生们每个任务做十次。学生要与搭档合作来完成这项工作，同时每天还要记录在个人进度表上。两人为一组、每组一个球，而且这个球要在各个站点间随身携带。搭档两人都要完成站内任务，才能去到下一个站点。

8.3.2.1 选择（学习）内容—站点教学

在站点教学中，教师要提前选定任务。教师希望不同任务同时开展的理由可能会有下列几种：

①器材问题。教师认为器材的使用对于全体学生来说都非常重要，但器材却不够。

②空间问题。如果能将那些有较高空间要求的任务与那些不需太大空间的活动结合起来，还是很有好处的。

③内容个性化。要依据学生能力或兴趣而将其分至不同的站点，而不是要让学生在所有站点都转一遍，只有这样才能实现学习经历的个性化。

④积极性。教师在不同站点设置了练习方式各异的短时相似任务（平行任务），其目的是保持学生的积极性。

8.3.2.2 任务传达—站点教学

任务传达的准备工作是站点教学中最难的一项。通常情况下，要同时表述几项任务。问题是要使得每位学生都能快速通过（各个站点）而非陷入任务指示的“海洋”中无法自拔。

采用站点教学的教师们尝试了很多办法来解决任务的表述问题。大海报、任务卡、音频、视频或是计算机程序等都可以用来传达任务。可以安排年龄较大的学生或同事到某个站点担任任务传达工作。在去到各个站点之前也可以给每位学生分发书本说明。更通常的做法是教师在学习经历的初始阶段就尝试对所有站点进行说明。

为了保证效果，任务在简单的同时必须还要表述清晰。对于年龄较小的学生来说，每个站点前的示范是必不可少的。鉴于新技能的学习需要拓展描述，因此任务表述时间有限的站点教学就很难用于这种情况。对于站点教学来说，所选任务需时量的相同以及其积极性激发能力的具备也都至关重要。如果某项任务的进度过快而其他任务较慢，那么学生就得在某个较慢的站点前等待别人先完成；然而如果允许他们继续前往下一个站点，那么就会出现各个站点间学生数量不均衡的情况。

如果教学对象是进度较快的学生或在某项任务上需要更多帮助的学生，那么有时就会采用站点教学。通过让大多数学生高效参与进具备自我激励属性的任务，教师就会变得更加自由。有了这些自由，教师才可以设立另一能提供更个性化帮助的站点，才可以向大家介绍某个需要教师密切参与的技能。站点教学在体操课和田径课上通常最能发挥出效果。在教师设立其他组别来介绍新任务或提供个别帮助的时候，学生就可以在没有教师的情况下对之前介绍过的技能进行练习。

8.3.2.3 内容序列—站点教学

序列每个站点的技能彼此没有关联、任务水平相当、技能是教师已经教授给学生的技能——只有在这三种情况下，站点教学才能发挥出最好的效果。之所以会出现这一困境，其原因在于站点教学中任务序列设计的难度。

为了能使任务序列发挥其应有的作用，教师必须要描述出从一项任务进到下一项任务的条件；而且要建立起易于理解的标准并不是一件容易的事。很难借助文字或图画来传达与形式或质量线索相关的标准。建立诸如“如果你能连续两次在不失控的情况下完成本任务，那么你就可以去到下一项任务”这类数量标准还是比较容易的。

教师在设计站点的时候还必须要注意去选用那些具有相同完成时间的任务。如果某一站点是另一站点的先决条件，那么就会有很多学生在某一站点上止步不前。教师可以让学生选择参与程度，但却不能让他们跳过站点。

8.3.2.4 提供反馈和评价—站点教学

在站点教学中，许多不同的任务都在同时进行。教师在这种情况下最常扮演的角色就是管理者，其职责就是维持练习效率以及控制站点间流转的节奏。提供反馈和评价应该是站点教学承担得较好的教学功能，其原因在于各个站点对其余教学功能的分别承担解放了教师。教师有着更多的自由在各个站点间游走着提供反馈，或者待在一个站点中布置新的任务或提供具体的帮助。鉴于教师有着行使这些职能的自由，因此学生就必须要保持一个高效的参与水平。

许多尚未帮助学生培养起独立学习能力的新任教师发现学生更需要其充当管理者的角色，其也因此必须在反馈和评价前另做一些安排。大多数内容领域的任务都可以通过设计来使得学生能从其中获取有关自己表现的信息（比如朝目标投掷）。如果要求学生记录自己的分数以及重复任务时的进步程度，那么自测活动通常就会进行得非常成功且顺畅。如果在构造任务时能尽量减少对某项技能的重复次数，比如说只重复10次上手传球或网上杀球，那么也能够有助于教师反馈工作的开展和学生效率的保持。如果学生所面对的质量型任务只是单纯地强调形式而没有制定针对形式的责任制度，那么学生在任务期间就会遇到更多困难。许多教师都通过在各站点中采用“同伴评价”的方式解决了这一问题。教师将在搭档间和小组内进行评价的标准都告知了同学们。

8.3.2.5 策略的优缺点—站点教学

许多教师之所以选择站点教学作为教学策略的原因是因为它在内容选择方面的灵活性，以及它能允许小组内的学生进行不同程度的合作。所有学生都在不同的事情上忙碌。无论是教师还是学生都可以决定内容的确切性质以及在每个站点上的时间安排。

独立学习能力的教授和培养是站点学习发挥效果的前提。如果学生能在教师不进行密切监控的情况下独立学习，那么教师就可以自由地给予反馈、评价学生进步程度，或者是在某个单独的站点与某个小组一起共事。

有些内容类型相较于其他类型来说可能更容易发挥出站点教学的效果。在大多数学校环境中，任务传达工作缺失会给站点教学形式下的新技能或复杂技能学习工作造成困难。新的过程导向型任务，比如那些强调形式的任务，就很难进行传达和构建责任体系。而对于不需要教师进行过多细化和发展的个体自测型任务、环境设计型任务、结果导向型任务，以及对于习得技能的练习工作来说，则通常很容易就能成功做到以上两点。

站点教学中最困难的部分就是维持学生反应时的表现质量。学生敷衍地完成体操技能或练习的情况，又或者是在任务操作期间不注意技能完成方式的情况，这些情况都很常见。如果表现质量对于任务来说确实非常重要，那么教师就必须要找到能让学生对质量负起责任来的方式。仅将过程标准写在任务卡上并不能完全体现教师对于质量的关心程度，也并不足以维持住学生对于质量的责任感。教师在其任务表述中必须清楚地说出任务的质量目标；同时，如果任务完成质量未能达到预期，就果断让学生停下来。

8.3.3 同伴教学

同伴教学是一种教学策略（图 8.1），它能将发挥教学职能这一本属于教师的责任转给学生。虽说同伴教学通常都会与其他策略结合使用，但还是值得把它当作一个单独的选项来进行探索。同伴教学策略可与本章定义的所有教学功能一起使用。有关同伴教学策略的运用的例子，无论其是用于整堂课还是用于课堂的一部分，都会在方框 8.7 和方框 8.8 中出现。

图 8.1　如果教师能对学习经历进行认真组织规划，那么同伴便可以对任务进行呈现

方框 8.7

同伴教学（整堂课）

体操课（高中）

体操课上，教师将学生按照能力分成4个小组，其中每个小组都分配了一名社会兼容能力较强的学生。学生所学习的内容是器械操和徒手操的常规动作。小组中的每个人都在将自己的常规动作教给小组内的其他成员。

教师告诉学生其表现质量的主要决定因素是学生（同伴教师）教授的这些常规动作，同时对各个小组的评价也不以动作难度为标准，而是要依照下列标准：

- 常规动作完成过程中的形体清晰度
- 常规动作完成过程中的过渡流畅度
- 对动作的控制力
- 执行的动态质量（形态、速度、水平/高度、力量等因素的使用）

要鼓励同伴教师先对常规动作中的各个部分进行示范和解释，之后再让学生分部分进行练习。如果学生能够高质量地完成各个部分，那么同伴教师就可以将各个部分组合到一起。虽然各个小组都有自己的进度，但还是要鼓励他们在学好一套常规动作的基础上才能开始另一套常规动作的学习。

这项学习经历会占用3个课时。在最后一天，每一小组都要将自己的学习成果展示出来。

方框 8.8

同伴教学（课堂的一部分）

舞蹈（高中）

教师正在将一套复杂的舞步教授给一大群学生，其中只有一小部分学生做好了对该舞步进行高阶运用的准备。教师指定了几名已经掌握了该舞步的学生去与那些尚未掌握的学生共同学习。他鼓励同伴教师适当地运用

续

线索语言，同时还要在学生学会舞步模式之前放慢速度。

舞蹈（小学）

教师将一个三年级班级分成若干个 4 人小组。每一小组都按照一首简单的民族舞音乐来自编舞蹈。教师选择了两个小组来将他们所编的舞蹈教给全班学生。教师先让这两个小组分别将自己的舞蹈展示给全班同学；之后又让小组中的各名学生分别负责该舞蹈某一部分的教学工作（先对其进行解释，之后再帮助其他学生进行练习）。

排球（初中）

教师正在教授全班学生学习排球下手发球技术。这名教师将全班分成若干个 4 人小组。一名学生在网的一边发球，而另一名学生则在网的另一边发球。每边分别还有一名学生来充当发球人的“教练”。“教练”的职责就是检查他们有没有用上教师所给出的教学线索。线索如下：

- 身体倾斜着站立
- 用手将球击出而不是扔出
- 结束时重心要落在前脚上

每个小组都有一张写着线索的技能卡片。教师告诉“教练”们在一次发球过程中只能找其中的一种线索，而且还要告诉发球人这条线索究竟有没有找到。

8.3.3.1 选择（学习）内容—同伴教学

在同伴教学策略中通常都是由教师来选择学习内容，但有时如果学生是某一动作想法、动作概念、活动计划的开发或制订者，那么就会由他们来教授其他学生。举个例子来说，小学生可能就会设计出一套运动模式并将其教给别的学生，并据此在教师设定的框架中选择相应的任务。初中生则可能会在分享各自游戏玩法、舞蹈或是练习常规设计的基础上参与同一种学习经历。

8.3.3.2 任务传达—同伴教学

在同伴教学中，有一名学生的角色就是展示技能，或者照字面意思来说就是教授技能。技能娴熟或经验丰富的学生可以与那些有学习困难或经验不足的学生结成对子。教师可以让学生来将任务传达给全班同学或部分同学（与站点教学相结合）。如果教师让某名学生充当了某一分站点的辅助教师，那么就必须要记住这样一个事实：这名学生依然需要教师的帮助。这种需求不仅包括个人的技能需求，还包括在教学方面对教师支持与指导的需求。教师还要教那些同伴教师怎样当好一名教师。在年龄较大的学生帮助年龄较小的学生做课堂作业的时候，这种同伴教学发挥得最为淋漓尽致。很多时候，同伴在进行任务传达时都有着教师所没有的优势。因此即使同伴在教学经历中无须发挥别的功能，但也还是要经常承担起任务传达者的角色（图8.2）。

图 8.2　教师可以教会学生互相提供反馈

8.3.3.3 内容序列—同伴教学

在同伴教学策略的使用过程中，教师依然是内容序列的主要制定者。如果要让同伴教师来充当内容序列的负责人，那么教师就应当将“技能到技能”（任务间）序列或“任务内部”（任务内）序列清楚地告知学生。教师可以采用口头传达的方式来将这一序列告知全体组员；通常情况下，教师还会与同伴教师一起对序列进行提前规划。同伴教师必须对质量标准了如指掌。

8.3.3.4 提供反馈与评价—同伴教学

在所有的教学功能中，最适合分配给同伴教学的就是反馈与评价功能。虽然这一职能必不可少，但大组学生的教师却囿于班级规模的庞大以及时间的有限而很难行使这项职能。近来体育教育领域中对教师在学生表现方面职责的强调使得学生评价越来越走进大家的视野。如果学生能在教学过程中收到有关其表现的良好反馈，那么他们在教学过程中可能就会更加注重提高自己的表现水平；与此同时，在教学过程结束的时候他们也就更有可能学得或表现得更好。那些被训练成优秀观察者以及那些受到过反馈内容指导的学生可以在很大程度上帮助彼此，同时他们还可以对彼此的表现进行评价。

通常情况下，要想建立起能进行反馈与评价的同伴关系，那么搭档合作就是一种行之有效的办法。如果同伴反馈和同伴评价都不起作用，那么通常要不是因为教师没有将“明确而有限的观察标准”告知观察者，要不就是因为教师没有将其对表现进步的明确预期告知学生。教师要负责督促同伴给出良好且准确的反馈与评价。

在对表现进行评价时通常也可以成功地运用同伴策略，情形如下：

①表现结果易于测量，比如 10 次投球中击中目标的次数 / 环数；

②只让学生观察表现的一个方面，比如“‘辨别’你的搭档有没有在挥臂时向前走”。如果教师愿意将观察方法、观察对象以及对彼此的帮助方式教给同伴教师，那么学生就能以更加复杂的方式来进行观察，同时也能以更富有经验的方式来帮助彼此。“真实世界”方框描述的就是某位教师在提升同伴观察技能方面所做出的种种努力。高效的同伴关系需要一定的发展时间，因此教师就不应当期待学生能在教师不给予清楚指导或不进行练习的情况下就履行好这项职能。

真实世界

建立同伴关系

张老师是一名教龄只有一年的教师，他正在与他的学生（八年级）一起为教学同伴关系的首次建立而努力。张老师先让学生在一次同伴评价经历中进行评分试验；之后学生具备了在这种情形下承担责任的能力，但他却还不愿意将更多的责任分给学生。他接着又逐步将同伴的“教学角色”介绍给各位同学。张老师已经决定让学生来充当彼此表现的反馈者。

1. 学生正在执行无得分的 2V2 篮球任务。快速传球、在进攻中将球传

续

至移动接球人的前方，以及无球时的空位移动（切入）都是学生的练习内容。张老师首先将全班同学作为一个整体。他找了四名志愿者来执行刚刚的“2V2”任务，这样的话班里剩下的学生就都成了可以提供反馈的观察者。每个学生都有一块笔记板、一支铅笔以及一张写有线索且设有学生签名处的纸。张老师指导大家对进攻队员进行观察。他叫停了任务并让观察者对每名队员对每条线索的使用情况进行评价。他花了一些时间来询问观察者之所以如此打分的原因，这样一来他就能了解学生以何作为良好表现的标准。之后他又主持大家就“可能会对球员说些什么来帮助他们提升表现”这一议题进行了一番讨论，同时他还要确保学生了解其对球员“做得好的地方”和“做得不好的地方”进行描述的重要性。大家从个人的角度对消极反馈的作用进行了充分地探索。

2. 之后张老师又将学生分成五人小组（4 名球员和 1 名观察者）。每个学生都有充当进攻者、防守者以及观察者的机会。他们都有充足的时间来执行任务，同时还能将自己作为观察者的评论分享给彼此。

3. 张老师又组织全班进行了一场以“得到各自小组观察者反馈时的感受”以及“什么样的反馈能对其有所帮助”为主题的讨论。之后张老师又让他们针对“其反馈信息的有用性”而对那些曾经给予过他们反馈的人进行反馈。

8.3.3.5 策略优缺点—同伴教学

作为一种教学策略，同伴教学既可以用于所有教学功能，也可以只用于其中一项。如同所有教学策略一样，它也是既可以用于整堂课，也可以用于课堂的某一部分。同伴关系是同伴教学的关键。教师一定要注意不能将同伴教师置于对其同伴有威胁的社会关系之中。教师还须确保学生能在共事期间保持高效。只有在关系预期清晰明了且学生能对具体标准和职责负起责任来的基础上才能建立起同伴间的高效关系。换句话说，就是必须要构筑起同伴间的关系和责任。

那些将学生集中起来进行教学，或是不对他们彼此间观察进行引导（引导他们观察教学方式或其他观察对象）的教师可能就会收获一个令人失望的教学结果。

如果能借助同伴教学经历发挥好一项或多项教学功能，那么就能以此为基础展开更为个性化的工作。教师在同伴教学期间的注意力应当放到引导同伴关系之上，而不是放到学生表现之上。

同伴教学经历既能帮助同伴教师培养其重要的观察和分析能力，又能帮助他们对运动技能和社会技能有一个更为透彻的理解。无论是学生还是同伴教师，都能从这种经历中受益。

8.3.4 合作学习

合作学习是一种非常流行的教学策略，其创立者是两位名叫约翰逊的学者（1975）。在目前的学术领域，尤其是中学的学术领域中，所强调的都是教学的合作学习策略。在合作学习领域有一个共识，那就是："成年人既要能欣赏多样性，又要能在多样化的社会中与其他人共事，只有这样才能过上一个高效且幸福的人生。因此，学生就需要学习如何与他人高效地共事。"合作学习的支持者同样也关注学习的"社会建构"属性。合作学习既能促进学生学习，又能促进社会和个人的发展。方框 8.9 中的内容就是教师采用合作学习策略上课的例子。还有一种观点认为："一部分孩子，尤其是少数族群的孩子，在合作学习的环境中会比其他孩子学得更好"，这种观点也得到了一些人的支持。

方框 8.9

合作学习课：民族舞单元

这是作者在教授中学生时成功运用合作学习策略的一节课。课堂目标是全体学生都能娴熟地完成五支不同的民族舞。

1. 所有学生被分为五个小组，这些小组便是大家的母组。教师告诉大家其所在母组中的每一名成员都要学习舞蹈，而小组的其他成员则要在其学习的过程中充当教师的角色。在三节课之后，教师就会以母组为单位对大家进行评价，看看小组中的每个人对每支舞蹈的掌握程度。有关这五支

续

舞蹈的视频要在全班同学面前播放，各小组的五名成员都要分别学习其中一支舞蹈。

2. 各组学习同一支舞蹈的学生会在体育馆中的某个位置碰面。教师会给他们一份舞蹈的视频教学录像带以及一份书面说明。他们在这第一项经历中的角色就是借助教师所提供的材料来帮助彼此学习舞蹈。只要这一“学习小组”中还有人不能了解或跳好这支舞蹈，那么所有人就都不能回到自己的母组之中。

3. 教师在这些学生回到自己母组之际会给他们每人一份舞蹈伴奏带，并对他们进行舞蹈教学方面的指导，最终目的就是让他们母组中的每个成员都能了解这支舞蹈。

4. 在第三节课上，所有小组都要对全部五支舞蹈进行表演。教师用视频的方式记录了大家的表现，同时又对各小组在每支舞蹈上的表现情况进行了评价。教师会在下一节课上将自己对学生舞蹈的评价情况分享给大家，之后再让大家从中选一支舞蹈跳着玩。

在合作学习中，某一学习任务或项目会被分配给各个学生小组，进而以团队的形式来完成。要依据不同的因素（比如种族、能力或是社会需要）而将学生分成各个异质小组。要像评价个体那样以任务或项目完成的好坏为标准来对小组进行评价，除此之外，他们合作完成任务时的方式 / 态度也是需要参照的标准之一。然而就如同所有教学策略一样，合作学习的这些优势也不会自动发挥出来。教师对“为共同目标进行合作”这一过程存在很多预期，学生必须要为之做好充分的准备。只有在目标有意义、学生学会如何合作、过程责任分工明确，以及学习经历成果显著的基础上，合作学习才能取得积极的成果。

8.3.4.1 选择学习内容—合作学习

在合作学习中，教师通常都是学生所要完成任务或项目的选择者，而学生则可以对要达到的目标进行选择。为了能在任务与内容之间、任务与任务之间都能够产生有意义的互动，教师在对任务进行选择的时候既要考虑其教学意义，又要考虑其对小组成员合作能力与技能水平的要求。如果某项任务单凭一名组员的力量就可以马上解决，那么这项任务就不适合于合作学习。“设计一项能提升小组全体成员相互依存程度的经历”才应当是任务选择的目的。

在体育教育领域中，合作性学习经历正变得越来越常见。我们这一领域的内容之所以能充当教学策略，所依靠的便是其特有的性质。也许有可能设计出有趣且能帮助实现某些社会和情感目标的合作性学生经历，但这种经历却不能对体育教育领域中的内容学习有什么帮助。我们已经设计出许多具备这一性质的合作性游戏，比如以团队合作的形式通过假想的沼泽。这类活动需要合作类技能，但这类活动却不能帮助我们实现自己领域独特的内容目标。在设计合作性学习经历的过程中既要考虑到其对体育教育技能目标实现的作用，又要考虑到其在学生社会和情感发展方面的作用。

在课堂以及体育教育领域中有 4 种不同的合作学习模式用得较为广泛。对其简短描述如下：

（1）拼图法（阿伦森等，1978）。合作学习中有一种拼图法，在这种方法中会设计一个由不同组成部分共同构成的项目。之所以要将项目分成各组成部分，其根本原因还是为了项目的最终完成。小组中的每个成员都分得了一部分项目。所有这些负责特定部分的学生共同组成了一个初始群组，之后教师就会针对每个人所要学习的部分给予相应的资源。拼图法还有两种变体——拼图法 1 和拼图法 2。对于这两种变体来说，教师就无须再就同一主题而为每个学生都提供不同的材料，而是在所有学生共享相同材料的基础上由每名学生分别负责其中的某一部分。这样的话，所有学生就都掌握了项目中的一个必须分享给小组中其他人的关键部分。拼图法之所以能培养起学生间的相互依赖，其原因就在于每名学生都掌握了项目中的某一关键部分。

体育课上可能用到的潜在的拼图法。拼图法在体育教育领域中的用法存在多种可能性。在使用拼图法的时候：在制定热身程序的过程中，团队或小组中的每一名成员都要负责体能中的一个部分；在运动项目单元的某个运动项目中，或是在民族舞单元的某支民族舞中，小组中的每个成员都要负责一项不同的技能。

（2）团队游戏竞赛法（简称 TGT，Slavin, 1983）。在 TGT 中，按照异质标准组合起来的各个团队要一起进行学习，以掌握要与其他队伍进行比赛的内容。为了能进行竞赛和比拼，要根据能力来对学生们进行异质分组。对个人得分和团体总分都要进行记录。

体育课上可能会用到的潜在的“团队游戏竞赛法”。TGT 在体育教育领域，尤其是个人运动项目中有着巨大的应用前景。练习的时候要按照异质标准进行组队，而在比赛的时候则要按照同质标准进行组队。必须要教各练习小组学会能促进小组全体成员共同进步的方法。注意：运动教育正是这一模式的变体，只不过没有按照同质的标准重新组队而已。有关运动教育的更多细节会在第 12 章中进行叙述（Siedentop, Hastie, & van der Mars, 2011）。

（3）成对检查法。在成对检查法中，两组两两结合的学生在一起合作共事。每一对都被设置为前一部分中所描述的那种同伴教学小组。在成对检查法环节，这两组成对的学生又会以四人为单位重新组合成一个小组，以此来对他们所学的内容进行检查、评估和复习。

体育课上可能用到的潜在的“成对检查法”。先是组成了同伴教学小组来学习某项技能。之后各对同伴又与另外两名学生共同组成一个四人小组来帮助彼此学习和评价技能。同伴教学可以用于开发“双特技”翻滚；而成对检查法则要用于某一小组将其习得技能教授给另一小组的场景之中。

（4）合作法。在合作法中，会设计一个由不同组成部分共同构成的项目。具体哪些成员负责那一部分则有小组共同决定。学生个人履行自己对小组具体责任的程度就是对其进行评价的标准。

体育课上可能用到的潜在的“合作法”。针对某一运动项目而建立的各个团队都要以能力均衡为准则。每天都要由一个团队来负责当天的器材、热身、裁判、10 分钟练习计划等事宜，在比赛过程中他们还要负责计分和执教。也要给学生分配相应的角色，这些角色可能每周都会发生变化（类似于 Siedentop, Hastie 和 van der Mars 创立的运动教育模式，在第 12 章中进行描述）。

各个小组要负责设计出一套对健身成分有所平衡的有氧舞蹈。

你会注意到刚刚所描述的经历比用在其他策略中的大多数任务都要广泛。

学生的责任不再仅仅是解决某一问题，更要设计出这一问题的解决流程，还要对所使用的问题解决办法和流程进行评估。那些更高效的合作性学习经历能帮助学生体验到“不同”互助角色的滋味。

8.3.4.2 任务传达—合作学习

在选定了执行任务的小组之后，教师就会传达合作性学习任务。小组选择是合作学习中最重要的方面之一。“虽然教师经常会有组成同质小组的想法，但在大多数时间里还是应当选择在性别、技能水平、民族取向、人种等方面存在差异性的学生来构成异质小组。”全体学生的社交能力也是在进行小组成员选择时要考虑的一个重要因素。

教师在传达合作性学习任务的时候可以有多种选择。通常情况下，教师会同时将任务传达给所有小组。教师对“学习经历目标”的预期以及对“目标实现方式（以小组为单位）”的预期都是任务传达中不可或缺的部分。组内学生的独立性越强，教师设定的流程就越开放。那些刚刚进入合作共事阶段的学生可能会需要教师在任务完成方式上给予更多的组织支持。他们可能还需要教师在组织方面给予其一定的指导、在组织责任划分方面给予其一定的时间；之后教师则会在项目开始前让学生报告自己的行动计划。同理，在教师允许其进入下一步骤之前，流程中的每一步可能都需要学生们负责。对于那种“步步不缺”的结构方式来说，学生对其的需求量要取决于他们进行高效合作和独立学习的能力。那些已经学会在没有教师的情况下进行独立学习的学生可能就不再需要教师近距离的监控。

无论阐明对象是小组还是个人，“阐明教师的预期”这件事对于一项精心设计的合作性学习任务来说都非常重要。教师经常会借助书面材料来将任务总结给学生。这些材料所描述的内容可能包括以下方面：

①最终成果。最终成果的样子以及评价最终成果的标准。

②达成最终成果所有经历的步骤。学生为达成最终成果所要做的事情以及做这些事情的顺序。

③小组中各参与者的角色。

④项目组成部分。明确列出包括流程和成果在内的项目所有组成部分。

⑤学生可获得的资源。

⑥项目完成的时间框架。

⑦项目完成方式的规则。

⑧对小组和组内个体成员的评价程序。

8.3.4.3 内容序列—合作学习

合作性学习经历中的内容序列要不已经内化于任务之中，要不就是要留给学生来进行构建。如果教师在合作性学习经历中与学生共事的经验不足，那么他们可能就要在拟定任务结构的过程中加入一套如下的流程：

①选择一名领导者。

②你们的小组分成三个两人小队。

③规划三种可能的防守方式（各不相同）。

④将这三种防守方式都试一遍，并且按照列出的标准对其进行评价。

⑤选出一种你认为最好的防守方式。

⑥不断该防守方式进行练习，直至每个人都能融会贯通。

⑦做好在全班同学面前对你的防守方式进行整体呈现的准备。

⑧针对你以及小组其他人在项目中的参与情况进行评价。

教师可以提前检查这一流程中的所有步骤。对于那些有着较丰富组内合作学习经验的学生来说，他们在流程中可能就不需要教师给予那么多组织 / 结构方面的支持，而且教师也应当允许他们设计任务的完成策略，同时可以按照自己的节奏来进行学习。如果小组在起步阶段就遇到了困难，那么教师就应当进行干预，同时还应当给出相应的方法建议。

8.3.4.4 提供反馈和评价—合作学习

任务传达工作一结束，教师就可以腾出手来对小组的学习方式和指定任务的完成质量进行反馈。合作学习的一大优势就是教师可以按照需要来调整其与某一小组待在一起的时长，然而这一切都要建立在“其他学生可以保持自己学习效率”这一假设的基础上。教师应当成为团体历程的敏锐观察者，并且能出色地胜任这一角色。在任务完成策略和资源方面，教师可以给出一些可供选择的建议。应当允许学生在教师不进行过多干预的情况下找出自己存在的问题和错误的开端。然而，“不应当允许各个小组在没有教师帮助的情况下长时间在原地踏步”。如果某些小组需要指导和组织，教师就应当施以援手。

“各个小组不仅可能会在问题解决方式上存在差异，他们所使用的流程也会各不相同”。鉴于这种情况，所有小组通常都能从“共享”研讨会中受益。在这种研讨会上，各个小组都有机会将自己小组的成果和成果的达成方式展示给其他小组。教师则可以借助这些机会来对团体历程的技能加以强调，同时让学生意识到多种天赋和能力相结合的优势。教师还可以借助这些机会来谈一谈各组所取得成果的优、缺点，比如“这个小组的任务解决方法中有什么是你欣赏的？”或者“你认为这个小组取得进步成果的原因是什么？”

如果能将对各个小组的“成果”和取得过程的评价活动放在更正式的评价研讨会上，那么就能对学生产生更大的帮助效果。如果教师能在向学生进行预期传达的时候就提前确立明确的标准，那么反馈和评价工作就会变得容易一些。采用合作学习的首要目标之一就是帮助学生懂得：

①怎样与别人共事才能实现共赢；

②和他人以合作方式来完成任务的优势所在。

反馈和评价的内容在涉及小组成果基础上一定还要涉及其所采用的流程，这是因为小组所采用的流程对合作学习这一策略来说非常重要。

由于学生不太可能同时完成项目，因此教师就必须要针对学生的情况而对课堂进展进行个性化处理。对于那些先与其他小组完成项目的学生来说，教师就需要为其准备额外的任务或是对之前任务进行拓展。

8.3.4.5 策略优缺点—合作学习

合作学习就是对时间的一种投资。教师之所以采用合作学习的原因是因为他们认为将时间花在帮助学生学习“如何在一起进行合作学习”以及“如何在更高层次上处理学习内容”上是一种非常好的投资。然而并非所有的小组合作和搭档合作都称得上合作学习。合作性学习目标的完成与学生间互动水平的提高是合作性学习经历的独特结构。如果某位教师不愿意花时间来帮助学生进行积极的互动，那么合作学习的目标就无法实现。如果学生在各自组内所要学习的内容对体育教育项目的课程目的没有帮助作用，那么就说明合作性学习经历同样也并不适合。

8.3.5 自学策略

从最简单的角度来说，在自学策略中应当存在一个预先制定的学习程序。教师在这一程序中的角色依然是指导和管理，但在教学过程中却丝毫不用去发挥传统的教学功能。体育教育领域中的自学策略通常也被称为教学的个性化体系。自学策略十分依赖预先准备的书面材料、计算机程序、媒体以及评价程序。它们是某项、某几项，甚至有时是所有教学功能实现的基础。“使学生变成独立的学习者”是《体育教育国家标准》(NASPE, 2004) 的明确目标之一。教学中的自学策略可以在这一领域中对学生有所帮助。

除了可以用于单节课或部分课程以外，自学模式的设计也可以以整个课程作为其出发点 (例 Metzler, 2011)。如果是要用于整个课程，那么自学模式通常就会被称为教学的个性化体系。学生既可以在课堂期间学习，又可以独立于结构化的课堂时段之外。教师要向学生提供包括任务流程、任务表现说明、练习建议以及评价工具等在内的许多材料。由学生和 (或) 教师来决定学生在流程中的进退点。精通学习通常都有一个预期的退出点。但学生到达退出点所花的时间长短则不固定。对于契约制教学，以及大多数的个性化教学程序来说，其对学生进行评价的检验标准都是由双方共同议定。“所有学生学习必需的因素都要包括在教师提供的材料之中”是自学策略中一个非常重要的方面。

我们还应清楚一点，那就是：那些凡是能从自学策略中受益的学生都必须具备高涨的学习积极性、较高自我引导能力，甚至在某种程度上还要具备能在最大程度上利用好时间和教师所提供资料的能力。积极性、自我引导能力以及利用教学材料的能力都需要经过一段时间的培养。如果教师在学生这些能力还没有培养起来的时候就将教学模式转变成完全自学模式，那么这种行为是非常不明智的。采用了自学策略的一节中学课程会作为例子呈现在方框 8.10 中；而方框 8.11 中的例子说的则是可能会用于小学教学情境的自学材料。

方框 8.10

体操中的“routine”这个词

体操课上的自学策略（高中）

一名教师正在采用部分自学模式来教授高中生体操技能。教师提前对学生的基本体操技能都进行了测试，并在徒手操或某种器械操之中给他们每个人都选择了各自的重点领域。教师在给每名学生都制订了一份个人计划的同时，还就他们各自重点区域拟定了更为广泛的目标清单；前者的目的是为了借助某些器材来测试学生的基本技能，后者的目的则是能让学生自己设计出一套动作。

教师在每一个站点都设置了几种媒体形式，以此来向学生阐释技能的完成方法和表现的评价标准。有的时候，任务是通过借助大型视觉海报描述技能不同阶段的方式来进行传达；还有的时候，则是通过在某一站点播放循环电影和视频的方式来进行传达。教师在前几年中已经将多媒体材料的基本使用方法教给了学生。

每周要上三次课。但学生可以随时使用自己想用的任何器材。教师在每种器材那里都会待上半天的时间，以此来为学生提供器材使用方面的帮助，或是对学生的表现进行评价。学生在每项技能上最多只有两次被评价的机会。那些能以较高质量成功完成技能，以及那些愿意帮助别人的学生会被列成清单公示出来。

方框 8.11

体操课上的自学策略（小学）

学习重点

- 借助器材编创一套动作。

目标

- 如果能做完这些活动，就能用所指定的器材完成一套的动作。

续

器材

- 所有归属于该活动领域的器材都可以用于这一学习重点，比如箱子或平衡木。

任务

- 从房间中为自己找一件器材备用。
- 尝试几种不同的安全上器材方式。如果你一直都是手脚并用，那么就尝试着从后面或旁边上器材。
- 选定了你最喜欢的上器材方式之后，就在扭曲的形态下用身体的两个部位进行平衡。不断对上器材的方式以及扭曲形态下的平衡进行练习，直到十分娴熟为止。在能说出你名字两次的时间内保持住平衡。
- 将你的身体形态舒展开，同时用与之前不同的身体部位进行平衡。
- 现在找出一种安全的下器材方式。如果你选择跳下来，那么在落地的时候尽可能要轻一点。
- 对包括上器材、在扭曲形态下平衡、舒展身体形态以及下器材在内的整套动作进行练习。不断操练整套动作以至融会贯通。接着，就进入到“检查表”环节。

“检查表”环节（在完成之后逐个进行核对）

- 你编创的整套动作对你来说难度够不够，或者说你有没有选择对你来说特别简单的动作？如果真的太简单了，就提高其中某一部分的难度。
- 你平衡时的形态稳定吗，或者说有没有晃来晃去？要不断练习，直到你在平衡时的形态能够非常稳定为止。
- 你在做整套动作的时候流程吗，或者说其中有没有不够流畅、拖泥带水的部分？如果有，你可能就会想对其进行替换。

其他的可能性

尝试改变整套动作的速度。开始时很快结束时慢，或者是开始时慢结

续

束时快。

改变上器材的位置。从另一边或另一头出发。

在器材上再另外做两种平衡形态。

以翻滚动作作为整套动作的收尾；在从器材上落地后保持住平衡。

随着整套动作的进行而对速度进行改变。一开始很慢，之后逐渐加速。

开始时很快，结束时很慢。在两种形态间加入过渡动作。

整套动作在高处开始，在很低的地面上结束。

找一种你能在动作完成过程中发出的声音。如果你想不起来，就试试在动作完成过程中发出不同形式的“嘘嘘”声。

先找一名搭档，之后再看看你们能不能将彼此的动作结合成“二重奏”。

要记住：你俩的动作“不”一定要“相同”。

在电视上观看一个舞蹈节目，并从中找出舞蹈演员以身体不同位置进行平衡时的“形态”。

编一首你可以在完成整套动作期间演唱的歌曲。将这首歌公布在公告栏中。

写一封信给火星人，告诉他们我们为什么要在地球上跳舞。

来源：H. Hoffman et al., *Meaningful Movement for Children: A Developmental Theme Approach in Physical Education,* 1981, Allyn & Bacon, Needham Heights, MA.

8.3.5.1 内容选择—自学策略

预先列出作为参照标准的渐进性任务是自学策略中学习内容的构建方式（也就是说内容被附上了评价标准）。有时候教师会将整个运动中的所有技能按由易而难的顺序进行排列（各级之间的变化幅度不大）。这样的话，学生或教师就可以决定从哪里进入流程。如果能通过能力测试，那么就可以允许学生从一个技能等级快速调进入到下一个等级。

8.3.5.2 传达任务—自学策略

本策略通常会通过诸如图表、印刷材料、任务卡一类的书面形式来对任务进行明确和传达。如果是复杂的任务，则还需要加入其他的媒体形式（比如循环电影、图表、录像制品、DVD 以及计算机程序等）。计算机在体育教育领域越来越广泛的使用能为任务传达和交互程序的个性化带巨大的帮助作用。学生一旦做好了执行任务的准备，那么他们就会去寻找有关任务完成方法的说明或描述。

学生必须懂得技能学习材料的高效利用方法。除此之外，学生还必须要能很方便地得到那些可以保证其所选定任务传达方法行之有效的材料。

教师也可以按照其他自学策略中的方式来进行任务传达。如果是这种情况，教师就会告知学生如下信息：某一特定的任务会在特定的时间告诉那些已经做好学习准备的学生。班级中剩下的学生则可以继续进行之前的练习。此外，对站点教学的变体也可以加以使用——在不同的站点布置不同的任务。

8.3.5.3 内容序列—自学策略

“无论是在学习的开始阶段、进行阶段，还是在结束阶段，每一名学生所学习的内容都适合于其自身的水平。”——这是自学模式的一大优势。而任务序列的预先确定性则是其缺点，这是因为选定的序列可能并不适合于所有学生。方框 8.11 中的例子通过运用某一动作概念的方式对内容进行了个性化；学生可以从中选择出适当的反应。在这些例子中，借助教师所提供的练习材料，学生可以通过不同的方式来对某一经历进行同一水平上的练习。教师还可以设计出一些更为精细的材料，这样一来学生就可以像方框 8.11 中的例子那样从不同的角度处理具体问题。

构建教学和评价材料时必须要将表现的质量标准列入其中。达到这一目的的方式也不止一种，这里就有两个例子。

8.3.5.4 提供反馈与评价—自学策略

反馈学习过程中不可或缺的一部分。通过自我评价或教师评价，可以在教学材料中编入与结果相关的知识，但与表现相关的知识则很难通过自学手段获得。

在针对运动技能的自学模式中，有一部分对视频录像或同伴反馈非常依赖。从理想化的角度来说，教师在课堂教学情境中应当具有提供反馈的权利。然而，教师在自学策略中的角色却因为要充当管理者而变得较为复杂。由于既要对学生进行评价又要帮助学生利用材料，因此教师可能会发现其所能提供的反馈量已不能像以前那么充足。

自学策略对评价十分依赖。在用于课堂概念教学的计算机辅助教学模式中，只需计算机程序中的一部分就可以向学生提供必要的反馈和评价。在体育教育领域中，运动技能的评价既不能依靠纸笔测试，又不能依靠计算机响应。通常情况下，学生在学习新技能或同一技能的新阶段之前都必须要达到一些标准。由于教师经常都须要对熟练程度进行评判，因此就会在评价工作上花很多时间。于是，教师们设计了很多替代性方法来满足这一工作的需要，其中包括使用同伴评价、在课堂上划出特定（评价）时间段、选定用于检查学生进步程度的特定日期等，但实际上这些方法却在帮助教师履行其他角色方面表现得更为成功。

8.3.5.5 策略优缺点—自学策略

自学策略或许应当是成熟体育教育项目的目的。如果学生在脱离学校教育环境的时候能够具备以下能力，那么对他们来说是大有裨益的：

①利用可获得的材料、器材和设施来促进自身学习的能力；

②利用现成自学书籍和其他资源的能力；

③自我指导的能力。

但是学生在一开始的时候却并不具备这些能力，然而教师却可以决定是否利用项目时间来将在这种环境下行事的方法教给学生。这是一项与课程相关的决策。

在自学模式中还要包括预期进展。流程越具体，将学生纳入其中的工作可能就会越顺畅。在设计流程的同时，可能还要设计一些以技能非线性进步为预期（目的）的循环作为备选（方案）。这种设计方式可以对（教学的）个性化有所裨益。

准备材料所需的大量时间是自学模式的缺点。如果材料完备，那么策略筹备时间就会大大缩短。好的流程、媒体材料、评价材料都需要大量的时间进行准备。这些材料都能买到，但价格很贵。除此之外，“将材料的利用方法教给学生”以及“对学生的进步程度做出评价”是要耗去教师大部分时间的两件事。商业公司和国家教育部门开发出的线上课程可以适用于所有学段（小学、初中、高中以及大学）的学生，但其质量则良莠不齐。

8.3.6 认知策略

所有以“通过任务表述来使学生以认知方式参与学习内容”为设计目的的教学策略都可以加上“认知策略”的标签。“问题解决法”“引导发现法”“多样风格法”（Metzler, 2011; Mosston & Ashworth, 1994）、“问题教学法”（Siedentop, 2000）、“探究式学习法”以及其他的一些术语所描述的都是以内容为着眼点的方法；借助这些方法，学生就能够自己做出反应，而不再是复制教师所展示的反应。教师之所以采用认知策略的原因是因为他们支持下列观点中的一个或多个：

①学习过程与学习内容同样重要。

②如果学生在学习过程中的角色得到拓展，那么他们想在更高层次上参与（学习）内容的意愿就会更强。

③认知策略可能让内容更具个性化。

④认知策略是概念教学的好方法，同时概念还存在向其他类似内容迁移的可能性。

⑤认知策略需要学生从认知的角度出发对其进行参与，运动技能学习的认知过程非常重要。

如果目的是让学生以认知的方式参与进来，那么就有几种方案可供教师选择。通常情况下，认知策略中会包括一些不同类型的问题解决方法，这些方法都是由学生或学习小组在教师对任务的表述过程中想出来的。这些问题可能会简单如“落地时是弯曲膝盖好还是直着膝盖好？”，也可能会复杂如“设计一套可用于排球热身的练习方式”。认知反应水平不同，学生的参与水平也会各不相同。如果教师想要的正确反应只有一个，那么这种问题解决方式通常就会被称为引导发现法（Mosston & Ashworth, 2002）或趋同探究法。教师虽然知道问题的答案，却要引导学生亲身去发现答案。如果问题是开放式的，而且最好的反应并非只有一种，那么这种问题解决方式通常就会被称为多样风格法或多样探究法。虽然并不是每一种反应都那么得当，但反应毕竟不止一种。在刚刚给出的例子中，与屈膝落地相关的任务就归属于引导发现法或趋同探究法，而与设计热身程序相关的任务则被归属为多样风格法。有关引导发现法和多样风格法的例子会在方框 8.12 中进行呈现。

方框 8.12

引导发现法和多样任务法

引导发现法：引导学生找到正确的解决方法

任务一：在你练习网球正手技术的时候，先试着在将重心留在后脚上的前提下练习几次，之后再在将重心移至前脚的前提下进行练习。看看你能否得出一些能对自己更有帮助的结论。（“教师在将任务布置给个人或搭档的基础上让其进行练习，之后又让各小组重新回到决策环节”）

任务二：你的任务卡上有几项与“发力”相关的任务。在这些任务中，有的让你扔，有的让你跳，还有的则让你用球棒击球。这些都是需要你进行发力的任务。你所在三人小组中的每一个人都要负责带领小组学习其中的一项技能。刚开始的时候要用很小很小的劲，既不能扔得太猛，又不能跳得太高，还不能打得太远。在这之后我希望你们走另一极端——做这些事情的时候要用尽全力。你的任务是要告诉我这些技能各自的发力过程有什么不同。之后再看看你能否总结出可以用于在这些技能中的发力规则。

多样任务法：让学生在可能性众多的情况下提供解决方法

任务一：设计一个能使移动和平衡相结合的动作序列。你在开始和结束时的位置都应当明确；从静止中开始，也在静止中结束。你的过渡必须顺畅，同时你所做的平衡也必须能在舒展姿态下静止至少 6 秒钟。

任务二：你们团队必须要确定你们认为最有必要进行学习的技能，同时还须开发出一套与其使用方式相符的练习方法。

对于认知策略来说，其所关注的重点是向学生所传达任务的性质，而不是教学的组织形式。因此，认知策略可与本章之前所讨论的任一教学组织策略结合使用。互动教学策略、同伴教学策略、合作学习策略以及自学策略都可以作为学生从认知角度参与教学过程的框架。在小学体育教育项目中得到广泛应用的动作教育，其所采用的正是既向学生布置多样动作任务、又向其布置引导发现型任务的互动教学策略；在动作教育中使用的教学方法通常也是直接教学法。采用互动教学策略来进行平衡教学正是这一方法运用的实例。而在方框 8.13 和方框 8.14 中则是趋同探究法的例子。

方框 8.13

趋同探究法——初中

学生在排球课上已经学习了一段时间的上手发球，他们对作为引导、控制球这一技能学习基础的力学原理也已经有了足够的掌握。教师希望学生能懂得这样一个原理：他们可以通过对触球点的掌握来控制球的方向和旋转类型。

“判定在想让球去到对面场地左边或右边时的触球位置”是教师给学生的第一项任务。如果学生可以找出“击打球的中心偏右位置，球就会落在左边；反之亦然”这一规律，那么教师就可以让他们练习“通过击打球的不同位置来将球打到场地的不同区域”。

教师给学生的第二项任务就是让他们去“确定使用平手手形击打球的上部或下部会对球造成什么样的影响”。学生对墙击球，以此来获得最大的练习量。学生首先会发现球会出现忽上忽下的情况。之后教师就会让学生进行两两配对。由其中一名学生来观察球在飞行中的旋转方式。如果学生能在判断出球下旋或上旋的基础上做出正确的反应，那么教师就会问他们之所以想在比赛中使用这种发球方式的原因。之后学生就会在发过网球的时候练习给球加转，而“能对球进行随心所欲地控制”则是他们练习的最终目标。

方框 8.14

趋同探究法——小学

学生在学习跳远。教师想让学生了解能使其起跳更有力的方法。教师让班里一半的学生尽全力跳，而让另一半的学生进行观察。教师让观察者

续

找出几名跳得最远的学生。接着教师让观察者和表演者互换角色，之后又让那几名公认跳得最远的学生在全班同学面前重新演示一遍。这一次教师要让学生找出这些表演者之所以能进行有力起跳的原因。一旦准备阶段和起跳阶段的关键方面都被学生找了出来，教师就可以让全体学生都借助这些已识别线索来使自己的跳跃更为有力。如果学生们做好了相关的准备，那么教师就可以接着进入到下一阶段的学习——帮助他们找出跳远腾空阶段和落地阶段的关键方面。

认知策略对于合作学习、能使学生融入评价过程的教学流程（见第11章），以及学习过程的强调，能使认知策略成为学习经历设计工作的一个合适选项。认知策略具有大幅度提升学生参与水平的潜力。对于那些以引导学生进行知识学习为设计目的的认知策略来说，其（达成目的）所要花费的时间要长于“教师向学生直接传授知识”。

认知策略的使用场合既可以是某一项任务（比如：头部在触球一瞬间的位置应当在哪里？——高尔夫球课），也可以是整个课堂（比如：为需要向各个方向进行快速反应／机动的活动确定一个适当的准备位置）。教师有时可以将某个大型且繁杂的任务“丢”给学生（比如：与搭档合作开发一套由三种平衡方式组成的体操动作），有时则必须要对过程进行更多地组织与规划（比如：与搭档合作开发一种平衡方式，再将之与第二种平衡方式连接起来，之后再加入第三种平衡方式）。

8.3.7 团队教学

团队教学是一种教学策略，指的是由多位教师同时负责某一小组学生的教学工作。如果体育课的形式是男女合班教学，那么许多教育工作者就会希望采用团队教学策略。在这种策略中，会有一名男教师和一名女老师共同负责某一规模较大小组的教学工作，以此来同时满足性别异质小组中男生和女生的需求。作为教学策略的团队教学在满足这一需求以及提供有效教学方面都颇具潜力。然而令人遗憾的是，实践中的团队教学在很多情况下都没能发挥出自己的潜力。许多教师都没有接受过有关团队教学运用方法的培训，彼此之间也不能建立起能激发这一策略效果的互动关系。在大多数情况下，团队教学都沦落成了“转动教学”。一个四十人的班级，在很多情况下都只有一名教师，而不是两名。

尽管已被滥用，但团队教学仍然能为多组学生和多名教师共同面临的问题（在体育馆中）提供独一无二的解决机会，这也正是本章之所以要涉及团队教学内容的原因。对于那许多使得课堂无法或很难自足的场景来说，运用得当的团队教学可能为其提供一个“最好的”解决方案。尽管自足型课堂只是一种可能性，但教师还是应当对团队教学的以下优势予以认真考虑。

①灵活分组：团队教学策略的一项主要优势就是分组的灵活性。在进行团队教学的过程中可以使用前面叙述的任一教学策略。团队教学的优势在于教师在不同课时或某一课时的不同阶段，都可以对学生采取不同的分组方式，以此来达到进行个性化教学的目的；而教师分组的标准则既可能是技能水平、兴趣、社会需要，也有可能是其他所有教师认为重要的标准。通常情况下，如果在团队教学中有两名教师，那么其中一名就会成为主导教师，而另一名则会成为辅导教师。需要额外帮助或希望进度能快于班级其他同学的学生才需要辅导教师的帮助——这部分学生的数量不多，因此小组的规模也需要进行灵活变化。教师的角色也可以进行变动——无论是辅导教师还是主导教师，同一名教师都不能“一当到底”。许多使用团队教学策略的优秀教师都会以单元作为角色变换的分界线，而在内容领域的专长和兴趣则是他们进行角色分配的依据。

②个体帮助：辅导教师无须对全体学生负责，其在教学过程中的作用就是辨别出那些需要帮助学生，并对其提供帮助。分组教学中的反馈和评价在只有一名教师的情况下是非常困难的一件事，但如果辅导教师能从对全班的责任中解脱出来，那么反馈和评价就会变得简单很多。无论其面对的是个别学生还是学生小组，辅导教师都可以自由地发挥教学职能。对个体需求的满足是团队教学最主要的潜在优势。

策略优缺点—团队教学

教师彼此之间的良好关系是团队策略得以有效运用的前提，其原因在于这种关系可以使教师自在地在另一专业人士“面前”进行教学。那些不能在同伴面前自在工作的教师在刚开始时可能会感觉到威胁，但这个险还是值得一冒的。教师还须愿意一起做规划、一起对他们所做的事情进行评价。在很多情况下，这种共事会因人格障碍或彼此在专业追求上的差异而变得非常困难，妥协普遍存在于所有的关系之中。那些能建立真正团队教学关系的教师都能从彼此身上学到很多。与另外一名专业人士的高效互动关系兼具激发进步和提高积极性的双重作用。如果没有哪名教师觉得自己的“教学水平特别高”，同时双方又都愿意接受“相似目的也可以有不同的达成方式”这一理念，那么与另外一名专业人士的高效互动关系就很容易建立起来。一名教师比另一名教师强势的情况并不少见，但只要双方共同努力建立起一种互相支持的关系，那么双方就都能有所成长。随后的“真实世界”方框就为我们树立了一个团队教学的好榜样。

真实世界

效果显著的团队策略实例

一直以来，黛比和马克都在一起从事六年级学生的网球/匹克球教学工作。他们在一起对学习单元进行规划，并且在体育馆中为每四名学生划出一小片场地。在基本既能教学阶段，他们轮流示范技能。“闲的”那名教师按照双方共同认可的“适宜性”标准，来帮助个别学生“细化”技能。有些学生还需继续进行诸如触球、控制以及与搭档配合打球等一类的技术学习；而另一部分学生则已经开始进入与“调动搭档满场跑”相关的战术学习阶段。上课伊始，黛比就带着那些已经做好后续内容学习准备的学生去到另外的几片场地上单独上课，所学内容则是两边及前后场的战术。几天之后，就将那些进度快的小组与那些进度慢的小组“混合”起来进行“同伴教学”。教师会让能体现所有能力水平的六名同学组成一个小组，之后再从每个课时中抽出部分时间来进行比赛；与此同时，有关基本技能和策略的教学也在进行当中。

8.4 选择一种教学策略

正如本章之前所说的那样，教师并不会选择教学策略再选择教学内容。教师对教学策略进行选择的依据是其想要实现的教学目的与目标。教师应当具备根据不同课程之间差异，甚至是同一课程不同部分之间差异而对适宜教学策略善加利用的能力。

包括内容、学生特质、教师目标与参数预设等在内的许多因素都会影响到教学策略的选择工作。这些因素的混合正是某一教师在策略选择时取此舍彼的最终原因。我们已经讨论过七种不同的策略，表 8.1 对它们的使用情况进行了总结。

表 8.1　七种教学策略优缺点总结

教学策略	教师职能	优点	缺点
互动教学	内容选择	如果能给学生提供不同的反应选择，那么教学就会变得更加个性化	选择一项并不适合于全体学生的任务这一做法的存在，经常会造成对该策略的滥用
	任务传达	可以呈现新的内容 如果学生不理解，那么可以中途对任务传达工作进行调整	教师在任务传达工作中扮演着主导角色，学生的角色空间会因此受到最大限度上地挤压
	内容序列	学生之前的反应是内容序列推进的基础，因为只有这样，之后的内容才能合宜 *	在教学过程中，该策略需要教师具备高超的分析和观察技能，以此来对教学进展进行调整
	提供反馈与评价	教师在活动期间可以自由地给出反馈	教师无法对所有学生都做出反馈
站点教学	内容选择	可以同时布置许多任务，以此来促进（学习）内容的个性化，或是提高对空间或场地利用水平 *	该策略需要学生在具备独立学习能力的同时还要熟悉任务
	任务传达	材料可以提前进行规划和制定	学生通常都用不好那些用于进行任务传达工作的媒体形式；教师也无法将许多不同的任务一次性解释清楚（因时间所限）
	内容序列	可以将适宜学生的内容序列编入材料之中	反应质量很难提高，这会对任务形成限制，使其变得不关注“形式”
	提供反馈与评价	在任务材料中必须要对反馈的内容有涉及；如果教师无须担任管理者或任务主持者的角色，那么就能将时间都用在反馈工作上	在执行任务和管理重点的多样化会给分组反馈工作制造困难

续表

教学策略	教师职能	优点	缺点
同伴教学	内容选择	当同伴教师选择了学习内容，那么其就会在教学过程中受益	同伴教师与其同伴间的社会关系可能会更难处理 同伴教师为其同伴选择的内容可能并不合适
	任务传达	各种不同的任务和任务等级会因“教师”数量的增多而得到呈现 同伴教师在传达任务的时候通常会使用较为简洁的语言	同伴教学角色的发挥要以教师的大量组织工作为基础 同伴教师在选择适宜教学线索方面经验不足
	内容序列	—	任务序列通常由教师来决定，或者必须由教师引导学生决定
	提供反馈与评价	可以一次性地将即时反馈给予很多学生；在很短的时间内就可以评价很多学生 *	教师必须对反馈工作加以引导
合作学习	内容选择	所选内容对学生来说必须有意义 内容必须更具整体性 *	很难为异质小组选择合适的内容。需要花更多的时间来提前准备任务和材料。需要更多学生具备独立学习能力
	任务传达	从以教师为主到以学生为主，任务可以通过多种多样的方式进行传达	大多数合作性学习任务所涉及的范围都会很广，因此在向学生进行表述时需要花费更多的时间
	内容序列	教师可以将内容序列融入任务和材料之中 如果任务活动开始具备个体化的性质，那么教师就会得到解放	如果让学生自己制定内容序列，制定出的序列很可能并不适用
	提供反馈与评价	教师可以在学生独立学习期间提供反馈 项目通常都具有一个可供评价的结局	很难将个人贡献和集体努力区分开来
自学策略	内容选择	可以使内容完全适合于学习个体 *	自主学习者使用材料的能力是花时间准备材料的前提
	任务传达	如果有问题，学生就可以参考相关材料	动作中的重点很难靠书面材料来传达，因此媒介材料就变得非常重要
	内容序列	内容序列可以逐步编入材料之中	内容序列的预先确定性可能会使得其并不适合于所有个体
	提供反馈与评价	—	反馈也可以编入材料之中；教师的大部分时间都是用在评价工作上

续表

教学策略	教师职能	优点	缺点
认知策略	内容选择	内容需要学生以更为整体的形式参与其中，同时学生也可以以任意责任比例来承担其对内容的责任 *	花在认知层面的时间越多，也就意味着可以花在技能练习上的时间越少
	任务传达	使用任意组织策略都可以对任务加以呈现（比如媒体、任务卡）	需要学生更多进行参与的任务通常要花更多的时间准备和表述
	内容序列	从全由教师制定到全由学生制定，这个范围内所有的内容序列都可以为该策略所用	要取决于教师在序列构建与传达方面的决策
	提供反馈与评价	如果采用了更为间接的教学风格，那么教师在学生任务执行期间就可以自由地进行反馈	如果与直接教学结合使用，那么反馈就会像在互动教学中那样受到限制
团队教学	内容选择	有关适宜内容的决策会因两名教师的专业知识而优于单独一名教师的决策。可以采用任意一种教学策略。第二名教师可以自由行动——促进内容个性化，或者将那些不适应现有任务的学生单独组成一个小组	需要更多的准备时间来让共事教师建立起良好的工作关系
	任务传达	可以使用任何方法或策略来对任务进行表述；任务表述工作既可以由其中一名教师承担，也可以由两名教师共同承担。无须进行任务表述的那名教师可以在任务表述过程中给予协助或是担任其他角色	如果在教学期间允许共事教师都可以进行任务传达，那么两名教师之间就很难建立起良好的关系 通常情况下都会指定主导教师来承担任务传达责任
	内容序列	第二名教师可以自由地促进序列个性化 *	如果不同的序列同时运用在一次课中，那么难度就会加大
	提供反馈与评价	反馈与评价任务可以分配给那名可以自由行动的教师	主导教师在另一名教师进行反馈和评价的时候要负责照管整个大组

注：* 表示教学策略的主要优势。

8.5 总结

（1）教学策略为教学工作提供了一个教学框架。

（2）随着教学由直接变得间接，教师对学习过程的控制权也越来越与学生共享。

（3）大多数教学策略都既可以用于直接教学，也可以用于间接教学。

（4）对于所有之前讨论过的七种教学策略来说，它们在选择学习内容、传达任务、内容序列以及提供反馈与评价方面的差异，是其教学环境布置各不相同的原因所在。

（5）每一种策略都有其各自的优缺点。教师教学目标、学习内容特点，以及学生特质都是策略选择的依据。

8.6 课后自测

（1）描述直接教学和间接教学之间的差异。

（2）描述每一种教学策略的优缺点。

（3）就每一种教学策略给出一个最好的课堂实例。

（4）针对方框 8.11 中采用自学策略进行体操教学的例子，做一个有关内容的发展性分析。（该例子中的“拓展”和“细化”环节都非常清晰）

参考文献

Aronson E. *The jigsaw classroom* [M]. Beverly Hills, CA: Sage Publications，1978.

Harrison J，Buck M, Blakemore C. *Instructional strategies for secondary school physical education* [M]. St. Louis: McGraw–Hill, 2001.

Hoffman H, Young J, Klesius S. *Meaningful movement for children: a developmental approach to physical education* [M]. Moston, Allyn and Bacon，1981.

Metzler M. *Instructional Models for Physical Education* [M]. Scotsdale, AZ: Holcomb Hathaway，2011.

Mosston M, Ashworth S. *Teaching Physical Education*. (5th ed.) [M]. San Francisco: Benjamin Cummings，2002.

Siedentop D, Hastie P, van der Mars H. *Complete Guide to Sport Education with Online Resources* (2nd ed.) [M]. Champaign, IL.: Human Kinetics，2011.

学生积极性、个人成长和包容

概　述

“动机”以及“对学生个人成长的关注”是教学中至关重要且不可或缺的部分。所有的教育项目都会对学生的个人成长有所帮助。从学习的角度来说，不具备学习动机的学生就不会被教师的教学内容所吸引，自然也就不太可能学会该内容。一旦个人的成长需求没有得到满足，那么学生就很难快乐、高效地学习和成长，也就很难成为对社会有贡献的人。无论学生之间有多少“差别”，教师都必须为其学习和个人成长创造一个能包容所有学生的支持环境。本章讨论了学生积极性的作用、教师在教学中对学生个人成长的关注、教师如何通过教学策略的选择来满足全体学生的这些需求，以及教师教学的所有方方面面。

▶ 标准 4：授课和管理

体育教师候选人利用有效的沟通方式和教学法技巧、策略以促进学生的参与和学习。

——《新任教师教学标准》（NASPE）2008

作为“发展”中与学生感觉、态度和价值观有关的那个方面，我们在第一章中就对“情感”进行过描述。无论教师是否选择对学生之间或学生与教学决策之间的情感互动加以关注，也无论教师是否选择将情感关切明确地作为课程的一部分，学生情感都会在教学中扮演着重要的角色。学生的感觉、认知、态度和价值观会影响他们对自我、教师、彼此以及教师所规划学习经历所做出的反应。

教师对学习中情感角色的关注，主要表现在对那些与激励学生学习有关议题的关注，而这些议题对学习的重要性早已确定无疑。积极性是学习中不可或缺的因素。针对自己所教授的内容，教师既需要能从外在帮助提升学生积极性的方法，又需要能提升学生内在积极性的方法。

教师关注学生情感的原因还在于其与学生个人成长的相关性。学生的个人成长在某种程度上已经成为广大学校的期望。社会对学校角色期望的变化，以及学校之间、教师之间哲学的差异通常都会影响到两种重点之间的平衡，即精通主题与强调学生的个人成长。个人成长通常会与自我积极情感的发展、内驱价值体系的满足，以及对他人的宽容和尊重有所关联。有些教师则认为个人成长中还要包括对他人需求和福利的责任感。

作为一名教师，你必须学会怎样去提升学生积极性的潜力，同时你还应当知道怎么做才能在最大程度上帮助每个孩子实现其个人成长。你们当中的许多人之所以选择教师作为职业是因为你们想在年轻人的个人成长中扮演一个重要的角色，你们希望能用你们与体育教育相关的技能和知识来促进他们的成长。对于很多方面来说，教师在提升学生积极性和促进学生情感发展方面的成功都是对教师教学工作最大的奖赏。

个人需求的独一无二性是使得提升学生积极性和促进个人发展工作难以下手的原因。能激励某一名学生的因素对另一名学生来说可能就不起作用。一名学生个人成长所需的事物对另一名学生来说可能就可有可无。在满足群体需求的同时还能兼顾个体，这种能力可能就是教学艺术的一部分。

本章以“对学生积极性的讨论”作为开篇，“师生互动”“在教学中融入情感”以及“教学价值观和情感”等部分紧随其后；对“以包容为目的的体育教育教学”以及“体育馆中公平问题”这两个议题的讨论则会作为本章的结尾部分而出现。

9.1 学习的积极性

虽说积极性不高的学生也能学会，但可以肯定的是如果学生具有一定的积极性，那么教师就更容易促进其学习。从最简单的意义上来说，创设“积极性”这一概念的目的就是为了说明“某一特定行为或学习任务对学生的吸引程度”。对于那些坚持某项任务、在某项任务上花费了大量时间或是选择去做某项任务的学生，我们就可以说其具有积极性。同样地，那些对某一特定任务未能展现出坚持不懈、强烈欲望或是主动精神的学生就是不具有积极性。在教学工作，尤其是中学体育教育工作中，学生积极性始终都是作为主要问题，而不断被教师所引用。

9.2 动机理论——行为原因

教师设计和实施学习经历的方式会在一定程度上决定学习参与学习经历的积极性。教师希望全体学生都能以高度的积极性参与其布置的学习经历之中。他们希望学生能凭借自己内在的积极性去参与这些活动，同时更重要的是希望他们能培养起对该活动足够的个人兴趣，凭此兴趣才能在校外及毕业之后继续参与活动。目前来说，行为主义理论、社会学习理论、自我决策理论以及与其相关的成就目标理论是用以解释“积极性”最流行的几个理论。针对每一种理论的含义，我们都会进行简要解释。

9.2.1 行为主义理论

行为主义作为一种理论，强调的是环境对行为的塑造作用。根据行为理论，如果我们所做事情的结果是积极的，那么该行为就会得到加强。这就是正面强化在教育过程中扮演着如此重要角色的原因。如果我们的所作所为得到了强化，那么学习和重复某一预期行为的可能性就会提高。然而，消极强化则会削弱预期行为（惩罚或行为的消极后果）；在教学环境中，积极强化对预期行为的激励作用会更加突出。

如果教师对学生的预期行为给予正面反馈或奖励，那么就是在进行积极强化。如果教师对学生的做法表现出不悦，或针对其某种行为采取了消极的应对方式，那么就是在进行消极强化。持续使用“强化”来控制学生行为的这一方法存在着一些问题，其中一个就是教育项目的目标是要培养学生对自我行为内在控制，而不是外部控制。被视为学生“控制”的外部奖励还会对学习产生负面影响，同时降低学生选择展示该行为的概率。逐渐减少外部控制（塑造）才是运用行为主义的正确方式，只有这样才能培养学生对行为的内在控制能力。

9.2.2 社会学习理论

“与他人交往”是我们行为中的一部分，而社会学习理论所强调的正是这部分行为的作用。通过观察他人的行为，我们可以进行学习；通过别人对我们行为的强化，我们可以进行学习；通过将自己的行为与他人的做比较，我们也可以进行学习。有关向学生传达任务时进行示范的作用，我们在第 4 章中已经进行了关注。示范是建模的一种形式，是对学生预期行为的正式模型。社会学习理论者提醒我们:“无论我们是否愿意让他们学，学生总是会对我们的行为有样学样”。与行为主义者类似，社会学习理论者也强调社交方面的“奖励”对于我们希望学生最终“拥有”之行为的重要性。在运用归因理论（见本章之后的部分）的过程中，社会学习理论者强调社会性比较（将我们自己的行为与他人的做比较）在“决定做某件事情的积极性”方面所扮演的角色。鉴于所有理论都认可外部影响的力量，教育工作者的角色就是要设计出能让学生对其行为进行内部控制的学习经历。

9.2.3 自我决策理论

自我决策理论，简单来说就是“如果是出于自我意志，那么学生做出某些行为的可能性就会更大”（Deci & Ryan, 2000）。想要做某事的人们会比那些不想做某事的人们更可能去做那件事。

9.2.3.1 积极性

在自我决策理论中描述了积极性的几个不同水平，包括：

（1）无积极性。学生没有参与的激情。这其中的原因既有可能是因为觉得自己不能胜任，又有可能是因为觉得活动毫无价值。

（2）外在积极性（外在动机）。外部积极性是外在积极性的最低级形式。学生参与的原因是为了得到外在奖励或规避不参与的消极后果（“我做了就会得到些什么”或“如果我不做，老师就会让我坐到外面去”）。如果学生参与进来的原因是觉得自己有义务参与或者不参与就有愧疚感（“我以前说过我会做这件事”），那么他们可能还是受到了外部驱动。同样，他们参与的原因可能是因为觉得活动对自己有一定价值（“这对我有好处”）。许多学生参与的原因是因为想做一名“好学生”，又或者是因为该活动是健身活动，参与者会获得健康方面的好处（价值）。然而，所有这些都要归属于外部积极性的范畴。如果你再回头看之前的那些例子，你就会发现外部积极性并不总是“坏的”，有时我们就是需要它来帮助我们去做那些我们知道自己应该做、但却又没有内在积极性的事情。

（3）内在积极性（内在动机）。对于那些以活动本身为目的、具有内在积极性的学生来说，活动会使他们获得一种个人成长或学习的感觉，同时还能给予他们感受成就或成功的机会。活动还能让他们感受到某项经历所能带给他们的刺激、愉悦、高兴、紧张或者美感。内在积极性的培养正是我们作为教育工作者的目标。

9.2.3.2 心理需求

心理需求人人都有，而这种需求则会对人们参与某项活动的意愿程度产生影响。在自我决策理论中，这些心理需求被称为“营养素”，其中包括能力、自主和亲缘，也就是所谓的“能力素”“自主素”和“亲缘素”。某一学习经历中这些营养素的存量的多少会对积极性的水平产生影响。

支持学生的能力、自主和亲缘需求。教师为学习所设计的动机氛围会影响到学生对能力、自主和亲缘的需求。激发积极性和成就感的“营养素”在社交环境中非常充裕。因此，“营养素”只会对积极性起到间接的作用，而不会直接产生影响。

（1）“使其对任务掌握和个人进步情况加以关注”可以培养学生的能力。更高水平的能力知觉/胜任感可以提高自决能力和内在积极性。过去的经历会影响能力知觉。如果学生在过去曾经成功过，那么他们在处理那个领域的新任务时就会具有一种很强的能力知觉，因此他们也就会称为具有高度积极性的参与者。在竞争性的环境中，对胜利的过度强调会削弱失败者的积极性。

（2）学生“自主”是自决理论的重要方面。其影响力被认为要高于学生的能力知觉（胜任感）。学生自治与他们对自身参与情况的控制程度有关。但我们不能将它与“放任学生完全自主和自由选择”这一概念混为一谈，“学生具有选择的机会”才是与其较为相关的概念。教师的任务是确保学生能以一种“非控制、能选择”的方式参与到可以帮助他们学习适宜内容的学习经历之中。“学生需要通过选择的机会来感受控制”的观念可能会对教师教学策略的选择产生重大影响（见第八章）。

（3）“亲缘素”是自决理论的第三方面。其所关注的是我们对“爱人”“关心人”以及“被爱”“被关心”的需要。“亲缘素”所扮演的角色在学生积极性方面的影响力并不能和“能力”与“自主”相比，但却在内在积极性方面扮演着重要的角色。体育教育课堂上的社交环境可以影响学生所需“亲缘素”的获得程度，也就因此会对学生参与体育教育的内在积极性产生影响。

9.2.4 成就目标和社交目标理论

动机氛围有助于培养学生的内在积极性，而成就目标理论则作为营造动机氛围的指导方针而被广泛应用于教育文献的写作之中（Guan, Xiang, McBride, & Bruene, 2006）。根据成就目标理论的观点，学生可以从两个视角来看待同一项任务——掌握目标任务取向或成绩目标自我取向。对任务采取掌握目标任务取向的学生相信他们通往成功的途径是内在兴趣、高度努力和合作。而那些对任务采取成绩目标自我取向的学生则相信他们通往成功的途径是比其他人更好（社会性比较）。这些观点既与被称为“控制点”的特性相关，又与学生所归结的成功、失败的原因相关。如果学生一直在学校的环境中发展进步，那么他们就会更加倾向于成绩目标。采取掌握目标取向的学生会更有内在积极性，坚持某项任务的时间会更长，同时也会表现出更多的努力。就高水平能力与之的关联性来说，任务取向要强于自我取向和动机氛围。

能激励体育课上学生参与的因素还有参与的社交目标：建立与维护同伴关系的愿望，以及遵守社会规则、追随社会期望的愿望。根据预计，参与的社交目标对参与的影响力应当与成就目标相当。

9.2.4.1 创设一个掌握导向型氛围

教师希望学生能将他们的成功和失败都归结于其自身能够控制的因素。因此，针对某一任务建立一个掌握目标任务取向的尝试也就非常重要。学生需要相信这样一种信念——获得成功需要的是内在兴趣、高度努力和合作，而不是遗传、机会、装备、任务设计方式，又或是其的什么人的帮助。

那些对你所布置任务无法胜任的学生应当看看周围班里其他人都在做什么，这样他们就会知道自己与其他同学的差距。帮助学生理解“一些学生比其他人优秀的主要原因是因为他们的经验更加丰富”这样一个道理是教师的一项重要工作。教师还要扮演一个重要角色，那就是让学生明白“做菜鸟也没什么大不了的”。

为了构建出一种掌握导向型的氛围，教师们需要做到以下两点：

①要对任务和预期进行个性化，以使它们适合于全体学生；

②要创建一个重努力、重进步、而不重成绩的环境。想要做到这一点，最好的方式之一就是既要思考如何将机会（通过学习适当水平的内容来达到成功的目的）给予学生，又要思考如何强化努力在成就中的角色。

竞争性的学习经历必须正确看待成功与失败的关系。为了使竞争成为一项有价值的经历，所有学生都要具有同样的成功机会。如果（竞争性）经历的结果在竞争之前就已确定，又或者是参与者成功和失败的角色始终固定，那么这种竞争无论是对于成功者还是失败者来说都没有什么价值。

9.2.4.2 营造积极的社交环境

虽说中学生特别在意同伴的认可，而小学生更为在意大人的认可，但所有的学生都希望老师和同伴能对他们有一个积极的认识。在大多数情况下，他们还是希望能够遵从并实践社会性行为的“规则”。体育教育成绩公开的特性使得“不要让学生在其同伴面前失败”成为我们内容领域的一项重要准则。在同伴面前经常失败的学生会不愿意参与。在课堂上，所有学生都必须能够感受到心理上的安全。为了达到构建这些环境的目的，学生可能须对同伴间的适宜互动行为非常敏感，同时还要积极地强化这些适宜行为。那些未能被同伴积极认识的学生们可能会需要一些帮助，以此来建立积极的关系；那些与他们进行交往的学生同样也需要一些帮助，只有这样他们才会知道怎样去帮助那些尚未被社交圈认可的学生。在很多情况下，如果没有教师的帮助，那些尚未被社交圈认可的学生很难有机会被社交圈所认可。

9.2.5 兴趣理论

兴趣理论探讨的是学生兴趣在参与中的作用（Cherubuni, 2009; Krapp, Hidi, & Renninger, 1992）。兴趣分为两类：个人兴趣和情境兴趣。个人兴趣指的是参与获得的内在愿望；情境兴趣则对任务的特性更为关注。个人兴趣要在个人的活动经历中随着时间的推移逐渐养成，而情境兴趣则是更为即时的任务特性（新颖、有趣、刺激）。教师可以通过激发情境兴趣的积极体验来培养个人兴趣（Xiang, Chen, & Bruene, 2005）。

9.2.6 设计学习经历来培养个人兴趣和情境兴趣

新颖和挑战是情境兴趣最为强烈的两个特征。我们所有人都喜欢“新”的东西或与以往不同的新做法。计划周详的课程可以保证学生每年都能在课程中接触到新活动和新材料。如果学生发觉他们“曾经做过”，那么情境兴趣就会荡然无存。设计得较为独特和新颖的任务可能更能激发学生参与的兴趣。所谓的“新颖”既可以很简单，也可以很复杂：简单如改变一下组成搭档和小组的组织形式是一种“新颖”；复杂如用学过的技能设计一个新的游戏也是一种“新颖”。不应让学生一来到教室就能预想出教师在这节课上所有要做的事情。

9.2.7 动机理论的影响

对于我们刚刚所讨论的那些理论，有那么几项共有的基本原则需要记住，这些准则在我们为全体学生营造学习氛围的时候会非常有用。方框 9.1 对这些实践原则进行了总结。

方框 9.1

◆ 在体育教育中激发学生的积极性 ◆

教师必须找到能以积极方式满足学生需求的途径。

学生必须认识到自己所学内容的意义所在。

续

运用一系列的教学策略，并且从中选择一种能使学生内容决策权力和认知参与程度最大化的策略。

所设计的任务应当使得每一名学生都能在一个适宜的难度下学习。

所设计的任务应当允许学生在个人控制的状态下自主活动。

谨慎使用外部动机。

开展一系列学习活动以及新颖、有趣的任务来提高积极性。

帮助学生明白其所做事情的目的和意义，从学生的角度出发将个人意义与其所做的事情进行结合。

开展高潮型活动以给予学生展示自己拓展练习和积极练习的努力程度及效果。

帮助学生明确“我们所有人在某些时候都是初学者”的观念，同时还要让他们懂得“初学者”的含义。

帮助学生设置作为参与者而不是专家的体育教育目标。

使用幽默。

帮助学生将成功与失败归结于自身可控的原因。

营造一个任务导向型的动机环境。

9.2.7.1 教师必须找到能以积极方式满足学生需求的途径

不当行为在许多时候都要归结于学生对关注和影响力的需求。如果学生能以更为积极的方式满足这种需求，那么他们就不再需要将这种需求诉诸消极行为。

例：

- “凯伦，你的手倒立做得非常好。你愿意示范一下你是怎么做的吗？”
- “弗兰克，我希望在下课之前你能将在课上遇到的两件好事说给某个人听。”
- “妮可，昨天对你来说是个糟糕的日子。但我知道今天你肯定能将自己的注意力集中到任务之上，而且整节课都能如此。”

9.2.7.2 学生必须认识到自己所学内容的意义所在

教师必须找到能帮助学生了解其所做事情重要性的方法。教师还须注意确保自己所做的事情要有意义。如果对技能进行无意义且重复性的操练，而学生却没有机会在比赛中用到，那么这种做法在学生眼中通常就没有什么意义。如果学生知道自己要用到技能，或是学会技能之后就要在比赛环境中应用，那么他们就会更有积极性。如果学生能在决定练习需求方面有一定的话语权，那么他们的积极性可能就会更加高涨。

例：

- “让我们来看这盘有关奥运会的录像带，同时看看我们能不能分辨出那些人在跑步时都在做些什么。你们认为我们应该从哪里开始呢？”
- （教师以比赛而不是技能来作为单元的开始。在第一天的比赛过后，教师开了一次评估会）“在进行完今天的比赛之后，能不能找出什么你们需要学习的东西？我们准备尝试对学习比赛的某个领域和技能展开学习，之后再将之重新运用于比赛之中。每一次比赛之后我们都会对我们的做法进行评估，同时选择另一个学习领域。”

9.2.7.3 运用一系列的教学策略，并且从中选择一种能使学生内容决策权力和认知参与程度最大化的策略

如果连续使用，那么即便最好的教学策略也丧失其激励效果；但有些策略却能更多地给予学生进行高度参与的机会，因此也就能提升学习的潜力。同伴教学、各种认知策略以及合作学习策略都具有能让学生进行高度参与的天性。如果教师在互动教学中能为学生提供决策的选择和机会，同时在自己的讲演中加入新奇的元素，那么学生进行高度参与的可能性也会得到提升（见第 8 章）。

教师必须不断找寻做事情的新方式。新颖是学生兴趣的因素之一。通过幻想、想象力（对于年龄较大的学生来说也是一样）和集体活动的使用，同样能提升学生的兴趣和积极性。

例：

- 教师提前对（学习）单元进行了详细地计划，不仅在其中加入了尽可能多的教学策略，而且还将这些策略与适合的单元目标进行了逐

个对应。

- “来设想一下我们今天正在丛林中狩猎。设置的这些站点就是不同的挑战。举例来说，就是有树要爬，有山要翻，还要去追逐野生动物。”
- “我们要按照真正的奥运会那样设置我们的比赛。”
- “今天我们要将班级当成一个人与人之间没有紧张关系的社会。在我们的社会中，每个人都乐于助人、彬彬有礼，同时还对彼此之间的需求非常敏感。今天是一个‘以他人为中心’的日子。”

9.2.7.4 所设计的任务应当使得每一名学生都能在一个适宜的难度下活动或学习

对于绝大多数学生来说，这意味着他们经过适当的努力就应该获得成功。任务难度太低或太高都有可能导致积极性的下降。连续的失败则可能会导致积极性和自尊心的缺乏。

例：教师不得不对自己教学计划中的每项任务设计进行反复斟酌与重新设计，以此来保证任务中的不同学生能以不同的水平参与任务。

9.2.7.5 所设计的任务应当允许学生自主活动

虽说不太可能让每名学生对教师规划的每一项任务都具有内在积极性，但教师还是应当尽力为全体学生提供有意义且允许他们选择和自主的任务。任务在呈现的过程中应当创造出个人兴趣、不和谐（有需要解决的冲突），以及好奇心。对所有学习任务的外部控制都会导致积极性和能力感的降低。

例：

- “今天我们所要进行的内容是为我们的排球学习单元构建一套个人热身程序。列出程序所需各个组成部分的表格已经发到你们手里。你们要做的就是用这些组成部分中的一个来设计热身运动。每个小组各负责一个组成部分，并且还要将自己根据所选成部分编创的热身运动教给全班其他同学。”
- “我决定我们要在比赛中运用‘组合运球’和‘移动中传球’。为什么运球和传球非常重要呢？你们在做这些的时候会遇到哪些困难呢？”

9.2.7.6 谨慎使用外部动机

如果教师所使用的是激发积极性的外部激励法，那么激发学生积极性的就只是结果的价值，而不是活动本身的价值。在许多情况下，教师必须使用外部激励物来使得学生更加努力；然而，如果下列情况能够出现，外部激励因素的效果就更容易得到发挥：

（1）表彰对基本任务的掌握是奖励的主要用途，不能将其用于包含对学生更高要求的学习经历之中。

例：“昨天我让你们记录自己在每个练习站点的分数。在每个站点会有十次尝试机会，成功一次得一分。这些工作会在每周课程结束时进行。在每个单元结束的时候，会对那些在单元学习过程中取得最大进步的学生们进行奖励。我决定奖励那些取得进步的学生而不是那些分数最高的学生，你们知道这是为什么吗？”

（2）教师使用奖励来将行为与在活动中取得成功的内在奖励联系在一起。

例：“以下‘单上有名’的同学是这周体育课的‘优秀运动员’。我想让这些同学都上来说一说是什么样的做法体现了他们作为‘优秀运动员’的风采，同时还要说一说他们得到别人支持时的感受。”

（3）在比赛中既应确保所有学生的成功机会相同，又应确保输赢的非人格化（不因内在原因取胜）。比赛是自我涉入类的活动，因此学生希望能在参与时有更多冒险的机会。

例：

- “我们来进行一场包含三个级别的循环赛。每一级别的比赛都有着不同的规则，竞争水平也各不相同。你可以选择适合你的竞争水平。”
- “今天比赛的所有胜者确实都非常努力，并且向我们展示出了优异的表现。你们有多少人真正享受今天的比赛？我可以说你们所有人都度过了一段美好的时光。我们来期待一下明天的胜者会是谁。”

（4）教师的工作目标是逐渐摒弃外部激励因素，代之以能提升内部积极性的方法。

例：

- “今天我看到了一些确实让我很高兴的东西，我想把它们指出来。

虽然我之前并没有说过要给那些今天努力表现的学生加分，但我还是注意到你们当中有很多人在不是‘得分日’的今天依旧在课上努力表现。如果明天我还不给予奖励，那么你们认为你们当中还有多少人能努力表现？”

- “在学习成为一名成年人的过程中，有一部分学习内容就是‘要以事情的对错，而不是以你能从中得到什么来作为做事与否的出发点’。你们认为我们当前能做的事情中有哪些是对的但却得不到回报？”

（5）开展关注个人提高而不是与他人竞争的自测活动。

例：

- “试试看你这次能否比上次做得更多？”
- “你们当中有多少人感觉自己能比第一次比赛中的传球速度更快？”

9.2.7.7 开展一系列学习活动以及新颖、有趣的任务来提高积极性

教师应当努力拓展任务数量。虽然教师不需要更改目标，但还是需要找出不同的目标完成方式，以起到保持学生兴趣的目的平行发展。

例：

- 排球二传技术可以通过下列方式练习：“对墙”练习；“借助搭档抛球”练习；“设置目标的过网发球”练习；“发球进篮”练习。
- 不要花一整天甚至几天来学习同一项技能，要将若干项技能的练习任务分配到整个学习单元之中，每天花在每项技能上的练习时间要缩减（分散练习）。

图 9.1 “帮助学生们进行个人意义与学习经历的结合”是教师必须致力的工作

9.2.7.8 帮助学生明白其所做事情的目的及意义，从学生的角度出发将个人意义与其所做的事情进行结合

大多数学生所认定的好处都与运动和健康相关。但“找到能将所做事情重要性与具体某名学生或某组学生相结合的方法”才是个性化的真正意义（图 9.1）。

例：

- “你最喜爱的篮球运动员有哪些？你对他们的打法有什么想法？”
- “你们来上学的路上在街上看到了几个慢跑者？你们对他们的这一行为有什么想法？”

9.2.7.9 开展高潮型活动以给予学生展示自己拓展练习和积极练习的努力程度效果

如果学生努力练习的东西相较于终身性技能有着更为即时的效应，那么他们的积极性就会得到提升。大多数体育教育单元都可以设置高潮型活动。虽说比赛的使用频率依然很高，但高潮型活动却因其性质和组织方式皆可变化与调整而更能增加课堂花样和学生兴趣。

例：

- “在这个学习单元结束的时候，我们会让每一名同学展示自己尽最大努力所编创的程序。技能的复杂程度无关紧要。程序的顺畅程度和编排形式才是我们的兴趣点所在。我们会邀请其他班级（或老师）来欣赏你们的作品。”
- “本单元的比赛同样也会设置一个价值重点。各支队伍都要选择一项自己认为既是人生重要品质，又是做好运动不可或缺一部分的价值（例如：努力、他人支持、诚实、尽力）。在你们的队名中要体现这些价值。而在比赛的过程中我们也希望你们的队伍能确实展示出这些价值。在比赛结束的时候，最能展现出自身价值的那组同学会成为这次比赛的冠军。他们同样也是最有竞争力的学生。”

9.2.7.10 帮助学生明确“我们所有人在某些时候都是初学者”的观念，同时还要让他们懂得“初学者”的含义

许多学生以及教师都将运动技能的娴熟归功于天赋；他们低估了努力、优质学习策略以及经验的作用。时间、努力以及优质的学习策略都是运动技能习得的必备条件。那些认为自己无法胜任的学生会丧失追求学业的积极性。教师必须向学生灌输这样一种观念，那就是：“我们所有人在某些时候都是初学者，而初学者就会犯错误，其表现也会不如那些有经验的人”。教师可以与学生讨论“运动技能方面的初学者到底意味着什么”，并且要帮助他们取得安全感——

“当一名初学者也没什么大不了的”。一旦学生不再因其是初学者而具有做事的愿望，那么他们的学习和成长都会因此停止。

例：“今天我们开始进行网球单元的学习。你们当中有多少人以前从来没有打过网球？你们当中有一部分在之前打过很多次网球，还有一部分则不具有任何打网球的经验。如果你之前没有打过，那么你们在一开始肯定不如那些有过网球经验的同学。为什么不试一试呢？初学者是个什么样子？如果因为害怕看起来像个初学者就再也不想做任何尝试，那么会导致什么后果呢？你们当中打过网球的同学该怎么去帮助那些初学者呢？”

9.2.7.11 帮助学生设置作为参与者而不是专家的体育教育目标

电视以及其他形式的媒体为我们铺就了通往最佳表现的即时道路，无论是在运动方面还是其他所有表演艺术方面都是如此。这种即时道路所带来的消极后果之一就是使得我们当中的许多人对业余表现不再感冒，因自己无法成为世界级的表演者就选择不再当一名参与者。学生对自己能力的感知会直接影响他们的参与积极性。帮助学生们树立正确的能力观。体育教育的目的应当是培养更多的参与者。学生不仅要了解高水平表演的价值，更要帮助他们懂得参与的价值。

例：“人们为什么要从事运动？你们当中有多少人喜欢打篮球？你们为什么喜欢打篮球？你们是否必须要成为迈克尔·乔丹才能喜欢打球？运动能给你们带来什么？”

9.2.7.12 使用幽默

教师在遇到事情的时候应当微笑面对，同时还要创造出幽默的氛围来提升（学生）兴趣和积极性。

例：

- 对活动不受控制的时候，教师在可以通过搞笑的方式来表达自己看法。
- 教师可以通过对“一名不尊重他人努力的学生”进行夸张演绎的方式来表明自己对他人努力的支持立场。

9.2.7.13 帮助学生将成功与失败归结于自身可控的原因

如果学生感觉自己无法掌控某项任务或是觉得成功与否自己无法控制，那么他们可能就会通过不去尝试的方式来保护自己免于失败。如果能帮助学生将成功的原因归结于其自身的努力，那么就能提升他们甘冒失败风险的可能——教师可以通过以下方式来实现这一目标：①为学生打造衡量成功的标准；②帮助他们设置合理的目标；③帮助他们制定一个有效的学习策略。对于成绩较差的学生来说，教师要将精力花在学生的努力程度与任务参与水平之上。“体育教育学习，尤其是运动技能学习，是一种时间投资”——这是教师应当让全体学生都明白的道理。

例：

- “汤米，你今天所做的事情令我非常激动。昨天你还在用手轻轻放下你的脚，今天我几乎听不到它们的声音。你的注意力肯定非常集中。”
- “如果你今天能比昨天多做一个，那么你就是取得了很大的进步。”

9.3 通过人际互动促进个人成长

对于一名新任教师来说，教学中最困难的一个方面就是要找到与学生互动的最好方式。某些新任教师会在努力使学生“喜欢”自己的过程中犯错误。教师的角色并不是“朋友”。教师应当从一名成年人的角度出发，以学生的利益最大化作为行事的基础。还有另外一种极端，某些新任教师因过于关心班级的失控问题而不愿在学生面前展现出人情味。支持和引导才是学生想要的与成人关系。他们希望能够知晓教师对他们自身以及对他们所作所为的关心。但这并不意味着他们想要的师生关系就是教师允许他们随心所欲。“扔球”类项目以及那些体育活动中纯以娱乐为设计目的的项目无法赢得任何学生的尊重。教学在很大程度上都与情感相关：那些作为专业人员的成年人体贴热心、关怀备至，有责任帮助学生学习，同时促进学生作为单个个体以及有责任感、有自我引导能力的社会成员的个人成长。

借助与学生之间的互动方式，教师们可以将一种专业而支持、诠释着“我在乎”的师生关系传递给学生。虽然每一名有着独一无二个性的教师都能找到自己与年轻人进行分享、沟通、并能促进其成长的方式，但教师们还是应当考虑方框 9.2 中的下列观点：

方框 9.2

通过师生互动来促进学生个人成长

- 了解并使用学生的名字。体育教师在每一个班级中通常都会有很多学生。然而，认识各个学生最基本、最起码的方式就是知道并能使用他们的名字。在每节课的课后都要利用你的花名册来识别那些已经与你有某种程度个人接触的学生。课堂开始的时候要将了解学生名字作为第一要务。如果你在这方面有困难，那么在你认全所有名字之前可以让学生戴上名牌，也可以给他们拍照片（以便你能在课外了解他们的名字），还可以用视频记录下学生介绍自己名字以及个人特点的过程。
- 对学生所作所为展现出热情和积极。热情具有传染力。许多人都认为热情是外向‘阳光’之人的人格特征。然而热情也并非总需表现成活力四射的行为。通过教师声音的音调以及其上课的方式，学生就能判别教师对其所作所为究竟热情与否。
- 对所有学生都要表现出关怀的态度。教师对每个孩子的真正兴趣和认可是体现教师关怀的首要标志。如果在你浏览了学生名单之后不能以一种积极而有意义的方式确认某一特定孩子对于成长的需求，那么这可能就标志着你已经将其当成了一个不断成长的人。教师的关怀还可以体现在他们对于学生感受、学生赋予事情的意义和重要性，以及师生间互动的敏感性。无论学生表现出什么样的行为，体贴关怀的教师都会把孩子当成一个有感觉的人。他们不会容忍学生的不当行为，但在处理不当行为的过程中不会贬低孩子作为人的正直与完备。
- 强化学生对诚实、宽容、尊重、风险承担以及努力等品质的基本信念和共同信仰，如果这些品质出现在课堂之上，同样也要对其进行强化。近来所出现的社会问题已经昭示出教师不仅要满足学生的个人成长需求（重新重视构建民主互助社会与世界的事业），还有责任要培养学生的亲社会行为（Good & Brophy, 1990）。亲社会行为指的是那些能体现学生责任感（不因外在奖励而主动帮助他人的责任感）的行为。

续

- 学生从家庭和校外社会得到的很多信息会使他们恐惧，并以破坏性的方式和那些与他们在种族、文化、社会经济、性别或身体情况等方面有所差异的人们进行交往。学校和教师既有责任让学生意识到这些态度和行为的破坏性，又有责任积极地改变他们。
- 不要因不作为而强化学生对自己或他人的破坏性行为。不光是你的所作所为，你的不作为也会成为学生学习与他人进行合理交往的途径。价值观、忍耐力以及对他人的尊重都会在这一过程中习得。教师必须找到能将可接受行为与不可接受行为告知学生的方法。培养出一种能察觉自身无意识行为影响的意识。如果你允许学生做出不当行为（骂人、打架），那么你就是以不作为的方式赞同这些行为。
- 不要让自己被学生的不当行为威胁到。许多新任教师都会将学生的不当行为看作是个人威胁，从而就会对这种行为做出过度情绪化的反应，愤怒、威胁、对学生进行个人批评，有时候甚至是体罚，这些都是这种消极情绪行为的表现。一旦教师将自己置于这样的境地，那么他们就会丧失对学生行为进行积极影响的能力；如果出现了体罚的情况，那么他们还可能会因不当管理而遭到解雇。教师可以通过不为学生不当行为所威胁的方式来使自己免于置身如此境地。专业教师会把不当行为当成是课堂上错误回答或反应。他们会以之作为学生当前所处位置的标志物，同时还会采取措施来帮助学生进步。他们不会允许自己被某个学生所威胁——他们的表现非常专业。
- 要将“有意识地平等对待所有学生”这一准则切实落实。要能意识到自己与不同学生进行沟通的方式。教师很容易趋向于关注那些技能水平更高或他们认为会威胁课堂控制的学生。研究表明：如果教师不能有意识地与全体学生都进行平等认可与交流，那么许多学生就会在日复一日的课堂互动中迷失自我。这对于不经常能见到学生的体育教师来说非常困难，但是如果他们能在提前浏览班级名单的基础上对所有学生都加以考察，同时还对那些过去被忽视的学生予

续

以特别关注，那么教师"关注全体学生"的这项工作就会更加顺畅。

- 学习成为学生反应的优秀倾听者和观察者。学生与你、他人以及学习任务进行互动时所采用的方式能够传达出一些有关他们的信息，你可以通过倾听和观察这些信息中隐藏的意义来走进学生世界，倾听动机与感受，给学生一个发表意见和秉承解决问题的共同责任感来积极处理问题的机会。
- 制订人生计划以促进个人成长。能为年轻人提供最多帮助的教师都是那些既能满足他们基本需求，又努力满足他们诸如尊重和自我实现等更高层次需求的教师。无论是作为一名教师还是作为一个多维的个体，都要设置一定的目标来实现自己的潜力。

9.4 通过教学决策来提升学生积极性、促进学生个人成长

曾几何时，为提高学生积极性制定计划以及对学生个人成长的关注都被认为没有必要。这些观点都是"教"这个词的内在含义。近来对主题相关能力的重视以及在激发某些学生积极性过程中所遇到的困难，都迫使教师认真思考并努力厘清能将积极性和学生个人成长融入其教学之中的途径。教师发挥的每一项功能都可以借助设计来实现不同的目的。此外，在每一项与主题相关能力、积极性以及个人成长相关的决策中都存在着整合的可能性。在使用不同教学功能激发学生积极性与促进学生个人成长的过程中有一些注意事项，接下来便是围绕这些注意事项的讨论。体育教育的独有目标在这一发展过程中不仅没有被忽视，反而变得更加丰富。

9.4.1 规划

若想在教学之中融合对学生积极性和个人成长的关注，规划必不可少。方框 9.3 中描述的是一名致力于学生个人成长的教师所做出的种种努力。虽然情感目标通常会被体育教师称为项目首要目标，然而它不仅在所有明确目标中受到的关注最少，甚至在教师的规划中也是如此。整合对情感和积极性关注意味

着这些目标起码应当成为课堂明确的一部分。只在嘴上说你想让学生结成搭档进行合作学习还远远不够。除非你能与学生就结成搭档进行合作学习展开讨论，否则他们所能学到有关合作的知识就可能非常有限。

方框 9.3

以学生积极性和个人成长为目的的规划

波莉是一名高中老师，其所在的高中实行的是 AB 时间制（90 分钟 / 学时）；她现在正在为其学生制定有关高尔夫球单元的学习规划。大多数学生都没有什么高尔夫球经验。波莉希望能培养起学生对于高尔夫球的兴趣，以此来为他们树立一项能使其积极锻炼的终身性体育活动。她先是规划了技能发展的各个流程，之后则开始思考如何将积极性和个人成长目标融入自己的单元。随着其规划的完成，下列理念逐渐呈现出来：

- 她会将社区内有助于开展高尔夫球运动的设施用录像的方式记录下来，同时为那些定期打高尔夫球的“普通人”和青少年建立个人档案并对其进行采访。她会按照不同的技能水平从那些定期打球的人中分别挑选出一部分，询问他们为何打球。
- 在学打高尔夫球的过程中，她会要求学生记有关其学习想法的反思日记。问题会随着单元内课程的变化而变化，其中可能会包括以下想法：我为什么要学？我比之前更好了吗？在这段学习经历中有什么是有趣，什么是无趣的，为什么？去到高尔夫球场时我喜欢什么？
- 在单元中间的某个时间，学生会去到高尔夫球场打球，并借此熟悉高尔夫球礼仪。在单元结束之前，教师要求他们至少独立打 18 洞球。
- 在对大多数俱乐部都进行过介绍之后，学生在每一节课上都会有时间来选择一个自己想与之共事的俱乐部。
- 在整个单元的学习过程中，学生要定期地对同伴评价和自我评价进行录像记录。
- 每一节课上都要有不同的花样加入——每节课都至少要有一次进行自测或应用的机会。

体育教育能给予学生很多发展个人成长技能的机会，但仅将学生置于有个人成长可能的环境还远远不够。教师利用团队运动项目来培养运动员精神就是一个重要的例子。团队运动项目具有培养运动员精神的潜力，但却也有可能培养出与之相反的东西。除非教师们能对运动员精神的含义有一个明确预期，且他们能在课堂上对运动员精神继续加以强化，否则仅去做一个团队运动项目是不太可能培养出运动员精神的。在你的规划中应当包括以下内容：

①不仅要考虑内容，还要考虑学生积极性——你如何将对学生积极性的考量融入课堂和单元的每一个阶段。

②多做一些长期的规划。只对课堂加以规划的教师会错失在规划中加入各种花样与长期目标的机会，而这些因素会对学生的积极性产生影响。

③制定学生品行方面的目标，并且在你的年度规划、单元规划以及课堂规划中明确其作为连续内容的价值。确定你的工作重点，并将其与你的单元规划和课堂规划进行整合。

④如果你必须使用外部动机来激励学生，那么你就要在规划中设定逐渐摒除外部动机，并代之以内部动机的计划。

9.4.2 学习任务选择和经历设计

教师设计的学习经历和任务是培养学生主题相关能力、积极性以及促进学生个人成长的首要途径。仅仅能确定学生对“2V2”攻防策略的学习需求还远远不够。分组教学中的任务设计方式才是其发挥激励潜能或助益学生成长的关键。在设计学习经历和任务时应当考虑以下理念。

9.4.2.1 应当对任务难度加以甄选，以使之能适合于全体学生

“班级中的全体学生并非具有相同的能力水平”是一个非常合理的推定。因此，为了能使任务适合于全体学生，教师必须要做到下列几点当中的一点：

①提供任务选项，比如：“如果你从中场位置使用下手发球技术发出的球能十过（网）其八，那么就往后退到底线位置。”

②设计出本身允许每名学生在其能力范围内进行操作的任务，比如：“找到一个能与你搭档一起练习地滚球守备的舒服距离”或“选择一个你能坚持 6 秒以上的倒立平衡姿势”。

③允许学生选择自己想要的比赛级别，比如："你们既可以选择进行'2V2'比赛，又可以选择进行'5V5'比赛。"或"每个小组都可以自己制定比赛规则。"

④对全班公共任务的条件进行操纵，比如距离、器材、规则、目标或是所需力量水平等。

⑤开展能允许学生在自我完善框架内进行自我能力测试，比如"在不让球离开地面的情况下你能连续抛接球多少次？"或"在使球保持在空中的前提下，你们小组能使用前臂传球或上手传球技术传球多少次？"所设计的任务应当具有激发学生兴趣以及维持学生积极性的能力。

9.4.2.2 涉及比赛的任务应当使用得当

考虑下列理念：

①设计能使全体学生都有平等取胜机会的经历。如果某些学生总是赢而某些学生总是输，那么对这两类学生来说比赛都失去了其应有的价值，而且这种比赛还会有损其个人成长。

②将学生的注意力集中在比赛之外及可控方面，比如练习与努力，而不是诸如天赋一类的内在因素。将"自我涉入"尽可能地消除，要将胜利归功于努力。

③以比赛的技能水平为依据而对学生进行同质分组。虽说异质小组内的练习有其自身优势所在，但比赛还是要在具有相同能力水平的学生之间进行。

④以进步作为衡量学生的标准。学习量的多少控制在学生自己手中。但他们却无法控制某一学习情境中所要涉及的能力或经历。

⑤在可能的情况下开展以个人进步为重点的自测活动和评价活动。

⑥允许学生对是否比赛以及比赛竞争程度进行选择。比赛既可以提升技能娴熟学生的表现，但又可能会对技能生疏学生以及初学者的表现造成损害。

⑦开展小组自测任务，比如："看看你们小组（或你和你的搭档）能连续让球运转多长时间。"

⑧在你阐述活动的过程中以及比赛之后的反应中淡化输赢。

9.4.2.3 找到练习同种技能的不同方式

教师通常会找出一项学生在进入流程下一阶段之前所必须掌握的关键技

能。教师可以做很多事情来确保对某项技能的必要练习不落于无聊与重复的窠臼。教师可以：

①找到需要相同技能的替代性任务（平行发展）。

②将对同一任务的练习分散到本学习单元的不同时间。

③对课程进行设计，以使能将某些器材的使用权留给年龄较大的学生。

④将学生纳入项目以及长期的目标当中。将课程联系在一起。学生们更愿意在有意义整体的各部分上付出努力。

⑤在单元教学工作中使用一系列的教学策略（第 8 章）。

9.4.3 单元和任务表述

学生在你开始上课或开启一个新的单元学习之前对该课程或单元所属内容领域的看法，会对他们能否全情参与该内容的积极性造成重要影响。做好准备激励整组学生的热情，教师有时甚至可以改变那些最坚定抵触所要学习内容的学生（图 9.2）。应当思考以下技巧：

图 9.2　吸引人的布告栏可以提升学习积极性

9.4.3.1 在单元和课堂上应用阅读前导

阅读前导能将本节课和本单元要学习的内容告知学生。在可能的情况下将你决定以某种方式行事的原因，以及你决定做的事情重要性告知学生——这两点也非常重要。

例：“今天我们要开始足球单元的学习。你们面前有一份足球技术和能力的清单。我知道你们之前都踢过足球，现在我希望你们能核对一下这些技术——在你能够做得非常好的技术名称上‘打钩后再标上加号’；在那些你能够做得不错的技术名称上‘打钩’；对于那些你认为自己做得不够好的技术名称上‘打钩后再标上减号’。这一工作能够有助于我的规划，使得我所制定的学习经历更有意义。今天会以3V3比赛作为我们课程的开始，而在下课之前的一段时间还会讨论一下我们今天都做了什么。在本单元结束的时候，我们应当至少具备进行7V7班级比赛的能力。”

9.4.3.2 在课堂和单元的学习开始的时候使用具有激励性质的引入来激发兴趣和好奇心

例：有一名教师做了一首诗来述说本单元的乐趣；有一名男教师在曲棍球学习单元开始的时候穿了一条苏格兰短裙；其他一些教师则将高中或社区中的运动员带到了课堂上。

9.4.3.3 如果以某项活动作为单元学习的开端，而学生对这些活动相对不熟悉，那么教师就要找到一种能让学生对其有整体感受的方式（他们要学习的事物）

许多学生正在进行排球的首次学习，而他们以前却从未见过以团队运动形式开展的排球。怎样才算是某些运动项目的高手呢，很多小学生对此都没有概念。

例：如果能为学生提供录像片段以及有关运动项目和活动的电影，那么就能够帮助他们构筑起一个有关其所要学习事物的概念。

9.4.3.4 使单元和课堂的引入个性化

使用你或班级其他成员的经历来帮助学生认识到你所教内容与其的相关性。

例：“每周我都会花那么几个下班之后的下午去到一支垒球队打球。你们当中有多少人的父母或者所认识的人当中有加入成人垒球队的？”

9.4.4 组织安排

教师对器材、学生以及教学空间的安排方式与其所选教学内容同等重要。教学的组织安排应当是一种以实现特定目标为己任的特意设计；与此同时，为了组织安排能发挥其在激发学生积极性和助益学生个人成长方面的潜能，教师还应避免使之过于程式化。

9.4.4.1 采用个人练习、小组练习以及其他组织形式来增强技能练习的趣味性

针对同一技能所开展个人练习、搭对练习以及小组练习能增强课堂的多样性和趣味性。

9.4.4.2 有目的地构建学生小组

是与其他人合作还是与搭档合作，人员分配方式因任务和特定小组的需要而异。

9.4.4.3 有目的地采用同质和异质分组形式

学生在许多时候都需要与那些与其有同样能力的人共事。如果有机会的话，学生通常都会选择那些能处得来且与自己有同样能力的人。除非出现某些学生会一直“被忽视”的情况，否则这一体制就是行之有效的。如果教师想要锻炼学生的忍耐力、增进学生彼此间的理解或是提高某些学生（那些能从与更高能力水平同学共事中受益的学生）的技能水平，那么就应当选择异质分组的形式。在采用异质分组形式时，教师应当给学生分配不同的角色，只有这样才能确保人人都能发挥自己的作用 / 做出自己的贡献。

9.4.4.4 保持小组成员的稳定性

“保持小组成员的稳定性”有时也有一定的价值，因为这样学生就能拥有解决问题的机会。在年度计划中，要对小组成员以及待在特定小组的时间进行变更。对于作为某一小组成员的学生来说，教师要赋予他们不同的职责，同时还要让他们清楚地了解这些职责可能的含义。学生要学会分辨有效小组互动和那些会对小组任务取向造成损害的无效小组互动。

9.4.4.5 采用新型器材或新型器材布置方式来增加课堂多样性和趣味性

“新颖”能够激发人类的积极性。教师在进行课堂设计的时候要时刻注意

利用新型器材或新型器材布置方式来增加课堂的新颖性。

例：

- 让学生们用箭来扔或射气球。
- 为了小组作业的方便而将教学过程用录像的方式进行记录。
- 利用各种体操器材来为运动课设置障碍。

9.4.5 教师在活动期间的职能

基于任务的性质和学生的自我管理能力，体育教师在学生执行学习任务期间应当具有进行观察和给予学生个性化帮助的自由。此时，如果教师能够发挥好这两项职能，就能大大提高学习经历的效果以及对班级学生的个体适宜性。考虑以下情况：

①如果学生已经开始执行任务而你又能确保该任务的安全性和专注性，那么你就可以利用这段时间来将自己的注意力转移到个别儿童，尤其是那些因可能无须在组内承担任何职责而逐渐迷失的儿童身上。要留意隐藏于学生参与和组内社交行为中的微妙信息。

②在发布信息和指导学生之外还要抽出教学时间来实现教师情感目标和课堂内容目标的个性化。

③参照在第 7 章中给出的反馈指导方针，尤其要给予那些没有安全感的学生以更多的支持。对于那些追求成绩的学生来说，要开始逐渐停止给予其来自成年人的帮助。鼓励“努力”，力求能将学生的成功归因于其自身的努力。

④如果没有其他可用的时间，那么在需要的时候就利用这个时间来与学生进行“题外话”的交流。

9.4.6 课堂节奏

教学的艺术之一就是要知道让学生继续进行某一特定任务练习的时机，以及让他们在所做事情上加把力或对任务进行变更的时机。在任务结束之前没能给予学生足够练习时间的教师，以及因学生积极性衰退而使得练习劣化的教师都会影响对学生的积极性产生影响。考虑以下情况：

①比赛中的学生对连续中止他们比赛的行为深恶痛绝。要提醒学生某些比

赛的练习性——你会在需要时候中止比赛。如果比赛所关注的重点是技能或策略的某一特定方面，那么既要提前（对学生）明确你的期望，又要明确告知他们你会在这一特定方面出问题的时候中止比赛。尽量不要按照“执教提示”中的部署方式而勉强中止比赛。

②通常情况下，会对特定任务感到厌烦的是教师，而不是学生。要学会在那些只是需要身体上短暂休息的学生，与那些毫无积极性、开小差的学生之间做出区分。

9.4.7 任务、单元和课堂的评价

对学习的评价可能是教师在体育教育教学中最容易被忽视的职能。通常来说，这是因为教师认为自己没有时间来做任何形式的评价。然而评价却是学习的一个重要方面，不仅如此，它还是学习积极性的重要维度之一。本书的第 11 章会对有关评价的相关议题进行阐述。从动机理论的角度出发，教师们应当思考以下情况：

①即使要缩减教学材料，也要抽出时间来进行评价。

②要以“明确对学生的预期”和“就学生学习情况做出反馈”这两项工作作为评价的开端。

③给予学生制定学习标准，以及在单元学习过程中和结束后进行自我评价、同伴评价的机会。无论是小组还是个体，都要让学生遵守他们自己制定的标准。

④无论学生学了什么，在每节课结束后都要花上几分钟的时间，来让学生以个体的形式对课堂进行回顾。

9.5 在教学中将情感目标作为课程重心

无论归属于显性目标还是隐性目标，情感目标始终都是教学目标的一部分。然而对于大多数教育课程来说，情感目标都不在其显性部分的范畴之内，因此其受到的关注程度也就无法与主题相关能力或其他发展领域相提并论。导致这种情况出现的原因可能有以下几种：

①情感目标领域的变化和成长难以测量；

②情感目标作为教学理念隐性方面的地位，导致其经常被误认为可以在教—学环境中自动达成；

③担心价值观的文化属性会导致其无法在多元社会中共享。

本章之前的几个部分已经明确了教师在教学中对情感进行关注的方式。通过这些讨论，我们得知要将情感规划进以内容为主要取向的教学角度。“为教学营造学习氛围”这项工作（第 6 章）在很大程度上确实就是一个情感过程。也可以将情感的教授作为某节课的首要目标以及统领所有其他关注点的中心焦点。体育教育情感成果的目的和目标存在着诸多源头，而体育教育内容的情感维度和普通教育或学校教育的既定目标则是其最主要的渊源。

9.5.1 体育教育的独特情感目标和普适情感目标

在《体育教育国家标准》（NASPE, 2004）中明确了两个情感标准：

标准 5：在参与身体活动的过程中，展现出负责任的个人和社会行为，即尊重自己和他人。

标准 6：重视身体活动在健康、娱乐、挑战、自我表现以及社会互动等方面的价值。

这些标准都是体育教育的特有职责，在对其进行教授的时候不能将其认定为学生活动参与结果的“附属品”，而是要以其作为明确的项目目标和课堂目标。要想做到这些，教师就必须在学习经历规划中明确包含对这些结果以及那些与其他教育项目所共有结果的处理 / 应对办法 / 举措。

体育教育工作者始终都把运动和体育教育参与认定为一种“品格塑造”。这是因为运动参与具有提供诸多领域（比如社交技能、诚实、正直、努力实现目标，以及把握胜败等）真实经历的“可能”。体育教育工作者的错误在于他们认定只有运动或身体活动的参与才是培养这些价值观的唯一途径。实际上，虽然参与可以教会所有这些观念，但运动和身体活动参与却有可能将这些价值观的对立面传递给学生。

具有将情感目标作为体育教育课程设计框架的可能性。我们在第 6 章中讨论过的海尔森（1996）在其著作中为我们列举出了一个在体育教育过程中关注情感目标的方法。在海尔森的著作中，学生会经历从“无控制感”到“关怀”

的五个情感发展阶段。课堂设计要有利于学生向更高阶段发展。

9.5.2 情感教学的教学策略

态度和价值观都可以进行教授（海尔森，2011）。许多理论都对价值观的学习方法做出了描述。同样也有一系列的项目都以教授价值观为其特定设计和打造目的。这些观点中的大多数都发挥出了其应有的作用，其原因在于它们将学生的注意力放在了：培养价值定位意识；了解不同价值定位的重要性；明确价值观对行为的影响力之上。

与其他学习内容类似——价值观的学习通常也是一个缓慢的过程。价值观的掌握以及持续依照某一价值观行事习惯的养成都需要花费时间。经过帮助，那些不具有某一价值观，甚至可能会按相反方式行事的学生都能拥有这一价值观，但若想做到以之指导所有行动，那么则还需要一个漫长的过程。

“以价值观指导自发行动”是目标，但却未必是实现这一目标必要行为。这是因为价值观和态度的改变需要很长一段时间，因此“制定教学的情感目标以及对情感目标的反复强调才是最好的情感教学方式”。

你在教学中制定情感目标的方式可以有很多种，包括以下几种：

9.5.2.1 为你希望学生达到的情感目标树立榜样

例：“对不起，赛琳娜，我刚刚打断你了。我不应该这么做的。”

9.5.2.2 通过以下方式明确你对个人行为和社交行为的预期

（1）设计包含有多种目标的学习经历，其中包括情感目标（充实经历）。

例：“我们今天所要学习的内容是试着像手倒立那种姿势一样将脚抬到空中。你们当中可能会有一部分同学只把脚抬离地面一点点就安全放回。这种做法没有问题，因为我知道如果你们能每次都比前一次抬高一点点，那么几个星期之后你们就能一直将脚保持在空中。你必须要做的就是要学会在对自己耐心的同时保证学习过程的安全性和可控性。这才是我一直以来的追求。你们能够做到努力学习、对自己耐心，并且有控制力吗？”

（2）通过讨论、角色扮演和举例说明来帮助学生看到行为的价值。

例：“我们每个人在选择搭档时都有各自不同的理由。你能告诉我你选择搭档的理由吗？你能告诉我一对好搭档能做到哪些事情吗？”

带来一份录有社区不同地点晨跑者、附近工作场所公用健身设施，以及社区娱乐设施的录像带。讨论一下这些成年人做出那些行为的原因。

（3）结合当天的学习经历，将该价值观的应用融入具体的例子和行为之中。

例：“今天我们将要学习的技能需要进行大量练习才能掌握。我们今天会练一段时间，并且以后每天都会练一点。为了能从练习中学到一些东西，你们必须注意你们在练习过程中的行为。今天我会找出那些付诸努力的人——想要取得进步，并能在练习过程中自己的行为进行思考的人。”

（4）对你项目的情感目标和目的进行积极强化。

例：“下面我想将我今天在你们练习过程中观察到的东西分享给大家。伊莱恩在今天刚开始的时候并不能很好地完成技能。我想让伊莱恩将她学到的东西分享给你们。除了她之外，你们今天还有没有看到其他人特别努力，并且取得了进步？”

9.5.2.3 要使学习经历对于所有学生来说都是积极体验

体育教育领域中的积极体验获得与否主要取决于教学内容能否具备对整个班级和所有个体的适宜性，以及能否拥有一个能包容所有学生的支持环境。有了教师的支持还不够，其他同学所创造的社交环境与教师和全体学生之间以及教师和个别学生之间的互动具有同等重要性。教师在个体感受到威胁的环境中可以将积极的社交环境教授给大家。

9.5.2.4 帮助学生接受新的和不同的观点

例：“乔治完成这项任务的方法与大家不一样。乔治，你能把你的观点展示给我们吗？”

“我知道你们当中可能有些人会因今天的舞蹈而感到不舒服。你们能用语言来描述你的感觉吗？你觉得我们为什么要跳这支舞？谁对今天我们所做的事情有一个好的感觉？你能告诉我们你有什么感觉吗？即使你今天遇到了一些问题，那么你也要对自己有一点耐心。我认为如果你能好好地去尝试一下，那么你就能学会享受你当前的所作所为。”

9.5.2.5 帮助学生欣赏和赞美多样性

例：“你们当中不可能有人擅长所有事情，也不太可能所有人对事情的擅长程度都一样，没关系，我们所有人都各不相同，这难道不是一件美妙的事情吗？”

9.5.2.6 帮助学生逐渐承担起有关自身行为的责任，帮助他们变得更加独立

例：“你在观看电视体育比赛的时候有时会发现选手在犯规时并不能保持诚实。在我们比赛的时候，我会要求你们通过举手的方式承认自己的犯规行为。我这么做有两个原因：第一是因为我不能执裁你们所有的比赛；第二是因为我觉得即使在做错事没被抓到的时候，也要学会做‘正确的事情’。你们对这件事有什么看法？”

9.5.2.7 注重评价

你所设计的学习经历在对其他目标进行评价的同时不要忽略对情感目标的评价。

例：使用对课堂进行录像记录或者在刚下课的时候就尽快对课堂进行回顾，以确定学生行为方式在多大程度上与你的情感目标一致。

“在上个学期你们参与了各种不同的活动。将你们最喜欢的活动以及你们在参与每项活动时的感受在日记中写给我看。”

9.6 以包容为目的的体育教育使人合群

当代美国兴起了一股特殊利益群体和少数族裔群体为权利而斗争的热潮。许多构成这些群体的集体和个人多年以来一直在默默忍受着“差异”给他们带来的艰难境遇——他们很难充分开发出自己的潜力。那些因社会经济地位、性别、阶层、人种，或是生理和心理缺陷而与众不同的学生一直在努力博得公平的对待。平等对待全体学生不仅是一种道德使命，更是对未来的一种投资。

社会中有很多人都会将异类人视为对自己的威胁。教师的任务就是帮助全

体学生认识到社会多样性的优势所在。“多样性能够有益于而不是有损于我们对于自身的定位”这一理念正是我们国家的道德基础 。然而很遗憾，我们将追求平等的抗争归入权力问题的范畴，而不是将其归入更大的道德问题范畴，这就导致权力斗争因群体独立性而出现了各自为战的现象。在许多情况下，这种现象就会引发对抗与防御。将平等纳入道德问题的范畴可以有助于谅解力、个人成长以及忍耐力的培养与发展。

忍耐力是一种能力，是对其他与你不同人们的完整性的尊重。忍耐力并不意味着你要同意那些与你有不同观点的人，而是意味着你要尊重他们持有不同意见的权利。忍耐力作为一个受教育个体的特征，理应成为全体教师的主要目标——这并不是因为人们都是不同文化、性别、人种的一部分，也并不是因为他们具有什么特殊的身体特征，而是因为他们拥有与所有其他人都相同的权利、梦想、需求与愿望。如同憎恨、偏执、不公平一样，偏狭也是逐渐学会的，因此要对其他人的感受保持宽容与敏感。这些品质都能在体育教育中习得，也都可以为体育教师所教授。

作为一名教师，你是社会的一部分，你也习得了你所处文化的许多信仰、态度以及价值观。你所说的话、你所做的事，以及你做事情的方式都传递了你的价值观。我们从研究中得知大多数教师都会对学生进行好坏分类，而分类的标准则会在很大程度上受到学生性别、文化以及身体特征的影响。大多数教师都没有意识到自己在进行这些判定，但结果却都一样。学生会因教师的看法而被预先判断、回避，此外他们受到的关注程度也会各不相同。学生能够一清二楚地接收到这些信息并据此做出自己的回应，他们的回应通常都是学生特有的行为，也即是本章第一部分所说的那种缺乏尊严和成就取向的行为。还有一点也非常重要，那就是收到你所发出信息的班级其他同学也会采取与你类似的方式对待这些学生。

本小节会被分为几个重要的部分。在第一部分中我们会鼓励你去了解自己的价值观、态度和行为——这是因为如果你不能以宽容和敏感的方式对待他人，那么你就无法教会别人如此行事。第二部分解决的是教授别人宽容、敏感和包容的方法问题。处理班级不同学生的具体需求则是第三部分要解决的问题。

9.6.1 自我认识

图 9.3　体育教育是社交发展的实验室

教师就是榜样。鉴于体育教育的社交实验室地位，体育教师会对学生对待他人价值观和态度的形成过程产生深刻影响（图 9.3）。全国范围内的专业和非专业演讲者在演说的时候都会提出这样一个重要的议题——‘体育课上挑选队员时被最后选中’对学生的负面影响。这类实践在对这些学生产生深远影响的同时也使我们的项目目标——活动参与——无论如何都无法达成。思考体育教师通过下列做法传递出的信息：

①残疾学生因教师未能找到使其参与进当天课程的方式而只能坐在一旁。

②学生在挑选搭档的时候一直以人种、文化或性别作为其挑选标准。教师对此无动于衷。

③班级里的学生将与种族和人种相关的贬义评价与评论用在彼此身上。教师对此无动于衷。

④教师以性别作为组织学生（进行练习、排队、回教室）或选择队伍的标准。

⑤教师秉承“所有亚裔学生都是学习优异但身体技能匮乏；所有黑人学生都是身体技能优异但学习差；以及女生不能投掷”的偏见行事。

⑥教师认为黑人学生在被训导时不看他 / 她是对其的一种不尊重。

这些情况都是教师尚未培养起包容性体育教育项目所需技能和态度的例证。

以包容为目的而进行体育教育教学的第一步，就是要使你了解自己对那些代表不同文化、人种、性别和社会经济地位等背景学生的价值观和态度。接下来则是有关认识自身价值观和态度，以及培养对那些与你不同的学生的需求的敏感性：

①注意在你学校和社区内出现的，有关语言、角色、媒体以及练习的刻板印象。

②将你所做的事情，以及你所在学校和社区发生的事情列成清单。对与社会公平相关的话题越来越敏感。

③意识到平等并不总意味着公平。

④某些学生要予以区别对待，同时还要以更具支持性的方式对待他们。

⑤避免将所有人混在同一个小组。将人们视为个体，而不是某一小组的成员。

⑥要熟悉不同文化的世界观。不要对这些观点进行价值评判。要认定它们只是不同，而不是不对。在出现冲突的时候为大家搭建进行差异讨论的平台。

⑦承担一些风险。参加你身边由个人和群体所赞助的项目和活动。

⑧参加以人种和文化为主题的讲习班、会议和课程。

⑨在对项目进行规划的时候要将不同文化的代表纳入进来。

⑩对你的教学进行视频或音频记录。分析你的交往对象以及你根据他们性别、文化、人种、身体能力等因素差异而制定的交往方式。观察学生对彼此的反应。记录下他们对待彼此的方式。

9.6.2 为包容的实现营造氛围

无论在进行包容性练习的过程中感受到了多少道德使命感，许多教师仍然处在一个两难的境地——既要应对自身对差异的价值观和态度问题，又要应对班级其他学生的价值观和态度问题。如果缺乏同伴给予的社会认可，那么就对学生人生的方方面面以及自我认知产生影响。在这些情况下不能无所作为。针对与众不同学生所做的社交工作的相关理念可以为我们提供一些帮助。

9.6.2.1 为针对差异的态度树立榜样

通过他们对待和回应学生的方式，教师可以在培养学生对待自己和他人的积极态度方面做出巨大的贡献。那些容易相处、技能出众，以及能与教师和他人进行积极互动的学生很容易博得大家的欢心。如果教师能以一种更积极、更具支持性的方式回应所有学生，哪怕在训导学生的时候也不例外，那么就能够将有关人与人之间适宜及不当交往行为的有力信息传递给大家。滥用权力威胁学生的教师会发出错误的信息。

例："汤米，我告诉过你不要在执行运球任务的时候投篮。你现在得出去待几分钟。什么时候你认为自己可以回来重新加入小组，并且能够遵守指示了，就告诉我，我们来再讨论讨论。"

9.6.2.2 教学生尊重他人的人身和财产

让学生知道伤害他人或让别人不舒服是不合适的。帮助学生培养起对他人感受的敏感性。

例：教师发现有那么一个小组学生正在以剥夺其参与权的方式排斥一个黑人孩子。教师先是让那个黑人孩子暂时加入另一小组，之后则与这个小组坐下来探讨那个黑人孩子待在该小组中的感受。教师尽力帮助他们了解那种因自身不同而遭到排斥的感受。教师向他们明确了这种行为的不可接受性，并且让他们再尝试一次。在对学生进行观察过后，教师又让刚刚那些学生在下课后多留 1 分钟，以此来对他们做出的适宜行为进行积极强化。

9.6.2.3 一旦学生表现出了对你不尊重的行为，那么回应起来就不能再客气

教学生不要去理会其他人的不尊重行为，同时也不要受其影响。

例：

- 一名少数族裔学生在与老师说话时使用了种族歧视的话语。教师评论说："我知道你现在很生气，但当你觉得有必要用这种方式来贬低我的时候就是对我的一种伤害。我希望你能想一想你刚刚都做了什么。下课后我们再来说说这件事。"
- 教师在班里听到了意味着种族或文化对立的评论。教师让全班都停了下来，并且抽出时间来针对这种行为进行讨论：这种行为为何毫无价值？该怎么应对这种行为呢？

9.6.2.4 积极强化适宜行为

例：一些正常学生和一名残疾学生共同组成了一个小组。团队中有一些学生根据残疾学生的能力而对自己的做法进行了调整，还有一些学生则没有这么做。教师评论说："我看到你们当中有一部分同学在决定如何玩球的时候参考了你们队友的能力。我想感谢并支持你们当中的那些同学，因为他们对团队中其他人的需要做出了敏感的反应。"

9.6.2.5 对于那些彼此之间表现出不友好行为的学生来说，要帮助而不能强迫其进行互动

例："在大家选择合作搭档或小组的时候，我注意到一个现象——所有黑人学生一组，所有白人学生一组——我不知道这是为什么。这种现象之所以会引起我的关注，是因为以我的观点来说你们选择合作者的依据是皮肤颜色——不论选择的是什么，以这个理由作为选择标准从我的角度来说都是错的。我可以亲自来选择小组，但我还是希望你们能想想自己在做什么。在你们明天来的时候，我要看看是不是你们所有人都能对这个问题具有敏感性。我不希望在我的课堂上看到分别代表两个人种的小组。这对于你们当中的一部分人来说可能会很困难。我现在希望你们能尝试一下。"

9.6.2.6 采用合作学习策略

作为教学策略的合作学习策略具有一个优点：那就是组内学生必须相互依赖才能在学习任务中获得成就。我们在第 8 章中已经对作为教学策略的合作学习策略进行了阐述。

9.6.2.7 在你的教学项目中安排教授学生不同文化相关知识的机会

例：

- 班级的学生群体主要由大量墨西哥裔美国人和拉美人后代构成。在"节奏与舞蹈"单元的学习过程中，教师选择了许多与这些文化相契合的活动。
- 班级的学生群体中包含几名亚裔成员。教师决定在每节课开始的时候都会抽出几分钟时间来帮助学生们理解彼此在社会交往、世界观、主要休闲活动等方面存在的文化差异。

9.7 实现公平

9.7.1 性别平等

鉴于我们所处社会对于运动和身体活动参与的某些主要设定，“性别”因此成了体育教育班级中的一个问题。首先，男孩们在“想象中”都是技能娴熟且对更具侵略性的运动活动很有兴趣，而女孩们则不是这样。女孩们在“想象中”应该对体操和舞蹈活动很有兴趣，男孩们则不是如此。然而幸运的是，许多强加在“参与”或“缺乏参与”上的社会偏见都正在发生改变。通过对运动文化中固有刻板印象以及体育教育中惯例的积极处理，教师可以在促进这种转变的同时帮助全体学生兑现自己在身体活动方面的潜能和兴趣。

教师可以通过以下两种做法来帮助作为积极生活方式参与者的学生具有良好的自我感觉：一是要让他们意识到附着于性别运动参与的强势文化；二是尽量不要将运动或身体活动的兴趣与成功参与和性别联系在一起。思考下列教师评论及其在应对性别参与刻板印象时的做法：

①“你投掷的时候像个小女生。”

②“到那去拿个球——像个男人一样。”

③“女生们可能不想这么做。”

④“男生打触身式橄榄球，女生跳舞。”

⑤“你不想输给女生吧。”

⑥“你们这些家伙……”

对以下实践中由性别区分所带来的后果进行思考：

①始终将那些技能水平不高的选手与那些技能娴熟且更具侵略性的选手放在一起比较；

②男女分开列队；

③一直使用男性专业运动员做榜样；

④在体育馆中只贴男性运动员照片，而不贴女性运动员照片；

⑤将舞蹈从男生课程中剔除；

⑥一直让男生来进行示范；

⑦始终使用特定的性别语言。

并非所有男生都喜欢足球，也并非所有女生都不喜欢足球；并非所有男生都具有侵略性或是技能娴熟，也并非所有女生都没有侵略性或技能水平不高。如果体育教育以满足全体学生需求为目标，那么就必须要着手对运动与性别之间的关系进行切割，同时也要逐渐扩充给予学生的参与选择。

9.7.2 种族和文化差异

许多教师都会碰到所教学生来自不同文化背景的情况。不同种族和文化渊源的学生可能：

①会在语言上附加不同的意义；

②会对事情持有不同的观点；

③教他们重视不同的行为以及不同的社会交往方式。

教师可能觉得文化差异会成为一个社交或学习问题。然而令人遗憾的是，有时候它只有在学校环境中才会成为一个问题，因为只有在学校中孩子们才需要与其他文化背景的人进行交往。对于少数族裔的学生来说，由于家庭与学校之间存在的文化冲突，他们在上学期间遇到的问题也因此呈现上升趋势。“准时”和“轮流”是班级的典型价值观，但许多来自不同文化的学生则并不认可。那些在多元文化环境下工作的教师必须以积极的方式解决这些差异。

“文化差异及其在学校中的调解”这一问题在很大程度上都是一个政治议题。无论是对于学生还是对于教师来说，这都是一个亟待解决的现实问题。教育工作者已经将能使得教学在文化上与学生相契合的教学特质都找了出来。之前部分中与营造包容性氛围相关的许多理念，都可以成为在多元文化环境中进行积极工作的适宜总则。此外，下面还提供了一些从文献中归纳而来、与文化教学法相关的思想。

（1）不要把学生死板地归入某一文化群体，将学生当作个体对待。举例来说，不要想当然地认为所有墨西哥裔美国人迟到的原因都是因为不重视时间。

（2）学习你所共事学生的文化。如果你工作的学区要为一个大型多元文化学生群体服务，那么你就要通过参加社区活动、阅读，以及成为一名优秀行为观察者的方式来尽力学习他们的文化。

（3）找到学生以特定方式行事的原因——不要总是想当然地认为是因为文化差异。如果你发现学生做出了某种你不赞同的特殊行为，那么就试着找出他/她如此行事的原因。其中的原因有时候可能跟文化差异毫无关系，反而是跟其他需要关注的原因有关。

（4）将文化冲突当作独立决策来对待。如果（你与学生）在你认为对于儿童学习来说非常重要的理念上发生了冲突，那么即使与其做事或看待事物的方式相悖，也依然要向他们解释你让他们遵守该理念的原因。某些文化习俗不能也不该出现在学校环境中，这是因为整个社会都无法接受那些行为（比如，以肢体冲突的方式解决问题）。

（5）针对非英语母语学生调整教学。教师很有可能在自己班级中碰到不说英语或以英文为第二语言但仍存在障碍的学生。通过延长无声示范时间（姿态夸张）、使用书面指示（也要使用学生的母语），以及利用同伴学生单独辅导非英语母语学生完成任务等方式，教师可以帮助这些学生从教学中受益。教师既可以帮助非英语母语学生学习英语，又可以通过让非英语母语学生找出某词在其语言中同义词的方式帮助以英语为母语的学生学习一门外语。

（6）在教学和与学生的交往之中要了解他们所属文化的优势所在。学生都会认为自己的文化是强势文化而不是弱势文化。

（7）营造融洽而宜人的教室氛围，从而传达出你关爱学生并希望他们都能取得成功的真心。你班级中的每一名学生都应当能感受到你确实是把他们当作独立的个体来进行关心。

（8）将所教学生的文化融入你的课程经历。体育教育课程可以将不同文化的运动与活动作为其强调重点。学生要能看出你所教授的活动可以与其自己的生活联系在一起。

9.7.3 弱势学生

在学校环境中，那些来自社会低收入阶层的学生通常会处于弱势地位。他们弱势的原因并非是因为物质匮乏，而是因为他们的父母通常无法将他们维持正常校园生活所需的生活技能、认知发展以及社交技能传授给他们。执教弱势学生以及班级中有弱势学生的教师必须从这些学生的角度出发做出一些调整。

有关执教弱势学生的建议与执教普通学生的建议并无二致。弱势学生与强势学生的区别在于：如果无法满足弱势学生的需求，他们就不太可能会学习；而对与强势学生来说，无论教师怎么做，他们都会学习。以下理念可以提供一定的帮助。

（1）与弱势学生建立积极的私人关系。除非教师能打破与学生之间的沟通障碍，否则在面对弱势学生时就很难提高教学效果。然而，温和的私下交流与支持不能成为学生不当行为或不学习的借口。执教弱势学生的优秀教师通常对学生都有着很高的期望，同时还会要求他们担负起对自己学习与行为的责任。教师不能允许学生拿行为顺从作为放低对他们学习和成绩要求的交换条件。

（2）教授学习所需的社交和学术技能。许多弱势学生都不具备学习手段或适应在学校环境中活动所需要的社交技能。在真正的学习开始之前，教师就必须把这些东西，诸如专心听讲、与搭档合作、在没有教师严密监视的情况下进行练习等一类的技能都应当教给学生。

（3）努力找寻能积极提升学生积极性和自尊心的方式。本章与提升学生积极性和自尊心相关的理念同样也都适用于弱势学生。许多弱势学生都是少数族裔，他们可能既没有很强的自尊心，又不具备很高的学习积极性。因此，教师所设计的任务应当在具有挑战性的前提下保证成功率。与同伴一样，这些学生也需要教师给予的积极强化，而且越多越好。为了能培养起学生的自尊心，教师不应向学生强化“不经过努力就能取得成就”的观念。

（4）从他们的文化中找出正面榜样。至于体育人物，所选择的人物不仅要在专业运动领域成绩斐然，在日常生活和学术生活中同样也要称得上是优秀榜样。

（5）与学校其他教师及后勤人员、社区，还有家庭进行合作，以满足弱势学生的需求。通常情况下，以体育馆为主要工作场所的教师在面对学生时会成为“独行侠”，这是因为他们需要兼具持续性和综合性的帮助，而这只有集全校之力才能给予。体育教师应当加入规划团队当中，以此来关注个体学生的需求，同时还能找到应对校内弱势学生的综合性方法。在处理学生问题的时候，教师不应对需求家长和其他校内人员帮助的做法心存芥蒂，要防微杜渐。如果你能识别出存在的问题，那么就要着手进行纠正。

（6）有一种观点你要注意：许多弱势学生可能都无法与你的人生经历产生共鸣，因此也就无法搞懂你用自己语言或阐述方式举出的例子。在这些情况下，你需要在做出解释同时再举出别的例子，要不断检查学生的理解情况，深入而细致地观察那些打断你说话的学生。

（7）要对弱势学生可能出现的饮食失当和卫生保健问题加以留意，这些问题可能还需要学校和社区服务点的关注。

（8）对于弱势学生来说，直接教学以及教师指导下的学习可能是最有效的教学策略。虽然我们发现直接教学是对于弱势学生最为有效的教学策略，但如何戒除对教师控制的高度依赖也将随之再次成为一个问题。

9.7.4 残疾学生

由于残疾学生会插班进入正常班级，因此找到满足正常体育班级中这部分学生需要的方式就很有可能成为体育教师必须要做的事情。无论是对学生进行分类，还是想出适宜具有特别特征学生的教学方法，都具有一定的挑战性。

虽然残疾学生的残疾情况有可能相同，但除此之外他们之间很可能再无其他相似点（Schloss, 1992）。教师务必要以个体的眼光去看待这些学生，这一点非常重要；教师要关注的第一件事就是他们能做什么与不能做什么。鉴于大多数专业师资培训项目都设置了应对体育课上具体残疾状况的具体课程，因此本书对这些材料就不再进行赘述。接下来是在对这部分学生需要进行强化时要参照的几条指导方针。

9.7.4.1 使班级其他学生做好准备

那些能够成功将残疾学生融入自己班级的教师有一个共同的特点：那就是在这些学生到来之前他们就已经让班级其他学生做好了准备。我们所有人都会害怕那些我们不了解的事物。教师应当首先帮助班级内的其他学生了解残疾学生的残疾状况，以及自己如何对他们进行帮助。

9.7.4.2 活动要与学生能力相契合

好的教师对全班每一名学生的期望都各不相同——对残疾学生更得如此。下列建议中就包括教师能够做到这点的若干例证。

（1）从个人角度出发改变比赛规则。举例来说，如果学生打到二次反弹球的难度很大，那么就让他们去打只经过一次反弹的球；如果学生投篮不准，那么就可以让他们去罚球或者从更近的距离投篮；如果学生老是走步，那么就让他们打没有走步规则的篮球。

（2）**调整器材。**可以让残疾学生使用更轻的球、更小的球拍、更大的球，或是更小的场地。为那些存在视觉障碍的学生定制器材——带铃的球或者因系绳而不能跑远的物体。

（3）**调整预期。**应当为学生制定个性化的目标。对预期的调整要以满足学生需要为出发点。要从个体学生的现实目标出发对需要一定身体能力（力量、速度）的健身运动和技能进行调整。

9.7.4.3 在你进行任务表述和教学的过程中要依据残疾学生的特定需求而进行具体调整。教师在教学过程中要考虑到每一名残疾学生的特殊需求。部分教学需求示例如下：

（1）**存在视力障碍的学生。**在授课的时候将这些学生安排到距离你本人，或你想让他们看到的视觉演示以及可视图像更近的位置。要使用清晰的视觉演示来确保你的授课重点能得到突出强调。在需要的时候要手把手地教授动作。

（2）**存在听力障碍的学生。**尽量让这些学生靠近声源。运用高质量的视觉演示和书面材料（任务卡或其他书面指示）。在需要的时候使用音量大小合适的麦克风。带有口头指示的手势和手示信号对于这类学生来说极为重要。

9.7.4.4 设置同伴导师

设置同伴导师已经成为满足残疾学生需求最有效的方式之一。为使残疾学生和同伴导师都能有一个积极的经历，在挑选同伴导师的时候应当慎之又慎。同伴导师既须精通课堂内容，又要真诚可靠，还要对他人需求格外敏感。如果教师能与即将成为导师的学生会面并教他们如何以导师的身份行事，那么这对于他们来说会非常有帮助。在这些私教课上，教师应当就如何帮助残疾学生以及如何了解残疾学生当前处境而对同伴导师做具体的指导。

9.7.4.5 要鼓励交往，而不能强迫

残疾学生可能需要花上一段时间才能融入班级。不要强迫那些与残疾学生合作会感觉不舒服的学生与残疾学生进行合作——要给他们一点时间。如果在你已经将残疾学生介绍给班级同学之后还需要在残疾学生不在场的情况下与全

图 9.4　教师的态度可以帮助学生融入社交环境

班进行接触，那么就做这样一个安排吧。不管是残疾学生还是其他学生，只要有一方觉得经历消极，那么教师都不能不加干涉地任其继续下去（图 9.4）。

9.7.4.6 帮助残疾学生与同伴打成一片

将能够帮助残疾学生融入正常班级的技能教给他 / 她。你的学生在以往的学习过程中已经学习了很多种“融入体育教育班级”的技能。但那些尚未接受过正常体育教育的残疾学生却没有学习这些技能的机会。如果你发现某个孩子出现了迷茫而没有反应的状况，那么你就要扪心自问这个孩子之前到底学没学习过任何所需的技能。

如果残疾学生与其他学生之间存在社交问题，那么其原因很可能是因为他 / 她不懂得如何与同伴进行积极交往。在为他们提供帮助的时候不要害怕开门见山。其他学生一定会体谅你，而且残疾学生特别需要这些技能来帮助他们完全融入某个班级。

9.7.4.7 留意学生能够做到的事情

如果残疾学生受到关注的原因是因为其做不到某些事情，那么这对于他 / 她来说将会非常不幸。教师要帮助这些学生探寻他们“能做”之事的上限，而不是他们所“不能做”之事的下限。我看到过最激动人心的一项经历就是看到一名戴着全腿部支架的学生在全速奔跑，而且在越过跳高箱时为了把自己蜷起来而“丢掉”了自己拐杖。如果教师能在对学生可做之事进行着重强调的同时，鼓励他们在支持性的环境中拓展自己的能力，那么学生的积极性、努力程度和成功可能都会得到提升。

9.7.4.8 参与多学科交叉的规划

体育教师需要投身或参与那些针对残疾学生的规划会议当中。大量学生的参与有时会增加教师的参与难度，但为了能让孩子们有一个积极的体育教育经历，教师还是很有必要去参与一下。如果你连一个与会委员都接触不到，那么就要想办法弄清楚他们都讨论了什么。

9.7.4.9 关注终身性的活动技能

由于残疾学生的运动机会远远少于肢体健全的学生，因此就需要你来帮助他们将身体活动变成他们人生中的一部分。教师可以将成为参与者所需的技能和态度教给残疾学生，也可以怂恿他们将自己的残疾作为不参与的理由——只不过前者的重要性要远远大于后者。教师可以通过鼓励和帮助他们参加特殊奥林匹克运动会以及其他社区活动（为残疾学生量身打造）的方式来鼓励残疾学生将身体活动作为人生的一部分——当然鼓励的方式远不止这一种。

9.8 有关体育教育情感目标的讨论

通过“将教学决策权从教师转给学生”的方式可以促进学生的积极性与个人成长，而本章则讨论了许多与此相关的指导方针。许多教师都错误地认为学生的自由与选择始终可以为他们带来积极的经历，同时积极情感的发展与教师的控制也无法共存。就像在第 6 章中讨论的那样，我们所追求的目标有两个：第一是希望学生能够进行自我引导；第二则是希望他们能够做出内在控制感支配下的反应。自由程度、选项数量，以及针对内部动机而非外部动机所做出的努力程度，都取决于学生内部控制的发展情况。教师要适时（在学生发展内部动机的过程中）地采取行动，而不能袖手旁观。

9.9 总结

（1）积极性是学习的重要组成部分。

（2）除非更为基本的需求得到满足，否则学生就不会追求更高层次的需求。

（3）人们针对特定目标的积极性既是他们对于目标实现的一种渴望，又代表了他们避免失败的倾向性。

（4）我们力求将成功与失败归因于我们的能力、努力程度、运气或是任务的难度。

（5）取得较高成就的学生会把自己成功归结于自己的努力，而且还会越挫越勇。未能取得较高成就的学生则倾向于将自己的成功归结于外部因素，而把失败归咎于内在因素，因此他们也就会因失败而气馁。

（6）教师可以通过在教学中引入激励条例的方式激发学生的积极性。

（7）能够促进学生学习、使其努力实现个人成长的激励方式有很多，但学生对某一激励方式的受用程度则会受到师生间交往（课堂交往和私下交往）方式的影响。

（8）教师可以通过对其课堂具体策略进行细致构建的方式来提升学习积极性、促进其个人发展。

（9）情感目标是体育教育内容的具体组成部分，同时也是所有教育项目的共同关注点。

（10）优秀教师会在需要组织结构的学生与那些在学习经历中追求学生控制的学生间做出平衡。

（11）若想在你的班级中营造出一个包容性的氛围，那么第一步就是要对自己所做事情在学生身上的影响更加敏感，对于那些与你不同或受到社会不公平对待的学生来说更应如此。

（12）“将多样性作为优势加以强调”“改造教学方法和课程以适应学生文化经历”——教师的这两种做法都可以归入文化相关教学法的范畴。

9.10 课后自测

（1）从需求理论、积极性理论以及认知理论的角度出发，就学生缺乏积极性的原因做出解释。

（2）在动机理论对教师施加影响的过程中会遵循一定的基本规则，至少说出五条。

（3）对教师通过人际互动来促进学生个人的成长的九种方式描述出来。

（4）对教师通过下列职能而将积极性和个人成长（目标）融入教学的方式进行描述：规划；选择和设计学习经历；对学习单元和任务进行表述；组织安排；教师在活动期间的职能；课堂节奏；评估。

（5）体育教育的特有情感目标有哪些？体育教育与其他教育项目之间有哪些共同的目标？

（6）教师怎样来进行价值观和情感的教授?

（7）学生在教育过程中既有对学生选择和渴望承担更多责任的需求，又有对组织结构和教师控制的需求，两者之间是否存在矛盾？为什么?

（8）教师怎么做才更能察觉到自己当前行为可能会给“与众不同”学生带来消极影响?

（9）教师怎么做才能在自己班级中营造出一个包容性的氛围?

（10）那些多元文化背景学生的教师该怎么做才能使得自己的教学与课程更加贴近学生的文化?

（11）如果班级中存在残疾学生，那么教师要怎么做才能与他们合作无间呢?

参考文献

Cheribuni J. Positive psychology and quality physical education. ***Journal of Physical Education, Recreation and Dance***，2009，80（7），40–46.

Deci E. Ryan R. ***Intrinsic motivation and self- determination in human behavior***. New York: Plenum，1985.

Good T. Brophy J. Educational psychology: ***A realistic approach***. New York: Longman，1990.

Guan J M, Xiang P, McBride R, et al. Achievement goals, social goals, and students persistence and effort. J***ournal of Teaching in Physical Education***, 2006, 25, 58–74.

Hellison D. Teaching personal and social responsibility in physical education. In S. Silverman & C. Ennis (Eds.), ***Student learning in physical education: Applying Research to enhance instruction***. Champaign, IL: Human Kinetics，2011.

Krapp A, Hidi S, Renninger K A. Interest, learning and development. In K.A. Renninger, S. Hidi, & K. A. Krapp (Eds.). The role of interest in learning and development (pp.3 – 25). Hillsdale, NJ: Lawerence Erlbaum Associates，1992.

National Association for Sport and Physical Education. ***Moving into the future: Content standards for physical education—physical education outcomes***. Reston, VA: NASPE，2004.

Schloss P. Integrating learners with disabilities in regular education programs [Special issue]. ***The Elementary School Journal***, 1992，92, 3.

规划

概 述

教学是一个包括事前决策、事中决策，以及事后决策的过程。事前决策指的是那些与课程规划、单元规划，以及课堂规划相关的决策；事中决策指的是那些课堂教学过程中的决策；而事后决策指的则是对教学过程和结果 / 效果进行反思和评估后所得到的结论。规划是教学过程的一个关键部分。（教师）所做的规划能够详尽地描述 / 反映出教师对学生学习结果的预期以及教师为了能使学生达到这些学习结果预期而拟定的（教学）策略。本章所关注的重点教学过程中的规划程序。由于许多体育教育项目都在课程设置中规定了指定功课，因此我们无法在单独一个章节中对这些领域做出详尽的探讨。我们仅仅是依据其在教学过程规划中的重要性来对其进行叙述。本章的重点是课堂与单元的规划。

▶ 标准 3：计划与实施

体育教师候选人计划与实施一系列适宜的发展性学习经历，其内容须与地方、州和国家促进接受体育教育个体发展的标准相匹配。

——《新任教师教学标准》（NASPE，2008）

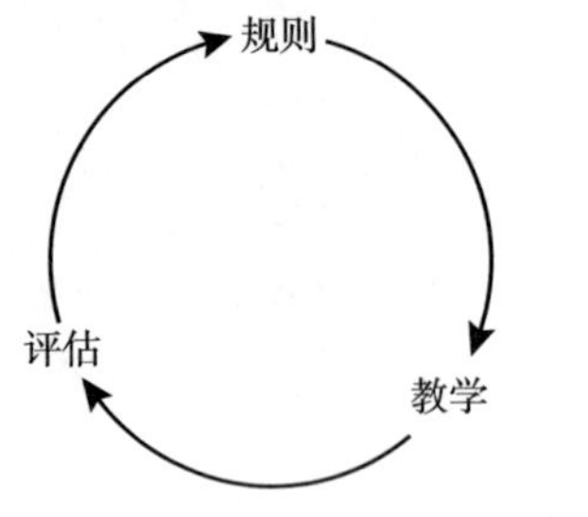

图 10.1　评估是对未来规划和教学的指南

本文的主要内容是教学过程，即学生与教师共同花在体育教育课堂上的时间。为了能使教学过程对项目目标的实现有所助益，教师必须对这一过程进行规划和评估。规划要在实施教学之前完成，而评估则会发生在教学过程中以及教学结束后。评估能够如图 10.1 所示的那样对未来的教学工作做出指引。

教育工作者在对教育经历进行规划和评估时会采用各种不同的阐述方式。国家相关专责工作组会从国家整体的角度出发而对学校教育做出规划与评估。国家工作组为包括体育教育在内的所有教育领域都制定了 K-12（12 岁以下儿童）学校项目自愿内容标准——这些学校教育项目中全体学生所应了解和做到的内容。凡是宪法授予了教育权的各州都要为州内教育项目制定州级目标、标准以及评估程序。对于地方学区来说，则既可以制定自己的标准，又可以采用国家或州级标准；同时，地方学区还要对课程进行开发，并在那些具有极大重要性的课程领域中监控学生表现。教师针对课程所进行的规划、实施和评估工作要从长远的角度出发；对教学单元和课堂所做的规划、实施和评估工作则要时时更新。

有证据表明各地职能部门在体育教育相关内容上的责任心正在逐步加强。有几个州和地区都已经完成了学校体育教育项目评估方式的构建工作，并且找到了保持师生对于学习结果之责任感的方式。最近，那些参与“力争上游”这一国家级项目的各州都接到了“要使其评价覆盖所有主题领域”的要求。然而令人遗憾的是，如果某一主题领域自身没有明确的评价程序，那么就要采用学校通用的评估工具。这就意味着在体育教育项目的评估工作中未能参照体育教育所特有的标准。与任课教师不同，许多体育教育工作者都无须遵从地方、州，或是国家的标准。他们都拥有着完全的课程自主权——这一点在专业方面有利亦有弊。创新型教师的创造力不会因无法制定出能够反映地方学生需求的课程而受到禁锢。然而，项目目标责任心的缺乏却常常会导致项目缺乏目标或既定项目目标无法实现现象的发生。

许多体育教育项目效果不显著的原因之一是缺乏长期及短期规划。全美运动和体育协会出版的《走向未来：体育教育国家标准》（NASPE,2004）或许能够对各州、各地方以及各位教师有所助益，使其在为体育教育学生规划适宜经历的过程中能采取一个更为认真谨慎的态度。许多州和地方都将本材料作为制定学生成绩标准的出发点。

规划过程和评估过程紧密相连。规划既能够制定目标又能够为该目标的实现拟定流程。评估则能够在发现目标实现程度的基础上判定流程是否有效。第11章所阐述的便是与评价和评估相关的问题。“能够为自己想做之事制定目标、能够依据这些目标选择所做之事，以及能够对基于这些目标所做之事进行评估——这是新任教师能够像教育工作者那样思考的三个前提条件。”你们当中的许多人在本科学习阶段都被要求为自己的课堂做一个详尽的规划。虽然经验较为丰富的教师或许能够在简写短期课堂规划的前提下仍能保证课堂教学效果，但事无巨细的规划还是能对项目质量产生积极的作用。无论教师的经验丰富与否，有关课程以及教学单元的长期规划对其都至关重要。规划对教师来说并不是一件简单的事情——规划的过程可能既痛苦又沮丧。虽说这一主要教学职能的履行无须太多经验，但它并不是一件简单的事情。

本章主要分成两个部分：第一部分是要帮助教师制定学习目的和目标；第二部分则是（告诉教师）如何分别从课堂、单元，以及课程的层面出发进行规划。

10.1 制定目标与学习成果

学习结果的记述方式各不相同，而且不同发展领域所运用的阐述水平也各不相同。这一理念包含以下重点：

①以“学生预期学习内容”，而不是教师或学生在教学中的所作所为作为衡量学习成果的依据。

②学习成果既可以很宽泛（比如，学生学习如何投篮），也可以很具体（比如，学生应当具备“十罚八中”的能力）。

③学习成果被划分为技能学习成果、情感学习成果以及认知学习成果。

④对于教学规划和评估来说，所有这些重点都至关重要。在接下来的讨论

中我们会对它们进行逐个考察。

10.1.1 依据学生所学内容编写目标

10.1.1.1 学生学习成果

（1）无论规划的层次如何，都应当以学生从教育经历中将要学到的东西作为依据而对教育项目的学习成果加以说明。“学生在体育教育项目结束之际应当了解什么以及会做什么”就是国家标准（国家体育与体育教育协会制定，2004年版）写作时所用的措辞类型。国家标准在转变成州立标准、地区标准以及地方学校标准的过程中可能会变得更为具体，但仍以“学生的学习成果”作为措辞方式。与“将目标写成结果”这一理念形成对比的是“将目标写成教师或学生的预期行为”（描述过程而不是过程的结果）。下面这些例子就能例证出这三种学习成果阐述方式（“将目标写成教师活动”“将目标写成学生活动”以及“将目标写成学生学习成果”）之间的差异。

例：

- 教师活动。向学生示范排球二传。
- 学生活动。练习上手二传。
- 学生学习成果。接抛球后将球成功二传给一名前排队员。

（2）教师更倾向于将教学成果写成“学生学习成果”的形式。“行为目标”是“学生学习成果”表述的最高级形式。由于能够清晰地表达出课堂意图，因此对于新任教师来说，这种写成“行为目标”的形式最能为其所用。有关学生行为目标的表述通常都以“学生能够……”作为开端。这能够帮助规划者更为关注学习结果，而不是学习过程。下述示例便是以“学生能够学会做什么”这种措辞方式而对教学成果所进行的适当表述：

例：

- 将球传到移动中队友的前面，以使其不做停顿便能接到球。
- 向搭档示范“如何以适当力量传球”，并能够对搭档进行口头指导。

10.1.1.2 学生学习成果的三个部分

（1）虽说有些教育工作者已经对“力求使得学习成果具体化”的理念不再感兴趣，但新任教师却能从“学习成果教学目标包含三部分”的理念中受益。

例：

- 学生的预期行为（比如，击、打、助人、传球）；
- 行为进行过程中的条件或情境（比如，在 3 米之外与搭档进行合作）
- 所要达到的“标准”或预期的“表现”水平（比如，使用准确的形式；达到 90% 的准确率）

（2）某一目标的三个部分会在下列例子中得到说明：

- 目标 1：学生能够在综合活动区内进行移动——使用三种不同的步法——而不碰到其他任何人。

  行为：移动。

  条件：在综合活动区内用脚移动。

  标准：使用不同的步法，且不碰到其他任何人。
- 目标 2：学生能够使用标准前臂传球技术将抛过网的来球从端线成功传给前排队员（接球人应当原地不动）。

  行为：使用前臂传球技术。

  条件：接抛过网的来球、从端线传给前排队员。

  标准：传球技术正规而有效。
- 目标 3：在篮球比赛中，学生能够在采用“2–1–2”区域联防战术的过程中根据球的位置进行位置移动。

  行为：转换 / 移动防守位置。

  条件：在比赛中采用“2–1–2”区域联防战术。

  标准：根据球的位置进行适当移动。
- 目标 4：通过传出难度适宜的传球，学生要能够表现出自己对于搭档关系的责任感。

  行为：传球。

  条件：传给搭档。

  标准：传出难度适宜的传球。

（3）教学目标的描述。

①教学目标的“行为”部分会被写作一个动词的形式，以描述学生要做什么。这一动词通常都是一个行为动词，而且应被写成术语的形式——无论谁看

它都指代同一种含义。表 10.1 中例子所举出的动词就是出自表述某一行为时所要涉及的三个领域：

表 10.1　行为动词

技能	情感	认知
投铅球	参加	识别
踢	接受	理解
防守	表现	采用
做 / 完成	珍视	分析
滚	享受	评价
		创造

②教学目标的“条件”部分描述的是行动执行的情境。对于体育教育目标来说，条件的阐明非常重要。回顾一下第 2 章中对条件的讨论能够帮助你理解“条件”在为特定学生群体设定适宜目标时的作用。举个例子，对于一名可以用正手击球技术将简单抛球成功回过网的学生来说，如果来球变成了追身球，甚至变成了需要其在移动中击打的球，那么他 / 她可能就无法再把球打过网。对于一名能够以正确前臂传球姿势传出搭档抛球的学生来说，如果来球变成了从对面场发过来的球，那么他 / 她可能连球都碰不到。对于一名能够在慢速向前运球时控制好球的学生来说，他 / 她可能既无法改变运球方向，又无法在加快运球速度的情况下控制好球。

③对于情感和认知目标来说，“条件”也具有同等的重要性。如果存在“学生会与搭档进行合作”这一目标，那么除非再加上诸如“体操课上共用器材”或“在技能评价中使用同一张清单”一类的条件阐述，否则我还是无法理解这一目标。如果我为学生设定了“确定某一特定技能线索”这一认知目标，那么除非我阐明了知识展示的“条件”，否则我就无法清晰地定义出我所期望的结果。学生得以展示知识的情境可以有很多种：教师提问的时候；书面测试的时候；将知识运用于表现中的时候；与同伴分享这一知识的时候。

④教学目标的“标准”部分描述的是指定活动的最低表现水平。“标准”是表述目标成功达成当时状况的评估标准。标准的表述方式通常有以下两种：数量标准（有时也称为结果标准），通常用来对某一动作反应或其他行为加以衡量，比如多少、多长、多高、多远、有多少正确；质量标准（有也称为过程标准），用以叙述动作的过程特性，比如动作形式、知识理解程度或者某一情感行为的展现程度。

记述目标并不是一件容易的事情。通过不断练习才能写出好的教学目标。

10.1.2 教育目标的不同阐述水平

在记述某一目标的时候，教师必须要对该目标的阐述水平加以考虑。教师必须要决定究竟要在何种程度上教师有必要将与其所要描述行为有关的术语写出来，而且还须判定这种做法的必要性程度。学习成果的阐述水平首先要以规划层面为基础。然而，有关教育目标阐述水平的问题却在教育界引起了广泛的争论。

方框 10.1 描述了教育成果的若干种阐述水平，这些水平分别适用于四种规划层面各异的体育教育项目之中。在“标准层面”上，某一内容领域的成果阐述水平是确定的。在“课程层面”上，成果阐述水平是宽泛到足以囊括整个课程项目的；也就是说要对学生参与完某一特定项目（在本案例中指的是某一学校的小学或初中学校项目）之后“能干什么”加以描述。在“单元层面”上，教育成果阐述水平就是检验某一单元完成情况验证标准；也就是说要对学生完成某一单元学习之后“应当会做的事情”加以描述。在“课堂层面”上，成果阐述水平就是对一节课后“应当会做的事情”所做的陈述。

方框 10.1

不同规划层面的教育成果

标准层面

在学习和开展身体活动时要能理解应用于其中的动作概念、原则、策略以及战术。

续

课程层面

能够在完成体操技能、操作性技能以及舞蹈技能的过程中运用“卸力”的概念。

单元层面——垒球/棒球

能够运用“卸力”的概念接住投来或打来的球。

成功完成对球的短打。

课堂层面

能够运用“卸力”的概念以球棒来接触并吸收抛来球的力量。

在课堂规划中，“目的”或“目标”这两个术语有时候可以用于区分宽泛的课程成果与较为具体的学习成果（教学或教育目标）。近期以来，国家、州以及地方学生标准的出台为具体课程成果的取得提供了指引。内容标准对行为进行了相当具体的描述，但其中却未能对可用于评价的表现指标加以明确。学习水平不同，对成果的描述也不尽相同。

“多具体才是具体？”这一问题在未来很长的一段时间仍会是教育界所要继续争论的话题。那些“具体记述派”的支持者希望教育工作者能够将所有归属于学习成果的精确行为都记述下来。这里的“精确”意味着既要描述行为，又要描述行为的具体衡量方式。现有标准和评价活动增加了提高教育成果阐释水平的需求。你无法对综合的成果加以衡量。

例：一堂垒球课可能产生的明确（或精确）行为成果如下：

- 每一名学生都能对落在自己责任区域的中速内野滚地球（球棒击出）加以守备，并且及时将球扔给合适的内野手以使跑垒员出局。这一行为的成功率要达到80%。

在这个例子中，所有条件与标准都说得非常清楚；如此一来，在“学生学完该课之后所应能做的事情”方面就不会再有什么问题。具体到这种程度的学习成果既能帮助教师对教学进行适当规划，又能帮助教师评估学生的学习程度。具备既定目标的课堂应该是什么样子？教师怎么评估学生目标完成的程度？将对这些问题的回答与教师为达到下列目标而设计的课程进行比较：

例：

- 学生要能够守备球。
- 很明显这两个预定学习目标中的哪一个在上课与评价课堂方面可以为教师提供更多的帮助。

“所有学习成果都可以得到清楚描述，且其可衡量性不受规划水平所限”——这一潜在假设是精确、清晰的教育目标得以采用的原因。“如果教师这么做，就能促进学习”则是另外一个假设。很显然，并非所有教育工作者都能明白采用精确教育目标的价值。某些教师宣称并非所有学习成果都具有可衡量性，有的甚至没有衡量的必要。他们认为强迫教育工作者去辨别那些可供衡量的行为会使学习过程变得琐碎。

针对采用精确教育目标的做法存在着许多批评的声音——“一个或一组可衡量的目标并不是某项学习经历的全部内容，其中还有很多别的东西”便是其中最具代表性的观点。不同的学生能从同一项经历中习得不同的技能或知识，而教师在考量学习成果时头脑中也不能只有一种可衡量性的经历。对于体育教育领域中教学层面的内容规划来说，这一点尤为正确。运动技能的学习是一个缓慢的过程，而且在一次课之后就以一种可衡量的形式描述学生“应能做到什么”也通常比较困难。可衡量性成果通常都只包括那些可以被量化的因素（比如：多大量、多少个），那些难以衡量的因素（比如：游戏、学生在完成技能时的姿态、策略、情感关怀）则没有被考虑进去。对于那些采用精确教学目标来指导规划（尤其是在教学层面）的教师来说，他们可能会有将学习经历禁锢和窄化于可衡量范围内的倾向。学习经历也会因此变得毫无生机，有时甚至还会使其重点变得琐碎化。富于技巧的教师已经学会以一种有益的阐述方式来描述学习成果，同时还会选择合适的方式来对目标进行评价。

而在另一个极端，则是那些没有对学习成果思虑透彻或是那些仅仅对教学目标进行泛泛处理，而导致这些目标无法为教育经历设计或评估提供指引的教师。下面这一足球课的目标便是一个恰当的例子：

例：学生要能够盘带足球。

在这个例子中既没有用以描述经历层次的条件，又没有具体到哪种水平的表现标准。除了说该次课是有关于足球盘带之外，这一目标基本再无任何意义。

在教育领域中，还有一点与教育目标相关的普遍共识，说的是：教育目标应当具体到既能为教育经历的设计和评估提供指引，却又不致使其窄化到仅剩最易衡量部分的程度。在有些情况下，虽然目标中的行为部分、条件部分以及标准部分三者齐全，但对于标准的描述却明确但不恰当，对目标三部分的写法也是以一种对学习成果进行模糊表述的方式来进行。下面便是一些模糊目标的例子：

- 学生在比赛中要能够准确使用恰当的地滚球、平飞球以及高飞球守备策略。
- 学生在完成活动任务的过程中要能够展现出独立性。

上述第一个目标的模糊之处在于这样一种理念：要将守备地滚球、平飞球以及高飞球的策略教给学生，并给他们一个练习和展示这些策略的机会。“恰当”与“准确”这两个所谓的“标准”既没有得到清晰地界定，又被错归为教学的一部分。那些无法弄清“准确”与“恰当”这两个词确切含义的教师就会被模糊的目标所误导。那些已经就所教内容（会在本章之后的部分中得到呈现，对于这个例子来说就是垒球守备）进行过发展性分析的教师就能在其规划中明确这些标准的含义。如果教师能使预期学习成果变得清楚而明确，那么就能对其“学习如何成为一名教师”的历程有所助益。在第二个例子中也存在一定的预设，那就是教师在之前已经向学生提起并教会了他们何为特定任务中的独立执行。

10.1.3 3个学习领域的目标

体育教育能为学生发展做出的首要而独特的贡献就是助其发展身体技能和能力。然而，作为教育项目的一类，体育教育同样肩负着促进学生认知（智力）和情感（态度、价值观和兴趣）发展的责任。在体育教育领域中存在一种不太好的趋势，那就是想当然地认为认知和情感会随着体育教育项目的参与而自动得到发展。但如果不是将认知和情感作为特定的学习成果而去有意设计，那么就很少收获这一成果。没有人教他们规则，学生就无法了解比赛规则；没有人教他们明确概念，学生就无法明确相关概念；没有人教他们适当交流，学生就无法学会在合作性或竞争性的活动中如何进行彼此间的积极互动。

认知和情感领域的学习成果可以像技能领域的成果那样加以指定。《教育目标分类法（上下卷）》（Bloom et al., 1956; Krathwohl, Bloom, & Masia, 1964）一书在这两个领域为我们构建了一个学习层次体系。认知领域塑造的是涉及认知内容且认知内容所需智力难度不断提升的技能。而从学生认识到自己对情感概念的态度起，直到自身价值观能对于自身选择有直接影响时止，这一过程的所有层次都要归属于情感学习层次体系。方框 10.2 对这些层次进行了叙述。

方框 10.2

认知和情感领域的明确层次

认知领域

回忆。回顾信息

例：学生要列出篮球立定投篮的线索。

行为术语：确认、列出、描述、检索、命名、找到

理解。解释观点或概念

例：在接球类活动中学生要解释如何卸力。

行为术语：解释、总结、释义、分类、解释

应用。将信息用于其他相似的场景

例：学生要能描述出“二打一”情况下无球队员应当跑到的接球位置。

行为术语：贯彻、实施、使用、执行

分析。将信息分解成不同的部分，以探索其中的意义和关系

例：学生要具备找出造成自己所有箭都向同一个方向偏而未能命中目标的原因。

行为术语：比较、组织、询问、找到

续

评估。为一项决定或行动的原因正名

例：学生要能够确定自己的个人身体状况，并为自己拟定一份健身计划。

行为术语：检查、假设、批评、试验、判断

创造。产生新的观点、新的成果，或是看待事物的新方式

例：学生要能够与一个四人小组进行合作，设计出一种应用击打类技能的比赛。

行为术语：设计、构造、规划、生产、投资

情感领域

感受。有遵从某种理念、某个权威或是某种刺激物的意愿

例：在手中持有器材的时候要能够遵从教师的指示。

行为术语：遵从指示、应对、使用名字

反应。选择某种方式来对理念、权威以及刺激物进行回应。

例：教师一旦发出信号，学生就会暂停任务并且遵从教师指示。

行为术语：协助、遵照、服从、帮助、练习

珍视。接受或承担起对某一价值观的责任

例：通过安静而自主地活动，以及对受控活动的克制，学生展现了他们在维护安全高效课堂环境方面的责任感。

行为术语：分化、开始、参与

组织。整合与化解不同价值立场之间的冲突

例：学生要能够描述出比赛环境中团队型成员的预期行为。

行为术语：整合、防守、解释、鉴别、变更

内化。始终践行一种价值观来控制行为

例：学生在没有教师监管的情况下仍然能够高效地执行任务。

行为术语：行动、差异化解决、展示

认知与情感领域的这些层次体系都非常重要，这是因为它们能够为课堂规划者做出提醒，提醒他们在为学生拟定这些领域的表现预期之“前”就要确定让学生关注情感和认知内容的层次节点。就像在学生未能于简单的环境中磨炼技术之前就无法期待他们能在比赛中施展运球技术那样，如果学生还不能在较为简单的水平上利用认知信息，那么就更不能期待他们能以一种复杂的方式利用这些信息。同样，除非学生已经在较低的期望水平下发展了自己的价值主张，否则就不能期待他们能够做出内在层次上的情感反应。

10.2 记述符合内容标准的成果

当今的教育项目都要以内容标准为导向——无论是国家标准还是州立标准都应遵照。对于许多教师来说，在其进行材料和目标规划时都需为其指明所应遵照的标准。虽然仅向学生指明整体标准也具有一定的价值，但如能具体指明参照标准划定的年级成果，那么对学生产生的价值一定会更大（Rink, 2009）。年级成果阐明了教师为使特定年级的学生达到标准而对其应做之事的预期。大多数州都已着手为每个年级水平的每个标准划分对应成果。国家标准过于宽泛，因此无法为课堂层面的工作提供指引。年级成果可以像下面这样使用：

例 1：

国家标准：具备不同身体活动项目动作技能和动作模式的示范能力（NASPE 标准 1）。

年级成果：具备简单环境下的基本攻防战术素养。

课堂目标：学生在面对消极防守者时可以维持住自己的球权。

例 2：

国家标准：在学习和开展身体活动时要能理解应用于其中的动作概念、原则、策略以及战术（NASPE 标准 2）。

年级成果：确定排球基本技能的线索。

课堂目标：学生应当能够借助有关排球下手发球的基本线索来为同伴提供准确而积极的反馈。

10.3 体育教育经历的关系规划

针对体育教育经历的规划分为三个层次。在最宽泛的层次中，教师要为整个项目规划课程，要从整个学校的层面出发，分别为各学年和各年级确定具体的教学范围（学生要学的内容）与教学顺序（学生学习内容的排列顺序）。在下一个层次中，教师要将课程划分成符合课程学习主旨或主题的若干教学单元。在教师完成对单元的规划之后还须为这些单元做出课堂规划。课堂规划是教师规划中重点最细化、耗时最短暂的部分。

规划中的所有层次之间都相互关联。教师使用国家、州或地区学生标准，又或者是地方课程指南来进行单元规划；之后再使用单元规划来指导课堂规划。本书之所以致力于学习经历和任务层面上的决策研究，其原因在于我们假定学生要在这些层面上完成对课程的体验，然而，所有规划层次必须前后连贯，在课程层次上确定的目标在单元、课堂以及学生的具体经历中都必须得到反映。

情感和认知目标得到了课程和单元规划者的足够重视，但很少有课堂规划能够显示出情感或认知规划的迹象。如果以“学生从一个好的体育教育项目中应当学到什么？”这一问题来询问各位教师，那么许多教师都会以一长串的情感关怀来作为自己的回答。如果接着问他们“在课堂上怎么做才能实现这些目标？”，那么许多教师都无法提出具体的思路。虽然实习教师都是从课程和单元层次开启自己的规划之路，但在他们进行职前培训的时候还是经常会被要求要从课堂层次开始积累自己的规划经验。因此，我们会以课堂规划作为我们讨论的起点（图 10.2）。

图 10.2　为营造一个安全的学习环境而对学生、器材以及空间所进行的组织都少不了规划的身影

10.4 课堂规划

课堂规划是针对某节课教学过程的一个指南，单元目标是其基础。课堂规划必须将宽泛的目的与目标释义分解到学生具体的学习经历之中。好的单元规划很难写出来，其原因就在于越是让教师对其意图进行具体而微地描述，规划就会越难做。举个例子来说，没人会对“学生应当懂得如何在投掷姿势中发力。”这一目标提出质疑。但如果是作为一项学习经历，那这个目标又会是个什么样子呢？何为团队合作？何为积极的社会交往？又何为好的防守？更为重要的是，怎样才能帮助学生从他们原有的水平进步到你希望他们应有的水平？教学的专业知识指的是高屋建瓴般理解内容的能力，以及将内容分解到学生学习经历之中的能力。课程规划必须能将宽泛的目的和目标分解到各位学生的具体经历之中。

从某种意义上来说，课堂规划就是教师对“如何以特定目标和特定学生群体为导向促进学生学习行为产生”这一问题的最佳猜测（Good & Brophy, 1990）。在课堂规划中，教师要描述自己对于学习的预期，以及他/她用以促进学生学习行为产生的学习经历。课堂规划就是一个实验性的假说。优秀教师会对自己课中及课后行为的效果加以反省，同时还会对自己的成功程度加以判断，只有这样他们才能从每一次的教学经历中学到一些东西。

然而，每一节课并不只是较大目标、单元或课程的一部分。每一节课都必须有自己的“完整性”，都要代表一次完整的经历，而不能只是前一节课的延续。课堂要有自己的开端、中段和结尾，只有这样才能向学习经历赋予结构和意义。有关课堂这些方面的叙述我们会在下文中进行呈现。

10.4.1 课堂的开端

开端对一堂课来说非常重要。然而，教师却常常因为太急于让学生开始当天的活动而没有花上几分钟的时间来将他们引入课堂。下面是一些与课堂开端有关的概念，虽然这些概念并不一定非要出现在所有课堂上，但在进行课堂规划时还是应当对其加以考虑。

10.4.1.1 入门

“入门”（有时又被称为预先设定）是一个复杂的术语，指的是引导与你合作的学生了解他们要做什么、要怎么做，以及所做事情的重要性。教师的“入门”既能够帮助学生适应课堂上教师对他们的预期，又应当具备一定的激励作用，激励学生全情投入马上要进行的课堂学习之中。无论是大人还是孩子，如果能在事情发生之前就知道要发生什么，那么就会有更多的安全感；同时，如果能在要求他们做某些事情之前帮助其了解这些事情的重要性，那么他们就能从中找寻到更多的意义。

例：“昨天，我在观察你们课堂结束阶段‘2V2’比赛的时候注意到：无球进攻队员要么是不清楚自己应该去到什么位置，要么是不清楚自己应该干什么。今天我们要学习的内容就是当你无球的时候该干什么。我们先通过传球来进行热身；然后大家再试着想一些当我们手中无球时可以做的事情；之后我们再来看看能不能把这些点子用到我们的比赛中去。”

10.4.1.2 贯穿课堂始终的活动

如果教师能在刚开始上课的时候就为这堂课规划出了一个可以贯穿始终的活动，那么这堂课一定能有一个好的开始。虽说这一点对于幼儿来说尤为有效，但对于年龄较大的学生来说也并非完全不起作用。贯穿课堂始终的活动能够吸引学生注意力，使他们以饱满的热情参与其中。热情洋溢的热身活动也能够与健身目标或是当天的课堂内容有所关联。热身活动既可以放在课堂入门之前，也可以放在课堂入门之后。

例（小学）：教师让学生在综合活动区中找一块地方进行不同方向的移动练习。之后又让他们在移动练习中加入跳跃与变向，如果收到信号就停下来定在原地。每一次被“定住”都要停住大约 6 秒的时间，之后再以手倒立的形式将身体重心转到手上（做两次）。这整个过程要反复进行几次。

例（初中）：本堂课位于篮球学习单元的中段。教师给每名学生都发了一个球，并且让他们在综合场地内进行运球。另外还有两名没有球的学生被称为“鬼”。“鬼”的任务是要尽力去抢其他人正在运着的球。谁的球被抢下了，谁就也变成了“鬼”。当所有人手中都没球了，这个游戏就结束了。这个游戏要重复几遍。

10.4.2 课堂发展

每一堂课都是独一无二的，因此我们无法针对每个特定课时给出具体的发展指南。然而，除去内容之外，课堂上仍有一些应当考虑的方面。

10.4.2.1 使用一系列的教学策略

正如我们在第 9 章中阐释的那样，学生的积极性会因教师使用了一系列的教学策略而得到提升。教学策略的多样性无须在同一节课上体现，但却应当在几节课中反映出来。教师应当为特定学生群体及具体学习内容而去选择最适当的教学策略。教师在大多数课上都会使用不止一种的教学策略。

10.4.2.2 变换练习条件以增加多样性

单独活动、搭对活动、集体活动；细化任务、拓展任务、应用评价任务；不同的器材、不同的器材组合及使用方式，所有这些都可以用来在保证目标不变的情况下对任务进行改变（任务内发展）。花样翻新并不一定要改变目标。为了能提升学生对于课堂的兴趣，教师可以围绕同一个目标而采用多种练习方式。

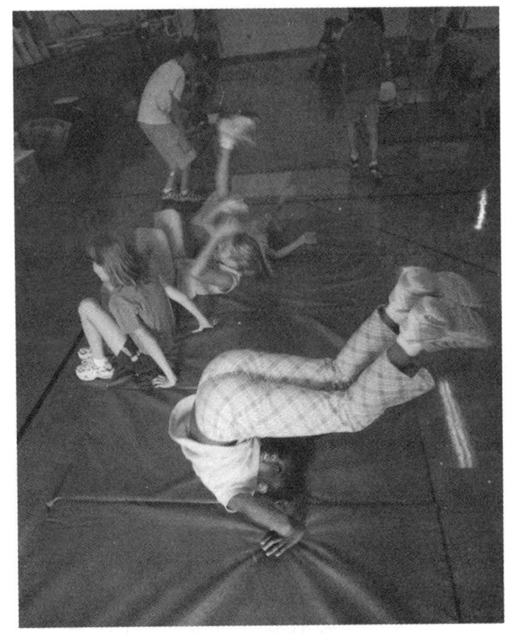

图 10.3　不应在一整节课的时间里都让学生进行滚翻练习

10.4.2.3 运用课堂体能需求（一节课）的相关常识

只有在很少的情况下才需要教师将一整堂课的时间都花在同一项技能之上，学习同一项技能却又不对条件进行变换的情况更是不太可能发生（图 10.3）。很难在一整节课的时间里都进行倒立和滚翻练习。也很难在一整节课的时间里都进行单一技能（尤其是在条件都不变换的情况下）的学习。一旦确定了整节课的课堂目标，教师就应当对这些常识加以利用。如果要用两天的时间来练习两项技能，那么每天都各练一点的效果会优于一天练一项的效果。这种练习安排方式对于一节课至少有 90 分钟的高中来说更为适用，其原因在于 90 分钟以上时长的课能够为教师创造在一节课时之内分别规划健身模块、游戏模块以及技能学习模块的机会。一节课的时间越长，激烈型活动和非激烈型活动的结合使用，以及增加不同类型学习经历的供给就越重要。

10.4.3 结束课堂教学——收尾

虽然受时间和课堂进行方式所限而并不一定总能出现，但一堂课还是应当具有自己的高潮所在。课堂因时间到了而在任务中途戛然而止的现象屡见不鲜。初中生会被匆忙地送进更衣室；而对于小学生来说，班主任更是早已在门口等候。课堂在还没有一个真正收尾的时候就结束了。课堂的完整性要靠一个收尾来保证。这种高潮（收尾）通常有以下几种形式：对本课所学内容的回顾，教师对学生理解情况进行的检查，以及对下节课所学内容的导入。有时候教师还会利用这段高潮时间来让学生回顾他们为达成课堂目标所做的工作，并将其中的重点记在日记之中。这种课堂收尾并不一定要花很长的时间。用文字来叙述自己学到了什么通常能为学生之前所做的事情赋予意义，同时还能帮助他们为未来的学习做好准备。

例：

- “今天我们要进行的内容是尽量让球远离防守队员。谁能告诉我几个能够做到这点的方法？我会把这些方法都写在板上，而你们也要把它们写在你们的日记里。”
- “在这张图表中我用了 5 种不同的概念来分别代表大家在今天课上的不同努力程度，谁都没有处在最末一类中。我会给大家 1 分钟的时间来考虑自己在这张图表中所处的位置。下次来上课的时候，我会让你们每个人都写出自己在这张图表中想要处于的位置，同时我们还要来看看在下节课的时候是不是所有人都能达到自己应当处于的位置。”

10.4.4 课堂规划的格式

作为一名处于职前培训阶段的教师，你在教学规划和评估上所花的时间会多于你在教学上所花的时间。设计书面课堂规划能帮助你想清楚教学过程中的每一步。课堂细节考虑得越周全，为课堂所做的准备也就越充分。

在之前我们就已经提及了许多不同类型的课堂规划格式。你所在学校要求你使用的规划格式可能会与这里所说的格式不太相同，但对于大多数规划来说，其要求都是大同小异。这里所说的课堂规划格式是宽泛的一种。相当于那些具有特定内容教学经验的教师来说，那些新任教师或教授新内容的教师一定要做出更为细致的规划。规划工作不仅复杂而且乏味，但如果这项工作能为学生提供具备清晰目标的适当教学，那么就还是很有必要的。有关课堂规划的例子见表 10.2、表 10.3 和表 10.4。你可以试着将这份规划当成是之前所讨论规划格式的变种形式来进行看待。

10.4.4.1 材料标题

表 10.2 中材料标题的例子能够帮助明确课堂目标。无论是课时所归属的单元还是单元内课时的具体重点都能在标题中得到描述。经过设计课堂的具体上班班级，以及课堂所需的器材，这些同样也都能在为快速参考而拟定的标题中查到。

表 10.2 课堂规划（教案）范例：线条舞（中学）

班级	八年级	单元	线条舞
课堂重点	电滑步	器材	变速放音机

学生目标：
跟着音乐节奏准确完成电滑步的舞步模式（技能领域）
辨识出电滑步的线索（认知领域）
与搭档进行卓有成效的合作，并创造出一种新的舞蹈
教师目标：
就学生表现做出恰当而具体的评论

作为一名新任教师，你可能会忍不住要去决定自己想教的内容，并且会为这些内容写明目标。“如果你还不能开始用书面的方式来对你希望学生能够做到的事情加以规划，并且在此基础上思考如何做到，那么你的思维方式就还算不

上是一名教育工作者的思维方式。”先以书面形式写出目标的规划方式具有一大优点，那就是书面写出的目标能够迫使你思考如何用不同的方式来达成同一目标。任务或活动很少会成为课堂目标。同一个目标可以通过许多不同的任务和学习经历来达成。为了检验你在目标使用方面的理解情况，你可以对一个目标进行认真的思考——看看你能不能设计出几种不同的课堂规划来完成这个相同的目标。

表 10.2 中的课堂材料示例为我们呈现了两种类型的目标。学生目标指的是学生在上课之后应当能做到的事情；教师目标指的则是教师运用各种教学技能而所要努力做到的事情。列出教学目标能够帮助教师为其意图优化的教学行为投入专门的精力。设计学生目标时所遵循的行为、条件以及标准的阐述规则同样适用于教师目标的设计工作。

例：

- 教师要能够使用名字来称呼学生。
- 教师要能够以一种积极的口吻来应对开小差的学生。

10.4.4.2 内容的发展性分析

表 10.3 对课堂内容的发展性分析既描述了课堂的“主要”任务，又阐释了这些任务的拓展方法以及每种拓展的细化或应用方法。在内容方面有着丰富经验的教师可能无须在这部分课堂规划上耗费精力；而缺乏经验的教师则应确保自己能将内容思虑透彻 / 确保自己能做到对内容的深思熟虑。

表 10.3　课堂规划（教案）范例：发展性分析

主要任务	拓展	细化	应用/评价
第 1 部分：侧步、并步、再侧步，最后双脚互碰右脚向右迈步 1. 左脚向右迈步，左脚向后跨，交叉到右脚后边 2. 右脚向右迈步，交叉步回正 3. 并拢双脚，左脚“轻放”于右脚旁	听从老师的口令而无音乐伴奏 跟随自己的节拍而无音乐伴奏 有音乐伴奏	第 1 部分：“轻放”意味着：不要将整个身体的重量加在左脚之上——只是把脚轻放在地上 你的下一步要出左脚，因此你需要将身体重心保持在右脚之上	

续表

主要任务	拓展	细化	应用/评价
第 2 部分：后退三步，击掌 1. 左脚向左迈步 2. 右脚向左迈步，并在左脚之后与之形成交叉步 3. 左脚向左迈步，交叉步回正 4. 并拢双脚，左右“轻放”于左脚旁	听从老师的口令而无音乐伴奏 跟随自己的节拍而无音乐伴奏 在无音乐伴奏的情况下将第 1 部分和第 2 部分合到一起 在有音乐伴奏的情况下完成第 1 部分和第 2 部分	第 2 部：不要将整个身体的重量加在右脚之上，因为你下一步就要出右脚	
第 3 部分：向左转 90°，之后再刷步向右 1. 右脚后迈一步 2. 左脚后迈一步 3. 右脚再后迈一步 4. 并拢双脚，左脚“轻放”于右脚旁	听从老师的口令而无音乐伴奏 跟随自己的节拍而无音乐伴奏 在无音乐伴奏的情况下将第 1 部分和第 2 部分合到一起 在有音乐伴奏的情况下将第 1 部分、第 2 部分以及第 3 部分合到一起	第 3 部分	用左脚“尝试”进行提膝、踢腿、踮脚提臀，或者你想做的任何动作，不要仅仅只是轻轻并拢双脚
第 4 部分：向前迈，后退踏迈，向前迈，左转 1. 左脚前迈一步 2. 再将右脚落于左脚之后，并用右脚的大脚趾“轻触”左脚脚踝 3. 右脚后迈一步 4. 左脚交叉“轻放”于右脚之前 5. 左脚前迈一步 6. 在你向左旋转 90°（1/4 圈）的同时用左脚跳一下	听从老师的口令而无音乐伴奏 听从老师的口令将第 1—4 部分合到一起 自己练习第 1—4 部分 在有音乐伴奏或者老师口令的情况下 在有音乐伴奏而无老师口令的情况下	第 4 部分：向左转指的是你的左肩向后转（同时右肩向前）	半组同学评价另外半组
第 5 部分：创造性舞蹈 同舞伴一起创造一支可以配乐进行的舞蹈，这样既可以优化舞步模式，又可以建立同舞伴之间关系，还可以对舞步模式加以变化			

进行发展性分析的具体步骤已经在第 5 章中做过描述。在单元层面上也可以进行发展性分析。已经在单元规划中做过一次内容发展性分析的教师就无须再做各节课的内容发展性分析。好的内容发展性分析应当为未来的使用预留调

整和保留的空间。教师对内容的把握性便来源于内容的发展性分析。

10.4.4.3 教学计划

如果教师既已确定了课堂目标，又已通过发展性分析而对内容进行了深思熟虑，那么接下来的工作就是必须制订一个教学计划（表 10.4）。对于新任教师来说还是一样的要求——既要想清楚计划中的每一步，又要详细而准确地对其要做的事情、做事的方法，以及设计每项任务的意图做出规划。而经验较为丰富的教师则无须将计划阐述地如此详尽。下述课堂规划范例是阐述详尽程度中等的课堂规划。有关任务设计、任务表述以及任务安排的内容都是本书其他章节的重点。接下来要呈现的便是对教学计划部分的探讨。

表 10.4　课堂规划（教案）范例：教学计划

预期任务进程	预期时间	任务传达方式	组织安排	目标取向
通过成人舞蹈短视频来介绍电滑步	4 分钟	视频	学生坐在电视前面	对舞蹈有一个整体的概念——激发舞蹈积极性
进行舞蹈第 1 部分的学习 ——跟随教师线索 / 提示而不配乐 ——不配乐的情况下进行自主练习 ——配乐	5 分钟	教师结合线索来进行示范 教师通过试练来确定线索	学生以 8 人为 1 排，排成 4 排，面向老师	以舞步自然化作为舞蹈第 1 部分学习的目标
进行舞蹈第 2 部分的学习 ——跟随教师线索 / 提示而不配乐 ——不配乐的情况下进行自主练习 ——不配乐的情况下进行第 1~2 部分的结合练习	5 分钟	教师结合线索来进行示范 教师通过试练来确定线索	学生以 8 人为 1 排，排成 4 排，面向老师	以舞步准确化作为舞蹈第 1~2 部分学习的目标
进行舞蹈第 3 部分的学习 ——跟随教师线索 / 提示而不配乐 ——不配乐的情况下进行自主练习 ——不配乐的情况下进行第 1~3 部分的结合练习 ——配乐的情况下进行第 1~3 部分的结合练习	5 分钟 5 分钟	教师结合线索来进行示范 教师通过试练来确定线索 教师结合线索来进行示范 学生在不配乐的情况进行试练	将后排同学调整到前排 将后排同学调整到前排	以舞步准确化作为舞蹈第 1~3 部分学习的目标

续表

预期任务进程	预期时间	任务传达方式	组织安排	目标取向
进行舞蹈第 4 部分的学习 ——跟随教师线索 / 提示而不配乐 ——在不配乐的情况下跟随教师线索 / 提示进行第 1~4 部分的练习 ——在配乐的情况下跟随教师线索 / 提示进行第 1~4 部分的练习 ——配乐而没有教师线索 / 提示	10 分钟	教师结合线索来进行示范 学生进行试练	将后排同学调整到前排	先是在教师给予一些帮助的情况下将整支舞蹈串在一起；之后在没有教师帮助的情况下将整支舞蹈串在一起
设计一支舞蹈 ——与搭档合作，在配乐的情况下跳舞；要么是改变舞步模式，要么是与搭档进行对舞，要么是用某种方式优化舞步模式	12 分钟	教师举例来进行讲解	为了解释起来方便而让学生与搭档挨在一起坐 变成分散队形	与搭档进行创作性的合作
班级内一半学生跳舞而另一半学生观察。选出一对你认为最具创造性的搭档	7 分钟	教师组织大家就舞蹈创造性的源泉进行讨论 学生通过举手的方式来回应	班级一半学生表演而另一半学生坐着观察	通过跳舞获得快乐

（1）**第一栏——预期任务进程。**教师在计划的第一栏中应将要布置给学生的具体任务描述出来。缺乏经验的教师应当精确地叙述出其在向学生布置任务时要说的话（大多是手写版的计划）。

例：

- “找一名搭档，去一个地方，以最快的速度开始足球传球练习。”
- “如果你能在高速传递的情况下连传五次而球不失控，那么就离你的搭档再远两步。”

你还要保证你在计划中加入的各学习经历既能有助于技能目标的达成，又能有助于情感和认知目标的达成。不能想当然地认为只有当教师在课堂上明确提及这些目标之后这些目标才能为学生所了解。如果你是一名新任教师，那么你就要明确地指出你将在哪些地方提及这些目标。

例：

- “与搭档合作来进行传球示范，传球的速度和力量都要既有挑战性而又不致失误。”

（2）**第二栏——预期时间。**在教学计划的第二部分中，教师应当确定他们预计在各个具体任务上所花的时间。教学的目标是让学生学到你想让他们学到的东西，而不是严格按照你所指定的时间来完成你的课堂计划或任务。指定时间既能帮助你彻底想好你要在每一项任务上所花的时间，又能帮助你提升授课的完整性。它还能帮助你意识到“你对时间的使用何时不妥”（比如：某一任务传达时间过长；课堂某一部分的练习安排过多；你针对时间所做的计划不够或过多）。

（3）**第三栏——任务传达方式。**教师在第三栏中应当对每个具体任务的传达方式进行描述。简单的任务可以口头传达，较为困难的任务则需要更为复杂的任务传达方式（比如，示范、具体线索、电影、讲义）。

例：

- 与学生一起对线索进行预检。
- 教师阐释。
- 具有教师所述线索的影片。
- 描述一项任务解决型任务。

（4）**第四栏——组织安排。**在计划的第四栏中，教师应当阐述各项任务具体的人员、时间、器材，以及空间组织安排。除了这些，“组织安排”栏中还应包括教师借以实现上述组织安排的方法。这些组织变换（的方法）对于新任教师来说通常最为困难，因此他们就需要对其进行规划。要记住，你所做的任务组织安排是由一系列重要决定所构成的，而这其中的哪一个决定你都不能等闲视之。你应当与你所教授的学生一起携起手来，在便于实现目标的适宜任务条件下，组织起安全而又大型的活动。

例：

- 搭档由学生自主选择，场地为综合活动区。
- 学生面对面排成两行（教师让班级学生分别站成两排）。

（5）**第五栏——目标取向。**各项任务都应有一个明确的目标，这便是第五栏的内容。目标取向应当阐明教师之所以设置该任务的原因。目标取向并不是课堂目标，而是教师希望借助具体任务来实现的某种“愿景”目标。教师为某项任务所设定的目标取向非常重要，因此应当将其告知学生。即使是第一次进行任务表述，大多数教师也还是希望学生能对任务有一个“感觉”。教师并不希望学生在执行任务的时候太过驾轻就熟，否则就意味着任务太没有挑战性了。

教师眼中的“优异表现”与学生眼中的“优异表现”在多数情况下并不相同。有时教师的期望会高于学生，有时甚至某些学生的期望也要高于另一部分学生。教师应当将“与学生分享目标取向”作为其计划的一部分。教师与学生分享自己的期望能够帮助学生了解教师对于其表现的期望所在。下面的例子能对这一点有所佐证：

例：

- “要掌握有关技能的整体概念。”
- “练习以提升投掷精准度。”
- “只需碰到球而不要求准确度。”
- “想想你搭档都需要些什么，并且表现出你对搭档需求的关注。”

10.5 课程规划

就从为学校教学内容提供引导的角度来说，国家和州都从自身层面出发做出了很多尝试。在国家层面上，包括体育教育在内的每一个教育项目领域都制定了与学生应当了解和做到什么（对于体育教育来说即是某一体育教育项目的结果）有关的一系列国家标准。许多州都制定了自己的课程框架——不仅阐述了不同年级层次的成果标准，还构建了一个组织教学内容的框架。接下来地方学区就须利用这些框架来规划课程，同时还要编纂出自己的课程指南——阐述与学生应当了解和做到什么有关的标准。

构建阐明学生在每一个层次应当了解和做到什么的内容标准是所有这些层次的关键。内容标准并非只是教师以其为目标的项目指导方针，它们是所有学生都应达到的最低期望，因此才会以书面的形式呈现出来。大家希望教师能够帮助每一名学生达到这一标准。在当前的教育大环境下，参照国家、州或地方标准建立起一套地区标准是许多地区课程规划工作的起始步骤。有关体育教育的六项国家标准（NASPE, 2004）在本书第 1 章中就已进行过反复介绍。

在学校项目完成之时而对学生学习成绩所提出的这六项期望会被进一步分

解，分解成年级成果，它实际上也就是对各个不同年级层次学生的期望。

标准设置或者课程开发工作其实就是一个对某一内容领域内各成果重要性的排序过程。学生通过体育教育可以取得很多好的成果。在为满足那些标准而设置标准以及开发有效课程的过程中，要选择那些最重要、且能在大多数项目给定时间内合理完成的成果。所谓针对年级而设计的各项年级成果同样也对那一标准进行了渐次排序，其依据则是各年级层次学生参照那一标准所应取得的成果。

仅有一套标准并不足以在项目发展工作中为教师提供指引——还需要借助课程指南的帮助。课程指南能够在单元和课堂开发方面为教师提供指引。课程指南之所以具备如此作用的原因在于其中通常设有的内容框架（内容的概念架构）；不仅如此，课程指南且能在更具体的层面上框定材料范围、排定材料顺序。图 10.4 描述了标准、课程、单元，以及课堂规划之间的关系。

图 10.4　标准、课程、单元以及课堂规划之间的关系

鉴于课程规划中的完整课程也是体育教育准备程序的一部分，因此我们并不奢求你通过本章的学习就能为课程规划的全部过程做好准备，本章只是帮助你起个头，帮助你了解课程规划与单元及课堂规划之间的关系（见林克 2009 年有关课程规划过程各个步骤的文章）。

根据标准开发课程

许多州和地方都针对学生在体育教育中应当了解和做到的事情制定了一套标准。在这些州和地方的标准中有很多都是承袭或改编自国家标准。国家标准中的那六条宽泛陈述只能为规划构建一个总体的框架，其叙述的详细程度并不足以在教学内容方面为新任教师提供足够的帮助。下一层次的标准有时又被称为年级成果。各年级水平标准所对应的重要行为都要在这一层次中得到描述。方框 10.3 列出了各年级学段所对应的内容成果。在进行课程规划的过程中，教师既希望能为各年级敲定年度学习范围和学习顺序，又希望能够确保将某一年级水平标准下的所有年级成果都作为预期学习成果而包含在年度学习序列之中。学习范围和学习顺序应当默认 K-12 项目检验标准为其标准，即按照这一标准学生在体育教育项目结束时学生应当了解和做到的事情。学习范围和学习顺序描述了学生在每个年级层次所应了解和做到的事情，只有做到这些，学生们才能达到标准。

方框 10.3

各年级成果的相关标准

标准 1

- 展现出成熟的动作形态（比如，双脚跳、单脚跳、奔跑、滑行）。
- 展现出简单技能组合情况下的成熟运动模式（比如，一边运球一边跑）。
- 展现出连续运动技能之间的顺畅转换（比如，跑着跳）。
- 展现出调整运动技能以适应环境和期望（不复杂但却不断变化）的能力。
- 在移动类、负重类以及平衡类活动中展现出对身体各部分的控制力。

标准 2

- 确定基本动作模式的关键元素。
- 将动作概念应用于一系列的基本技能。使用反馈来提高表现。

标准 3

- 通过身体活动参与来经历和传递快乐。
- 在体育课之外也要参与中高强度的身体活动。

续

- 至少找出一种与健康类身体活动成分相关的活动。

标准 4

- 参与能使心率持续上升、呼吸加重的持续性身体活动。
- 能认清伴随中高强度身体活动而来的各项生理指标。
- 确定健康类健身活动的各种组成部分。

标准 5

- 直接运用规则、规程以及安全技术规章制度而少做或不做补充。
- 遵守指示。
- 与另一名同学进行合作来完成指定的任务。
- 忽略个体差别而与其他人一起活动、一起合作（比如，年龄、种族、残障情况）。
- 在活动的过程中要尊重他人。用社会可接受的方式解决冲突。

标准 6

- 获得能在活动中为大家提供更多乐趣的能力。
- 尝试新的活动。
- 表达对身体活动本身以及参与其中的感受。
- 以身体活动为媒介，享受与朋友进行交往的乐趣。

教师为某一标准所开列的各项成果能在教学内容和教学方法方面为他们提供多种选择。全美运动和体育协会（NASPE）已经为指明成果标准的国家标准制定了相应的评价材料（体育教育衡量体系，2008）。“学生应当了解和做到的事情”会因这一补充材料的出现而变得更为明确，然而教师还是继续保有教学内容的主要决策权。

最令人满意的课程规划就是那种初中学校项目能够完全涵盖小学学校项目的规划。这是因为对于任意学生个体来说，其经历都可以进行顺序排列，甚至连其学校和教师之间的连贯性同样也能够得以建立。了解项目的课程框架和了解该课程所设定的先后顺序，这两点对于该课程内单元的规划工作来说必不可少。

10.6 单元规划

10.6.1 单元设计

学习范围和学习顺序的发展框架是教师进行教学单元规划的必要条件。本书的大多数读者可能都是初中教师，而“活动形式”框架便是这一学段在进行项目单元化组织过程中所使用的框架。对于这种形式来说，运动形式和健身方式是课程与其单元组织起来的主要标准（比如，排球、力量训练、舞蹈）。这是初中体育教育项目最常见的概念架构，也不太可能发生重大变化。标准 1 成了课程的主要框架，同时还要在其中加入健身型和终身型的身体活动。活动形式的分类不同，其对应的框架也不同。有那么一个体系将运动形式分成了各种类别：有水上运动类、团队运动类、单 / 双人运动类、户外运动类、自卫术类、舞蹈类以及体操类。由于并非所有学生都喜欢同一种运动形式，因此好的高中项目能为学生提供在各种活动形式中进行选择的机会；好的小学和初中项目也会为学生准备许多不同种类的活动。

在小学阶段，许多课程都是以动作概念或动作主题作为其组织标准，比如击打、投掷、移动以及平衡等（这同样也是标准 1 的一部分）。方框 10.4 中的例子便是一个小学和初中学段的项目，在这个例子中，整个学年的所有单元都列了出来。

方框 10.4

年度教学规划

年度教学规划

周次	小学（二年级）	周次	初中（九年级）
1	移动（只动脚）	1	学生们可以选择足球、网球入门、有氧活动，或者户外活动
2	移动（身体其他部分）	2	
3	负重	3	

续

周次	小学（二年级）	周次	初中（九年级）
4	投球与接球	4	
5	投球与接球	5	
6	跳跃	6	
7	健身	7	
8	创造性舞蹈（身体意识）	8	
9	创造性舞蹈（身体意识）	9	综合健身单元（必修）
10	投球与接球	10	从下列活动中选择两项：有氧舞蹈、举重、慢跑、间歇训练、有氧排球
11	投球与接球	11	
12	踢球	12	
13	平衡	13	
14	移动与平衡	14	
15	击打（身体部位）	15	学生可以选择集体手球、田径，或者是户外活动
16	击打（身体部位）	16	
17	创造性舞蹈（空间意识）	17	
18	创造性舞蹈（空间意识）	18	
19	移动与翻滚	19	
20	移动与平衡	20	
21	健身	21	
22	投球与接球	22	
23	投球与接球	23	学生可以选择箭术、飞盘、高尔夫、乒乓球
24	民族舞和韵律操	24	
25	民族舞和韵律操	25	
26	自测活动	26	
27	自测活动	27	
28	移动与平衡	28	
29	移动与平衡	29	箭术、高尔夫、乒乓球、飞盘的小单元学习
30	创造性舞蹈（时间意识）	30	
31	创造性舞蹈（时间意识）	31	
32	投球与接球	32	

方框 10.4 中最明显的一点就是虽然这些单元都清楚地体现了标准 1，但却没有提及与其他五个内容标准有关的做法。设计体现其他五项标准的单元也并非难事。在这个案例中，就或许可以为二年级的学生设计一个以“搭档合作”或“将动作概念应用于基本技能”为主要内容的单元。对于九年级的学生来说，则或许可以为其设计一个以“运动、游戏以及舞蹈在现代文化中的地位”或“认知同伴压力对于行为的影响”为主要内容的单元。在很多情况下，如果教师选择围绕标准 1 来组织内容，那么他们就必须说明如何在所规划的单元中融入（穿插）其他五个标准。然而更多的情况却是由于教师在规划工作中的忽视所导致的项目规划中其他五项标准的缺失。

单元教学并非总以连续的方式进行。虽然单元规划为某一主题的学习划定了范围和序列，但并未确定某一项目内各个课时的安排方式。单元教学可以在连续的课时内完成，也可以隔几天上一次，甚至还可以采用任何一种教师认为合适的安排方式来进行。许多项目都同时进行着几个单元的学习。有些项目还会将某一特定的教学单元贯穿整个学年，又或者是只在下雨天才进行某一单元的教学工作。教师可以先开始一个单元的学习，再搁置一段时间，之后再继续学习这一单元。

在方框 10.4 中你会注意到小学学段各个单元的长度都偏短，而且会在整个学年中进行循环。小学各单元通常都是循环的，而且初次学习和二次学习之间可能只有很细微的差异。“在秋季 / 刚开学的时候针对小学低年级学生安排一个为期三周的‘投球—接球’单元，但学完之后便再不去管它，要等到第二年这个时候再去进行回顾”——诸如此类的做法非常愚蠢。“在长达 12 周的时间里将每堂课的前十分钟用来学习投球单元”——这种做法可能会更有意义。要将小学生的主要精力放在基本技能的学习上，而基本技能的学习则需要大量的重复和练习。

方框 10.4 中的初中各单元设计得都很长，其目的便是为了能有足够的时间来进行有意义地学习；而且九年级时也要给学生进行活动选择的机会，因为只有这样他们才能具备进行某项活动的能力。对于初中阶段的项目来说，进行某单元学习的机会往往只有一次，而且在整个学年中都不会再去重复。

单元在项目中的教学时长和方式都具有很强的灵活性。但大多数项目都没能充分利用这一潜在灵活性去促进学生的学习、提高学生的兴趣。方框10.5为我们提供了多种可供选择的单元编排。许多高中都已经采用了“时段排课法”。在“时段排课法”中还有两种排课方式可供选择：第一种方式是将两周合为一个“双期”（AB式进度）来进行体育课教学——前一周上三节体育课，下一周只上两节；第二种方式则是不再将体育课分散在整个学年（4×4）之中，而是其集中在一个学期内上完，之后再将每天都上的体育课划分成“双期”。“双期”，尤其是“AB式进度”（在一个学年的时间内每隔一天就一节90分钟时长的体育课）之所以能够逐渐成为体育教育编排方式的典范，其原因在于它能缩短学生在更衣上所花的时间，这样教师就能拥有更多的教学时间。

方框10.5

可能的初中单元组织形式

以五天为一周的常规进度表

- 周一/三/五。学生在六个以九周为一模块的学习过程中有对运动技能单元进行选择的权力。例如：足球、网球、高尔夫球。
- 周二/四。学生同时还要进行健身单元的学习。例如：健身概念、有氧舞蹈、举重、慢跑。

以五天为一周、4×4型的模块化进度表

- 以某一运动或健身为主题、为期四周半的单元，或是按照周一/三/五和周二/四的方式进行交替的单元。

例1：周一/三/五 自卫术；周二/四 高尔夫。

- 为期九周的单元——90分钟时长的课时分为两个独立的单元。

例2：课时的前一半教授健身概念，后一半进行舞蹈单元的学习。

AB式进度——“双期法”（前一周上三节体育课，下一周只上两节）

针对某一运动或活动的单元（为期九周）。

续

例 1：第一周的周一 / 三 / 五与第二周的周二 / 四开展“极限飞盘”活动。

例 2：进行为期十八周的单元学习，前半节课开展一项活动，后半节课再开展另一项活动——除此之外，其他安排同上。

10.6.2 单元规划注意事项

教师一旦为当年的项目选定了教学单元，那么他 / 她就应该对其进行规划。同时，教师还应清楚地阐明各单元的目标，即学生能从中学到什么。此外，教师还应给出有关如何实现单元目的与目标、如何组织单元时间，以及如何评价学生学习状况的相关注意事项。即使只是一堂课，它也有自身的完整性，单元更是如此（图 10.5）。

10.6.2.1 单元内容要具体

将属于某一年级层次的所有成果都包括在单元之中。各单元都应将用以达成该单元各条内容标准（按照年级层次进行分配）的各个具体学习经历清晰地体现出来。举例来说，如果搭档合作是“移动与平衡”单元（二年级）的一部分，那么就应当为该单元设计一些与实现此意图相关的特定目标。

10.6.2.2 单元设置时长

确定单元截止时间是一项对教学有重大影响的课程决策。确定单元的时间投入量是一项重大决策，特别是因为如果在项目某个方面上花费了过多的时间，那么项目其他方面分得的时间就会不足。单元时间的投入量既要取决于学生的年龄，又要取决于该内容领域是否会在当年或其他学年再教一遍，还要取决于需要花多少时间才能让学生将所学信息和技能学以致用。

单元的长短取决于每周的课时数以及一堂课的时长。对于大多数复杂的体育活动来说，即便是每天都上体育课（40~50 分钟时长的常规初中体育课），那么至少也需要进行完一个长达 6~9 周的单元才能算是一次有意义的学习。然而，小学校中主题学习单元的时长就具有很强的伸缩性，从几学时的单元到几周的单元都有——这要取决于主题的性质以及该主题是否还会在本学年中再教一遍。

图 10.5　在单元规划中要包括与社区资源相衔接的部分

国家标准所能提供的帮助之一就是督促体育教育工作者关注教学，这样学生就可以不再只是单纯地参与身体活动，而是能从中学到一些东西。无论身处何种学习层次，多数学生每年在其体育教育项目中所参与的都是具有相同开端、相同进程、相同结尾的若干同质性单元，之所以出现这种情况，其原因在于单个单元的时长不足，学生没有足够的时间学会技能。更长的单元能够为教师创造“为学而教”的机会；更重要的是，还能提升学生对于某一活动的参与水平，使其参与变得成功而富有意义。“延长单元和教学时长以便各年级层次的学生都能学到其想要学习的内容”——这种做法或许就意味着习得量会随着学生学习内容量的减少而增加。

10.6.2.3 单元开端

要通过规划来使单元具有其自身的完整性。单元应有一个明确的开端、发展，以及能将某一方面工作推向高潮的结尾。教师开启某一体育教育单元的方式能够决定学生的被激励程度，以及所学内容对学生的意义大小。

10.6.2.4 将学生导入单元学习过程

各单元都应有属于自己的“入门”；教师在这个所谓的“入门”中要将自己对学生学习的预期、学生要做的事情、学生做事情的方式，以及之所以这么做的原因分享给学生。如果学生不具有参与某项活动的经验，那么教师就要考虑将最终的成果展示给学生，这样他们才能对自己未来的学习成果有一个概念。教师经常会想当然地认为所有学生都知道排球或足球比赛是个什么样子，但实际上班级大多数人都没有看过排球或足球比赛。视频录像的使用，哪怕只是对以前学生在单元结束时状况的视频记录，都能帮助学习者熟悉预期的学习成果方面。思考以下有关小学单元导入和初中单元导入的例子：

例（小学）：教师正在开始一个教育体操学习单元（四年级）。该单元的重点是将移动、翻滚和平衡这三种动作按一定顺序流畅地组合在一起。教师将奥运会自由体操选手以及本校五年级学生的表现都录了下来，希望学生能从录像中找出两者的相同点（舒展及保持平衡、明确的开始和结束，以及顺畅的转换）。教师解释说大家并不一定要能做出所有看到的技能，他要观察的只是大家的技能组合方式以及对所选技能的完成情况。之后教师又将这一单元的学习安排告知了大家。

例（初中）：教师正在开始一个手球学习单元，大多数学生对这个项目都不太熟悉。教师从奥运会比赛或网络上找了一些视频材料来对这个项目进行讨论，讨论这个项目的理念以及其所需的各项技能。之后教师就将学生分成了若干小队，并让他们进行手球比赛。在比赛结束之后，每个小队都列出了一张清单。清单的内容是他们需要练习的技能以及他们不太了解、而在比赛中却又要用到的规则。教师建议学生每天都要做一点儿练习、打一会儿比赛。

10.6.2.5 可以不以技能教学为起点

虽然单元的学习通常都是先从简单技能和能力开始，之后再逐渐拓展到复杂技能和能力，但正如刚刚在初中学段例子中描述的那样，单元学习也并不一定总要以基本技能为起点。有时，如果教师能以比赛作为单元起点而让学生进行倒序学习，之后再以此比赛经历帮助学生看到他们当前所做之事的重要性，那么他们就能更好地明白技能练习的重要性。第 12 章就阐述了这样一个项目教学方法：不强调基本技能教学，而以活动的基本战术作为教学起点。

10.6.2.6 教前测试

如果教师不清楚学生在单元学习初始之时的学习程度，那么就单元预期目标而对学生所做的教前测试就会非常有用。教师可以通过观察检查表的方式来对学生进行非正式测试；然而如果能用更正式的方式进行测试，那么在测试过程中教师便可以将信息与个别学生进行共享，他们可能也就因此而参与到目标设定工作之中。教前测试有三大好处：一是能帮助学生制定目标；二是能帮助学生评估其在单元前后的进步；三是能帮助教师规划出适合程度更高且又能兼顾学生整体与学生个体的学习经历。如果教师要对学生的进步幅度进行评估，那么教前测试就至关重要——没有教前测试，就没有用来衡量进步幅度的现实基准。但如果学生之前已经进行过某一领域的单元学习，而且做过教前测试，那么没必要再做一次了。

10. 6. 3 单元发展

虽然单元的发展工作大多在教师对单个课堂进行规划的时候进行，但教师在对单元进行规划的过程中还是要注意这样一些理念。

10.6.3.1 在运动单元中兼顾比赛与练习

即使 2V2 以上规模的比赛并不是某一单元的目标，但比赛元素对于该单元来说仍然非常重要。“将全部的技能练习任务放在单元学习的前几天，而将所有的比赛任务放在单元学习的最后几天”——这种做法并不合理。如果能与比赛相结合，那么练习也会变得更有意义。“比赛”也并不意味着一定要进行完整的比赛，而是说学生应该有在类比赛环境或应用任务中运用技能的机会。同样地，如果能在两次比赛中间设置练习环节，那么比赛也会变得更有意义。

10.6.3.2 关于重复的规划

技能习得要靠练习。在单元学习的过程中，对某项技能进行分散练习的效果会优于只进行 1~2 天的集中练习（练完便再不去管）。学生一旦学会了某种游戏、舞蹈，或是别的什么活动，那么在整个学年里教师都要考虑为其提供运用这些技能以及享受参与过程的机会。

10.6.3.3 融入情感和认知目标

如果你使用了一个技能框架（比如，投球与接球，有氧舞蹈）来进行单元规划，那么你就应该把你要列入单元的那部分情感、认知技能与知识确定下来。你还须确定情感和认知目标在你单元中的处理方式与时机。同理，如果你在进行单元规划的时候使用了一个认知或情感框架，比如“发展心肺耐力”，那么你就应当阐明技能内容会以怎样的方式在单元中进行呈现。

10.6.3.4 促进单个课堂的多样化

尽量不要在某一项技能上花一整天的时间。如果已经学习了若干种技能，那么就可以在一天的时间里对多个技能分别进行短期练习。在必要的时候为同一技能在同一层次上的练习工作找到替代练习方式；要在学生技能水平上升的同时以类比赛环境为追求，逐步提高练习环境的复杂程度。

10.6.3.5 促进学习经历类型的多样化

将分别以认知、情感、集体、个人、自我检测为各自重心的各类学习经历贯穿进单元之中，同时还要运用多样化的教学策略来保持学生兴趣和积极性。

10.6.3.6 在单元进程中给予学生一定的地位

如果学生能对其所参与的学习经历拥有选择和决策权，那么他们在单元学习过程中的兴趣和积极性就能得到保持。

10.6.3.7 在单元中设置评价环节

评价理应成为单元教学过程的一部分。单元中的自我评价、同伴评价以及教师评价都应是一个连续的过程（见第 11 章）。评价不能只针对技能目标，单元其他目标的达成程度也应得到评价。

单元评价工作的正式与否无关紧要，但无论采用哪种方式都应为师生提供判定目标达成程度的机会。正如我们会在下一章中讨论的那样，评价往往会将定级作为其唯一目的。但定级其实只是评价的用途之一。评价还能帮助师生们确定其在某一单元中究竟学到了多少东西。

10.6.3.8 单元结尾

各单元的结尾部分都应当很有意义 / 各单元都应当拥有一个很有意义的结尾。在单元的高潮部分（结尾）中应为学生提供学以致用的机会，以及师生评价学生进步情况的机会。

由于大部分体育课都将可直接观察的表现作为其关注重点，因此（教师）就应该让学生们在单元高潮部分（结尾）中通过自身表现来将学到的东西展示出来。运动单元通常会以某种类型的比赛作为其结尾。舞蹈和体操单元则通常会以对长期练习内容的展示作为其结尾。如果能把这些过程当成一次次的学习机会，那么这些机会就能在相关内容领域为学生提供一次意义非凡的经历。

10.6.4 单元规划的书写

书面单元规划在体育教育中往往处于被忽视的地位。教师经常会因为采用了“对课堂进行逐一规划”的做法而失去进行长期规划的机会——这会在意义层面、动机层面以及学习代入感层面对单元教学产生深远的影响。制作书面单元规划既能帮助教师理清单元目标，又能帮助教师以一种更为整体的视角审视学习经历的组织安排。

对于书面单元规划来说并没有所谓最好的形式。书面单元规划通常包括以下部分：

①清晰阐明该单元的各项目标（这些目标皆为所属年级层次及单元所对应之全部标准的若干方面）。

②确定单元学习内容范围和顺序。

③为单元制定一个模块化时间规划，以确定哪一天该教授哪些内容。

④评估程序。

虽然不同师资培训项目所需的单元规划模式也不尽相同，但基本元素往往还是类似的。

10.6.4.1 单元规划的目标

就单元层面来说，教师应当写出阐述详尽程度又高、又有意义的目标。与没有足够时间完成各项可测量技能目标的课堂规划不同，时间充裕的教学单元应力求能将全部三个领域的目标都转变成可测量目标。方框 10.6 中的内容即是可测量单元目标的例子。

方框 10.6

单元目标示例

小学：移动

技能目标：学生要能够将各个动作组合成短期动作序列，同时还要保证各个动作之间的顺畅转换。

认知目标：学生要能够描述出何为优质序列、何为动作之间的高质量转换。

情感目标：学生要能够独立完成自身反映的优化工作。

初中：夺旗橄榄球

技能目标：学生在比赛中要能将球精准地传给至少13.7米开外的队员，且该队员处于移动当中。

认知目标：学生要能够针对几种基本的进攻方式制订出防守策略。

情感目标：学生要能够以一种兼具包容与支持的方式来与某一团队进行合作，而且这种包容与支持并非针对团队中的某一个人，而是要针对团队中的所有人。

10.6.4.2 内容的范围与顺序

在单元规划中教师可以充分利用内容的发展性分析。如第5章所述，内容的发展性分析所关注的正是技能领域中“教学内容的范围和顺序”。第5章描述了针对单个技能或小型技能群组的发展性分析。要考虑到所有大型教学单元中固有的技能内发展与技能间发展。在复杂比赛与活动中不太会用到单个、孤立的技能。教师需要为组合技能的发展以及使用环境趋向比赛的转化做好规划。好的内容发展性分析能够帮助教师以一种与学习相契合的方式来对教学材料进行排序。有关运动、比赛以及其他内容领域教学策略的问题会在第12章中进行详细阐述。

10.6.4.3 模块化时间规划

如果教师已经完成了所教内容的发展性分析，那么他/她就要着手进行这些内容在单元时间框架内的排布工作。方框 10.7、方框 10.8 以及方框 10.9 中的例子就是针对初中及小学学段的教学单元所搭建的模块化时间框架。有些教师能够非常灵活地利用单元时间。如此一来，他们就能够在单元须要发展和调整的时候仅需进行时间的变化而无须变更内容。在使用时间框架模式的过程中要避免出现罔顾学生当前学习状况而顽固坚持结束单元学习或进入流程下一阶段的做法。

时间框架具有灵活性。如果教师虽已为特定技能的学习安排了几节课而学生却没有将该技能修习到稳定的水平，那么往下进行也是没有什么意义的。单元规划是具有一定灵活性的指南。教师的任务是要看到学生学习行为的发生，而不能只是拼了命地将内容教完了事。

对于教师为单元各天所制定的模块化时间框架来说，其叙述程度越详尽，该时间框架也就越有价值。如果只是单纯地列出每天所用技能的名字而不指明当天各学习经历的层次或类型，那么也没有太大的意义。方框 10.7、方框 10.8 以及方框 10.9 中所举的例子为我们提供了一个有用的指导性水平，同时又不丧失看到单元进程的整个全局进展情况的能力。

方框 10.7

中学排球单元的模块化时间规划

1. 播放有关排球的电影
   - 对二传进行介绍
   - 单独练习
   - 对墙练习
   - 搭档进行抛球
2. 练习二传
   - 单独练习
   - 对墙练习（自测）
   - 搭档在移动中进行抛球
   - 与搭档一起进行连续二传练习

续

- 改变方向
- 介绍前臂传球技术
- 搭档在固定位置抛球

3. 练习二传
   - 对墙练习（限时）
   - 与搭档一起连续进行二传（10 球为 1 组）
   - 练习前臂传球技术
   - 搭档在移动中进行抛球
   - 改变方向
   - 对墙练习
4. 练习二传
   - 与搭档一起进行连续二传（自测）
   - 与四人小组一起连续二传（自测）
   - 练习前臂传球技术
   - 与搭档一起进行连续二传
5. 将二传与传球结合在一起
   - 与搭档一起练习“抛—传—二传—接”
   - 与搭档一起练习“传—二传—接”
   - 与搭档一起连续进行传球与二传
6. 练习二传与接球
   - 单独进行传球和轮流二传练习
   - 自测
   - 与搭档一起进行传球和轮流二传
   - 以小组为单位玩“接龙游戏”
7. 进行 1V1、2V2 比赛
   - 进行 1V1 比赛（从抛球开始；要使搭档不得分；设置一定的边界；强调要保持位置相同）

续

- 进行 2V2 比赛（并排站位；强调合作、空间共享、搭档间传球，以及返回占据空间）

8. 热身
   - 单独进行 20 次二传练习
   - 与搭档一起对墙练习二传 20 次
   - 对墙练习传球 20 次
   - 进行 2V2 比赛（并排站位；将竞争的重点放在进攻策略以及开放之上）
9. 热身
   - 单独进行对墙二传练习 20 次
   - 对墙传球 20 次
   - 进行 2V2 比赛（并排站位）
   - 合作性的比赛（自测）
   - 竞争性的比赛（时长 10 分钟）
10. 热身
    - 安排同（9）
    - 进行 2V2 比赛（前后站位；强调前后站位的位置调整）
11. 热身
    - 安排同（9）
    - 对发球进行介绍（使用调整后的发球位置；强调能连续将球发过网）
12. 热身
    - 与搭档一起完成 20 次二传
    - 与搭档一起完成 20 次传球
    - 与搭档一起完成 20 次发球
    - 进行 4V4 的比赛（不发球；可以随便击球；每边要进行三次传球；强调空间关系和轮转）

续

13. 热身
    - 安排同（12）
    - 进行 4V4 的比赛（可以从任何地点发球或托球；每边进行三次击球便能得到附加分；强调进攻关系）
14. 热身
    - 选择热身活动
    - 进行 4V4 形式的班级比赛
    - 将团队形式的比赛评价作为下节课的重点
15. 安排同（13）
16. 安排同（13）

方框 10.8

小学（三年级）教育体操单元模块化时间规划

1. 复习“脚步移动”
    - 垫上练习
    - 在小器材上进行练习
    - 进行队列练习
    - 复习“手部和脚步移动”（明确动作的到位程度、垫上动作及小器材训练为复习重点）
2. 在大器械上进行“手部与脚步移动”练习
    - 进行落地练习
    - 进行疾步练习
    - 进行前后移动练习
3. 在大器械上进行“手部与脚步移动”练习
    - 进行队列练习

续

- 双人练习

4. 单独复习“手部移动”与“脚步移动”
   - 垫上练习
   - 在小器械上进行练习
   - 将单独的“手部移动”练习与单独的“脚部移动”练习结合起来
   - 在小器械上进行练习
5. 将“手部与脚步移动”与滚翻动作结合起来
   - 垫上练习
   - 在大器械上进行练习
6. 进行“手部与脚步移动”与滚翻动作的协同练习
   - 进行队列练习
   - 双人练习

方框 10.9

高中网球单元——4X4 时间表（9 周）

周天	周一	周二	周三	周四	周五	周六
第1周	课程展望 看专业选手、儿童以及当地运动员的视频 为预评价举行单打比赛	健身	握拍 正手击球（抛球后击球）——无球练习。通过不断后退来增加距离 四人为一小组借助DVD来进行自我评价以及个人目标设定 与搭档进行对打	健身	预备位置，两侧步法练习， 看有关正手技术的DVD 进行正手底线拉球练习 介绍反手技术 教师对自评项目进行回顾	

续

周天	周一	周二	周三	周四	周五	周六
第2周	复习反手技术 进行搭档间的抛球练习；同时互相对各自的姿势进行评价 合作性的比赛——在距网远近不同的位置使用正、反手技术连续击球	健身	介绍正手热身练习（10分钟）（FWUD） 介绍反手热身练习（10分钟）（FWUD） 介绍发球 对规则进行初步介绍（在无发球比赛中够用）	健身	正手、反手热身练习 复习发球；练习发球 观看有关发球的DVD 练习发球 复习规则 在没有发球的情况下进行比赛	
第3周	正手热身练习；反手热身练习 技能测试——正、反手技术 对发球进行同伴评价 在加力的情况下进行发球练习 五分制迷你比赛	健身	正手热身练习；反手热身练习；每箱发10个球（发球热身练习） 讨论技能测试的结果——设置个人目标 五分制迷你比赛	健身	正手、反手热身练习 介绍发球热身练习 介绍高吊球 练习高吊球 针对规则进行测试	
第4周	正手热身练习；反手热身练习；发球热身练习 复习高吊球一放网球，以及击球技术；在移动中进行高吊球击打练习 发球练习 单打策略 落地球打法	健身	介绍新的正、反手练习方法——自测 观看有关单打策略的影片 练习底线球战术 对迷你比赛进行介绍	健身	新的正手热身练习；反手热身练习；发球热身练习 进行迷你单打比赛 教师在迷你比赛中对正、反手发球进行评价	
第5周	新的正手热身练习；反手热身练习；发球热身练习 杀球 杀吊结合 网前球策略/截击	健身	杀球与高吊球练习 将落地球、高吊球以及杀球结合起来 截击练习 进行强调网前球的小游戏	健身	截击/高吊球，以及杀球练习 进行强调网前球的小游戏 作业：在参观社区网球设施的同时做有关其（学习）项目的报告	

续

周天	周一	周二	周三	周四	周五	周六
第6周	针对规则进行测试 高吊球、杀球以及截击技术测试 双打策略 班级比赛—（两个技能水平循环赛）（对其中几场比赛进行视频记录）。采用一团体得分制	健身	学生选出在组内进行练习的技能 双打策略 技能测试后的反馈 班级比赛——在比赛过程中监测心率	健身 评估从比赛中获取的心率监测数据	学生选出在组内进行练习的技能 针对视频记录的比赛进行策略分析 班级比赛——教师对学生间的比赛进行分析	
第7周	社区资源报告 职业网球——如果成为一名好的网球选手／比赛机会	健身	学生选出要以小组形式进行练习的技能 教师对请求帮助的学生做出指导 班级比赛——教师对学生间的比赛进行分析	健身	对规则、策略、健身以及技能进行笔试 班级比赛——教师对学生间的比赛进行分析	
第8周	学生选出要以小组形式进行练习的技能 针对比赛做出反馈 对选定的比赛策略进行练习 班级比赛——教师对学生间的比赛进行分析	健身	对笔试情况进行反馈（针对未达到最低分数标准的学生开展复习工作） 学生对需要练习的技能种类做出选择 班级比赛——教师对学生间的比赛进行分析	健身	学生对需要练习的技能种类做出选择 教师对网球方面能够得到的有用材料进行介绍 班级比赛——教师对学生间的比赛进行分析	
第9周	对发球和地面球技能进行最终测试 教师对比赛情况做出反馈——设定最后一周的目标 班级比赛——教师对学生间的比赛进行分析	健身	班级比赛——教师对学生间的比赛进行分析 对前次笔试不及格的学生进行补考	健身	班级比赛——教师对学生间的比赛进行分析	

10.6.4.4 单元的评估程序

如果教师能对单元目标进行详尽程度得当的叙述，那么对单元教学的评估工作就会变得更为容易。单元评估工作所需的工具及其程序都要在单元规划中进行描述。

例：排球单元的评价

- NASPE 体育教育衡量体系——排球。
- 针对规则所进行的知识测试。
- 学生的技能 / 比赛自评。
- 学生针对单元内容的评价。

借助评价程序应能判定每名学生的单元目标达成情况；评价程序阐述工作要完成在单元教学工作开始之前。评价程序应当涵盖所有发展领域的全部目标，评价程序应当作为单元规划的一部分，我们会在下一章中对其进行阐述。

10.7 总结

（1）所有规划层面上的学习目标都应写成学生学习成果的形式。

（2）在标准参考目标中应当予以阐明的内容如下：学生的预期行为、相关行为出现的条件或环境，以及预期的标准或表现水平。

（3）所制定的目标（三个领域）要考虑到学生受教之前的水平，同时还要写成预期水平（受教之后）的形式。

（4）课堂规划是以单元目标为基础，针对单一课时教学过程的指南。课堂规划包括导读材料、师生目标、内容的发展性分析、教学计划以及评价程序。

（5）课程指南是针对学习项目的规划；课程指南通常是以某一组织要素为中心、经由概念化的组织过程发展而来。正是用以构造课程的组织要素确定了教学单元。

（6）单元规划包括以下几个部分：阐述明了的最终目标、已经划定范围和顺序的内容材料、单元的模块化时间规划以及评价程序。

10.8 课后自测

（1）规划与教学评价之间有着什么样的关系？

（2）对于叙述水平详尽的书面学习成果来说，其优缺点各是什么？

（3）写出针对垒球初学者的一项教学目标。之后再对写出的目标进行检查，以确保应有的三个组成部分一个不缺。

（4）针对三个学习领域各写出两项教学目标，同时要对其中的行为、条件，以及标准加以强调。

（5）遵照本章所确立的指导方针，针对你选择的年龄层次和内容领域写出一个课堂规划。

（6）写出一个以情感为取向的课程目的。再写出一个契合该目的的课程目标。

（7）遵照本章所确立的指导方针，针对你选择的年龄层次和内容领域写出一个单元规划——其中要包含一个课时序列（15 个课时）。

参考文献

Bloom B, et al. *A taxonomy of educational objectives: Handbook 1—cognitive domain*. New York: David McKay，1956.

Good T, Brophy J. *Educational psychology: A realistic approach*. New York: Longman，1990.

Krathwohl D, Bloom B, Masia B. *Taxonomy of educational objectives: Handbook 2—affective domain*. New York: David McKay，1964.

National Association for Sport and Physical Education. *Moving into the future—national standards for physical education* (2nd ed.). Reston, VA: NASPE，2004.

National Association for Sport and Physical Education. (2008). PE-Metrics: Assessing the National Standards. (2008). Reston,UA: NASPE.

Rink, J. (2009) *Designing the Physical Education Curriculum Promoting Active Lifestyle*. Boston: McGraw-Hill.

教学过程中的评价

概　述

虽说评价一直都是教学过程的一个组成部分，但其地位却随着规划在教学过程中基础地位的巩固而在近年间不断攀升。近来教学过程中评价工作的重点是在着力将自身融入学习过程的同时更加强调真实且有意义的评价材料。部分学生、教师以及项目对州、地方以及学校标准的更多采纳同样也提高了对教师们的要求——要求他们具备设计和使用评价材料的能力。本章的重点正是师生在教学过程中用以提升表现水平的评价过程。

▶ **标准 5：对学生学习的影响**

体育教师候选人利用评价和反馈来促进学生学习、通告教学决策。

——《新任教师教学标准》（NASPE，2008）

11.1 评价在体育教育项目中的作用

虽然评价一直都是教学过程理论模型之一——“规划—教学—评估”模型中的一部分，但在体育教育中却还未能引起在职教师的过多关注。体育教育工作者还未能意识到评价为教学过程所做出的贡献。体育教师之所以未对评价和评估投入应有的关注，最大的原因可能在于他们无须向任何人汇报有关学生表现的信息。对于很多教育项目来说，在其评分定级过程中甚至见不到什么“数据”的影子。教师在教学过程中运用评价时的失败，以及其在评估自己项目时的失败也可以归咎于评价材料的关联性和实用性；此外，对评价“占用”教学过程其他部分宝贵时间的担心也是导致失败的原因之一。教师认为许多“测试”都与其正在教授的内容毫无关系。

体育教育中缺乏评价的另一个原因在于体育教师无须以专业术语来评定学生的学习成果。评价能够判定在某一特定时间点时学生针对某一预定学习成果的达成程度。当然，如果你没有拟定什么预期学习成果，又或者是你没有为学生拟定具体且足够的学习成果，那么也就无须对学生已习得的内容做出判定。

教育界近来的两个变化提升了教师对学生做出评价的必要程度。第一个变化是更加强调向州、地方以及管理部门提供有关学生表现的信息。我们把这个称为责任制度。教师有义务对学生在其项目中的学习状况负起责任，因此也就需要对学生做出评价——判定其究竟习得了多少内容。鉴于评价会因工作好坏而得到积极与消极这两种截然不同的结果，因此又被称为“高风险评价”。《有教无类法案》的颁布使得在各学科均施行高风险评价（的愿景）成为现实。联邦的“力争上游”倡议也要求各个学校对学生的学习成果加以评价。如果在体育教育项目中压根没有评价材料或是有了却未在项目中加以利用，那么无论是这些评价材料还是评估工具，都无法对项目目标的达成有所助益。有几个州正在逐步将体育教育项目的评价工作纳入州一级的工作范畴。州里会为管理部门和学生父母提供有关学生在特定项目中表现好坏的评价，而州或地方制定的一系列内容标准则是州里做出评价的依据。

虽然向非教育界相关各方提供有关学生表现的信息是体育教育项目应与其他内容领域所共有的重要责任，但在指导教学过程方面却越来越多地用到了评价。对可替代性和可信性评价（与现实生活中的能力相关）的强调，以及评价工作开展的有利时机（处于教学过程当中而不是教学过程之外），共同使得“评价”成为包括体育教育在内所有领域专业会议的一个主要议题。评价在教学过程中之所以重要是因为它既能为学生，也能为教师提供进行决策的客观证据。教师既要进行目标清晰的教学，又要依据那些目标来对自己的工作做出评价，还要为学生提供评价自身进步程度的机会。无论是教师还是学生，其工作都要变得既有责任感而又重点突出。

评价是收集信息以对教学成果和进程做出判断的过程（Safrit & Wood, 1995）。利用信息判断教学过程的成果和进程通常也被称为评估。这两个术语通常会合在一起使用——评价和评估。作为一名教师，我所收集到的信息或许能够告知我："某一学生除了'前臂滞后'之外已经掌握了所有与'过肩摔姿势'相关的内容"。然而这些信息并没能告知我该生表现的好与坏。这种评价对于一年级学生来说可能会非常棒，但对于棒球队的队员来说可能就差强人意了。只要这类信息还尚未转化成一种判断，那么就还只是评价而不是评估；如果教师利用这些信息来做出判断，那么他们就是在进行评估。

教师选用何种评价类型既要取决于信息收集的目的，又要取决于所需信息的类型。对于教育教育来说，评价工作的运用主要出于以下正当目的：

①向学生提供有关其进步情况当前状态的信息；

②鼓励学生提升自身表现水平；

③对教学的效果做出评判；

④以预定目标为准绳，以调整教学为目的，向教师提供有关学生当前状态的信息；

⑤对课程或项目做出评估；

⑥将学生归入适宜的教学小组；

⑦以评分定级为目的，向教师提供有关学生状态的客观信息。

鉴于评价能够直接影响教学过程，因此无论是教师还是学生都应收到有关评价结果的相关信息。然而，情况并非总是如此。学生、教师、其他学校工作人员、父母，以及教育决策部门都有可能单独收到评价信息，而且他们也并不总与其他有关各方进行分享。有时候，学生是唯一收到信息的一方（比如自测活动）；有时候，教师是唯一收到信息的一方（不将成绩通知学生的期末考试）；有时候，外部群体也会对学生进行测试，此时教师和学生都无从得知结果。

11.2 形成性评估和终结性评估

教学过程中的评价通常会以该评估究竟是形成性评估还是终结性评估作为

其分类依据。评价时机和目的是理解形成性评估和终结性评估相关理念的最佳途径。如果评价发生在单元或项目进行期间，且以所评价内容继续进行为目的，那么这种评估就被称为形成性评估。如果评估发生在项目或单元结束之后，那么这种评估就被称为终结性评估。需要将评价数据提交给学校、地方或州管理部门的评估通常都是终结性的。无论是形成性评估还是终结性评估，教师都会采用，但其采用理由却并不相同。就本章前一部分所列出的评价目的清单来说，其中哪些目的与形成性评估密切相关？哪些目的又与终结性评估密切相关？哪些目的既与形成性评估相关，又与终结性评估相关？

11.2.1 形成性评估

形成性评估评价的是在追求某一目标过程中所取得的进步。形成性评估程序用于学习过程中的校正工作。教师通常使用形成性评价来实现以下目标：

①将学生纳入评价和目标设定过程；

②鼓励学生提升自身表现水平；

③对教学的效果做出评判；

④以预定目标为准绳，以调整教学为目的，向教师提供有关学生当前状态的信息；

⑤将学生归入适宜的教学小组；

⑥以评分定级为目的，向教师提供有关学生状态的信息。

虽然这些理由也是采用形成性评估的重要理由，但要说最重要的，可能还得是那些与“使评价成为一项学生学习经历”相关的理由。在第 5 章中我们探讨了作为内容发展重要部分之一的应用任务在任务序列中构建的使用情况。能够提供表现数据或信息的应用任务就是形成性评估。教师会借助学习过程来与学生一起对内容进行发展，而这种评价则是学习过程的一部分。

例：

- 学生以天为单位对自己在“对墙拦击”上的进步做出评价，并将得分记录在日记之中。
- 学生两两一组评价自己对过肩投掷姿势关键线索的运用情况。
- 学生在当天的日记中写下自己培养自身独立工作能力的方法。

在这几个例子中，学生都收到了有关其表现的相关信息。与此同时，表现中的重要方面也得到了强化，学生也学会了如果对自身表现进行反思。如果能将学生纳入目标设定和评价工作当中，那么教学就会变得更有意义、更加个性化。如果能将对评价的运用纳入常规化轨道，那么学生就会更具积极性，在学习中也会更加专注。

例： 班级学生正在制订本学期的个人健身目标。教师要求学生对自己在几个健身领域的表现做出评价，并且设定自己的改善目标（与本学期个人健身目标相关）。在各周期间的间歇中，要对学生的进步程度进行评价，同时还要允许学生自由修改自己的目标。

在这一健身的例子中，评价的作用是使得健身目标更具个性化；而个性化则是构成我们在这一领域为学生所设定的长期目标的一个基本要素。

形成性评估是教学中一个持续不断的过程，其对于教师和学生来说同样重要。教师应当就学生在项目和单元目标达成方面的进步做出连续性评估。连续性评价具备能够提示教师和学生当前学习程度的作用，由此教师便可以对教学和目标加以调整，从而更加适应学生当前的学习程度。如果你不清楚自己的学习程度，那么就无法针对需要做出调整。

教学应当是一个边收集学生表现信息、边对学习过程进行调整以满足学生需求的过程。从这个意义上来说，教学过程在其定义中就包含有形成性评估。教学只有在以下条件都满足的情况下才算得上是成功：

①教师清晰地界定自己的课堂目标；

②各项任务都具有目标导向；

③教师能够对学生涉及预定目的和目标的反应进行观察和分析。

无论是从班级整体的角度出发，还是从学生个人的角度出发，在对教学过程进行调整时都要用到这些通过观察和分析收集而来的信息。

11.2.2 终结性评估

11.2.2.1 概述

终结性评估所衡量的是目标的达成程度，而且实施时机是在某一堂课、某一教学单元、学年或是项目收尾的时候。作为终结性评估所收集的信息主要用来衡量成绩，以及将学生与他人或教师制定的某一明确标准进行比较。虽然终结性评价一直都是评分定级过程的一个重要方面，但教师还是被要求要得出有关学生学习成绩的硬性数据。随着对教师在学生学习成果方面所负责任重视程度的提升，终结性评价也逐渐成为项目预订学生目标达成程度评价工作的一个重要组成部分。

终结性评估通常发生在教学工作的末尾。体育教育领域中的大多数终结性评估都发生在教学单元或学年的结束之际。在教学工作末尾所收集的评估性信息通常用来判定某一学生能做什么，相似一年龄段学生能做什么，或者某一既定标准之间的关系。

11.2.2.2 终结性评估的类型

根据其他学生能做什么来对学生进行评估的做法被称为常模参照型评估。对大量学生进行测试以确定适用于大多数学生的衡量标准，是制定国家标准的前提。即使是学校标准，也应将对该校大量学生所进行的长期测试作为标准制定工作的依据。如果用以制定标准的学生群体发生了变化，那么测试的标准也可以随之变更。

根据某一固定标准而对学生所进行的评估被称为标准参照型评估。在这种情况下，教师要根据学生对某一既定标准分的达成程度来对其进行评估。标准参照型评估和常模参照型评估的区别就在于比较时所要运用的标准不同。如果将学生与其他学生进行比较（无论是采用国家标准还是校级标准），那么就是在进行常模参照型评估；如果将学生与针对某一班级所设定的某一标准进行比较，那么就是在进行标准参照型评估。体育教育国家标准已经为我们确立了一套与健康相关的健身级别，即以全体学生都能达到为标准而制定出的标准。不论是出于何种年龄层次的学生，也不论其是男生还是女生，这一标准都要以能实现身体活动所能带来的必要健康益处为基础。从技术角度来说，凡是参加体能测试的学生，100% 都要能达到最高或最低级别。如果体能测试还像以往的许多测试那样是标准参照型评估，那么就必然会有一定比例的学生总能“通过”测试，而另有一部分学生则总也“通不过”测试。

如果教师都对建立一套评估学生的标准规范持赞同意见，那么标准参照型评估就会有很多优势。如果教师在武断选择标准的同时还不采取一些手段来帮助学生达到这一标准，那么标准参照型评估就很难对项目目标的达成有过多的助益。大多数教师都很熟悉常模参照型的体能测试。体育教育国家标准使用“能力”这一术语来描述学生在运动活动中的预期表现水平。但由于这一术语只是一般性的描述，而不能直接应用于具体的材料之中，因此教师、个人、各州或各地方在将其应用到某一具体活动之时必须精确定义此时究竟为何种具体的“能力”。从这个意义上来说，学生表现就可以参照某一标准来进行评价了。鉴于很多“标准参照型”测试还未能有偿提供，因此许多教师还要参与到为其教学情境量身打造评价材料的工作当中。然而，全美运动和体育协会（NASPE）构建了一套以国家标准为参照的评价材料——体育教育衡量体系（PE-Metrics）材料，这一材料大大地推进了这一发展进程（NASPE, 2010, 2011）。除此之外，全美运动和体育协会（NASPE）还出版了一套有关评价的系列丛书，无论是有关形成性评估材料的问题，还是有关终结性评估材料的问题，教师都能从这套丛书中找到答案。体育教育衡量体系（PE-Metrics）材料的设计既有助于教师选择出自己想用的评价方式，又能帮助他们跨年级追踪学生的学业进步，还能方便他们将自己学生的分数与那些使用不同评价方式学生的分数进行比较。与此材料相关的计算机程序也将在近期面世。

终结性评估的信息可以用来给学生打分、进行未来教学分组、评估教学效果，或是衡量不同管理水平下学生的责任感。如果花时间进行了评估信息的收集工作而没有使之助益于未来教学工作或是未能将其分享给学生，那么这种教学时间的利用方式就不算明智。

11.3 评价的效度和信度问题

凡是收集学生表现信息的教师都希望能确保其所收集的信息可以反映学生相对于某一预期成果而言的当前学习程度。评价必须是对该预期成果的一次有效测量，与此同时，评价本身及其所采用的程序都必须非常可靠。是否具备这两点特质正是评价质量高低的决定性准绳。

11.3.1 评价测量的效度

如果能够测量到想要评价的指标，那么就可以说测试是有效的。“通过篮球罚篮测试来衡量某位运动员篮球水平的高低”就是有关效度的一个很好的例子。如果出现了某位运动员罚篮很准但却篮球比赛水平不高的情况，那么这就说明篮球罚篮测试可能只是篮球罚篮技能的一个有效测试，而不是某位运动员篮球比赛水平的一个有效测试。如果书面知识测试能够对学生在某一内容领域的知识储备进行准确的抽样测试，那么就可以说这些测试是有效的。如果观察到或描述出的行为能够反映概念或想法，那么情感类测量也是有效的。举例来说，如果你想要对班级内学生的“合作”能力做出评价，那么你会将怎样的行为算作“合作行为”？怎样的行为又不算作“合作行为”呢？何种行为该包括在的选择中，何种行为又不包括在你的选择中——你选择的恰当与否能够反映你评价工作的有效性。

测试和测量专家谈到了构筑评价有效性的几种方式。教师先去确定所测事物的关键元素，之后再对照关键证据表一一进行测量——这便是体育教育测量中最常用到的效度。这种类型的效度通常被称为内容效度。针对某一技能或情感行为的观察检查表，又或者是书面测试，都要与该技能业已确定的特征或该行为得以判定“适合”或有效（的表现）相匹配。为了能在多个内容领域都规划出更为正式的测试方式，我们邀请了一个专家组来判定评价所用标准的效度。

构筑测量用以评价学生效度的第二种方式是效标关联效度。效标关联效度比较的是一个测试分数与另一个测试分数的趋同程度——趋同程度越高，效度越高。在某个测试中表现良好的学生在其他测试中应当也能有良好的表现；而在某个测试中表现不好的学生在其他测试中应当也不会有太优异的表现。举例来说，你可能会认为从心血管健康的角度出发，一英里[①]跑步测试、十二分钟跑步测试，以及计步测试这三者之间是高度相关的。如果最优秀的篮球运动员（比赛的胜方）能够在某项测试中得到高分，而比赛的负方运动员无法在该测试中同样得到高分，那么该测试就是对篮球比赛水平的一次有效测量。如果一项测试可以区分运动员的强弱，而你设计的测试也可以用同样的方式区分同一批运动员，那么你设计的测试也可以被认为是有效的。由于你使自己的测试与业已确定有效的测量方式相靠拢，因此你这种用来构筑效度的方法就会被称为效

① 英里为英制长度单位。1 英里 =1609.344 米 =1.609344 千米。

标关联效度。

11.3.2 评价测量的信度

评价测量的信度指的是一项测量的稳定性。如果一名学生在两个不同的时间进行了同一项测试或是完成了同一个评价任务，那么他或她会得到相同的分数吗？如果某项测试能够在两个不同的时间得到相同的分数，那么就可以说这项测试是可靠的。测量的信度通常要靠两次测量才能得出。

如果要通过观察来进行数据收集，那么观察者之间能否达成一致便是信度的主要影响因素。这有时会被称为观察者一致或观察者的“客观性”，它是所收集数据的信度的一个重要部分。即使某种表现的观察者是两个人，那么他们二人所给出的表现分数也应一致。通常情况下，如果观察者不能就所看到的事物达成高度一致，那么要么是因为未能制定清晰的打分标准而使得观察者彼此之间所秉承的标准各不相同，要么是因为观察者运用这些标准的熟练程度不尽相同。无论是哪种情况，所收集的信息都会因为客观性不够而缺乏信度。

表 11.1　客观性示例

	观察者 1	观察者 2
观察对象 1	4	4
观察对象 2	3	3
观察对象 3	9	8
观察对象 4	2	6

在表 11.1 的例子中，观察者 1 和观察者 2 在第一和第二项观察上取得了一致。他们两者在第三项观察上非常接近，而在第四项观察上则大相径庭。在这种情况下，你可以假设他们在评价第四项观察时使用了不同的标准。这一问题既有可能是作为观察工具一部分的定义本身造成的，又有可能是观察者对定义的误读造成的——观察者 1 对定义的解读有偏差，或者观察者 1 和观察者 2 对定义的解读都有偏差。

对学生实际表现的观察是很多新型评价策略的基础。由于在这些评价活动的进行过程中能够收集到大量的信息，因此教师就要决定如何使用这些收集而来的信息——而教师的决定会给测量造成巨大信度危机，这是因为观察复杂行为本身就存在信度问题。行为越简单，观察的可靠性就越强。换句话说，就是学生的复杂行为在教学环境中通常有着至高的重要性（比如，在现实生活中指的就是学生对技能的运用，而不是技能本身）。近来强调要在实际比赛过程中对学生进行评价，这一现象使得观察标准的制定工作越发迫在眉睫。

信度不高的评价测量能否勉强使用，这要取决于测量所得的信息将要如何使用。此时的主要问题就变成了信息究竟是要用于非正式评价还是正式评价。不能单凭所收集到的不可靠信息就证明某一学生在体育课上是失败的。如果数据要用于高风险评价，那么该数据就必须真实有效（方框 11.1）。

方框 11.1

使你的评价变得既可靠又有效

参照以下理念，便可以使你的数据变得既可靠又有效：

- 确保你所使用的评价任务或测试与你的目标相关，同时要保证将这一目标作为教学目标。即使这一目标来源于外部，那么也要将其作为教学目标。
- 清晰地界定出评价任务中“良好表现”的标准；清楚地告知学生你想让他们知道什么或者做到什么。
- 不同的能力对应着不同的表现水平——据此构建出一套表现水平等级体系。
- 在能用到某种工具的情境下练习使用某种工具（情境越多越好——不同的技能水平、不同的年龄、不同的班级等）。
- 即使你已经选定了某种工具，那么也要根据练习中产生的需要对其进行修正。
- 通过在不同时间为同一组学生打分的方式检查你的信度。
- 始终遵循工具中的标准。不要以某位学生在其他方面的表现作为评价信息的来源。

11.4 收集信息：正式评估和非正式评估

有关教学成果和过程的评价信息既可以通过正式的数据收集方法来收集，又可以通过非正式的数据收集方法来收集。正式的评估通常都是标准化的。标准化测试具有两大优点：一是拥有确定的信、效度；二是具备能够帮助教师诠释学生表现的“标准参照型”或“常模参照型”评分体系。对于那些参照美国健康体育休闲舞蹈联盟（AAHPERD）所制定的排球发球标准来对学生进行测试的教师来说，他们就是在使用一种正式的数据收集方法来采集与学生发球能力相关的数据。而对于那些在学生发球时进行观察、继而在心里默默记下他们发球能力的教师来说，他们就是在使用非正式的评估方法。如果教师借助检查表的形式来进行评估，那么即便评估了学生在整场比赛中的每个发球，这种评估方法也仍然是非正式的，最多也就是可信性更高而已。无论是正式评估还是非正式评估，在其工作过程中都会用到一些评估技巧，以下例子便是几种最为常用的评估技巧：

表 11.2　常用评估技巧

正式	非正式
技能测试	评定量表
书面测试	描述学生表现
对表现加以记录	技能完成情况检查表
正式录像	学生以记日记的方式进行过程分析
	学生采访
记录某位学生的胜 / 负情况	借助成绩单来进行自测
体能测试	借助检查表的形式来进行同伴评价
评分规则	评分规则

正式的评估技巧主要用于这样一种情境——只有在需要得到每一位学生更为完整、有效、可靠的信息时才会用到正式的评估技巧。设计兼具信、效度的测试需要花费大量的时间和精力；如果该测试还需提供出规范数据，便更是如此。一般来说，教师不会利用各类测试（即使可行）来对学生进行体育教育项目所有领

域的评估。本章末尾所列出的参考文献能够帮助教师对许多业已成熟的评估手段做出评价。体育教育领域多用到的许多技能测试都与比赛能力存在着确定的正相关关系。

11.5 另类评价

舍弃过于正式的评价测量方式，转向所谓的另类评价技巧——这是最近出现的一个趋势。另类评价技巧表现出较强的非正式性；对于体育教育领域来说便是增加了对观察技巧的依赖程度。

教师最常为不做评价所找的借口就是没有时间。这是因为如果所收集的数据要用于研究目的或者高风险评价，那么就需要花更多的时间来确保所做评价能够作为某位学生所作所为的准确表达，这也就意味着在收集兼备信、效度的数据时会遇到许多与测量相关的问题。然而，作为在岗位教师就必须在信息信、效度需求与包括项目时间有限及学生过多等问题在内的实际问题之间做出平衡。虽然评价工具是教学过程的一部分，但如果对其信、效度问题过于关注，那么就会导致“许多教学项目都不再进行评价工作”这一现象的出现。

另类评价技巧之所以越来越普及还有一个原因，那就是这些技巧更为关注那些更具现实生活意义的学习。许多能通过考试的学生都不能将其所学用于现实生活环境之中（比如，学生能够告诉你如何测得自己的心率，但却无法利用所得数据来判定自己的活动水平）。真正的评价关注的都是学以致用的问题。相较于其他内容领域，这个问题在体育教育领域中更为突出。虽然大多数体育教育工作者都未能对自己观察的信、效度问题予以持续关注，但他们仍然选择“观察”作为对学生表现的评价方式。另类评价技巧可以用于所有的学习领域，而且相较于那些“施加给”学生的评价方式来说，另类评价技巧最为适用于将评价作为一项学习经历（教学过程的一部分）的情况。

大多数另类评价都很依赖评定人就某种表现所做的判断。这种表现有时可能指的是一项身体技能或能力；有时可能指的是一种情感或认知行为。通常情况下，我们都不会仅从一个角度来评价这一表现（比如，既能知晓比赛规则，又能运用比赛技能）。评价表现，尤其是评价那些发生在现实生活中的表现时，评定人必须要依靠那些兼具信、效度的观察方式来对学生的所作所为进行观察。

接下来就是一些教师可以用以收集学生行为信息的实用技巧。这些技巧中的大多数都是观察文献的一部分。我们之所以列出这些技巧是出于两个目的：一是希望这些技巧在现实生活中发挥作用；二是希望它们能为教师提供相比于课堂肉眼观察所得更为优良的信息。

11.5.1 检查表

如果很有必要判定某种表现中的某个特定行为或特征存在与否，那么就要用到检查表。在体育教育领域中，检查表有时会被教师用来核对某位学生是否完成了某项技能、是否交了某样东西或者是否达到了某种期望。通常情况下，在检查表中会列出有关某种表现的若干关键特征，之后再由教师来判定学生在表现过程和表现结果中是否体现了这些关键特征。尽管只有那些能够进行现场观察的表现才最适宜使用检查表来进行评价，然而书面形式的表现、其他形式的表现以及视频记录的表现也都可以使用检查表来进行评价。下列检查表的例子就证明了其用途的多样性——既可以用来评价既能学习成果，又可以用来评价情感学习成果。

例：

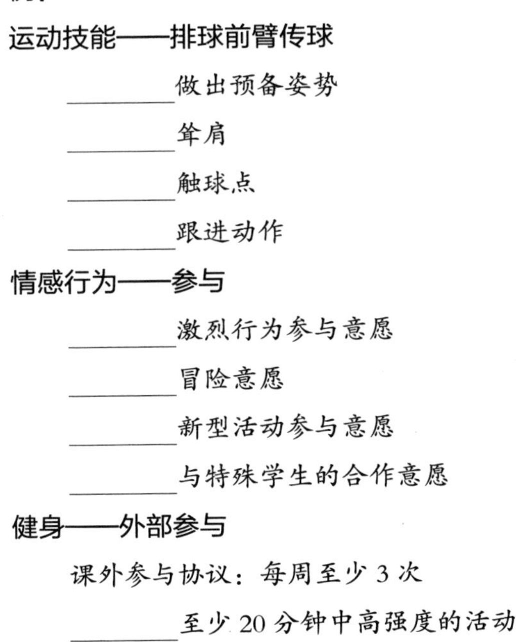

运动技能——排球前臂传球

______做出预备姿势

______耸肩

______触球点

______跟进动作

情感行为——参与

______激烈行为参与意愿

______冒险意愿

______新型活动参与意愿

______与特殊学生的合作意愿

健身——外部参与

课外参与协议：每周至少 3 次

______至少 20 分钟中高强度的活动

________通过成人参与来丰富参与形式

________协议完成

________借助成年人来丰富协议

在所有这些例子中，教师都必须对行为的表现（何时表现出来，何时尚未表现出来）有一个明确的概念。在大多数情况下，知晓某种行为的表现程度对教师来说会更有帮助，这也就是评定量表比检查表更为常见的原因。

11.5.2 评定量表

与检查表类似，评定量表也最适用于观察数据。不过，检查表的用途是用来判定某种行为和特征是否存在，而评定量表则是用来判定某种特征的存在程度。无论是之前例子中出现的哪种行为，其数量和质量都可以借助评定量表来进行评价。

例：动作到位

________总是	________从来没有过
________大多数时间	
________有时	________部分
________很少	
________从未	________始终

在评价标准得到具体描述的情况下，无论是对于学生自我评价还是同伴评价，评定量表都很有用（比如，“大多数时间”意味着“通常”）。一般来说，如果教师使用的是检查表，那么学生通常就会回答“已经做完”或者“能够做到”什么事情。如果迫使他们去考虑“能够将某件事情做到何种程度”，并且希望他们能够展现出更强的表现分析能力，那么他们可能就会更加倾向于关注表现的质量。同样，使用评定量表来评价学生表现的教师也更倾向于去收集有用的数据，而不是仅仅对学生目标追求过程中的当前所处学习阶段做出描述。这类信息对于“教学需求描述”和“就有待提高部分向学生提供反馈”这两项工作来说更为有用。有关评定量表的其他例子请见方框 11.2。

方框 11.2

用于评价的评定量表示例

小学

体操序列：用 1 分、2 分、3 分的形式逐个为以下特征进行打分

1 = 总是

2 = 有时

3 = 从不

________至少保持 6 秒的平衡

________具备一个清晰的开头和结尾（姿态）

________顺畅完成动作间的转换

________难度（组合）多样

初中

情感关切（八年级）

1 = 行为中总能体现出该特征

2 = 在大多数情况下行为中都能体现出该特征

3 = 行为中有时能体现出该特征

4 = 行为中不能体现出该特征

________在项目中与小组进行合作的能力

________独立工作能力

________乐于学习新的活动

________在体育活动中与其他人进行合作的意愿

________不会被同伴的消极行为过度影响

________接受管理者有争议的决定

________以一种对他人无害的方式进行参与

11.5.3 评分规则

复杂行为通常需要进行多角度评价。由于需要同时对行为进行多角度的观察，因此就需要用到评分规则。评分规则从某种角度来说就是一种用于评定表现的多维度评定量表。制定评分规则的过程看似容易，实则不然。你首先要确定你所要评价的评价任务。你要为该评价任务列出优异表现的判断标准，之后还要逐条为这些标准拟定对应的表现水平等级体系。先将所有重要标准都定义在最高水平之上，之后拟定表现水平等级体系。评分规则设计工作中最重要的部分就是教师要提前制定所要评价的重要标准。标准必须要与任务环境紧密相关。举个例子，你不能让距离学生 3 米远的搭档在接球的同时还就其投掷姿势成熟与否做出评价。如果说评价是教学规划的一部分，那么教师规划、教学内容和评价对象这三者就应高度匹配，应当将评分规则与学生共享。接下来便是一个评分规则的例子，设计该评分规则的目的是为了对一个学生项目进行四级评价。

例：评价一个学生项目

得 4 分，如果学生：

能够完成项目的所有方面；

能够条理清晰地传达信息；

能够组织信息以备传达；

能够保证所提供信息具有百分百的准确率。

得 3 分，如果学生：

仅仅遗漏了所分配任务中的一个方面；

（项目完成情况）大体完整，但有一两个例外；

信息组织水平尚可，但有一两个例外；

准确率很高。

得 2 分，如果学生：

遗漏了所分配任务中的两个方面；

（项目完成情况）大体完整，但有两个以上的例外；

信息组织水平尚可，但有两个以上的例外；

准确率极低。

得 1 分，如果学生：

对所分配任务有所遗漏，且遗漏的方面不止一个；

（项目完成情况）大体完整，但有两个以上的例外；

信息组织水平欠缺；

准确率极低。

方框 11.3 和方框 11.4 分别是针对团队运动和个人运动的评分规则示例。这些例子都是用在正式的评价工作之中，而且它们证明了所谓“标准化协议”的存在。评分规则的适用对象并不仅限于技能目标。无论是书面测试工作、学生日记或项目评价工作，还是复杂多维度表现的评价工作，教师都可以为其制定评分规则。评分规则所涉及的工作无须一次性完成。教师可以先对表现的一个方面进行评价，之后再另找时间完成表现其他方面的评价工作。

方框 11.3

高中篮球 *

评价任务

能够游刃有余地进行半场 3V3 篮球比赛。

标准

- 连贯且娴熟的控球技巧（传球、运球、接球）。
- 娴熟的技巧以及惯常稳定的投篮。
- 通常都能展现出良好的进攻策略（跑位方式、共同防守、传球、接球，以及传—跑决策）使用技巧。
- 通常都能展现出良好的防守策略使用技巧。
- 观察不到有规则方面的错误出现，且极少犯规。

具体方案——针对学生所做的指导

我会让你们打一场非常规的篮球比赛，比赛的方式是以三人为一队来进行半场比赛，比赛时间是 20 分钟。在比赛过程中，你们既要评价自己的运球、传球，以及投篮能力；又要评价自己的进攻与防守能力；还要评价

* 需经南卡罗来纳州体育教育评价项目许可方可使用。

续

自己遵守比赛规则、礼仪，以及安全规范的能力。所有半场篮球比赛的规则都会在本次比赛中用到。每次得分之后交换球权——由非得分队在三分线外发球，球发进场，比赛继续。球出界或者犯规都要自己主动示意，而且你们还要自己计分。赛前会给每支队伍5分钟的有球热身时间，热身方式自定。

设施、器材和供给

每场3V3比赛占据半片篮球场地。每队一个篮球以供热身。

摄像机位置和操作

摄像机可以放置在球场中间，且要关闭变焦功能，以保证三分线与场地后端线交汇的角落能够处于显示屏下端边界的位置。一旦比赛开始，摄像机就可以放置在上述位置直到比赛结束。

测试情况

随机将学生分成三人小组进行测试。随机分配比赛对手。将评价方案读给学生们听。给每支队伍5分钟的时间进行热身。在比赛开始和结束的同时开启和关闭摄像机。

高中篮球评价任务的评分规则

三级

- 未观察到运球和传球错误。
- 投篮准确率高、稳定性好。
- 进攻策略执行流畅且稳定（跑位方式、避开防守队员、传球、接球，以及传—跑决策）。
- 始终能够借助良好的技巧施加防守压力。
- 始终能够借助良好的技巧执行防守策略（防守压力、防守位置）。
- 未观察到规则应用方面的错误，极少犯规（比如，走步、犯规）。

续

二级

- 始终保持对球的控制；运球和传球技术娴熟。
- 通常情况下，投篮命中率高、投篮技术娴熟。
- 通常情况下，能够展现出较高的进攻策略水平（跑位方式、避开防守队员、传球、接球，以及传—跑决策）。
- 通常情况下，能够借助良好的技巧施加防守压力。
- 通常情况下，能够展现出有防守策略存在的迹象（防守压力、防守位置）。
- 未观察到规则应用方面的错误，很少犯规。

一级

- 在运球和传球的过程中通常会出现球失控的现象。
- 传球、投篮技术粗糙。
- 进攻没有章法。
- 缺乏防守压力、很难摘到防守篮板。
- 防守没有章法（或是防守技巧匮乏、失位、篮板很少或没有）。
- 对规则知之甚少，经常犯规。

零级

几乎不具备篮球技术、策略或规则知识。

续

高中篮球计分表

学校：__________ 采样日期：__________

记分员：__________ 记录日期：__________

队员号码和姓名	控球	进攻技巧			防御技能			统计
		模式	投篮	传球	压迫防守	策应	篮板球	

方框 11.4

高中网球*

评价任务

在两局网球单打比赛（或是时长 10 分钟的比赛）中展示网球能力。

标准

- 能够对比赛规则和赛场礼仪加以解释和应用；
- 能够始终展现出高超的正手、反手和发球技术；
- 能够做到对基本进攻战术（运用力量、落点、调动对手）的常规使用；
- 能够做到对基本防守战术（回到自己的“本垒”、适时地选择抽球）的常规使用。

具体方案——针对学生所做的指导

我既有可能让你们打两局网球单打比赛，又有可能让你们打一局时长为 6 分钟的网球单打比赛，这两种比赛形式我会随机分配。每个人都会有自己的发球局。发球人都要在离摄像机最近的位置发球。发球人在发球之前还要报出比分。每局比赛不能超过 3 分钟，每局比赛不能出现两次以上平分的情况。你需要对自己做出评价，评价内容包括规则解释水平、计分水平、准确性和诚实度、赛场礼仪使用情况、正反手击球和发球水平，以及进攻和防守策略的展现情况。在赛前你们有 5 分钟的热身时间。

设施、器材和供给

最好能有两片标准场地，每人有 1 支拍、2 罐网球。

摄像机位置和操作

每一片场地要配备一台摄像机。将摄像机放到足够远的位置——以能将整片场地都纳入镜头为宜，但也要尽可能地增大画面。要保持摄像机静止，比赛只要开始就要开始记录，打开声音，每局比赛都应录满 3 分钟。

* 需经南卡罗来纳州体育教育评价项目许可方可使用。

续

测试情况：

体育教师应当依照自己对学生水平的看法来将学生进行两两组合。在有视频记录的比赛开始之前要允许学生进行5分钟的热身。

高中网球评价任务评分规则

三级

表现稳定且技能娴熟，表现在以下方面：

- 应用比赛规则和赛场礼仪；
- 正手击球；
- 反手击球；
- 发球，能将球发到对面正确的发球场地；
- 进攻战术（运用力量、调动对手）；
- 防守战术（回到自己的“本垒”、适时地选择抽球）。

二级

在以下方面表现较为稳定且技能较为娴熟：

- 应用比赛规则和赛场礼仪；
- 正手击球；
- 反手击球；
- 发球，能将球发到对面正确的发球场地；
- 进攻战术（运用力量、调动对手）；
- 防守战术（回到自己的“本垒”、适时地选择抽球）。

一级

在以下方面的表现具有一定的稳定性，并且/或者有一定的技术水平：

- 应用比赛规则和赛场礼仪；
- 正手击球；
- 反手击球；
- 发球，能将球发到对面正确的发球场地；

续

- 进攻战术（运用力量、调动对手）；
- 防守战术（回到自己的“本垒”、适时地选择抽球）。

零级

在以下方面的表现不具有稳定性，并且少有/没有什么技术水平：

- 应用比赛规则和赛场礼仪；
- 正手击球；
- 反手击球；
- 发球，能将球发到对面正确的发球场地；
- 进攻战术（运用力量、调动对手）；
- 防守战术（回到自己的“本垒”、适时地选择抽球）。

高中网球：记分表

学校：__________ 采样日期：__________

记录人：__________ 记录日期：__________

学号和性别	规则/礼节		技术			战术	
	比赛规则	运动礼节	正手	反手	发球	进攻	防守

11.6 学生评价类型

虽然作为学生来说，其在评价方面的大多数经历可能都是技能测试或书面测试，但除此之外其实还有许多评价方式可供教师选择，它们都能帮助教师在收集信息的同时有目的地给予学生一系列学习经历（图 11.1）。在接下来的部分中我们就会对其中一部分评价方式做出描述。

图 11.1　教师可以在课后花上几分钟的时间来对学生进行评价

11.6.1 观察

正如之前所说，观察是最宜在体育教育中使用，且最常见的评价方式之一。对于教师来说，观察评价是一种可供用来评价学生表现的有用评价方式；对于学生来说，他们则可以通过观察评价来进行自评或互评。学生一旦开展起自评或互评活动，那么这一评价经历就会成为他们一项良好的学习经历。对于那些必须采用一套标准来对自身或他人表现进行评价的学生来说，他们既能习得教师所教内容中的重点，又能学会如何集中精力以谋求进步。

“真实世界”方框为我们描述了一名小学教师和一名中学教师对学生自评和同伴评价这两种评价方式的使用情况。

真实世界

同伴评价和自我评价示例

小学——同伴教学

今年是加尔文女士任教的第二年。在其任教之初，她与她的三年级学生花了一年的时间建立了一套行之有效的程序和管理体系。加尔文女士认定她的学生都已经做好了采用同伴教学法提升自身以及他人技能水平的准备。学生已经借助塑料球拍和海棉球开展了一段时间的击球任务练习。加尔文女士将学生集中到一起，并且向他们说明了接下来的安排。她将一张仅列有击球任务三条重要线索的检查表发给大家，并且解释了它对于大家成为"好老师"的重要性；此外，她还说"好的教师知道如何去观察"。接下来，加尔文女士就开始对击球任务进行示范。除了亲自示范之外，她还叫了几名学生来为大家做示范。在这一过程中，既要对正确完成第一条线索的情况加以示范，又要示范未能正确完成第一条线索的情况。之后，加尔文女士又以第二和第三条线索为重点对这一示范过程进行了重复——线索完成与否的情况都进行了示范。示范工作完成之后，她给各对搭档当中的一人发了一支铅笔和一个写字的笔记板，并让学生与其搭档一起回到属于自己的位置（开始互评）。其中一人连续完成两遍击球任务，另一人来判定其在任务完成过程中有没有对"第一条"线索加以呈现——如果呈现了就在第一条线索后面写"是"，否则就写"否"。加尔文女士对第二和第三条线索的处理方式与第一条相同，但要在所有人都完成了前一条线索的相关工作之后才会开始处理下一条线索，而且在这三条线索都处理完之前不会交换搭档。在交换搭档之后加尔文女士会让大家再次重复这一过程，她还会让大家与自己的搭档进行交流，这样才能在下次的练习中有更加良好的表现。学生在将手上的材料交到指定地点之后会继续练习击球任务。

下次再在班里进行同伴评价时，加尔文女士还会以同样的方式开始；不过之后她会逐渐对课堂结构有所松动，只有这样，学生独立执行这一程序的能力才能一次比一次强。"学生能够拿起自己所需的计分表，倾听有关

续

他们所要观察特征之构成方式的指导说明，之后再独立完成评价工作”——这才是她所追求的目标。

初中——自我评价

在罗伯特先生的九年级班级里有一部分学生选择了手球作为他们要精通的运动项目之一。本学习单元为期 9 周，这些学生正处于第 6 周的学习阶段。罗伯特先生已经为班级内的每一名学生至少都做了一次视频记录。在进行同伴评价和自我评价之前，学生已经具备了评定量表和简单检查表的使用经验。这一次他又带大家复习了一遍手球的评分规则（方框 11.2 类似）。每个小组都要有一名志愿者来担任组长，组长带领大家完成比赛。关于评价工作的每一个方面，大家都要进行讨论。罗伯特先生告诉大家，所有比赛视频都会在学校的视频中心里有可供大家使用的复件，而且这些视频复件还可以借出。他要求学生上交一份写有自身表现情况的评分规则复件，以及一份自身表现评估书（既要指明自己的优缺点，又要为自己在最后几周的学习拟定两个目标）。

在开展自我评价和同伴评价工作之前，教师首先要教会学生如何去进行评价。在头几次自我评价或同伴评价的经历中，学生可能会受到限制——只对一条标准进行观察或者只是对客观数据加以记录。学生作为观察者的经验逐渐丰富，你对他们能够在评价过程做出良好表现的期望值也越来越高——在这种情况下，你就可以让他们更多地承担起评价过程中的责任。教学时间的投入是在同伴评价和自我评价工作上迈出的第一步。然而，如果学生能够在教学反馈职能上开始承担起更多的责任，那么这种投入就会收获几倍的回报（见第 8 章）。

11.6.2 事件任务

事件任务指的是那些会被评价、会要求学生执行某事或者做某事的任务，而且这些事情要能在“单个教学周期”内完成。事件任务通常都是有意义的“高潮型”经历，而且这些经历对于学生反应的要求具有一定的灵活性。体育教育中事件任务的例子如下：

①体操动作。

②进行比赛。

③跳舞。

④热身程序。

⑤运动技能序列。

事件任务的概念与“学生应该以有意义的方式使用他们所学到的知识”这一理念相关。用以评价的优秀事件任务具有以下特点：

①教学目的有针对性。

②能够让学生展现出自己进步与能力。

③使用来源于现实生活中的内容。

④在可能的情况下能够将知识和能力综合起来。

“为学生提供‘学以致用’的机会”这件事无论对于哪一学段的体育教师来说都不是一件难事。事件任务通常都是借助评分规则来进行评价，这也就意味着教师必须判定表现的哪些方面是重要的，之后还要为每一个方面构建相应的表现水平等级体系（见之前有关评分规则的部分）。教师可以在事件任务进行过程中对其进行评价，也可以先对其进行视频记录，之后再在别的时间对其进行教师评价、同伴评价或者是自我评价。

11.6.3 学生日记

学生日记在大多数情况指的就是笔记本，教师要求学生在其中反思自己的表现，并且分享自己对自身日常体育教育经历的感受、看法和态度（图 11.2）。学生日记能为教师们提供对体育教育进行个性化的机会。虽然教师有时会将课堂笔记、

图 11.2　学生日记是督促学生反思自身表现和行为的有效方式

项目以及学生想法和感受记录在同一个笔记本上，但学生记在日记中的信息一般都是不分类的。

学生日记会占用课堂时间，但是许多应用了课堂日记的教师都会觉得这个时间花得很值。学生日记能够为教师提供使国家体育标准中的价值观、态度与感受提升至学生意识层面的机会，这也就为教学项目划定了重点。大多数教师都会让学生将日记随身携带到课堂上，或是在教室内找个地方将其存放起来。如果教师能够为学生日记管理制定清晰的组织程序，那么无论是下发还是收集，都会变得快捷。

11.6.4 文件夹

文件夹指的是有关某位学生长期学习生活的一个代表性资料集。某位高中学生的体育教育文件夹可能包括以下内容：若干种能够表明该生已经达到某个项目标准的证据（比如体测分数）；记录了学生在能够代表不同活动形式的不同活动中表现的光碟；书面测试分数或者能够展现学生概念理解情况的学生项目；参与课外体育活动的证据；记录了学生关于身体活动想法、感觉以及认知的学生日志或日记。诸如摄影、平面设计，以及广告一类创作性领域的专业人士使用文件夹的传统由来已久。他们在应聘职位的时候会将包含有自己最棒作品的文件夹带给自己未来的雇主。

虽然教师能够为学生创建文件夹，但教师创建这些文件夹的目的却是将学生纳入评价过程，而且他们还会赋予学生对于进入文件夹所包含内容的选择权。无论是长达数年的学习历程，还是为期一年的学习历程，又或是一个单元的学习历程，甚至是单独一个学习目标的实现历程，都可以用文件夹的形式来进行代表。理想情况是先由教师来设定学习目标，再由学生来选择文件夹中所要包括的内容，而这些内容则要能为学生目标追求过程中的努力提供佐证。教师还应为文件夹的评价工作制定明确的标准。教师通常会为学生制定一套具有足够灵活性的评分规则，以此来帮助他们实现证据提供的个性化以及在评价工作中创造性的发挥。教师可能会对文件夹中所包含项目的数量加以限制，因为只有这样才能迫使学生选择出能够证明他们已经达到学习目标的最具代表性证据。方框 11.5 中的例子正是为某健身单元的文件夹所制定的一套评分规则。

方框 11.5

健身文件夹示例——高三

目的

设置文件夹的目的有三：一是要展示你在评价自身能力以及评估自身健身水平方面的能力；二是要制订出适当的个人健身目标；三是要设计一个通过本学期课程学习能够达成本学期学习目标的个人健身项目。

所包含的内容

- 从健康健身的五个方面出发，来评价个人的健身状况；与此同时，还要为健身的各个方面确定对应的评价方法。
- 判断你所得健身分数所代表的意义，并以此为内容做一次展示。
- 基于你所收集的数据制定目标，并以此为内容做一次展示。
- 有关你的目标达成过程中所作所为的证据，以及你对于这些目标的达成程度。

文件夹评价

要按照以下标准来对你的学习工作进行评价：

- 文件夹中要有能证明上述四个维度已经做到的证据。
- 提供的证据要准确。
- 提供的证据要足以支撑你的观点。
- 提供的证据要表述清晰。

11.6.5 书面测试

大多数学生对于作为所有领域通用评价方式的书面测试都不陌生。书面测试仍然是教师判定学生知识掌握情况的最佳方式之一。如果教师尝试通过表现来观察知识掌握情况，那么就很难判断到底是有知识不会用还是虽能完成任务却实际没有知识。通过第二章的学习我们已经知道“知识”和“执行”是运动技能习得领域中两种不同的能力。虽说“知识”能够促进“执行”，但仍有可能出现你拥有“知识”但却不会“执行”的现象。

任何书面测试都应对学生的知识进行抽样。你无法对学生有关某学科的全部知识都加以测试，但你要保证你所编制的测试能够包含有足够的信息类型样本，而这些信息都是学生该学、你该教的内容。如果在你所教授的技能学习单元中包括有技能操作知识、规则知识、策略知识，以及条件、安全等活动方面的知识，那么你所编制的知识测试就应对这些领域的知识按照你分配给各个知识领域的权重比例进行抽样。“测试项目要反映学生对教学内容的理解水平”——这一点也很重要。教育教师经常会以高水平的概念理解为教学目标，然而却只设计低理解水平的测试名目（比如，教学目标是“让你理解为什么要做某事”，而测试内容却只是与“要做什么”有关的知识）。

以对错题、多选题以及其他类型简答题为题型的测试易于给分但却难以编制，其原因在于很难把这类以学生所学内容为测量对象的测试编制得兼具信、效度。论文型的测试易于布置但却难以打出令人信服的分数。论文型的测试通常要借助一套评分规则来进行评分。

对于年龄教学的学生，教师通常会使用图片（比如，用图片的形式分别刻画正确与错误表现）或符号（比如，笑脸）来编制书面测试。许多师资培训项目都会要求毕业生能够熟知不同年龄学生所对应的阅读水平。这对于测试项目的编制工作至关重要。如果有教师不熟悉自己学生所对应的阅读水平，那么就要向熟悉的同事请教。

书面测试的时间不宜过长。许多成功的教师都会选择在课前或课后抽出一分钟左右的时间来针对上节课的内容问 1~2 个问题，而不会在单元结束之后花上一整节课的时间来对学生的认知知识进行评价。

11.6.6 技能测试

作为判定学生运动技能水平的一种有效方法，技能测试已经在本章之前的部分中进行了讨论。教师既可以设计与其目标更为匹配的技能测试，又可以利用那些针对特定能力且兼具信效度的已有测量方法。所谓“最好的技能测试”指的是那种既能测量你所要评价的内容，又兼具信、效度的技能测试。从实践的角度来说也很容易对技能测试进行管理。许多技能测试都可以充当形成性评价来对学习经历实施同伴评价或自我评价。按照这种使用方式，诸如对墙拦击一类的测试也能有助于学生制作出自己的时间进度表。如果进行技能测试的目的为了就学生的技能发展情况打分，那么就应对该技能测试实施正式的管理，以保证数据的准确性。

“难以管理”是教师为其不使用技能测试行为进行辩解的最大理由之一。如果教师要分开测试每一名学生，那么这个理由就是成立的。然而，如果能够教会学生进行管理以及为彼此或自己打分，那么很多测试就能够以整个班级为测试对象。当评价是学生正常教学过程的一部分时，那么测试管理对于教师来说、完成测试对于学生来说，就都不会是一件难事。

11.6.7 学生 / 小组项目与报告

学生和小组项目可以设计成学习和评价经历的形式，而且设计方式有很多种。教师让学生去调查、设计之后再以某种方式对其成果进行呈现——这就是最典型的学生 / 小组项目。由于一节课的时间往往不足以完成这种项目，因此某个或某组学生就需要抽出单独的课外时间来进行完成。书面报告是最常见的学生项目形式，然而体育教育内容却对多种展示形式都不排斥——哪种形式与教师在我们内容领域的目标更为贴近，可能就会采用哪种形式。“为学生提供‘学以致用’的机会”这件事无论对于哪一学段的体育教师来说都不是一件难事。表现常规、进攻策略和防守策略、舞蹈、活动的计算机程序、热身程序、个人健身项目、比赛，以及其他各类活动都在学生可设计的范围之内。他们展示自己成果的形式也可以多种多样：现场、书面、视频、计算机程序、戏剧、角色扮演、短故事、艺术品等形式无一不可。

应当对项目进行精心组织，只有这样学生才能了解对于评价工作预期的和标准。如果希望一群学生来共同完成某一项目，那么教师就必须还得对学生合作的过程加以组织。学生项目通常会借助一套评分规则来进行评价，而且教师要将这一评分规则提前与学生进行分享。下面是一个初中体育教育项目的例子。方框 11.6 中的内容则是评价这一项目的评估规则。

例：学生被要求去调查自己所选运动 / 活动在自己社区里的参与机会（设施、花费、人员资历、位置、营业时间等）。他们可以借助书面材料来将收集来的信息展示给班级同学，他们可以通过从社区设施、录像带、图片等途径收集的书面材料向班级同学提供这些信息。

方框 11.6

学生项目评分规则

每一名学生都选择了一项要在社区中进行调查的运动/活动，而调查的内容则是该活动的参与机会和价值。

项目目标

以所选择运动的参与机会为内容，向班级同学做一次展示。

展示内容

- 可供该活动参与的公共设施和商业设施。
- 可用公共和商业项目概述，包括：花费、活动实施/指导人员的资质、营业时间、该活动在本地区的普及度。
- 该活动的参与价值。

展示方式

每名学生有15分钟的时间来对自己的活动进行展示，在此过程中可以使用录像带、参与者或设施运营者采访、宣传册或者其他书面材料、图书馆资源资料，或是其他任何学生感觉适宜用作活动展示的物品。

评价

四级

- 有关该活动价值以及参与机会的所有重要方面都得到了准确的展示。
- 材料的语言表述结构井然、明了清晰。
- 材料的语言表述既富有创造力，又热情洋溢。
- 展示时间拿捏准确，且对于提问环节有备而来。

三级

- 有关该活动价值以及参与机会的大多数重要方面都得到了展示，但

续

并不完全准确。
- 材料的语言表述清晰。
- 展示缺乏热情。
- 展示时间拿捏准确，且对于提问环节有备而来。

二级
- 所展示的内容并不完整，也并不完全准确。
- 材料的语言表述欠缺条理。
- 展示缺乏热情。
- 展示时间拿捏得并不准确，对于提问环节也并没有做好准备。

一级
- 所展示的内容反映出展示人并没有在信息收集或观点组织方面下功夫。
- 材料的语言表述欠缺条理。
- 展示缺乏热情。
- 展示时间拿捏得并不准确，对于提问环节也并没有做好准备。

11.6.8 学生日志

在通常情况下，学生日志会为长期以来的参与、某种行为或者特点建立一个记录。学生对自己每天所走里程数、体重增减情况、胜负情况、练习时间，或者课外体育活动参与情况所做的记录都是在记日志。学生日志可以被视作或用作是一种自我评价，但前提是所记录信息的准确性必须得到一名负责任成年人或同伴的认可（见接下来有关“家长报告”的部分）。如果能够在使用所记录信息做事方面也能对学生提出同样的要求，或者要求他们对所记录的信息进行反思，那么学生日志就能发挥其最大价值。如果对学生日志的记录周期提出过长的要求，那么将其用作评价和学习经历的效果就会更好。

例：教师要求学生记录自己课后和周末参与体育活动的情况，记录周期为 3 周。3 周结束之后，教师又让学生根据与健康相关的标准来评价和评估自己的活动水平，同时还要制订出之后 3 周的个人目标。

11.6.9 学生访问、调查以及问卷

要想提升自己的教学效果，教师需要尽可能多地了解学生的想法与感觉。然而就收集有关学生想法和感觉的信息来说，最有效的办法之一就是去问他们。通过使用调查、问卷以及学生采访等方法，教师可以收集到大量与“学生对其项目看法”有关的信息。如果调查对象是一个学生群体，那么书面调查和问卷就会很有效果。学生调查和问卷的时长要尽可能简短、回答难度也要尽可能简单，而且应当在尽快结束没有好处的情况下一次性完成。

学生问卷或调查可以有多种形式：有的只有一两个问题，可以在快下课的时候完成；有的需要对学生活动兴趣做更为广泛的调查；还有的则是要了解学生对个人课堂经历的看法。教师的采访对象可以是学生个体，也可以是学生小组。方框 11.7 中的例子便是一个以中学生为对象的采访形式。

方框 11.7

一个中学生采访的问题示例

- 关于体育教育，你最喜欢什么？为什么？

  试样：是什么让课堂变得有趣？
  什么活动最为有趣？
  同学怎样的做法使你觉得课堂有趣？
  我怎么做才能让你觉得课堂有趣？
  我们要对课堂做怎样的改变才能让你觉得更有趣？

- 你不喜欢我们在体育教育中怎样的做法？

  试样：你最不喜欢什么活动？为什么？
  同学怎样的做法使你觉得课堂无趣？
  我怎样的做法会让你觉得课堂无趣？

- 你认为班里所有同学都一样喜欢/不喜欢你上面的做法吗？

  试样：其他同学会怎样回答这些问题？
  谁会同意你的看法？为什么？

如果教师能够在上课之前、放学之后或是午饭休息期间花上几分钟的时间与若干学生进行交流，那么就能收集到很多有用的信息，比如学生当前的学习内容、学生的感觉、学生对当前班级里所发生事情的看法等。由于这类信息能够帮助教师了解学生眼中的班级动态，因此就能够在规划未来学习经历方面为教师提供指引。学生年龄越大，越不会给出他们认为教师想听到的回答，反而是那些年龄较小的学生才更容易受到误导而去寻找那些他们认为教师可能会想要的回答。

11.6.10 家长报告

家长报告是经由父母或其他成人（监护人、教练、社区体育人士等）签字的记录，其用途是证实学生确实进行了某种参与，而且在某些情况下还要提及参与质量或进步情况。“以父母签署表格来证明学生做过某事”——这种做法对于体育教师来说是一种能够帮助学生在课堂参与与课外体育参与之间建立关系的有用工具。举例来说，国家标准四是“在体育健身方面，达到并保持一种能够增进健康的水平。”除非我们能够找到足以确证课外体育参与的方法，否则就很难让学生对我们计划中的“体育健身”方面负起责任来。

方框 11.8 和方框 11.9 为我们举出了两个家长报告的例子，其中一份适用于幼儿，另一份适用于年龄较大孩子，而证实课外体育参与则可能是这两份家长报告共同的用途。虽然家长报告的目的是为了将父母或其他成年人纳入学生的学习过程，但学生仍应是其责任的承担者。虽说学生本人可以让父母在报告上签字，但更合理的做法却是让那名专门负责邀请父母参与、找父母签字的学生来处理这件事。在评价学生参与情况的过程中，也会有一些成年人不那么诚实。一方面是这一经历对大多数学生的价值，另一方面是某些成人可能无法做到准确评价——教师必须以前者的价值来平衡后者的危害。如果能要求成年人留下家里或单位的电话号码，如果教师能对证实学生参与的成年人做到随机选择，那么“成人确认参与”这一机制就能更好地发挥效果。

方框 11.8

家长报告范例

小学

学生姓名________　　　　　　　　　　　　　　　日期________

亲爱的学生家长：我们致力于鼓励学生在空闲时间积极参加体育锻炼，并且希望他们能够注意到身体活动在使其“感觉舒服”方面的价值。请在下周（10 月 4 日，周一——10 月 10 日，周日）每天固定的时间帮孩子填写以下信息。等到 10 月 13 日（周三）的体育课，我会把这些表格收上来。

此致

冈萨雷斯先生

体育老师

活动水平

无活动（比如，坐着、站着）

中等强度活动（比如，散步、帮着洗车）

剧烈活动（比如，跑步、游泳）

日期	今天做了什么	圈出活动水平/强度	时长
周一		中度活跃	
		高度活跃	
		不活跃	
周二		中度活跃	
		高度活跃	
		不活跃	
周三		中度活跃	
		高度活跃	
		不活跃	
周四		中度活跃	
		高度活跃	
		不活跃	

续

日期	今天做了什么	圈出活动水平/强度	时长
周五		中度活跃	
		高度活跃	
		不活跃	
周六		中度活跃	
		高度活跃	
		不活跃	
周日		中度活跃	
		高度活跃	
		不活跃	

方框 11.9

家长报告范例（年龄较大的学生）

初中

东岭中学参与核查表

说明：如果您得到了有关学生参与某种活动的直接信息，就在活动描述后面签字。

日期	时间	参与情况	签名

11.7 使评价环节成为你项目中实用且重要的一部分

从数量和种类上来说，在体育教育领域中能够用于评价学生的潜在方式数不胜数。实用性是所有评价项目的基本特征之一。如果想要将评价经历整合成项目的一个常规部分，那么请看下列建议。

11.7.1 制定标准

如果你能在规划学习成果的过程中对“优异”表现做出详尽地描述，那么就能有利于评价工作的展开。将这些标准写下来，同时考虑一下你要以怎样的方式将其分享给你所评价的学生。

11.7.2 经常开展自测工作

通过设计，可以在教学中设置自测或其他应用任务来对学生的进步情况进行评价，比如说可以问“如果要以过网传球的方式传球给同伴，你能完成多少次？”如果应用任务能与（教学）内容相契合，那么在整个教学过程中就应该经常间隔着执行这类任务，以此来为师生提供反馈。教师让学生记下自测活动分数的做法有时会很有用，因为这样一来无论是学生还是教师就都能查看到学生的进步情况。学生的进步情况可以记录在学生日记或日志中，也可以记录在需要上交给老师数据记录表中。如果能提高日记、铅笔以及记录表收发这一连贯流程的效率，那么就能给教学过程带来很大帮助。

11.7.3 简易检查表和评定量表

体育教育领域中有很多重要目标因其复杂程度过高而无法采用简单的自测活动去进行评价，而且教师也不愿意使用会占用项目大量时间的更正式测试。正如本章之前部分对评定量表的叙述所说，评定量表会在某一技能不同的能力水平之间、某一技能的各个组成部分之间，或是各种不同的行为特征之间进行点值分配（打分）。举个例子，你决定要看看学生进行网球上手发球时的姿态。最简单的情况如下：对于碰不到球的那些学生你会打“1”分；对于高抛之后能够碰到球的那些学生你会打“2”分；对于那些以优秀抛、击球（以一个连贯上手动作进行击球）能力为基础、展现出良好起始姿势的学生则可以打“3”分。

如果测量方式更为复杂，那么你还可以将“发球”分解成不同的部分。教师能够借助在练习期间对学生的观察、对班级每名学生所进行的评价，或是对不同能力水平学生所进行的抽样来确定下节课需要解决的问题。

抽样评定量表可以用来评价较为复杂的行为类型，比如独立工作能力、专注保持力或者是比赛能力等。如果不能对评定量表中每种分类所分别代表的意思做出明确界定，那么就很难将这一方法用得可靠。因此，对于研究和终结性评价来说，评定量表只具有有限的价值。然而，对于需要便捷实用方法来进行信息收集的在岗教师来说，评定量表在评价学生进步方面的用处还是比“目测”要大。评定量表能够迫使教师对学生个体加以关注和评价——这正是其在教学中的关键价值所在。

11.7.4 使用同伴评价

同伴教学是一种能够在短时间内收集到大量学生进步信息的有用方式。可以发给学生一张打分表，也可以让他们为一次更加正式的测试打分（图 11.3）。教师的明确指导是高质量学生表现信息得以收集的前提。由于评定量表能够提供判断的标准，因此它对于同伴评价工作来说尤为有用。在同伴评价中使用评定量表既能够迫使学生对教师颁布的标准加以思考和关注，又能帮助同伴评定人发展其观察技能。为了能够发挥出同伴评价的作用，教师应当教会学生如何参照评定量表的标准进行观察，以及如何进行同伴评价。教师收集或者使用数据的主要目的是为了向学生提供反馈。

图 11.3　使用同伴评价可以高效地收集有关学生表现的高质量信息

11.7.5 使用“30 秒提问”环节

如果教师想要从学生身上了解的信息与表现并没有直接的关系，而是更与学生的看法、知识、态度或是感觉相关，那么他们就可以采用“30 秒提问”的方式的来达到这一目的，而且这种方式可以用在课堂的任意时间（开始、中间或是结束）。学生快速就一到两个问题做出回应，给出自己的答案，之后继续上课。教师在进行“30 秒提问”时可以问以下问题：

①我今天的工作努力吗？

②我在教授这一技能的时候需要做哪些工作？

③对于今天的课程，有哪些是我喜欢的？又有哪些是我不喜欢的今天？

④我今天都做了什么来帮助别人？

⑤我的团队需要什么样的帮助？

“30 秒提问”既可以与学生日记结合使用，又可以单独使用。随着使用这一技巧的老师越来越多，以及学生书面材料收发流程的逐步建立，“30 秒提问”所需占用的时间也会逐渐缩短。许多教师将“30 秒提问”的表格和铅笔放在靠墙的位置，之后再用一个箱子或者篓子来收集这些材料。

11.7.6 使用 DVD/ 计算机

体育教师应当广泛使用 CD、DVD 以及其他视频记录方式来评价学生表现。这一做法的优势在于教师无须占用课堂时间来完成评价工作。这些方式可以对课堂上的表现和行为加以记录，之后再由教师对其进行评价。可记录的表现或行为如下：

①对学生进行的正式测试；

②教师要对其进行评价的比赛；

③教师需要对其进行抽样检查以确定学生当前所处学习阶段的技能实践；

④管理或情感问题以及目标评估；

⑤教师的教学技能（见第 13 章和第 14 章）。

11.7.7 对学生的行为进行抽样

大多数教师都认为每一名学生的每一个目标都必须要进行评估。如果评估的目的为了给学生打分，那这种看法就是对的。然而，如果教师只是通过评估来收集有关项目目标或有关教学的信息，那么这种看法就是错的。教师既可以选择对班级或学生进行抽样，又可以选择以不同的学生为对象去评价不同的项目。

例：你带了3个排球班，而且你想对学生比赛技能及其他技能的习得程度做出评价。教师只要对一个具有代表性的班级进行视频记录，并且就该班级学生在比赛环境中的技能和策略使用程度做出评价。教师还可以分别在各个班级中进行不同技能的更正式测试。教师可以利用这些信息来判断完成某一项目或某一单元预定目标的学生数量百分比，以及学生的目标达成程度。

11.7.8 利用技术辅助评价

许多用以记录和处理学生表现数据的科学仪器和工具已经面世。大多数人对心率监视器、加速器以及其他用于健身领域的各种设备都不陌生，而且这些设备的价格也很合理，公立学校也能负担得起。用以记录数据的掌上电脑和手机也能够下载一些软件，这些软件可以帮助教师以不同方式检索记录的数据。它们比剪贴板有了巨大的改进。由此，教师就可以将给家长和学生的报告打印出来；同时他们还能够查看到不同班级、不同年份的数据，并以之来完成不同类型的评价工作。

所有体育馆都应配备视频记录和计算机设备，以供师生使用。运动和健身相关计算机软件和评价材料的逐渐增多使得在体育馆设置计算机工作站的必要性不断提高（见芒森，2008；与“体育教育中科技的使用”相关的大量网站）。

11.8 为正式评价和高风险评价做好准备

许多教师都发觉自己有责任向管理者以及州内官员提交有关学生表现的数据。正式评价的性质与教师每天在教学过程中所做评价的性质不同。由于提供给上级部门的信息能够对包括学生、教师、学校以及学校所在地方在内的各方都造成影响，因此这些信息的内容必须是对学生所作所为的一次精确评价。为了能尽可能地提高评价的准确型，教师要对以下观点加以注意。

（1）使自己熟悉评价材料和评价程序。在正式评价材料中一般会有说明测试时间、测试方式以及测试执行条件的协议说明书。教师应当对这些说明书严加遵照。如果某一测试协议就试验次数、书面测试时长，以及同时被试学生数量等相关问题给出了具体的说明，那么教师就得遵照这些说明行事。设计测试协议的目的是为了使全体学生都能得到相同方式的测试。

（2）**使学生熟悉自己要被询问的内容。**在许多情况下，教师都可以与学生一起对测试加以练习。学生的测试练习能够确保他们熟悉自己要被询问的内容，以及自身表现的判断标准。测试不应以教学为其唯一目的，然而从另一个方面来说，如果测试，尤其是运动技能测试能够充当学生能力的测量工具，那么测试练习也就不失为一种好的教学。测试练习还能帮助教师消除可能会出现在测试施行过程中的问题。举个例子，如果在某一测试中需要对学生进行视频记录，那么通过练习教师就能得到一个练习使用和摆放摄像机的机会，如此一来就能从最好的视角观察学生表现。

（3）**通过对班级加以组织来提高班级的测试效率。**教师不喜欢评价的原因之一就是他们觉得太浪费时间。评价工作之所以浪费时间的原因在于教师没能想出高效率的测试施行方式。所有需要的材料都应提前准备妥当（比如，器材、铅笔、纸张、录像带、边界线等）。还要确定一次可以测试的学生数量。如果一次只能测试很少一部分学生，那么就要规划一些事情给那些未被测试的学生做。使用学生助理（同一个班级里年龄较大或者更值得信赖的学生）来协助测试、视频记录，或是组织为非测试学生准备的活动。在必要的情况下，要提前对学生加以训练。

（4）**即刻对你所收集的数据加以记录和整理。**你所收集的数据很容易错置和遗失在繁忙的日志之中。要给所有你收集来的数据贴上标签并放置到安全地点，只有这样你才能始终知道要去哪里找它。视频记录上也要贴上标签以备查找。

（5）**练习使用评价工具。**如果需要你来对学生的书面测试、项目或视频表现进行评分，那么你就得提前以学生表现的例子为操作对象，练习对评分工具的使用（练习所得数据无须上交）。以标准分数（某位专家就学生表现打出的分数）为对照，或者是请另一名同院教师来核对你所打出的分数。教师准确可靠使用评分工具的能力是得出精确数据的前提，而且这一能力的培养也需要花费大量时间。

（6）**为学生表现打分。**如果你在评价学生运动表现、书面项目或是书面测试的过程中使用了某个观察工具或评分标准，那么你一定得提醒自己要“就事论事”——只能根据自己看到的东西来进行打分，不能根据学生在其他非测试表现中所展现出的能力来进行打分。如果可能的话，就先让全体学生都只完成该测试的某一个部分，教师也先只对学生在这一部分的表现进行打分；之后再对测试的下一部分执行同样的操作。如果要给大量的学生打分，那么就要确保最后一名学生的评分标准要与第一名学生的评分标准保持一致。

（7）**遵从数据上交条款。**要清楚你应在什么时间、以怎样的方式，以及向什么人上交你的学生数据。遵照说明行事就不会出现错误。如果你不清楚该怎么做，那就去问。总之，你必须遵照说明行事。

（8）**将测试用作学生的一项学习经历。**如果某一正式测试要作为一项学习经历，那么在可能的情况下学生就应该要收到有关自己测试表现的信息。如果教师不对测试进行评分，同时该评价经历的价值也不仅限于提升师生责任意识，那么学生就更应该获得这些信息。

11.9 为学生打分

现实是无论学生数量有多少，也无论分配给体育教育项目的时间是否如往常那样紧张，教师在大多数教学情境中仍然要对学生进行打分。不同的人会将分数用于不同的目的。将其送到家里可以起到告知父母孩子进步情况的作用；管理者以及其他某些人会将其视为判定某位学生在某项教育经历中是否成功的依据而对其加以利用；教师也经常以其作为学生进步情况的通知书，并以其来激励学生矢志努力、追求成就。无论分数来源于何种评价方式，施用于学生身上的评价标准“都要与教师提前制定的项目目标相一致”。

与打分相关的讨论通常都会集中到“要使用什么标准来为学生打分？”这一问题之上。通常要考虑以下标准：

①学生学习成绩；

②学生的进步情况；

③学生的努力程度；

④学生品行与服从情况。

在有关学校课程的学术领域中，学术成就几乎被看作是在给学生打分时所要考虑的唯一主要因素。因此，体育教育工作者不得不将学生学习成绩标准作为自己评分体系中的一个重要部分。体育教育内容标准的引入，以及许多州和地方所设置的更为具体的表现指标，应当能为我们评分系统“过于强调学术成就因素”这一现象的改变开个好头。

11.9.1 学生学习成绩

在学生学习成绩中包含有一个针对学生的客观评价，其评价标准要么是教师预先设定的某一标准，要么是诸如体测分数、技能测试分数、书面测试分数、比赛能力评估分数等一类的规范数据，要么则是“学生借助基础和进阶技能所能够做到哪些事情”。根据学生成绩进行打分的优势在于能够更加准确地提示出学生当前的项目目标达成情况。以父母为例来说，如果他们孩子的体育课成绩是“A”，那么他们就能知道孩子很擅长体育运动。高校录取人员也能依据其所收到的体育成绩来判断某位学生的体育水平如何。

11.9.2 学生的进步情况

基于学生进步情况的分数要经过两次评价方可得出——先要评估学生在某一领域的初始水平，之后再评价他们在某一评分时期结束时的学习水平。教师要学生相信他们一定能取得进步。然而，“学生进步情况”在体育课上的使用仍然存在一些问题。那些或多或少掌握一些技能的学生，反而无法像那些没有什么技能经验但却具备学习先决条件的学生那样，取得如此大的进步。出于这个原因，那些重视学生进步情况的教师经常会将学生学习成绩和进步情况结合起来给分。鉴于学生在成绩方面的潜力各不相同，因此“在对学生进行评分时考虑学生的进步情况”这一做法在大多数人看来是更加公平的。

11.9.3 学生的努力程度

学生的努力程度通常是指教师就学生在追求进步过程中的用功程度所做出的一个主观判断。基于两个假设：一是除了让他们尽力而为之外你无法再向学生提出更多的要求；二是如果他们尽力而为，那么就能够学会。然而很遗憾，很多教师为其班级所设定的期望值都是如此之低——只要不给教师找麻烦，就算是近了最大努力了——这也就是普拉西克（1983）所谓的“忙碌、快乐即优秀”。从这层意义上来说，“努力”更像是一种行为特征，而不是真的努力要在体育教育内容上力争上游。如果学生确实努力了，而且你的项目也很适合，那么你就一定能看到大家的进步。

11.9.4 学生品行

学生品行通常包括衣着打扮、准时上课、认真听讲，以及项目和学校的情感行为类要求（比如，诚实、礼貌、尊重他人）。学生的出勤记录与服装记录，以及教师就学生课堂言行所做出的主观判断，这些都是判断学生行为特征的依据。

鉴于业内大多数从业人员都倾向于将学生的努力程度和行为特征当作为其打分的主要依据，因此体育教育领域的大多数领袖都提倡要将“学生表现”或“进步情况”，又或者是两者的结合作为给学生打分的基础。教师为其评价工作不足进行辩解的理由是学生的数量太多，以及项目的时间不足。然而，业界领袖认为“缺乏有意义的评价”是对体育教育项目本身的不尊重。“穿着”和“参与”只应是对学生最低层次的要求，并不能以之作为打“A”分的标准之一。

最佳的打分就是要能够“汇报所有标准的达成情况”，或者“起码要能够分开汇报某些标准的达成情况”。如此一来，“努力程度”就不会与“能力”或“行为特征”相混淆。即使做到这点的可能性不大，教师也应尽可能地将“学生进步情况与表现”和“努力情况与行为特征”分开，之后再对两者的达成情况进行分别汇报。

例：在“A-1”中，“A”代表“表现”和“进步情况”的结合，而“1”则代表“努力程度”和“行为特征”。

在小学学段，分数的作用主要是向家长汇报孩子的进步情况。家长眼中最重要的信息就是，自家孩子相较于其他孩子而言的基本技能发展情况。然而，很难只凭那么一个分数就能向家长充分传递这一信息。大多数教师都会写一封给家长的信寄到家里，信里还会附带（成绩）报告单、针对孩子项目基本技能发展情况所做的评价、健身数据（如果能够获得的话）、孩子的行为特征评价，以及关于父母在运动技能领域如何与孩子一起共同努力的若干建议。

无论教师采用了怎样的标准，他们都应提前将这些标准与学生进行分享——在初中学段更应如此。无论在什么时候，学生都应了解自己在班级中所处的位置。他们不应为其所收到的分数而感到惊讶。

11.10 总结

（1）评价是收集信息以对教学成果和进程做出判断的过程。

（2）形成性评价的设计目的是用来评价某一目标的达成过程；终结性评价衡量的是目标的达成程度。

（3）一旦教师制定了学生必须达到的标准，那么相应的评价工作就可以说是有标准可依。

（4）如果能够测量到你所要评价的内容，那么该评价就是有效的。

（5）如果评价中所用的测量程序能够保持一致，那么评价就是可靠的。

（6）真正的评价关注的都是所学内容在现实生活中“学以致用”的问题。

（7）检查表、评定量表以及评分规则都可以用来对某一表现进行观察。

（8）观察、事件任务、学生日记、学生文件夹、书面测试、技能测试、学生 / 小组项目和报告、学生日志、采访调查和问卷以及家长报告都属于评价技巧的范畴，都可以用来评价学生在体育教育中的预期成果达成程度。

（9）如果教师所设计的评价材料占用时间不多，而且在各节课上的使用情况也能保持稳定，那么该评价可以在体育课上进行实际运用。

（10）应当根据“某一项目的预期成果”与“学生的进步和表现情况”之间的对比来为学生打分。

11.11 课后自测

（1）为什么说评价是教学过程中的一个重要部分？

（2）举出两个形成性评价的例子。

（3）举出两个终结性评价的例子。

（4）你怎么判断一项评价工作的效度？

（5）你怎么判断一项评价工作的信度？

（6）描述出三种可用于运动技能表现评价的方案。

（7）描述出三种可用于认知表现评价的方案。

（8）描述出三种可用于情感表现评价的方案。

（9）如何将“评价”作为某一体育教育项目的组成部分而对其进行实际运用？

（10）为小学以及中学的体育教育项目设计一套学生评分系统。

参考文献

Mohnsen B. ***Using technology in physical education*** (6th Ed). Reston, VA: AAHPERD，2008.

National Association for Sport and Physical Education. ***Moving into the future: National standards for physical education*** (2nd ed.). Reston, VA: NASPE，2004.

National Association for Sport and Physical Education. PE–Metrics: Assessing National Standards 1 – 6 in Elementary School. Reston, VA: NASPE，2010.

National Association for Sport and Physical Education. PE–Metrics: Assessing National Standards 1 – 6 in Secondary School. Reston, VA: NASPE，2011.

Placek J. Conceptions of success in teaching: Busy, happy and good? In T. Templin & J. Olson (Eds.), ***Teaching in physical education,*** Champaign, IL: Human Kinetics，1983.

Safrit M, Wood T. ***Introduction to measurement in physical education and exercise science*** (3rd ed.). St. Louis: Mosby，1995.

第 3 部 分

情境与反思

特定内容教学法

概　述

本书类似教材所描述的大多是通用教学技能——那些无论在什么教学情境下都可使用的技能。在实际教学中，如果你能将这些技能恰当地应用于不同的情境，那么它们就能转变成有助于你教师角色发挥的种种原则。富于技巧的教师非常清楚怎样的原则适用于怎样的情境，并且知道如何针对不同的情境来对原则进行调整。

这些都是通用的教学原则，它们对所有你要教授的内容领域都很有用。除了这类通用教学法之外还有另一种“知识库”——那就是特定内容的教学法。读者在本章中所能够读到的正是与不同内容领域具体教学法相关的若干教学理念，这些内容领域包括终身健身、运动和比赛、舞蹈、体操，以及本学科的重要概念等。之前从未有人试着将这些领域统而论之。读者所能够接触到的许多材料都只是对这些方法在内容教学中的实施做了大量描述。

本章的第一部分阐述了几点与“怎样对‘发展终身体育活动’的相关内容加以思考和呈现”相关的重要理念；第二部分描述了几种在进行“运动和比赛”教学时可供选择的理念；第三部分理念所涉及的内容则是以“学习迁移”为目的的概念教学。举出各个例子的目的则是为了能够引发你的思考，思考在进行这些内容领域教学时可供选择的各种方案。

▶ **标准 1：科学理论知识**

体育教师候选人对学科具体科学理论概念的了解和应用是体育教育接受者发展的关键。

▶ **标准 3：计划和实施**

体育教师候选人计划与实施一系列适宜的发展性学习经历，其内容须与地方、州和国家促进接受体育教育个体发展的标准相匹配。

▶ **标准 4：授课和管理**

体育教师候选人利用有效的沟通方式和教学法技巧、策略以促进学生的参与和学习。

——《新任教师教学标准》(NASPE，2008)

12.1 养成一种积极锻炼的生活方式

大多数教育工作者都认可这样一种观点：其教育项目的主要目的是帮助学生以及成年人（学生在未来也会变成成年人）过上一种积极锻炼的生活方式。积极生活方式与健康健身的养成与保持是教育项目的一个重要目的。有两项国家标准（NASPE, 2004）都谈到了这个问题：

标准 3：定期参加体育活动。

标准 4：在体育健身方面，达到并保持一种能够增进健康的水平。

借助内容标准的相关描述，我们应当清楚地了解到，目标跨越了所有三个领域。学生应当贯彻一种积极锻炼的生活方式、保持健康、保持健身水平、具备与健康相关的知识；不过最重要的还是要重视身体活动、保持健康。体育教育的终极目标就是要超越体育健身通过训练就能轻易实现的狭隘观念，去追求一种积极锻炼的生活方式。为学生准备一项能够终身参与的体育活动是我们的主要目标。从训练的角度来说，了解如何能使学生健康并不是一件难事。有关心肺耐力、力量、肌肉耐力以及灵活性的提高方法，在之前的课程便已经学过。而“如何将健康观念融入体育课程之中”以及“如何提高项目在学生以及成年人（学生在未来也会变成成年人）生活方式方面的潜在功效”才是目前尚不清楚的内容。

“将健康观念融入项目”以及“以健康和终身体育活动为目标进行教学”是项目设计工作中两个最难的方面，原因如下：

①许多项目都没有足够的时间来促进学生健康，更不用说在整个教学项目存续期间都如此行事了。

②无论我们如何从健康的角度出发对身体活动进行调整。许多年龄较大的学生都不认为它是一种享受。

③健康方面的好处都是短暂的——很容易丧失，除非你能维持一定的活动水平。

④以具体的认知、情感目标作为教学目标来进行教学并不是体育教师的优势所在。

⑤帮助学生实现体育课上所作所为与课下所作所为之间的过渡；作为成年人，我们还要集中精力探索“怎样以迁移”为目的进行教学，以及“如何改变（学生）行为”。

综合类学校体育活动项目并不只是单纯的体育教育项目，而是一种为体育活动提供全校性项目的举措（见林克、霍尔和威廉姆斯，2010）。这些项目中大多数体育教育工作者都会发现自己主导的体育活动承载了学校和教师共同的期望。然而，“将某种积极锻炼型生活方式所需的技能、知识和性格教授给学生”仍然是这些体育教育项目的责任。

尽管在课程中还是存在健康和终身体育活动方面的问题，但大多数教师仍然看重课程的包容性，并且希望能有一个较为平衡的项目。全国性媒体近来对“缺乏身体活动所导致的肥胖流行和健康问题”的关注使得身体活动成为我们项目的重中之重。无论是对“不同年级所应教授的不同健康方面”，还是对“在积极锻炼生活方式的养成方面对学生提出的期望”，国家标准文件都给出了具体的建议。

近来对身体活动和健康的关注使得体育教育项目不再只是学校的一项工

作，更成了学校的一项全权责任。主管部门鼓励各级学校设置体育活动指导员这一岗位，其职责就是确保所有学生都能满足每天的身体活动需要。有关“综合处理校内体育活动项目”的内容，请见林克、霍尔和威廉姆斯的相关著作（2010）。想要了解“如何成为一名注册体育活动指导员”，请登录NASPE官网。

12.1.1 在体育课堂上教授终身体育活动

“养成一种积极锻炼的生活方式是体育教育项目的目标”——这一理念已经得到了广泛支持。过去我们曾经想当然地认为“如果我们让学生健康，他们就能健康；如果我们教给他们参与体育活动的技能和知识，他们就会去参与体育活动”。然而令人遗憾的是，这种想当然的结果并没有出现——教师必须要找到更好的方法来帮助学生实现校内活动向校外活动的转变。如果我们想让学生实现这一转变，那么就必须以之为目标来直接进行教学，同时还要将这一目标融入我们要教的每一个单元。在为实现这一标准而进行规划的过程中应当对以下理念加以考虑。

12.1.1.1 增强进行课外体育活动的意识，强化积极的生活方式

可以通过以下提问来帮助幼儿园学生增强课外体育活动意识——“你今天在休息的时候都做了什么啊？”“你做过几件让你呼吸加重的事情？”这一过程既可作为课堂入门环节的一部分，又可以在课堂收尾阶段进行。年龄较大的学生可以将自己做过的事情记入日志，之后再结合生活方式的相关议题对其进行分析。

12.1.1.2 在所有教学单元中都要帮助学生实现由课内活动向课外活动的转变

无论你所教授的内容是什么，都要将“帮助学生实现由课内活动向课外活动的转变”作为你工作的一个重点。如果你正在教授的内容是网球，那么学生就需要知道“社区中的哪些地方可以打网球”，以及“怎样才能参与到网球这项运动当中”。教师可以在参加青少年体育联盟、校内活动，或是其他机会方面为学生提供帮助，以使其能够在社区中保持活跃。他们可以从社区中邀请人来参与到自己的课堂之中。如果正在教授一个健身单元，那么学生就

应当知道如何在没有你的情况下提高健康水平，以及如何从社区资源中汲取相关信息。

12.1.1.3 提高学生积极参与课外体育活动的责任感

如果学生想要成为积极锻炼的成年人，那么他们就需要先成为积极锻炼的青少年。任何无法对学生进行分级或者提高其课外体育活动参与责任感的理由都是站不住脚的。对于年龄较小的学生，教师可以采用家庭作业或者与家长一起参加“亲子同乐”的形式来保证他们能有一个最基本的课外体育活动参与时间。而年龄较大的孩子则能将制定和实施个人体育活动项目方面的责任感保持更久的时间。

12.1.1.4 既要让学生参与有组织的体育活动，又要改变他们的生活方式

当学生完成学习任务、离开我们项目的时候，他们不仅要能对有组织的体育活动保持兴趣，更应愿意选择将体育活动作为一种生活方式。对于年龄较小的学生来说，与其强迫他们做出这种选择，倒不如让他们明白“选择步行而不是骑车、选择进行体育活动而不是坐着玩电脑游戏”才是好的选择。对于年龄较大的学生，囿于其选择的多样性，因此可能更难将他们从车中拽出来参与体育活动——但这却是我们必须要做到的事情。

12.1.1.5 如果孩子年龄较小，就要对其家长进行教育和吸纳

要想改变孩子们的生活方式，其方法之一就是要在对家长进行教育的同时还将他们纳入体育活动之中。如果既能告知家长体育活动的重要性，又能提醒他们留心孩子和家庭的参与机会，那么教师便能做到这点。网络资源使得学校与家长之间的信息沟通变得比之前容易很多。教师还能让家长和孩子共同参与到与家庭体育活动相关的校办特殊项目中去。

12.1.2 在教室中教授健身相关概念

许多体育教师都发现自己必须要教授与健身相关的各种概念。学生所要学习的体育教育项目应当担负起传授技能和知识以促进和保持健康的责任。这就意味着他们需要知道很多与健身有关的内容——“健身是什么？”“怎样促进健身？”，以及“它对于健康为什么这么重要？”。许多高中的项目都会借助体育课本来进行教学，并且还会在项目中划出一定比例的时间来进行室内教学，然

而很多体育教师在这种教学环境下都会感觉不舒服。

如同技能教学或活动教学一样，室内教学同样也需要规划。下列指南能帮助你完成这一工作。

12.1.2.1 营造一种学习环境

从某种意义上来说，教室中的学习环境要比大多数体育馆中营造的学习环境都要更为正式。“如何进入教室”“如何以及何时做好上课准备”“怎样提问”“什么时候允许学生与旁边的人说话”“如何交作业”，以及“下课铃响了之后该怎么做”——对于所有这些教师都必须有相应的规则和流程。为了能使学生遵守班级规范，教师必须对其加以明确和不断强化。如果想要实现对学生所交作业质量或是课堂行为的期望，那么同样也应对其加以明确和强化。

12.1.2.2 在课堂规划中为学生安排一席之地

在体育教师圈子中有一个趋势，那就是越来越认为室内教学只是“讲述”。然而，即使必须要向学生传达认知材料，教师的主要任务仍然是从学生的角度出发来为材料赋予意义。如果健身材料具有意义，那么学生就必须要使用它、要按照其理念行事，并且还要将其应用到自己的生活当中。教师为材料赋予意义的最有效方式便是“将学生纳入需要用到该材料的个人项目、小组项目以及讨论中去”。这类似于你在体育馆教学中用到的“课堂入门”和“课堂总结”。

12.1.2.3 使用黑板和书面讲义

健身领域的许多认知材料中都包含有学生不熟悉的术语和理念。看书面形式的理念能够帮助学生识别术语，并且理解你口头所说的内容。“将理念分组集中”（比如健身的各个组成部分），那么学生就能从概念层面对各理念本身及其彼此间的关系加以明确。如果可能，就为每一堂课都安排活动环节，这样学生才不会在“坐”中学习“动”。

12.1.2.4 使用视听教具和技术

体育教师要擅长使用计算机、智能黑板、幻灯片软件，以及其他能用于健身教学的视听教具。心率检测仪、电子计步器、加速器，以及其他技术的降价使得大多数体育教育项目都能用得起这类工具。

让学生对书面作业和课外作业负起责任。一般来说，学生会对体育作业不太适应。教师在向学生传达这类期望的时候，就要找到某些可以确保学生会完成自己所布置作业的方法。随着时间的推移，完不成作业的人会越来越少。

健身有两种方法。一种是锻炼法或训练法，另一种则是体育活动法。活动法的理论假设是“如果教师能够让学生积极参与到体育活动当中，那么健身的目的便会随之达成”。活动法是小学学段的推荐方法。同样，活动法对于大多数初中生来说也是最优的健身方法，但除此之外他们还需懂得如何同时使用锻炼法和活动法来分析健身和促进健身。

12.2 健身教学的课程选择

大多数项目都面临着这样一个问题，即没有足够的时间来上完那些确实能够促进健身的定期课程。用以解决这一问题的“选课法”能够使得健身成为体育教育项目的可行选项之一。

12.2.1 选择几个年级透彻地学习以健身为首要重点的课程

与其每年都教一点与健身相关的内容，教师还不如直接选定几个年级来对健身进行一次透彻的学习——集中几年时间对健身的全部三个领域进行全面学习。

规划和教学意义：体育教育课程须以K-12标准为其规划基础（比如，四年级、八年级，以及十年级的健身重点）。要明确阐述各个等级水平所对应知识、技能和态度。教师要通过对整个学年或大半个学年的规划来实现这些目标。运动技能不能被排除在外，但在教授过程中要以健身概念为重点，而且技能教学的设计要以健身目标的达成为要。所有三个年级层次的教师都须教授技能、知识（包括概念）和态度。如果能花上一整年的时间来专攻健身和体育活动，那么教师就能做到以下三点：一是可以对相关概念进行不断强化；二是能对相关理念进行全面发展；三是有足够的时间来对学生进行期待，期待他们能展现出其可以达到的训练行为收益和态度层面的进步。即使是在不以健身为重点的各个年级，也要对健身和终生健身目标加以强调。

12.2.2 利用除体育教育时间（体育课）以外的学校时间

随着学生中超重和肥胖人群健康问题的日益突出，越来越多的体育教育工作者被要求承担起学校“体育活动指导员”这一新的角色。体育教师必须将课前时间、课后时间、休息时间，以及在教室里的时间都当作学生们参与体育活动的机会。他们还须将开展“鼓励以及需要（在某些情况下）学生在离开学校之后积极锻炼的项目”纳入自己的思考范围之中。可以实现这一目标的途径有无数种，举例如下：

①在学校周围建造起码可供学生在休息时间使用的步行小道。

②在午饭时间、课前时间以及课后时间向学生开放学校设施，使学校成为他们的“健身中心”。

③为学生打造一个个人健身项目，要对该项目进行经常性的监督，同时还要向学生强调对该项目的预期。

④在社区活动报名和参与方面为学生提供帮助。

⑤参加本地的马拉松活动、“步行到校”活动以及其他能促进体育活动参与的赛事。

⑥在小学中，与班主任共同划定出一个日常的活动时段。

⑦为午饭时间、课前时间以及课后时间的步行活动和慢跑活动建立相应的校级步行俱乐部和慢跑俱乐部。

12.2.3 将健身和体育活动当作一种保健行为

这种处理方法有时又被称为健身方面的“刷牙”法。即便学生可能不喜欢出汗和剧烈运动，但他们仍需要学会将这些东西当作生活常规。我们当中很少有人会从刷牙中得到什么乐趣，但无论如何我们还是要去做这件事——这就是因为我们从小就被要求这么做，成年之后自然也会重视它。“具备这种性质的项目”既可以作为课堂和学校要求的一个组成部分来实施，又可以作为独立的项目来肩负起学生进步方面的责任（如果不达到健身目标就无法毕业）。“向学生传授能将健身看作是一种保健行为的技能”才是这类项目的主要重点所在。健身的训练方面会得到强调（图 12.1）。

规划和教学意义：教师在这个模型中的情感角色并不见得是“尽可能让全体学生都相信他们会喜欢上他们正在做的事情”（开发内在动机），而是要让他们了解自己所做之事的重要性。虽然目的仍然是将健身的价值内化到学生心中，

图 12.1　健身是一辈子的事

但却不再反对教师使用外在奖励来促使学生去做他们或许还没有准备好去重视的事情。这一模型的实施需要满足两个条件：一是要为每一名学生制定个性化的现实目标，二是要建立一套监测学生进步情况的责任机制。

12.2.4 选择同样具有较高体育活动价值的运动技能活动

采用这一方法的教师在为其项目选定活动和运动技能时会秉承以下两个主要原则：一是选择那些有助于健身目标达成的活动和运动技能；二是要选择那些可以在项目范围之内为未能达成健身目标的学生提供具有潜在健身价值的活动和运动技能。在项目中可以向学生提供那些具有潜在健身价值的活动（比如，具有心肺锻炼价值的英式足球或有氧舞蹈），然而那些诸如橄榄球、箭术、高尔夫球、乒乓球等一类狭义上没有训练价值的活动则不应包含在项目之内。这一课程方案能够满足学生提高和维持健身水平的即时需要，但却可能无法满足开发终生体育活动兴趣的长期需要。

规划和教学意义：因其健身价值而选择某些活动的教师必须要决定究竟是要开展这一活动来帮助学生精通这一活动，如此一来他们便能拥有那些可作为参与欲望基础的技能；还只是要单纯地利用这一活动的健身价值，而无须进行技能发展（有氧排球或篮球）。这也就是在“在活动开展当时提高和维持学生的健身水平”与“发展能够在项目过后继续维持和提高学生健身水平的技能”两种做法之间做出选择。即使不见得能带来即时的有氧益处，而且还得在每节课中占用较长的有氧活动时间，但教师一般还是会选择进行“技能发展”。

12.2.5 在运动技能教学中设计含有剧烈活动的部分

在课堂规划中，教师既要确保“在教学课中起码会有一个部分中包含有大量的剧烈活动”，又要确保“学生能将其在课堂上所做的事情与其在课外及社区活动中可做的事情联系起来”。

规划和教学意义：教师之所以屡次尝试要将“学生参与剧烈活动”作为课堂不可获取的一部分，其原因在于他们相信“（在教学过程中）必须要借助不同于课堂内容的学习经历”。对于那些在高效利用课堂时间来完成体育活动和技能发展目标方面最为成功的教师来说，他们都是以一种有益于健身目标实现的方式来让学生进行课堂内容练习。请记住，只要你想，哪怕是箭术和高尔夫球也都可以变成有氧活动。

12.2.6 在项目中要将健身时间与运动技能学习时间分开

一周上 5 天课的学校可以选择将一周分成当重点不同的若干部分。一般来说，大多数学校都是按照“周一／三／五——运动技能；周二／四——健身”的方式来安排整个学年。随着中级“时段排课法”的普及，学校又多了一种新的选择，即“在部分课堂时间中安排健身模块，而在另一部分课堂时间中安排运动技能模块”。

规划和教学意义：首先要把针对两个重点的规划分开。这是因为即便健身项目要持续一整年，该年度项目中的活动和教学重点也需进行变更。不应该让学生在长达一整年的时间中周周都有两天要做同样的事情。

12.2.7 教学注意事项总结——健身

刚刚所述的所有项目取向都有着各自的优缺点。所有这些将健身环节纳入项目的方法都有以下共同点：

①需要有长期的规划。

②需要教授用于学习的认知材料，需要将概念教授到可以迁移的程度。

③需要教授价值观和态度。

④需要培养学生的管理技能，直到他们能够做到自我引导与独立工作。

从学生的角度出发，这些方法的目的有三：

①要让他们重视健身；

②要让他们具备开展个人健身项目的技能；

③要让他们养成进行课外体育活动的习惯（独立）。

在选择有关健身的学习经历时必须要谨慎，因为只有这样它们才能为这些目的的实现做出贡献，同时确保学生能在有选择权的情况下依旧参与其中。最成功的项目就是那些经过个性化的项目（学生选择个人目标）以及那些学生在其中拥有选择权的项目（选择目标的实现途径）。方框 12.1 中的内容就是有关健身教学的若干基本注意事项。

方框 12.1

健身教学和终生体育活动教学的基本注意事项

- 从 K-12 的角度出发，确定你的目标与所要使用的方法。
- 通过使用预评价来设定个体学生目标、使用后评价来监测目标实现情况的方式来对项目进行个性化。
- 如果项目的时间有限，那么就要找出一些方法来利用课外时间促进和维持训练。
- 帮助学生建立课堂活动与课外活动之间的联系。
- 在课堂上不能只关注健身的某一个方面（很难将整节课的时间都用来练习某一个部分）。
- 确保练习的准确性。要了解与“最佳”练习方式以及有害练习有关的最新信息。
- 找到能最大限度开展活动的课堂组织形式。
- 教授“为何健身”与“如何健身”的相关知识。
- 要使你的目标具有个性化，同时与学生的年龄层次相契合。
- 要将学生的进步情况告知家长和学生。
- 重新定义你作为一名体育教育工作者的角色，即在其中加入学校体育活动指导员这一角色——配合学校工作的大局，为学生们提供能满足需要的日常体育活动。

12.3 游戏和运动教学的战术和技能方法

12.3.1 相关理念

在第 5 章中我们已经介绍了有关“游戏阶段”内容。“游戏阶段”是一个用来研究游戏教学的框架，其理论假设是“学生要先在简单的条件下学习技能，之后再逐渐增加条件的复杂性（阶段 1 和阶段 2）”。如果学生对其所操纵的物体（要在游戏中用到）已经具备了足够的控制力，那么他们就可以开启下一段学习进程——这一进程能够帮助他们提升有关“什么时候该做什么事情”的游戏战术与决策技能（阶段 3 和阶段 4）（有关这些问题的讨论详见 Griffin & Butler, 2005; Butler & Griffin, 2010; Rink, 1996; Thorpe, Bunker, & Almond, 1986）。“战术是游戏中一个很有意义的部分，而且在采用了策略之后，学生无须知晓某种技能的具体执行方法也能提升技能水平。”——这正是培养游戏战术与决策技能的理论假设。举例来说，如果学生想要学习的内容是“如何在打羽毛球的时候调动对手”，以及“如何使用前后站位策略”，那么他们则完全没必要知道何为“吊球”“高远球”或是“杀球”。在学生做好准备之后，教师可以参与进来帮助他们对技能进行细化。如果在足球游戏教学中采用了“游戏促进理解”这一方法，那么学生就要做两遍足球游戏：第一遍的目的是为了在简单的条件下对足球游戏进行学习；第二遍则会直接从战术层面入手，而不去强调如何运球、传球或是投篮。

游戏教学领域的“游戏策略法”与第 2 章中所说学习领域中的“认知策略法”及“建构主义方法”之间有着大量的共同之处。与“选择做什么”相关的理念要和与“怎么做”相关的理念分开。从以下这些理念中可以看出某些倾向。

12.3.1.1 将对某一类型游戏基本战术的理解教给学生

如果教师想让学生对某一类型的游戏有一个基本的理解，那么他们在教学初始阶段所采用的学习经历就要对游戏或运动进行简化——只保留其最本质的东西。“小场地”游戏正是要用在这一阶段。对于诸如篮球、足球一类的侵略性游戏来说，在开始阶段学生可能会派出 2~3 名进攻队员来对付 1 名防守队员。在这种模式下，学生会逐渐理解以下各类技能的重要性：保持球权所需的具体技能、队友之间转移球所需的技能、从其他队伍夺取球权所需的技能。策略执行所需的具体运动技能也会逐渐出现在学习经历之中，继而得到细化（比如，只有在游戏过程中需要用到胸前传球的时候才会教授该技能）。教师会设计具体的学习经历来增加学生在“何时传球”“何时控制球权”，以及“如何在球场或场地内移动”等方面的知识。除此之外，学生（在执行学习经历的过程中）还会对游戏产生一种理解，这是一种可以迁移到其他侵略性游戏之上的理解。只有当学生开始试着执行某种策略，或是需要了解该策略“执行方法”的时候，与“如何执行运动技能才能完成游戏战术”有关的知识才会随之而来。

无论选手要在何种活动中运用策略，他们都需要具备一定的物体控制能力（阶段 1）。如果他们不具备这种能力，那么就有两种方案可供教师选择：

①减少操作性技能在游戏中的使用频率（比如，将‘击打’变成‘抛接’）；

②停下来先提升学生们的物体控制能力，之后再让他们进入到战术（学习）经历。

在运动和游戏教学领域，“游戏促进理解”这一方法具有内在的激励性，其原因在于对学生来说有意义的事情是玩游戏而不是技能练习。支持在游戏和运动教学中使用“游戏促进理解”法的人们指出了学生之所以不能在游戏中使用某种技能的原因，那就是——其所学的技能方法将战术教学放在了首要位置。从某种意义上来说，“游戏促进理解”这一方法始于“游戏阶段”（我们在前一部分中已经做过描述）的阶段 3。

12.3.1.2 更为正式地进行游戏的战术 / 策略教学

与“游戏都有一般策略”这一观点相对应的还有另外一种观点，那就是“不仅可以根据游戏的类型，还可以根据具体的运动项目来确定更为明确的策略”。即便篮球与足球有着相同的一般策略，但项目专门战术仍然是各项运动所不可或缺的一部分。参与人数、专门位置的数量以及规则等——所有这些都使得各项运动和游戏独一无二。这些更为专门的战术必须借助“如果……就……”这一假设关系来进行明确的教学。各个项目具体的“如果……就……”关系举例如下：

例（排球）：“如果”两个人上来拦网，那么“就”将球传给另外的人来扣。

例（足球）：“如果”防守队员上来抢球，那么“就”把球传出去。“如果”防守队员继续后退，那么“就”继续运球。

这些项目具体的“如果……就……”关系对策略运用水平的提升至关重要；与此同时，它们也是对同类型游戏通用策略的必要拓展。

12.3.1.3 我是应该教授技能还是战术？

这并不是教师是否应当教授技能或战术的问题。游戏/运动的参与者既需要技能也需要策略。技能的发展和战术的发展相互依存，这也就是说一个的发展会被另一个的发展所制约。在参与者的选择范围因缺乏技能而缩小之前，其战术水平或许还能不断进步。同样地，参与者对技能的战略性运用也是其技能向高水平发展的前提。

技能教学的效果通常不会迁移到比赛之中，这是因为技能的练习方式与其在真实比赛环境中的使用方式并不相关。如果学生已经做好了进行初级水平比赛（阶段3）的准备，那么此时进行赛场基本战术教学就会事半功倍——前提是学生没有学过这些基本战术（网类运动以及侵略性比赛的基本战略）。如果学生已经具备了基本的比赛战术，那么战术教学的方法可能就会交由教师来根据学习目标进行定夺；学习目标包括学生所要学习的独特“如果……就……”战术，以及学习者所要达到的具体技能水平。从某种意义上来说，技能和战术教学的直接与否与高水平游戏/运动参与者的培养工作并没有什么关系，学生能够执行技能和战术才是重点。

技能发展和比赛战术发展应当在复杂程度适当的比赛过程中融为一体。换句话说，就是学生应当拥有连续比赛的机会，而且要将比赛作为技能和策略教学的基础。“先发展技能（但长期脱离具体环境），后进行比赛（时间很长且未设置额外的技能发展环节）”——这并不是一个进行游戏和运动教学的恰当方法。

12.3.2 运动教育

运动教育是游戏和运动教学方法清单中相对较新的一种。由达里尔·西登托普首倡的运动教育试图要将运动经验所有益处都发挥出来，同时要在体育教育环境中为学生提供更为真实的运动经历（西登托普，黑斯蒂和范德马斯，2011）。对于运动教学来说，运动教育既是一门课程，又是一种教学模型。这就意味着运动教育不仅要具备具体的教学内容，还应当指明内容的具体教授方式。根据运动教育热衷者的说法，传统体育教育环境下运动教学方式的问题在于脱离具体环境。技能和知识教学既没有在比赛环境中进行，又没有在充分发挥比赛参与者角色的情况下进行。

运动教育的目标有：

①针对具体的运动项目发展技能、提高健身水平。

②能够对运动中的策略加以欣赏和运用。

③参与水平要契合其发展阶段。

④将对运动经历的规划和实施分享给大家。

⑤进行负责任地领导。

⑥在有着共同目标的小组中高效工作。

⑦要能够欣赏那些赋予运动项目独特意义的仪式和惯例。

⑧提高就体育问题做出理性决策的能力。

⑨增加并应用有关仲裁、裁判和训练的知识。

⑩自愿参与校外体育活动（西登托普等，2011）。

在运动教育中，长期的运动赛季取代了常见的短期运动单元。这就使得运动员和参与者能有足够的时间来提升自己的技能、能力和处理水平。学生会被分配到某一团队之中，而且在整个单元的学习过程中都不会换队。教师可以使用不同的标准来对队伍进行选择和安排，但通常情况下他们都会选择按照异质（将具备不同能力与贡献的学生混编在一起）标准来编制队伍。每支队伍的人员数量取决于比赛的层次，也即是最终的目标（5V5，8V8 等）。在运动赛季的早期阶段，规模较大的队伍可以先分成若干较小的单元。尽管赛季不同阶段的比赛有着各自不同的形式，其所占用的课堂时间可能也有所区别，但教师在进行赛季规划的时候，仍然要对赛季的所有正式比赛均加以规划。在赛季中往往还会有一次高潮性的事件——可能是一次锦标赛，也有可能是某种形式的表演。

在运动教育领域，大多数课堂活动都以团队的形式开展，教师的角色只是去鼓励学生在学习和比赛过程中承担起领导和决策责任。学生可以担任队长、经理、裁判、记录员、统计员、学生宣传员以及训练员等。一次性赋予学生的责任量既取决于学生承担该责任的能力，又取决于教师帮助学生认识了解责任的能力（此点更为重要）。责任学习以及技能、知识和比赛策略学习都是赛季早期阶段的任务。要定期举行团队练习、训练、规划和比赛。教师教导学生要承担起所有必要的角色，因为只有这样系统才能顺畅运转。他们制定了明确的规则，并就责任履行和公平竞赛提出了自己的预期；除此之外，他们还要督促学生承担起实现预期的责任。

从某种意义上来说，运动教育就是终极版的合作型学习经历。虽然在这一经历中学生学会了如何与他人竞争，但更重要的是他们学会了彼此合作来完成小组目标。相较于常规教学，教师在运动教育中扮演着不同的角色。为了能教好运动教育，教师必须要做大量的规划和教学工作，因为只有这样才能帮助学生履行好他们在这一过程中的角色，也才能帮助他们实现彼此间高效且包容的合作。仅仅把运动教育当成一种比赛模式来使用的教师无法为学生提供良好的服务。“将运动教育充分发展成一门课程和一种教学模式”——这一议题已经超出了本书的论述范畴。在本章的结束部分会列出几个运动教育的优秀例子以供参考。

12.4 舞蹈教学

许多类型的舞蹈都是通过体育教育来进行教授。在小学各年级中，韵律舞、民族舞、方块舞以及创意舞都非常流行。在初中学段流行的舞蹈则包括有氧舞蹈、排排舞和方块舞、现代舞、爵士舞，以及其他各种类型的现代舞。所有这些舞蹈形式都有着自己的“特定内容教学法”。除此之外，还有一些与舞蹈教学相关的一般理念——教师在规划中应当加以考虑。下面的若干建议会被分为两组。第一组建议说的是那些最契合直接教学的观点，见方框 12.2。第二组则主要是为创意舞蹈形式所提出的建议（图 12.2），见方框 12.3。许多教师都会在同一节课和同一个单元中同时涉及这两个方面。

图 12.2　年龄较大的学生会发现舞蹈兼具挑战性和娱乐性

方框 12.2

教学注意事项：舞蹈（直接教学）

- 在教授某种舞步模式的时候，让全体学生都面朝同一个方向。给学生们足够的移动空间，这样即使某一名学生做错，其他人也不会步其后尘。
- 要不断变换你的教学位置，这样处在小组前排以及离你最近的学生就不会一直是同一批人：要么就让学生都面向你所在的位置；要么就变换你的位置来让其他学生也有机会离你更近一些；要么就让学生进行位置轮转。
- 在具备明确线索的情况下，使用命令式教学来让学生了解舞蹈步法的动作流程。线索可以指示以下内容：

  “用哪一只脚”（右、左、右、右）

  “往哪个方向走”（后、两边、前）

  “按照什么样的节奏”（快、快、慢）

  数字节拍（1-2-3，1-2-3）

  综合上述内容（两边 2，3；后 2，3）
- 如果你在进行具体舞步模式教学的过程中想让学生“有样学样”，那么你在教学时就要面向大家，同时要按照镜像原则处理动作（嘴上说要往“右”，但你的实际动作要往“左”）。在采取这种做法之前要提前告知大家，以防有些学生会试图按照你的即时动作来“出脚”。
- 在教授某种舞步需要契合特定音乐的舞蹈时，如果条件允许，学生应该看到这种舞蹈配乐完成的样子。即使条件不允许，那么他们在进行舞蹈学习之前也应看到舞步在配乐情况下的常速表演。许多舞蹈和舞蹈类型的 DVD 和录像带都能找得到，我们应当对其加以利用，学习者需要看到舞蹈配上音乐之后的完整模样。
- 在将各类舞步组成舞蹈组织模式之前要对舞步进行单独教授（比如，双人舞之前先进行单人舞；集体舞之前先进行双人舞）。要叫出各种舞步模式的名字，这样它们就能迁移到其他拥有相同舞步模式的舞种中去（比如，藤步波尔卡舞）。
- 如果在舞蹈中有副歌或重复部分，那么就要先教这一部分，再教其他部分。

续

- 借助口头指令或节拍器，让学生在慢速情况下走完某种舞步模式的动作流程。
- 对于复杂的舞步模式来说，要给学生进行自控节奏练习的时间（不借助你的线索，自己把握时间）。
- 不断重复舞步模式，直至完全学会、运用自如。
- 在大多数学生学会该模式之前不要往下进行。把进度较慢的学生与技能较为娴熟的“导师”进行配对，从而以这种“一对一”的学习形式作为你教学工作的补充。
- 不断加快舞步模式的完成速度，直到能跟上音乐为止。一旦学生能够跟随音乐完成舞步模式，那么就要开始对舞蹈的某一部分进行配乐练习。如果舞蹈的所有部分都已经学会，那么赶紧把音乐配上吧。
- 如果需要，就借助变速唱机来降低学生首次舞蹈经历的音乐速度。教师的口头指令要贯穿初次练习的始终，在之后的练习中则要逐步舍弃。
- 将舞蹈新部分的学习要建立在已习得部分的基础之上。举例来说，如果你是从 A 部分开始学起，而且已经能够对其进行配乐练习，那么在你学习了 B 部分之后，就要对这两个部分进行合并练习。
- 一旦学生学会了某种舞蹈，那么就要让他们不断地跳，只有这样他们才能从中获得乐趣。要将学生了解的舞蹈规划进其他课堂。
- 对于年龄较小的学习者来说，没有必要非得坚持“男女生搭配”这一原则。

方框 12.3

教学注意事项：舞蹈（创意舞）

- 对于初学者来说，要在其最初几次的舞蹈学习经历中添加一定的“结构”成分。如果学生还不能做出反应，那么就很难有什么创造性。先要给学生

续

一种动作反应，之后才能帮助他们探索这一反应的各种变化——这种变化可以是身体与身体各个部分的变化，可以是空间维度的变化，也可以是动作效果的变化，还可以是动作关系的变化。

- 要保持动作序列的简短，这样快速动作就不会被理解成“在体育馆周围跑”。使用打击乐器或节奏信号来帮助学生计时（比方说，你想让学生从重心较低的姿势慢慢变成重心更高的伸展姿势。待你数完八下他们才能完成这一动作，只有这样他们才能慢慢了解动作的步骤；如果你想用一个具有爆发性的动作来做对比，那么在那个爆发点上你就要重重地击一下鼓）。如果学生已经就动作序列进行过足够探索，并且能够自由控制动作的节奏，那么就可以不再借助打击乐器的帮助。
- 除非你能绝对确定其表现能够得到其他学生的积极会回应，同时不会破坏高水平学生的参与热情，否则就不要让学生来进行示范。
- 通过帮助学生改变所用身体部位、行动、动作（高低）水平、力量（重心）、速度以及动作方向的方式来鼓励他们进行针对反应的探索和变化。
- 在开始阶段，教会初学者为其动作序列安排明确的起止点。
- 要通过举例示范的形式来阐明你的意思。
- 通过纯动作概念（身体、空间、效果、关系）和诸如动作词、诗歌、运动技能、战斗、艺术等一类更为具体的想法与表达之间的结合来使得课程更为贴近学习者。
- 通过材料（以探讨为目的）的准备 / 分发和用以对反应加以练习和完善的机会来确定课堂间的同质性。
- 如果学生能够通过提高对所做之事认识的清晰度、使用更为顺畅的过渡，以及展示身体和运动素质的有趣用途等方式来提升自己的反应质量，那么就不要犹豫，将这些方式建议给学生吧。
- 不要太过积极地强化某一特定反应，否则学生就会认为这就是你想要那种反应。因此，要同时强调几种反应的独特性。

12.5 体操

体育教育中体操教学一般分为两种形式：一种是奥运体操教学，另一种是教育体操教学。由于大多数教授奥运体操的老师都希望自己学生的动作技能水平能够达到“示范级”，因此直接教学就成了主要的教学方式。教育体操教师的任务是教授概念，他们希望学习者能够将概念应用到学生自选的恰当反应之中。有关概念教学的部分与教育体操关系非常密切。方框 12.4 中的内容便是有关体操教学的通用指南。

方框 12.4

教育体操

- 如果让学生试着去完成那些他们本不该学习的技能，那么体操学习就会面临巨大的安全隐患。许多学生都不具备进行奥运体操技能学习的先决身体能力，这其中包括发达的上肢力量、腹部力量以及灵活性等。面对这种情况，教师既可以选择先去发展这些先决条件，也可以选择降低自己对学生表现的期望值。
- 为了安全起见，要提前教会学生如何调整和控制自己的身体重心。要教会学生如何用自己的身体部位去接触器材和垫子；不能允许他们将自己的身体砸向垫子，冲撞是不被允许的。要教会学生如何从倒立体位安全落地。
- 必须对体操单元进行个性化，以便对不同的学生要有不同的期望。不应让学生去尝试那些他们尚未做好完成准备的技能。
- 应当鼓励学生展示出自己的优美姿态。单纯地完成某个动作是不够的。与其让学生在不安全的情况下勉强完成某个他们无法控制的动作，倒不如让他们优美地完成一个更为简单的技能。
- 如果对技能采用了分块介绍的教学方式，那么对于需要用到大型器材的技能来说，站点教学法就会很有用。
- 是否设置观测人主要取决于学生的年龄和所执行技能的难度。教师要将所有空中动作都列入观测规划当中。观测是一项技能，如果已经教会了学生

续

如何去调整和控制自己的身体，并且也没有让或迫使他们去做那些他们尚未做好完成准备的技能，那么也不一定就非得设置观测人。

- 在教师讲话的时候应当要求青少年学生离开器材和垫子。垫子或器材的诱惑力会分散小孩子们的注意力，这一点不是他们能够控制的。
- 应当鼓励学生做到“一旦听到教师的停止指令，就立即结束动作”。不过那些中途突然停止会造成危险的动作则不在此列。
- 对于奥运体操来说，如果能为学生提供按照难易程度排列而成技能清单，那么对于他们来说会很有裨益。或许在学生开始另一项技能学习之前，教师就已经有了评价学生当前技能学习成果的想法。
- 教师们应当利用 DVD、录像带以及其他可视手段来向学生传授技能理念，或者评估其进步情况。
- 哪怕只是对班级学生已习得技能所进行的一次视频记录，教师也应在体操单元中安排这样一次高潮经历。体操的本质是表演，因此只要能将表演作为目标，学生的学习积极性就一定会分外高涨。

12.6 户外运动

户外运动是许多高中体育教育项目中的一种，有时又被称为风险或冒险活动。包括划艇、定向越野、滑雪、骑行、皮划艇、帆船、绳索攀爬，以及其他活动在内的许多户外运动在体育教育项目中都并不少见。学生都很喜欢这些活动，而且这些活动在他们成年之后也方便继续开展下去。教授这些活动所需的培训基础大多已经超出了你本科期间的学习范畴；除此之外，许多活动的安全教学资质还需得到认证。如果你没有接受过适当的训练，那么就不应该贸然地去教授这些活动。许多社区都有可供外借的设施和器材。另外，许多具有专业知识的成人也愿意贡献出自己的时间来协助你上课或是陪伴你们进行远足。进行户外活动教学时应遵循的指导方针见方框 12.5。

方框 12.5

户外运动教学指南

- 要将视频材料辅助下的安全教育列入计划，时长起码是一次室内课。不要把时间浪费在去湖边、去高尔夫球场，或是去其他什么地方；整堂课都要老老实实地坐下来与学生交谈。
- 由于安全问题是这些活动至关重要的一个方面，因此刚开始的几节课会非常艰难。在对学生进行安全教育的过程中要富有创造力，只有这样才能让他们积极地参与进来。
- 对任何违反安全规则的个人和行为采取“零容忍”态度。
- 班级人数不能太多。短期小组要优于长期大组，这是因为大组的参与安全很难得到保障。
- 要将这些活动的基本概念教授给学生，并且要在学习进程由易而难的过程中对其加以强化。
- 鼓励学生参与社区活动。
- 至少要到周边旅行一次。要花时间让学生熟悉自己区域及周边区域的可用资源。
- 请社区的成年人来到课堂上向学生讲述他们之前的活动经历。

12.7 动作概念——以迁移为目的的教学

体育教育国家标准（NASPE, 2004）明确地强调了动作概念和原理教学在所有体育教育项目中的重要性——“标准 2：在学习和开展身体活动时要能理解应用于其中的动作概念、原则、策略，以及战术。”

概念即是认知理念。教师通常会选择去教授那些他们希望其能迁移到其他类似情境的内容。“如果他们教授的是过肩投掷姿势，那么这一内容就能够迁移到诸如排球发球、上手杀球，或者标枪一类的技能中去。”“如果学生懂得了某种情形下的卸力方法，那么他们就能将这一知识运用于其他需要卸力的情形，比如接球、足球，或是从高处落地等。”——这些才是教师希望看到的情况。“将一种情形下的学习成果迁移到另一种情形中去”是一种能力，这种能力无论是对于独立学习，还是对于独立解决问题来说都至关重要。

如果能将其教授到可以迁移的程度，那么许多与动作相关的概念对于学习者来说都会很有价值。“动作概念”这一术语在本书中指的是那些具有迁移价值的理念。这就意味着学生在一种情形下所学的内容可以在另一种情形中使用。体育教育领域的动作概念其实是诸如“接”“投”“移动”等一系列运动反应的统称；而这些运动反应则是各项可以在不同情境下完成的运动技能的统称。举个例子来说，“投”可以是“投棒球”“投垒球”“投威浮球”，也可以是“投保龄球”。动作概念还可以是具备认知性质、可应用于多种情境中的动作相关理念与原则。本书将体育教育领域中有用的动作概念分成了六类，表 12.1 列出了这些概念及其各自的范例。

表 12.1　动作概念

概念类型	内容领域	具体实例
动作词语	移动、平衡、传递、击打、投掷、旋转、提升	平衡：通过增加基础物尺寸来使动作更加稳定
动作特质	迅速、直接 / 笔直、高度、方向、跳跃动作、路线、身体知觉、迅捷而持久的动作	迅捷而持久的动作：对比动作也是表现经历的一部分。必须为技能动作选择一个合适的质量标准
动作原理	跟进动作、重心转移、旋转、稳定、发力、卸力	发力：发力过程中用到的身体部位越多，发出的力量越大
动作策略 / 战术	进攻策略、防守战术、合作策略、与他人关系的调节	超前传球：应当将球传至移动接球人的前方
动作效果	练习 / 锻炼与心脏、肌肉力量、耐力以及灵活性之间的关系	力量：肌肉力量会随着负荷率的增加或者活动时间的延长而提升
动作情感	参与经历与感受、表达、社交行为、团队合作以及公平竞争之间的关系	感受：在有队友支持的情况下人们的表现会更好

12.7.1 与学习迁移相关的学习理论

如果学生能够分辨何时要 / 不要将理念迁移到一个新的领域，那么就说明概念教学做得恰如其分（梅里尔，1971）。动作概念在体育教育领域使用范围的大小取决于项目的课程和哲学取向。作为体育教育内容的动作概念具有更广泛处理体育教育主题，以及实现课程长期目标的潜力。

与迁移教学相关的学习理论已经详细论述了学习“有可能迁移”以及“不太可能迁移”的时机问题。第 2 章讨论了我们在“运动技能间学习迁移”方面的知识。一般来说，与认知信息迁移相关的理念大体都类似。新情境与之前所经历情境的相似程度越高，迁移发生的可能性就越大。秉承认知视角的迁移研究者非常看重认知记忆结构在迁移中的作用。个体之前所学的内容会被整合进记忆结构之中——面临新学习情境的时候便会重新想起。一旦个体发觉之前存储信息与新经历之间存在着一定的关系，那么他 / 她就会回忆起在某种情境下习得的知识，并将其用在另一种情境之中。从这个角度来说，教师的首要职责就是要帮助学生对经历进行组织化和结构化，这样一来他们便能在新情境中回忆起有关这一经历的信息。这就意味着教师必须在新老经历之间建立一定的联系，并且尽力帮助学生从全局的角度出发看待所学内容（所学内容的用途及其作用发挥的场合）。教师还可以通过帮助学生回忆其所学的知识来促进迁移的发生。

例：“记住你们学习接球以及我让你们‘伸出手去接长距离传球’的时间。当你们试图进行跳跃软着陆的时候会是什么样的场景？”

12.7.2 体育教育中的重要概念

相对于针对特定实例的教学，以恰当转移技能、态度以及知识为目标的教学对不同类型教学流程的需求程度更高。另外，这种教学还要求课程与教学规划的高度整合。每一堂教学课都必须被看成该整合整体的一部分。以概念迁移（从一种情境迁移到另一种情境）为目的的教学需要花费一定的时间——对课程和教学进行细致整合规划的时间，以及教学的时间。《体育教育的概念和原理：所有学生都必须了解的内容》（Mohnsen，2010）一书明确了各年级学生所应了解的重要概念和原理，并为教师提供了与这些概念教学相关的建议。

虽然同为体育教育内容，但与体育健身或运动技能相比，动作概念仍有很大不同。出于这个原因，我们确定了 6 种类型的动作概念，并通过描述概念教学意图的方式在接下来的部分中对其进行阐释。然而，在实际教学环境中，这些内容领域之间的区别并非始终泾渭分明。教学目标不仅具有复杂性，通常还具有多层次性和相关性。这一部分结束之后，便要开始对动作概念的教授方法展开讨论。

12.7.2.1 动作词语

动作词语指的是包括多种特定反应在内的动作大类。“平衡”“移动”“抬升”“接”“转”等术语之所以能被称为“动作词语”（即“概念”），其原因在于这些术语所指代的动作能够在多种不同情境中以不同的方式展开。一个人可以用一只脚来进行平衡，也可以用两只脚来进行平衡，还可以借助头和双手的配合来进行平衡。一个人可以通过用脚跳或跑的形式来进行移动，也可以用滚或翻跟斗的方式（不用脚，而用身体其他部位）来进行移动。我们针对某一概念范畴之内的某些反应进行了命名，比如说“头手倒立”或“网球正拍击球”。除此之外，还有些反应我们则没有为其命名，比如说“用一只脚或两只脚来进行平衡”。然而，作为概念的动作词语不仅要包括那些有名字的反应，还要包括符合该概念定义的所有反应。

某些教师的教学内容中不仅包括构成概念的特定反应，还会包括动作词语（即“概念”）——他们之所以这么做的原因如下：首先，他们认为“以多种方式（哪怕是叫不上来名字的方式）来开展同一动作”具有一定的价值；其次，他们是为了将“概念中蕴含的共同且重要的理念”教授给学生。举个例子来说，对于所有类别的跳跃动作而言，“共同且重要”的理念就是“‘弯曲’以及之后强有力的发力‘伸展’”。因此，哪怕教师拓展了学生跳跃的类型、提高了其跳跃的高度，但“跳跃”这一概念对“弯曲”和“伸展”的强调依旧不会发生改变。教师还希望学生能将这一能力迁移到所有其面临的跳跃情形中去（比如，跳高、跳远、跨栏）。

教师在动作词语的教学过程中需要对学生的动作执行经历加以不断拓展，同时还要对动作表现中的重点予以持续关注。

例：迈克决定要教授“击打”的概念。他为学生提供了多项以身体不同部位和不同工具来进行物体击打的经历（比如，球拍、球板、球棒）。他将适用于所有击打活动的重点都教给了自己的学生，比如改变物体运行方向的施力点，以及接触击打物之前的挥拍/棒速度等。他为学生提供了能够学以致用的新经历。迈克将对“击打”相关主要理念的强调工作贯穿在了其项目所有击打经历的始终。

12.7.2.2 动作特质

观察动作反应的另一种方式就是按照其所表现出来的动作特质对其进行组织。动作特质是以动作特质为标准而对动作反应所做出的等级划分。那些描述动作空间层面（高度、方向、路径、水平）、效果层面（时间、重心、空间、流量）以及关系层面（匹配、主导、合作）的词语都是动作概念，也就是广义上的动作特质。近来用在项目中的动作特质（类）概念大都是来自于鲁道夫·拉班所创立的“动作描述性分析系统”（比如 Graham, Holt-Hale, & Parker, 2011）。体育教育课程的内容既可以是动作的等级，也可以是突然性和持续性的动作，还可以是主导关系与追随关系。有关身体意识、空间意识、效果以及关系的更广泛类别同样也可以作为分类概念来充当教学内容。

大多数教授动作特质内容的教师都认为“凡是接受过体育教育的人都应当拥有大量与这些特质相关的经历，同时还应能够将这些特质的用途迁移到新的适宜环境中去”。举例来说，如果学生具备了“拉伸”经历，那么他们就应该能够在诸如手倒立或网球发球等一类的技能中再现“拉伸”感觉。有过“轻触”经历的学生应当能够理解篮球带球上篮、羽毛球吊球以及排球吊球等技能对于“轻触”的要求。随着学生逐渐对其动作的特质效果有所体会，再加上其特质运动知觉的提升，动作特质教学便能够为学生构造出一张在未来学习中用到的认知和技能动作词汇表。

动作特质在舞蹈教学领域中的用途较为广泛，“慢而持久的动作”或“快而急促的动作”都是教师在这一领域特别希望学生能够学会的内容。教师在发展动作特质的过程中需要不断增加学生的经历次数——这一发展过程与动作词语类似。无论动作如何变化，“让学生准确地实现动作特质”这一重点都始终保持不变。

例：玛戈正在组织她的学生学习空间关系概念。学生在探索各个可移动方向的同时，还会对不同的路径理念、不同的动作高度，以及各种依靠单个身体部位完成的动作加以比较。玛戈有两个愿望：一是希望自己能为学生构建一个用以描述空间使用方法的词汇表；二是希望孩子能够在空间使用方面拥有自觉意识，使用水平也能日臻成熟。

12.7.2.3 动作原则

动作原则指的是一个包括动作效率和效果指导原则在内的概念大类。

①有关重心转移或跟进动作与发力之间关系的理念；

②抛物体飞行上旋效果的相关理念；

③与稳定性和平衡相关的理念都可以成为某节课的（教学）内容，而不仅仅是其他课堂重点的副产品。

在侵略性游戏中怎样获得、何时获得物体的控制权、在隔网类比赛中怎样获得、何时获得物体的控制权以及隔网类比赛中所用的攻防战术——所有与此相关的理念都是比赛动作战术所包括的内容。教授动作原则的目的是能让学生将这些原则推广到新的经历中去，这些原则能够对学习过程的开始阶段有所助益。

动作原则的教学过程会因情况而异。但所有高水平的“动作原则”教学都具有以下三个相同环节：

①对原则进行定义的过程；

②举出正反面例子（的过程）；

③给予学生原则应用机会的过程。

可以占用一整节课的时间来仅仅教授一项动作原则，这样就能有足够的时间来对其进行充分发展。但在通常情况下，原则教学只是课堂目标的一种——因而很难对其进行充分发展，因此也就需要通过其他重要的应用经历来获得持续强化。离开认知层面学习的动作原则教学也会变得不全面。

例：特里正在上一节以“平衡”为主要重点的课。她希望学生们能够对“可以使平衡水平得以提高”的各个因素加以了解（比如，降低支撑物的高度或是增加支撑物面积；始终将重心放在支撑物上）。学生们对体操以及其他运动项目中的“平衡”都进行了探索，与此同时，他们还尝试了许多增加或降低稳定性的不同方法。特里希望学生们能够随心所欲地使用平衡技能——需要稳定的时候能够增加稳定性，需要提高动作速度的时候也能降低稳定性。特里会在整个项目中始终保持对平衡相关经历的强化。

12.7.2.4 动作策略 / 战术

动作策略指的是与如何在与他人进行合作和竞争的过程中使用动作相关的理念。有关“比赛策略和战术教学”的部分已经对这一问题做出过详细阐述。将球传至移动接球人的前方、调整舞步（无论是领舞人还是跟跳者都要如此），以及将自己防御性地置于目标和球之间——诸如此类都是动作策略中所应包括的理念。动作策略即是个体在与他人共同参与经历的过程中必须针对动作做出的调整。

正如我们在“游戏阶段”一节中所讨论的那样，保护型活动和隔网类活动有着相同的战术。那些将策略当成概念来教授的教师都希望其所教授的策略能够迁移到不同的经历中去。那些将策略当成许多游戏形式的共同概念而不是某一特定运动项目具体概念来教授的教师则希望学生能够对其所教授的策略进行恰当地迁移（比如，将网球打向空地与将排球打向空地是一样的；足球、篮球、橄榄球中的区域防守策略也是一样的）。如果能够对概念加以界定或是能够给予学生恰当应用这一概念的多种不同机会，那么迁移发生的可能性就会更大。

例：迪正在进行隔网类活动单元的教学工作。他希望能够教授以下三项内容：进攻性地将球打到对手的空位；在每次击球之后回到自己场地的中心以备防守；以及进攻性地改变出球的方向和力度。学生先要在有限区域内以“1V1”的形式练习低难度击打技能（器材为球拍和泡沫球）。学生先后在有器材和无器材的情况下分别对策略加以实践，并且逐步过渡到特定的运动项目中去。教师可以让学生在课程教学过程中体验不同的运动项目，但其策略则要保持一致。

12.7.2.5 动作效果

动作效果指的是与动作经历对于执行者的效果相关的一类概念。剧烈运动对心脏造成的影响，以及能够分别提高肌肉耐力、力量以及灵活性的练习类型——所有这些都归属于动作效果概念的范畴之内。与运动生理学相关的各种理念是动作效果概念的主要来源。了解并具备使用这些理念的能力对于想要独立达到和维持适宜健身 / 健康水平的学生来说至关重要。

如果某一动作效果即为所要学习的概念，那么学习的目的就是要让学生能够将该概念应用到新的经历之中。如果学生能够充分了解剧烈运动对于心率的影响，那么他们就应当能够描述并设计出可以降低静息心率的活动。有些学生认为慢跑是唯一可以用在训练方案之中来提升心肺耐力的锻炼方式——他们对于概念的理解就过于狭隘。完整的概念发展就意味着学生要能够区分具备提升心肺功能潜力的经历与不具有提升心肺功能潜力的经历。

动作效果原理的教学过程同样以“定义概念”和“帮助学生们理解所涉及的原理”为第一步。之后一步便是“帮助学生将该原则推广到所有适用的情境中去”。

例：凯文决定要进行“灵活性”概念的教学工作。他希望学生能够将有关“灵活性”的原理应用于多个关节之中。他带来了有关肩关节的视觉教具，同时为大家指出了对抗肌群。之后凯文讲述了关节灵活性的提升原理，以及灵活性锻炼对于肌肉和肌腱所产生的影响。为了能够阐明提升关节灵活性的最佳方式，凯文在一开始的时候向班级学生提供了若干种针对不同关节的锻炼方式。之后学生会对自身的灵活性水平进行评价；与此同时，凯文还让他们为每个自己认为需要增加活动范围的关节分别设计出两种锻炼方式。学生在凯文对其练习方式选择的准确性做出评价之后，便开始进入到以提高灵活性为目的的个人项目学习过程之中。

12.7.2.6 动作情感

动作情感是一个特殊的概念类别，人类发展的情感领域是其唯一的关注点。动作情感概念与表达能力、运动欢乐、公平竞争、用以描述人们之所以活动的感觉，以及动作对于情感的作用等因素相关。动作情感与国家标准 6 的相关性最强，即学生应当“重视身体活动在健康、娱乐、挑战、自我表现以及社会互动等方面的价值”（NASPE, 2004）。如果动作情感是教学的主要目的，那么教师的目标就是要发展感觉、态度或是社会关系的某些方面——这些方面能够迁移到其他活动经历和学生的一般行为中去。针对活动的积极态度始终都是体育教育项目的目标之一。对于作为特殊内容重点之一的动作情感来说，使得运动技能学习经历变得积极而成功并不是其唯一作用。课堂的主要内容重点是情感而不是技能。

教师或许希望能够对“表达能力”或“公平竞争”进行有针对性的教学。

他们或许还希望无论情境如何变化学生都能以同样的心态应对，比如，冒险类活动的胜与负；需要轻松、敏感动作反应的活动；需要占用大量空间的活动等。在教授某一情感概念的同时，要设计出具有针对性的经历来培养情感行为。

与动作情感相关的概念教学需要学生能够对该概念有所了解和感受，并且能够对其有一个态度（后两点更为重要）。直接教授情感概念意味着教师不仅要在行为方面，还要在学生情感、态度及社会关系方面投入精力。

例：张老师希望学生能够了解自己在面对不同动作特质时的感觉。他选择进行一堂以“对比轻盈、间接动作与直接、强力动作”为重点的舞蹈课教学。他知道有一部分学生会因在“完成轻盈、间接动作”（类似于漂浮的动作）方面具有一定困难而无法获得感觉。他还知道有些学生在“完成强力而直接的动作”（冲击类动作）方面存在一定困难。张老师以“对这些动作理念的描述和定义”作为课堂的开端，而“举出这两类动作的实例”则是其进行描述和定义的手段。之后他便让学生通过执行一系列任务的方式，来探索借助其他动作和身体部位运用这些动作“特质”。再之后他又让学生着手编排能够对比这两种动作特质的动作序列。在课堂的结束阶段，张老师又花了一些时间来与学生进行讨论，讨论的内容则是他们在学习经历中的感受以及他们在某一动作特质方面的表现情况。

12.7.3 动作概念教学

12.7.3.1 概念教学的学习目标

选择动作概念教学通常也就意味着学生要参与到高水平的认知过程当中，参与程度则要取决于学习目标的制订目的。即便“概念往不同情境的迁移”才是概念教学的首要价值，但教师还是可以为概念教学赋予不同的意图。部分目标如下：

①他们的目标可以是学生能够了解某一概念，并且能够在测试中被问到的时候对其进行复述（知道向前迈出异侧脚的必要性）。

②他们的目标可以是学生能够理解某一概念，并因此能够在引入该概念的具体情境中对其加以运用（比如，在投掷过程中发力）。

③他们的目标可以是学生能够将概念应用于给定的情境当中（比如，在网球正手技术的学习过程中也可以举出有关“发力”的例子）。

④他们的目标可以是即使学生不关注概念，也能将信息应用于新的活动经历（比如，在学习新技能的时候即使没有得到提示也会向前进步）。

你会发现所有这些目标都代表了认知学习的某一层次（从第 10 章“规划”中来），表 12.1 对概念的定义便是学习难度最低的那一层次。概念学习的最高层次是在没有得到提示的情况下能将信息用于新的情境。然而，还有许多层次的目标都没有在这张清单中出现。认识到从“在认知角度理解某一概念”到“能够在行为层面使用某一概念”的过程中存在一次真实的迁移——这才是重点所在。

概念的教学层次可以是以上这些层次中的任意一个，也可以是以上层次之间的任意层次。“概念”一词具有认知导向，而且在很多情况下体育教育工作者都会有意设计一些项目来提升学生对这些概念的认知能力。然而，在某些情况下，体育教育工作者会采纳一种具有表现提升效果的认知理念，并将其置于认知层面。体育教育领域中认知理念的价值存在于其作用之上——学生可以将这一作用应用于运动技能发展层面。体育教育领域中概念教学的价值即是概念对于学生行为层面，而不是学生知识层面的作用。

12.7.3.2 动作概念的教学

就一个层次来说，教授某一概念的过程是简单的。所需的全部步骤如下：

①为学生定义概念。

②将概念关键点教授给大家。

③将概念应用于多个示例当中（概念得到恰当应用的例子与概念未得到恰当应用的例子都要进行列举）。

④给予学生多个在不同情境下恰当运用概念的机会。

⑤在合适的时候通过项目来对概念的运用加以强化。

概念学习其实并不简单，而且在“如何帮助学生将某一概念学习到可以经常应用于所有适用情景的程度”这一议题上我们只能去尽力猜测。接下来的部分便是针对这一议题可能的解决方法所做的讨论。

（1）与学生一起对概念进行界定。 由于概念是理念而不是某一单个具体反应的标签，因此教师必须要让学生明确“什么是概念”以及“什么不是概念”。有关“卡车”这一概念的理念能够证明这一观点。孩子要学习卡车、小汽车、厢式货车以及公共汽车之间的区别，他们经常会把这些车型与卡车搞混，这是因为决定一辆车究竟是卡车、厢式货车还是小汽车的标准并非只有一个。如果能让学生通过很多例子来学习如何辨明区别，那么他们就能具备辨别出某一概念关键点的能力。即便你所要教授的概念会比“学习怎样辨识卡车”要难得多，但学习过程却是相同的。教师要做的第一步就要搞清楚概念的关键点。表 12.2 为我们举出了几个有关概念及其关键方面的例子，这些例子涵盖了所有的概念类别。

表 12.2　确定概念的关键方面

概念	定义	例子	反例	关键方面
卸力（动作原理）	通过增加受力距离的方式来进行卸力	棒球短打、接球、翻滚、从高处跳下时屈膝	允许接球脱手，击打而不是短打，直膝从高处跳下	用身体的某个部位来吸收力量 与物体沿同一方向运动，直到力减小为止 创造最大的距离来接受力量
强力动作（动作特质）	强力动作指的是那些具有内在力量与张力特质的动作；这类动作通常具有等长性	借助身体或身体某一部位来完成一个不限速度、不论移动与否，且具有内在张力的动作 采取一次坚决的行动，或是坚持一个坚定的立场	借助身体或身体某一部位来完成一个不限速度、不论移动与否、轻盈、放松、张力松弛的动作	要意识到，即使没有完成有力的行动，也可以体验到内在的紧张 用有力的动作为有力的运用做准备 要意识到有力的动作对有力的运用是很重要的
操作性技能中搭档的高效关系（动作情感）	搭档有责任质疑彼此的弱点，并在完成教师所布置任务的过程中质疑彼此的做法	如果教师让学生练习接不同高度的来球，那么扔球人的扔球高度就要既有挑战性，又要在接球人的能力范围之内	虽然教师要让学生们练习接不同高度的来球，但扔球人扔出的球却要么太难，要么太简单。	每个合作伙伴都须针对“何为适度”做出自己的决策，并且在限度之内进行工作/执行任务

续表

概念	定义	例子	反例	关键方面
将身体的一个部位伸出以吸收力量 沿着物体飞来的方向进行移动，直到力量减弱 最大限度地增加受力距离	要注意在不发力完成动作的时候才能体验到张力	将强力动作用作力量应用前的准备。 要注意强力动作对于力量应用的重要性		每个合作伙伴都有责任与其搭档一起，按照适度的水平完成任务
旋转（动作词语）	旋转即是通过对于当前重心所在部位做圆周运动的方式来将重心全部转移到相邻身体部位，以起到卸力的作用	进行前滚翻 进行肩滚翻 进行以身体任意部位为先导的滚翻	允许放平身体 使用脚下动作 滑动	成功地完成身体部位的圆周运动和力量的承载 在动作执行过程中用手来保护 使身体呈现球状
隔网类活动/项目的进攻策略（动作策略）	隔网类活动/项目的进攻打法包括：①将球打到对面场地没有人的区域，②改变出球的方向，以使对手移动最长的距离，以及③改变出球的力量	如果防守人在中间，就将球打到角落。在网球或羽毛球项目中使用高效的吊球或杀球技术	回球时：①球来回至球来的方向，②将球回至对手身上（追身球），或者③以预期的力量水平回球	要预判对手的位置 找出最大最远的回球空间/位置。 通过力量的变化来起到出其不意的效果
增强肌肉力量（动作效果）	要使用“超量负荷”原理来提升肌肉力量，其手段则是增加总的重复次数或者增大负荷强度	举重（逐渐增加重复次数或重量） 做俯卧撑（增加重复次数）	举重（保持重复次数与重量不变） 做俯卧撑（重复次数不变）	确定持续时间和负荷量，并且逐渐增加二者的量

一旦教师对某个概念有了清晰的认识，那么他们就可以开始着手帮助学生对其进行定义。教师可以借助口头的方式来向学生下定义，并且通过让他们举出概念实例的方式来检验其理解程度。

例：“我们使身体移动起来的方式有两种：挠曲、舒展肌肉，以及借助一个旋转过程。这是腿部的挠曲与舒展；这是胳膊的挠曲与舒展；这是旋转。如果我想在需要力量的技能中发挥出更大的力，那么我就要增大肌肉舒展前的挠曲幅度或是增大旋转幅度。我需要加大动作的幅度。谁能说出一种需要很大力量的动作？好的，全体起立，让我看看你们只用很小的力来完成这个动作是个什么样子。现在让我看看你们怎么提高动作的发力水平。你们是怎么加力的？”

也可以先让学生举例，之后再对这一概念做出具体的定义。

例：

- “谁能告诉我怎么去让心脏跳得更快一点？”
- “何为移动动作？”
- “我们怎么做才能把球扔 / 投得更远？”

只进行口头定义而不举出具体实例的做法适用于那些学生已经学习过的概念。对于那些还处于认知发展具体阶段的幼儿，以及对所讨论概念缺乏经验的学习者来说，这种做法通常并没有什么效果。

大部分教师都发现必须要以一种经验性的方式来对概念进行定义。教师可以先通过为概念（比如，击打、移动、心肺练习、灵活性）本身及其用途举出实例的方式来对学生进行引导，继而再论述有关概念定义及其关键理念的相关经历。一般情况下都不能只举出 1 个例子。在之前所给出的范例中，教师便是通过举例的方式来引导学生——举出在某一动作（比如，投掷、跳跃、击打、滑行）完成过程中提高发力水平的例子。举出“什么不是概念”的例子是为了能够借助对比来助益概念定义，详情请见下例：

例：

- 教师希望孩子能够理解体育馆中篮球场的“一般空间”（由场地边线所圈定）概念。他先是对篮球场的边线做出描述，接着又让学生去在一般空间中找一块地方站好。他将这块地方称为“个人空间”。之后她又让学生们重复了几次这种“找地方”的活动。最后，他让学生去找出一块不在篮球场划定区域之内的地方。
- 教师将“区域防守”这一概念定义为“防守空间”而不是“防守人员”。他让学生围着篮球场的罚球区站好，并就他们所要负责的区域做出说明。他指示学生要依据球位置的变化来进行移动。接下来，教师让学生按照一种新的空间形态来进行排列，并让大家将同样的

（区域防守）理念应用到这一新的场景当中。

就学生理解的角度来说，教师为概念定义所举出的例子至关重要。这些例子必须是各种可能性的典型代表。如果教师所选择的例子除了概念本身独有的特征还具有另外一种与其他概念类似的特征，那么学生就很可能会窄化这一概念（比如，如果所有例子中的水果都是红色的，那么孩子们就会认为所有水果都是红色的）。对于刚刚第一个例子来说，如果教师为示范篮球场地界线而选择的学生都位于篮球场地的一边，那么学生可能就会认为篮球的“一般区域”只意味着篮球场地的一边。对于刚刚的第二个例子来说，如果教师只采用了一种人员排列形态，那么学生可能就会认为“区域防守”策略的人员排列形态只有一种。实际上，第二个例子中的教师还是窄化了篮球概念的应用范围，学生很难具备在不借助外力帮助的情况下便能将“区域防守”理念迁移到其他适宜活动（比如，足球、陆上曲棍球、橄榄球）中去的能力。

通过以上讨论我们可以得知：例子选择不当的教师可能就会窄化某一概念的应用范围，或是减少这一概念迁移到更广阔使用情境中去的机会。如果教师举出的例子不够充足，那么学生也就很有可能限制概念的应用范围。例子的数量越多、代表性越强，概念也就越容易迁移。

通常情况下，举出某一概念（尤其是可广泛应用的概念）的反例能够帮助学生更好地界定这一概念。如果学生知道了“什么不是‘移动’”，那么他们就能更好地理解“何为‘移动’”；如果学生知道了“什么不是‘团队合作’”，那么他们就能更好地理解“何为‘团队合作’”。教师在选择这些例子的过程中既要精挑细选又要控制数量，只有这样这些例子才能在助益学生界定概念方面发挥至关重要的作用。

（2）拓展学生的反应。通常情况下，教师都希望能够将某一概念的适用性扩展或拓展到另一情境，也就是将在某种情境下习得的某一概念应用到另一情境。教师之所以这么做的目的在于帮助学生将这一概念应用到一系列具有代表性的示例经历当中，这些经历也即是概念迁移的对象。如果我们把“移动”定义成“任何借助脚或身体其他部位而将身体从一个地方移动到另一个地方的行动”，那么就必须就“移动”这一概念提供大量的示例经历。如果通过操纵多种不同练习方式的负荷量、强度以及持续时长就可以提升心肺耐力，那么学生就必须得有一个能将这些关键理念应用到一种代表性示例活动的机会（不只是慢跑。）

教师既可以引导学生完成探索和应用经历，也可以指挥学生完成探索和应用经历。作为一名教师，我可以先为学生选定经历，再让他们将原理应用于其中；或者我也可以让学生自己选择经历，之后再在其中应用原理。这里以“击打”概念的教学为例，教师可以带着学生过一遍身体各个部位的击打技术，或者还可以让学生用身体的不同部位去击球。你会发现本例中教师所面临的选择其实就是教学策略的一种——究竟是要引导学生探索还是要让学生自己对反应做出选择。无论教师所教授的概念是动作词组类概念（比如，击打、投掷、旋转），还是认知取向更强的概念（比如，灵活性发展、发力），抑或是具有情感取向的概念（比如，团队合作、领导力、积极的社会交往），他们都要面临同样的选择。

例：教师和学生们对于灵活性概念的学习已经持续了一段时间，教师也已将某一特定关节灵活性发展的若干重要方面都告知了大家。之后教师既可以选择带着学生再学习几个关节，以确保他们能具备应用这一概念的能力；也可以选择让学生们先提炼出这一概念的关键点，之后再将其应用于他们所选择的关节。

通常情况下，选择范围的先窄后宽可以助益于这一拓展过程。这种说法看似矛盾，但如果考虑一下“教师让随便写一篇作文”的后果，“限制或缩小选择范围”这一理念的好处就会显而易见。可以根据以下指示来缩小选择范围：

- “用身体的三个部位保持平衡”而不是“选择一种平衡方式”。
- “选择你可以每天都做的活动来构成你自己的心肺耐力提升项目”而不是“选择一种活动”。
- “在同学有困难的时候我们要施以援手”而不是“要与其他人进行良好的合作”。
- “选择完成一种投掷活动，以展示你懂得如何去通过重心的转移来发力”而不是“选择完成一种活动”。

缩小选择范围既能够确保所选经历中包含一系列具有代表性的示例行为，又能在应用过程方面对学生有所助益。

（3）**谈谈“质量”。**正如我们在本节开头部分所讨论的那样，概念教学的价值在于其在行为方面的应用。有时教师会变得过分沉溺于反应拓展，从而忽视了反应的质量。练习完成方式有误、平衡状态未能保持住、动作反应原则应用效率低下、策略执行有误——所有这些都会有损于发展目标的实现。仅仅从认知角度了解概念是不够的，只有将其娴熟应用于学习经历才能发挥其价值。

为了能够细化学生的反应，教师必须为“良好表现”制定相关标准，同时还要让学生具备达成所制定标准的责任感。如果教师能够通过规划提前制定标准，那么概念教学就会变得相对容易。表 12.3 中的例子便是针对一次“发力”概念教学课所做的一个发展性分析。

表 12.3　卸力：操作性物体

拓展	细化	应用
将球抛到空中，之后再悄无声息地用手接住	碰到并接住 手随物体一同向下移动，直到抵消来球力量	将球尽可能地抛高，同时仍然用“柔和的手法”把球接住
明确概念（通过跟随移动的方式来卸力）	创造最长的距离来承受力量	在停住球之前可以尽可能离地面近一些
接不同种类的来球（比如，足球、篮球、垒球）	将身体部位摆放在所接物体的正下方，以达到卸力目的	在手不发出声音的前提下尽量走得离搭档远一些
接自己抛起来的球	依据来球高度和形状调整手的位置	在能保证接球质量的前提下尽可能离搭档远一些
接不同方向的来球	移动到球的下方 预测球的落点	
提升所接之球的来球距离和力量水平 既要在固定位置接球，又要在移动中接球 借助工具接住打来的可操作性物体（如铲子、长曲棍球杆、曲棍球球棍、球棒） 接住搭档从更远距离、用更大力量抛来的球 既要在固定位置接球，又要在移动中接球	照搬上述所有的方式，而仅对工具有所调整	照搬上述所有的方式，而仅对工具有所调整

如果我们把“优质平衡”定义为“保持伸展姿势 6 秒钟”，那么学生的反

应就应当专注于“静止”和“伸展”，而不去在意到底是靠两只脚还是两只手来保持平衡。如果一般空间中的“好位置”指的是远离器材的位置，那么学生就应当承担起选择“好位置”的责任（即要远离器材）。即便反应的形式多种多样且反应选择权掌握在学生手上（比如，“选择一种投掷姿势来演示重心的转移”），但教师仍然要帮助他们以其所选择的姿势更好地完成投掷。

许多概念中固有的关键理念都可以从一项经历迁移至另一项经历。动作词语类概念、动作原理类概念、动作策略类概念、动作情感类概念——这四类概念通常会包含有这些关键方面。有时仅仅是“增加支撑物面积以提高稳定性”这样一个单独的关键理念，也都会成为教师所要追求的目标。然而，正如表12.3描述的那样，大多数概念都包含有若干关键方面。

从某种意义上说，关键方面（点）就是“如何去执行”所教概念。如果概念是“如何提升心肺耐力”，那么关键方面就是用以提升心肺耐力的相关信息（比如，超量负荷）。由此可见，关键方面即是支配概念使用方法的子概念或原则。教师在选择新型击打类技能的学习方法、卸力方法时，以及选择可以提升心肺耐力的经历时，都希望这些关键方面能够迁移。

教师在决定如何向学生教授学习材料之前就要确定何为关键理念或关键方面。所学概念之定义、示例，以及概念中固有的关键理念——这三点都是教师针对所教概念进行发展性分析的基础。

如果只需将概念迁移到一个较为有限的情境（比如，将“区域防守”概念迁移到篮球项目中去；将“重心转移”概念迁移到网球项目中去）中去，那么教师就只需让学生在一个特定的环境中去应用这一概念。如果需要将概念迁移到新的、未经确认的经历中去，那么就需要一个长时间的发展过程。在教授有这种用途的概念时，必须要以迁移和学生行为的自动化为目标。由于概念教学发展到这一层面是漫长而耗时的，因此教师就必须对将要采用这种教学方式的概念做出谨慎选择。

12.8 总结

（1）健身教学和终身体育活动教学需要特定的课程规划和教学过程。

（2）教育项目的主要目的就应该是培养一种积极锻炼的生活方式。教师可以此为教学目标。

（3）教师有若干种可以将健身和终身健身编制进课程的方案。

（4）运动和游戏教学领域的“游戏促进理解法”认为运动战术应当作为教学的第一要务。

（5）动作概念是一系列具有类似关系的运动反应或动作理念的统称。

（6）教授动作原则的目的是实现新旧情境间的学习迁移。

（7）动作概念可以归属于动作词语、动作特质、动作原理、动作策略、动作效果、动作情感这六大类其中的任意一种。

（8）动作概念教学包括以下三个步骤：①为学生界定概念；②为学生提供多个概念示例以及使用概念的机会；③强化概念在新情境中的应用。

（9）那些想将健身包括在其项目（K－12 项目）中的教师必须先做一个长期规划——确定想要教授的内容和最佳的健身教学方法。

（10）如果所教授的内容是舞蹈、体操与户外运动，那么教师在对这些内容领域进行处理的过程中就要考虑特定内容教学法。

12.9 课后自测

（1）描述你如何使用“游戏促进理解法”来开始网球教学。

（2）针对体育教育领域中概念的各个主要代表门类分别举出两个不同的概念。

（3）先从第二题你所列概念中选出一个，之后再描述出你以其为教学内容、以“向特定情境迁移”为教学目标的教学流程。

（4）描述出教师在某一体育教育项目中用以囊括健身内容的五种不同方式。

（5）列出教师在教授以下内容时所要考虑的八种理念：民族舞、创意舞、体操、户外运动。

参考文献

Butler J, Griffin L. (Eds.). *More teaching games for understanding*. Champaign, IL: Human Kinetics, 2010.

Graham G, Holt–Hale S, Parker M. *Children moving: A reflective approach to teaching physical education* (6th ed.). Boston: McGraw–Hill, 2011.

Griffin L, Butler J. (Eds.). *Teaching games for understanding: Theory, research and practice*. Champaign, IL: Human Kinetics, 2005.

Merrill D M. (Ed.). *Instructional design: Readings*. Englewood Cliffs, NJ: Prentice–Hall, 1971.

Mohnsen B. (Ed.). *Concepts and principles of physical education: What every student needs to know*. Reston, VA: AAHPERD, 2010.

National Association for Sport and Physical Education *Moving into the future: National standards for physical education*. Reston, VA: NASPE, 2004.

National Association for Sport and Physical Education. *National Standards for Initial Physical Education Teacher Education*. Reston, VA: NASPE, 2008.

Rink J. (Ed.). Tactical and skill approaches to teaching sport and games [Summer Monograph]. *Journal of Teaching in Physical Education*, 1996, 14, 4.

Rink J, Hall T, Williams L. *Schoolwide Physical Activity*. Champaign, IL, Human Kinetics, 2010.

Siedentop D, Hastie P, van der Mars M. *Complete guide to sport education*. Champaign, IL: Human Kinetics, 2011.

Thorpe R, Bunker D, Almond L. *Rethinking games teaching*. Loughborough, UK: University of Technology, Department of Physical Education and Sport Science, 1986.

作为持续学习者的教师

概 述

大多数体育教育专业的学生在入职前都没有就“从全日制学生转变成全职教师会带来什么变化”这一问题做出有深度的思考。正如生命中的各种转变一样，从学生到教师的这段时间也是一段既激动人心，又承载着高度期望的时期。它也是充满着自我质疑和不确定性的一段时期。本章正是要帮助你就“从学生到教师”这一身份间的转变做好准备，同时帮助你开启一段有益的职业生涯。本章的重点是帮助那些矢志在职业方面能够持续成长的未来教师发展相应的基础和技能，以使其成为一名能够自我引导的学习者。

▶ 标准 6：专业主义 / 职业化

体育教师候选人表现出的性情对成为高效专业人员来说至关重要。

——《新任教师教学标准》（NASPE，2008）

13.1 专业的教师亦是持续的学习者

在你结束本科学习生活，开启教师生涯的时候，你才只是刚刚开始学习如何去做一名教师。“培养和指导学生的成长和学业”——这一愿望正是教学实践的驱动因素。决心从事教师职业的教师都将其促进学生成长和学业的能力作为衡量自身职业成功与否的标准。你所参与的师资培训项目能够赋予你作为新任教师所需要的技能（NASPE，2008；见第 1 章），但是否成为一名持续的学习者则需要取决于你。教师这一职业的持续学习者能够始终在自己的领域中与时俱进、不断发展，并且能够在实践中不断反思。

13.2 在自己的领域中与时俱进

如果不能与时俱进，那么即使是准备得最为充分的教师也无法为学生提供最为先进的教学。如同其他职业一样，教师这一职业有关“如何教”和“教什么”的知识库也在逐年拓展。教师的承诺是他们之所以具备“保持与时俱进”这一责任的最初来源。很少有教师会因不与时俱进而被驱除出教师队伍。在工作时间和受监督程度方面，教师都被赋予了很大的灵活性。公众认为过量的直接监督会妨害专业人员利用自己的时间来在自己的专业上与时俱进。除非你能够充分地利用你所面临的职业机会，否则你很快就会落伍。

（1）在某一领域保持与时俱进的最佳方法之一就是要阅读专业期刊、书籍，参加专业培训班、集会和会议——在做这些事情的时候一定要全身心地投入。职业发展机会的来源途径多种多样，其中就包括数量越来越多且与体育教育教学直接相关的网络服务和对话。方框 13.1 就为我们描述了参与专业组织的各种途径及其各自的优点；方框 13.2 则为我们描述了对实习期体育教育工作者来说最为流行的各类专业期刊；方框 13.3 中的内容则是对体育教育工作者来说最为流行的各类网站。借助当今的网络搜索工具，体育教育工作者可以从可靠的来源找到几乎所有运动项目或活动相关信息。

（2）一个行业通常要肩负起确保公众能接受行业最佳实践的责任，而其方式则是通过为从业者提供持续的教育项目。许多地方学区都组织了针对本地区体育教师需要的在职培训班，从而为他们提供了相关的教育机会。教师应当将培训作为专业学习和成长的机会。教师还应当通过提议有益项目、向其他教师推广项目，以及拜访本地区或其他地区其他教师以向其学习的方式，来使得本地区为其提供的成长和发展机会更有意义。

（3）许多学院和大学所开设的职业培训课程能够为你提供职业和个人层面

更为深入的发展机会。有些职业培训课程能够增长你在教学内容与所教学习者方面的相关知识；有些职业培训课程则可能与教学关系更为相关。许多州都要求教师定期重回学校学习，而且大多数的教师工资标准都会向拥有更多高校学分和更高学位的教师倾斜。那些很难同时兼顾工作和学习的教师通常会利用暑假时间来重回学校学习。

方框 13.1

针对实习期体育教师的专业组织

专业组织对你的帮助

- 专业组织能够在政治上代表你的利益。它们能够帮助教师们在政治环境中以一个声音说话，从而制定出能够直接影响你和你学生的政策。
- 专业组织能够在专业目标和专业重要性方面教育公众。
- 专业组织承诺要向其成员提供有关“最佳做法”的传播服务。期刊、简报，以及其他出版物能够让你在你的领域始终与时俱进。集会和研习班能够为教师们提供彼此分享、互动，以及学习新技能、变得更有知识的机会。

一般教育组织

- 全国教育协会（NEA）。
- 监督与课程开发协会（ASCD）。

针对体育教师的组织

国家级

- 国家运动和体育协会（NASPE）（全美健康、体育、休闲和舞蹈联盟AAHPERD下的一个国家级协会）。

州级

- 州级的联盟——名称通常都是在AHPERD的前面加上所在州的首字母（比如，南卡罗来纳州的SCAHPERD）。

续

为何要付费?

参加了专业组织的专业人员必须缴付会费，通常都是按年缴纳。专业组织的运行需要资金，因此就离不开其成员的支持。某一专业组织内的成员人数越多，其在教育公众方面的潜在影响力就越大；更为重要的是，其在能够直接影响专业实践的政策制定者那里的影响力也就越大。组织内的成员人数越多，其能为成员提供的服务范围也就越大。

方框 13.2

体育教育专业期刊

对于要在自身所在领域保持与时俱进的专业人士来说，订购专业期刊是最便捷、最便宜的方式之一。体育教育领域内最受欢迎，且能够直接服务于从业者的几本专业期刊名称及其出版单位如下：

- *The Journal of Physical Education, Recreation and Dance* (AAHPERD)
  《体育、娱乐与舞蹈杂志》(AAHPERD)
- *Strategies* (AAHPERD)
  《策略》(AAHPERD)
- *The Physical Educator* (Phi Epsilon Kappa Fraternity)
  《体育教育者》(法·艾普斯龙·卡帕兄弟会)
- *Journal for Teaching Physical Education* (Human Kinetics Publishers)
  《体育教育教学杂志》(人体运动出版社)

方框 13.3

体育教育领域流行的网站和讨论群/通讯组

- AAHPERD　www.aahperd.org
- NASPE (link from AAHPERD)

续

- NASPE-TALK (link from NASPE)
- NASPE-FORUM (link from NASPE)
- U.S. Department of Education　www.ed.gov
- Fitness Link　www.fitnesslink.com
- FITNESSGRAM　www.cooperinst.org/5.html
- PE Central: lesson plans, activities　www.pecentral.org
- National Coalition for Promoting Physical Activity　www.ncppa.org
- President's Council on Physical Fitness and Sport　www.fitness.gov
- National Association of Governor's Councils on Physical Fitness and Sport　fitnesslink.com/?dl=1
- PE Links 4 U　www.pelinks4u.org
- ESPN: in-depth sports rules, etc.　espn.sportzone.com
- American Heart Association　www.americanheart.org
- Walking　www.walkingabout.com
- Student social responsibility　www.hellison.com
- Fitness　www.fitnesstutor.com
- Aerobic dance　www.turnstep.com
- National Strength and Conditioning Association　www.lift.org
- Links to many sports　http://dir.yahoo.com/Recreation/Sports/
- Technology　www.PEsoftware.com

13.3 要对你自己的成长负起责任

13.3.1 利用经验促进专业成长

虽说通过定义“最佳做法”的方式来保持与时俱进是作为持续学习者教师的一项主要任务，但专业教师还是要了解如何将经验作为专业成长的载体。教师仅仅通过经验就可以学到与教学相关的很多东西。然而，用于提升教学技能的“经验学习模式”还存在着一些问题。首先，许多教师都无法通过经验来学习——因为如果是这样的话（即可以通过经验来学习），那么每一名拥有 10 年教学经验的教师都会成为一名优秀的教师，然而实际情况并非如此。其次，如果通过反复试验的方式来改变做法，那么许多教师都会因错误的理由做出错误的改变。举例来说，一名新任教师可能会做出这样一个推论——“‘学生独立管理器材’和‘分组活动’两者之间相互冲突，无法共存。”如果做出了这一推论，那么教师可能就会决定由自己来管理器材。然而这一问题并不出在学生身上，而是教师教导学生负责任的方式出现了偏差。一旦采用了“反复试验法”，教师往往就只能依据并不充足的信息和并不全面的视角来做出决策。

那些有策略帮助自己提升教学水平的教师更容易在教师岗位上有所进境，而且也能够利用自己的经验来促进自己的专业成长。无论是在你进行教学的过程中，还是在你整个教学生涯中，都会有其他人来对你进行观察和分析。这种分析有时会较为主观，有时也会较为客观。作为一名教师，你的成长并不可能过分倚仗别人，更多的还是要依靠你自己在成长方面的能力。作为一名教师，其为了实现持续成长而需要的能力有：

①要能够反思你为了履行教师职责所做之事、你的初衷，以及你基于教学目标对学生所做的一切达到的实际效果这三者之间的关系。

②要能够收集教学过程中的相关信息，这些信息有助于你判断当前的状况；同时还要利用你所收集的这些信息来调整你的做法。

13.3.2 国家委员会认证证书

经过三年的教学实践，具有执业资格的教师可以申请国家委员会认证证书。这一项目设置的初衷就是奖励具有卓越执教水平的教师，而且许多州都对获得国家委员会认证证书的教师给予经济上的奖励。国家专业教学标准委员会已经就教师应当了解的东西和应当具备的能力拟定了五个核心主张，同时制定出了相应的认证标准：

①教师要将全部精力都投入到学生及其学习之上。

②教师既要了解自己所教授的科目，又要了解向学生教授这些科目的方法。

③教师要负责对学生的学习加以管理和监控。

④教师要对自己的教学实践加以系统化的思考，同时还要从经验中汲取知识。

⑤教师要作为学习社群的一分子（NBTPS，2008）。

要想成为一名得到委员会认证的教师，需要经历一个漫长的过程，但大多数参与过这一过程的人们都会将其视为一段很有价值的经历。有关“如何申请”以及“申请过程”的所有信息都能在 NBTPS.org 网站中找到。

13.4 成为一名反思型从业者

要想实现执教生涯的成长，你就必须学会成为一名反思型从业者。反思型从业者需要花时间来对其所作所为和之所以这么做的原因加以思考。反思型从业者乐于就其教学目标和实践提出具有挑战性的问题，同时还会对自身经历的意义持一种开放的态度。反思型从业者乐于将有关教学的各种理念（比如，培养每个孩子积极的自我意识）同某一常规的教学行为（比如，选择团队）联系起来，同时还能看到这两者之间的联系（图 13.1）。你可能会就你自身的经历问自己如下几个问题：

图 13.1 对于全体教师来说，对教学和学生学习情况进行观察的能力都是一项基本的技能

①在这项经历中发生了什么？发生的原因是什么？

②我做什么 / 不做什么才能有助于我长期和短期目标的实现？

③我对自己作为一名教师的所作所为有什么想法？

④今天有没有发什么对于学生来说很重要的事情？对于作为教师的我来说呢？

⑤我向学生所教授内容的重要性是什么？

⑥我今天接触了哪些学生？未接触哪些学生？

⑦我的教学有效果吗？是什么因素

使得教学有没有效果？我今天在哪些方面做得更好了？

为反思型经历赋予结构的方式之一就是使用类似于在第 11 章中建议学生使用的反思型日记。“真实世界”框为我们记录了一篇由一名经验丰富的教师所记录的反思型日记。卓越的教学是一场旅行，而不是一个终点。在追求卓越的旅途中，我们不仅要对与我们所做之事有关的理念（比如，我们的目的和目标）进行反思，又要对指引我们行动的信念（比如，我认为体育教育应当……）加以反思，还要对基本教学技能（比如，我们对于线索的选择）的有效性和可能性加以反思。所有这些层次的实践都会汇集到教学行为当中，这也就构成了有关我们教学行为的影响层次。你无法在不考虑其他层面的前提下只考虑其中的一个层面。

真实世界

某一反思日记节选

今天简直就是一场灾难。我让学生借助摄像机来进行自我评价，但我没能就他们（即做这件事情时）所需的课堂组织结构（为了不打乱正常的课堂流程）做好充分的准备。学生都排队等在摄像机的后面，等着记录自己的表现，然而有一半的学生都不知道怎样去操作摄像机，因此他们就会对剩余的学生造成持续性的干扰。下节课的时候我必须花一些时间来教会学生怎样在不干扰班级其他同学的前提下完成所有这些事情。

反思过程能够有助于你厘清身为一名教师的目标，并且帮助你就实现这些目标的最佳方式做出决策。思考一下方框 13.4 中凯西的经历。凯西需要对其任教班级加以控制。为了做到这点，她发觉自己必须使自己的教学比自己之前的预期更加结构化。因此，凯西根据需要对技能的结构进行了增减。由于凯西认为自己能够为“更大蓝图”做出潜在的贡献，因此她并不满足于对班级的控制，她还希望自己能够逐渐具备移除结构的能力。

方框 13.4

工作中的反思过程

凯西之所以来担任教职是因为在体育教育和运动竞技方面她都已经具备了丰富的个人经历。凯西有过一个非常看重她的老师/教练，这位老师/教练似乎总能知道什么样的语言和做法能够让凯西成为最出色的运动员及最出众的人。在教练的帮助下，凯西变得既乐于助人又具有积极的领导能力。同时，他还帮助凯西找寻到了生活的重心所在，教会了她如何以一种正确的观点来看待运动竞技。

凯西的执教生涯起步于一个社会经济地位较低的社区。开始她执教的目的是为了帮助她的学生，她认为这些学生需要一个正面的行为榜样，需要有人来帮助他们建立自尊。然而没过多久凯西的班级就失控了——乱成了一锅粥。有那么几个月的时间凯西始终认为自己的执教决定是一个错误，同时她也在质疑自己对于更美好世界的愿景。等她第二年再回来的时候她制定了一个新的策略。她认定自己的愿景并没有错，只是用以实现这一愿景的方法不合适。凯西开始着手对其学生教学工作进行评价。她在评价的过程中双管齐下——既采用了视频记录课堂实况、收集客观数据这类正式评价方法；又采用了非正式的评价方法判断哪些手段起作用，哪些不起作用。凯西在课堂进行过程中和课后这两个时段都安排了分析任务，有时她还会从当前的课堂实况中脱离出来——花上 30 秒的时间来问问自己当前的实况如何以及为什么会出现当前的状况。她一旦发现了某些不尽如人意的地方，那么她就会在问自己为什么的同时将大部分责任归咎于自己身上。凯西并没有湮没自己的愿景，而是决定要转变自己的行为，使之变得更加适合于“学生—愿景”两者之间的关系。她变得越来越有耐心。她在同一所学校又待了 7 年的时间，此时她的班级已经能够在许多方面实现自我控制——实现了其愿景的一部分。虽然她无法照顾到所有学生，但她还是为许多学生的生活带来了巨大的影响。

如果教师能够抽出专门的时间来对自己的教学进行反思，那么他们就能以更加反思性的观点来看待自己的教学。这有时就意味着你可能需要在课后抽出时间来思考刚刚在课堂上都发生了什么。有时你可能还需要设计一些问题来引导自己的反思，可能还会通过强迫自己每天抽出几分钟时间来就“自己的教学”和“学习怎样成为一名教师”这两个问题写一篇日记的方式来使得自己的反思过程更加结构化。课堂视频或音频的使用也能够对反思过程加以优化——借助这些手段，你在更加舒服的地点（起居室或办公室中）就可以对之前的课堂状况加以评价。

13.5 在教学过程中收集信息

作为一名教师，最好的成长方式之一就是去直接且专门地审视你的教学成果和教学过程。审视教学成果和过程的方法有两种：一是创建一个教学文件夹，二是收集学生学习和教学过程的客观数据。

13.5.1 创建一个教学文件夹

第 11 章已经谈到了文件夹的使用——用文件的形式对学生的表现情况进行长期记录。电子文件夹的出现使得你对教学成果的收集和存储变得简单起来。对于那些以文件形式记录自己教学表现的教师来说，文件夹也很有使用价值。无论你是要综合审视学生在目标实现方面的长期变化情况，还是要综合审视你自身教学的长期变化情况——作为有用载体的文件夹都会很有用处。而文件夹最有用的方面还是其收集过程，即收集其中所囊括之物的过程。一旦你必须要根据重要性决定哪些内容可以进入到文件夹之中，那么你就处在了一个反思和参与“当前所做之事哪些具有成长意义”的过程之中。“发展文件夹”和“决定什么应当进入文件夹”这两件事能够鼓励你去思考“你认为自己当前应当做什么”和“你做得怎么样”这两个问题。教师可能会将其加入文件夹的项目示例如下：

①班级中学生进步情况的实例；

②依据标准对学生表现情况的评价；

③能够体现你逐渐进步的课堂规划、课程与单元规划实例；

④能够以文件形式证明评价材料进步情况的材料；

⑤你认为能够证明你的教学业已契合你所制定目标的视频 /DVD；

⑥对你自身教学的自我评估；

⑦对你教学情况进行观察后所得的数据；

⑧你的反思日记；

⑨专业会议出席情况的证明文件；

⑩针对你已读书籍或文章或已参加会议的读后感或参后感；

⑪其他人（管理者、学生及同事）对你教学情况所做的评估。

13.5.2 收集有关教学成果和教学过程的数据

对作为一名处于成长过程中的教师来说，有时候你会想要收集有关自己教学情况的客观数据——这种做法可能会与反思具有同等的价值。教师对班级所发生之事的认知往往并不准确。深深沉浸于教学过程中的教师往往无法观察到班级当前所发生之事的细节，因此也就无法对促使其成功或导致问题出现的原因做出清晰的判断。

针对学生和教师所进行的直接观察能够提供有关教学过程某些方面的更准确信息。虽然你可以将有关学生学习成果的信息投入文件夹之中，但你还是要注意你作为一名教师的所作所为。因此，你会想要收集有关教学过程的观察数据。

“直接且系统化的观察和分析教学”是一个过程，这一过程能够帮助你在收集教学过程客观信息的同时对这些信息进行有意义的分析。这些信息的收集方式通常有两种：一是设置一名现场观察者来进行信息收集；二是在教学过程中使用录音带或视频录像的方式来进行数据收集。直接观察法既适用于收集有关学生在班级内表现的信息，又适用于收集有关教师教学技能运用的相关信息。与反思不同，设计直接观察法的目的就是提供有关教学过程的客观信息。即便直接观察法无法为你辨明在教学过程中值得你重视的方面，然而它所能为你提供的信息仍能有助于你判断当前的状况。

大多数新任教师仍然处于细化自身基本教学技能的过程当中。直接观察法对于这一领域的数据收集工作来说特别有用。对于新任教师在其基本教学技能发展方面最为常见的几个关注点来说，在进行数据收集时通常都会使用下述的系统化观察法：

①花在课堂组织和 / 或完成这项工作上的时间；

②适宜学生进行练习的时间；

③教师任务的进展顺序；

④决定是否给予学生许可的时间；

⑤教师在活动时间的主要角色；

⑥学生的“跑偏”行为；

⑦教师反馈的类型和质量；

⑧学生彼此之间的社会交往；

⑨教师的任务传达。

直接观察法的步骤描述如下：

①决定观察重点；

②选择用以数据收集的观察方法和工具；

③收集数据；

④分析和解读数据的含义。

在所有这些列出的步骤中，最难的就是第一步。许多时候教师都知道有些东西没做好，但他们却不能确定到底是什么没做好，也不确定为什么没做好。同一事件往往可以从许多不同的角度来进行解读。方框 13.5 中的内容分为两部分：一是教师们在教学方面可能会问的一些问题；二是可能会与他们这些问题相关的各种教学因素。每问一个问题，教师就要选择一种方式来对一些可能与该问题相关的因素进行观察，同时还要选择一种观察工具或技术来进行信息和数据的收集，之后再对数据的含义进行解读。

方框 13.5

有关结果的问题与可能相关的因素

问题

- 教师在寻求学生答复的过程中有没有得到预期的效果？
- 教师在学生开始执行任务之后有没有花很多时间来进行管理？

续

- 教师的反馈是否趋于常规化/同质化？
- 学生的工作是否在任务维度之内？
- 有没有一些学生无法参与进来？
- 教师给的练习时间是否有限制？
- 在管理转变上所花的时间有没有超出常规？
- 学生的任务行为有没有随着任务时间的推移而减少？
- 教师像不像教室中的警察？
- 学生在任务方面有没有失败？
- 在让学生做出反应的过程中，其反应有没有丧失创造性？

可能相关的因素

- 任务不适当；练习时间不足；练习材料开发不当；反馈数量或质量不合格；不当的线索选择；学生积极性较低。
- 任务分类不够清晰；不当的环境安排；任务不恰当。
- 对主题相关知识了解不足；未能具体规划；活动期间教学角色不当；缺乏观察技能。
- 任务分类和线索选择水平较低；任务不恰当；未能始终进行监控；任务结构化的程度不当。
- 需要修正任务；不当的环境安排；教师预期不明确；班级社交水平较低。
- 学生的时间运用不当；教师的时间运用不当；练习组织不当。
- 管理任务划分不当；学生粗疏大意；对练习时间的安排过于复杂；未能教授常用的常规。
- 任务重点始终不变；任务不恰当；活动期间教学角色不当。
- 教学预期不明确；结构化程度不当；未能始终进行监控；内容不恰当。
- 任务不恰当；任务传达不当；反馈不当；缺乏练习时间。
- 概念界定模糊；反馈未能始终具有创造性；环境安排不具有支持性；班级社交水平较低。

虽说教师可以自由设计观察工具，但他们可能首先会考虑那些已经发展完善的有用工具。本书最后一章描述的正是用以观察以下项目的观察技术和工具：

①学生的运动活动；

②学生的时间利用情况；

③内容发展；

④教师反馈；

⑤学生品行；

⑥任务传达；

⑦教师的移动和位置。

在你刚刚成为教师的第一个年头里，没人会指望你成为一名大师级的教师，然而大家还是期望你的技术和能力能够逐渐向大师级教师“靠拢”。这就意味着你应当具备为自身专业成长设定目标且逐步实现这些目标的能力。专业目标至少包括下列条目中的一条：

①学会教授新的内容；

②提升你教学某些方面的水平；

③设立一个研究项目来对你之前就教学过程所提出的某个问题做出回答；

④向其他人分享你的技能。

之前的许多章节都包含有能够帮助你就目标实现制定策略的相关内容。

13.6 观察并分析你的教学过程

13.6.1 明确观察重点

当教师还是体育教育专业学生的时候，他们的教员和导师会在很大程度上替他们选择在教学过程中所要观察的重点，同时还会帮助他们分析哪里表现不错，哪里需要改变。然而对于实习期的教师来说，他们就必须基于自己在高效教学方面的相关知识、依据自己在某一特定教学情境下的教学目标来做出上述判断。教师对自己教学成果的观察是教师判断自己哪里需要提高的基础，而这一判断又是选择观察重点的选择依据。正如方框 13.5 描述的那样，分析始于对问题的界定和对可能解决方法的探寻。

虽然这一列表绝对称不上完美，但它应该还是能够帮助教师开始分析过程。教师可能还是想通过对指定方面的具体观察来对问题进行确证。对于教师而言，判定问题可能的原因并不是一件容易的事情，需要其进行大量的反思。在所列出原因中几乎没有可直接归咎于学生的原因。教师是掌控整个教学过程的人，因此就应当根据学生的需要来对教学过程进行调整。下列评论可能没错，但对于问题的解决来说却没有什么帮助：

- “学生没有在听讲。”
- “学生的手臂力量不足。”
- “这个班级的学生从来不听老师的指令。”

“怎样通过自己的教学来对学生的行为做出积极改变”才是教师应当考虑的问题。教学必须契合具体的教学环境。一旦确定了可能的原因，那么就要通过相关数据的系统收集来判定某一具体原因是否确定以某种方式导致了问题的出现。这就是认识发展阶段。

一旦完成数据收集工作，教师就可以判定教学行为是否适合于他们所教授的学生群体。然而在收集有关问题、原因，以及可能解决办法的数据之前，必须先确定用以观察课堂实况的工具和技术。

13.6.2 为收集信息选择观察方法或工具

一旦教师确定了观察重点，那么就要选择一种数据收集方法。正如同第 14 章中所描述的那样，即使信息类型类似，也可以使用不同的信息收集方式。使用何种方法或工具主要取决于教师所要收集的数据类型，以及收集手段的实用性、可靠性和有效性。

一些非正式的方式也可以用于数据收集，比如观看课堂录像或听取课堂录音，以及审查针对教学行为或教学事件所做的一些笔记等。在时间非常有限或是教师并不特别确定自己对何种行为更感兴趣的情况下，这一程序就会更有价值。举个例子来说，如果某一名教师想要判定学生“跑偏”行为的原因，那么他/她可能就会将某些学生身上体现某种“跑偏”行为的小事单独“拎”出来，之后再通过对该行为前置事件的回顾来探寻导致该行为出现的可能性因素。虽然无法借助特定的仪器来对这一分析过程进行辅助，但这一过程仍然具有系统性。教师可能会先确定出几个可信度高的因素，比如教师任务传达的清晰度、组织安排的清晰度以及教师的定位等。之后，教师可能就会选择一种具体的手段来对这些原因进行分离与细致研究。

借助特定工具而对具体教学事件所进行的观察能够对大多数教学分析都有所助益。如果所记录的数据具有一定用途，那么在对这些工具进行选择的时候就必须要谨慎。观察工具的价值取决于以下职能的发挥程度：

①提供的信息对于所问的问题来说非常重要；

②实用；

③通过尽可能降低对所研究行为的干扰来保证客观性；

④使用可靠；

⑤能够收集有效的数据。

13.6.2.1 高推理工具与低推理工具

高推理工具相对于低推理工具来说需要观察者做出更多的判断。那些无须观察者依据所记录行为做出推断的工具能够得出最为准确的数据。那些以课堂示范的发生与否为观察对象的观察者无须基于自己所看到的东西做出推断；而那些以示范准确性为观察对象的观察者则必须更多地运用自己的判断。为了界定所谓的“准确”，就必须要制定在通过观察来进行判断时所要依据的标准，同时观察者还必须要贯彻落实这一标准。判定示范准确性的标准可能会包括以下几点：

①使用了整套动作；

②使用了准确的速度；

③使用了准确的动作流程；

④将设备和器材恰当地运用于其中；

⑤要确保示范的情境能够反映技能使用的情境。

我们进行讨论的目的并不是要阻止教师去观察那些不好做出判断的行为，而是要鼓励他们为所要观察的事物制定标准。教师选择的标准必须要直接对应观察对象，只有这样，他们所做出的艰难判断才不会对观察对象产生过多的干扰。教师都希望自己所收集的信息能够有用。然而只有在他们能够很肯定地确定其所收集的信息能够反映“发生了什么”的时候，这些数据才会有用。

13.6.2.2 观察工具的信度

“信度”这一术语如果用来描述观察工具，那么就会包含几种含义。首先，它指的是该工具能够用于持续观察。为了提高观察的准确性，观察者必须对诸如“积极反馈”一类的行为进行编码和记录——出现一次记录一次，不出现则不记录。通常情况下，要通过对比某一观察者与另一被认定为专家的观察者之间观察行为的区别，才能确定其观察的信度。如果没有专家，那么信度通常就要依靠多位观察者对于同一事件观察结果的一致性来进行判定。观察者之间的一致性通常被称为“观察者间一致性”。其次，信度还要取决于观察者的持续能力（即以同样的方式多次对同一行为进行编码）。在不同时间，观察者是否以相同的方式来对同一课程进行了编码呢？观察者自身的一致性通常被称为“观察者内部一致性”。

信度只是观察测量的函数之一，而不是一个完整的观测工具。换句话说，某一特定观察工具或许能够让教师对某些事件进行可靠的观察，然而其在观察其他事件时的信度则得不到保障。

在使用观察工具来进行数据收集时，教师应当进行一下自测，看看自己能否对观察对象进行可靠的观察。许多用以测试信度的精密方法都可以用于研究目的。对于想要提升教学技能的教师来说，信度的最简便计算方法之一就是使用简易一致率来进行衡量。简易一致率的计算公式见方框 13.6。

方框 13.6

简易一致率的计算公式

$$一致率=\frac{一致的数量}{一致的数量+不一致的数量}\times 100\%$$

在诸如判定活动时间一类的简单观察体系中，两名观察者之间的一致性可能会以下列方式来进行计算：

$$一致率=\frac{一致的次数}{一致的次数+不一致的次数}\times 100\%$$

续

一致 = 35

不一致 = 10

$$一致率 = \frac{35}{45} \times 100 = 77.7\%$$

如果是一个涉及 10 种类别的系统，那么对两名观察者分数的描述方式可能是以下形式：

类别	观察者1行为数量	行为占比	观察者2行为数量	行为占比
1	28	18	15	10
2	18	11	16	11
3	3	2	7	5
4	30	19	29	20
5	18	11	16	10
6	16	10	13	9
7	18	11	22	15
8	18	11	22	15
9	6	4	3	2
10	4	3	4	3
总计	159	100	147	100

“行为数量”栏代表各观察者所记录的各类别中各行为出现的次数。“行为百分比”栏则是代表各类别行为总数在行为总数中所占的百分比。

为了计算某一系统的趋同率，两位观察者在各个类别百分比之间的差值都要加以记录。本例的计算方式如下：

类别	观察者之间的差值
1	8
2	0
3	3
4	1
5	0
6	1
7	4

续

类别	观察者之间的差值
8	3
9	2
10	0
	22%

一致率的计算方法是用 100 减去“不一致”的总百分数：

一致率 =1-22%=78%

研究者会根据工具的精密程度来确定不同的信度标准。为了达到自我提升的目的，教师所用工具的信度不得低于 70%。

13.6.2.3 观察工具的效度

“效度”这一术语指的是某一观察工具对其预期测量对象的测量程度。效度对于观察工具的选择至关重要。举例来说，如果观察对象是教师从学生角度出发所达到的教学个性化水平，那么用以界定个性化的行为如下：

①教师可以叫出学生的名字；

②教师与学生进行接触；

③教师能够提及学生课堂内外的各项经历。

可以设计一套系统来计算教师做出这些行为的次数。可以说那些更多做出这些行为的教师比那些做出次数少的教师达到了更高的教学个性化水平。然而，这种说法真的正确吗？教师在个性化方面还有其他的选择吗？教师每叫一次学生名字真的就是教师教学个性化的一个有效例子吗？

效度很难去衡量，但可以通过在进行行为描述时附加上某些行为条件的方式来增加行为的效度（比如，教师接触学生的目的是个性化的）。为了记录下那些可以体现教师教学个性化的突发事件，还可以加入其他类别的因素。“附加上行为条件”以及“允许观察者就事件做出调整”，这两种措施能够增加所描述之物的效性。然而在很多情况下，这些变化还是会降低所收集信息的信度。

很难设计出一种既有效、又可靠的工具。信度是效度的一个关键因素。如果数据可靠但却不能有效反映当前观察对象的现状，那么该数据也是没有用的。从另一方面来说，有效但不可靠的数据同样也是没有用的。如果想让观察者观察到教学过程中很难观察的事件，那么牺牲一些信度有时候还是值得的。然而，“观察者还是应当矢志追求兼具高信度和效度的数据”。

为了能够收集到有关其教学的可靠而有效的信息，教师必须擅长使用其所选择的工具。如果数据只是用来提升某名教师的个人水平，那么该教师与其他观察者在“何为/不为描述行为”这一问题上的一致性就没那么重要了（观察者间一致性），重要的是该教师要自我认同（观察者内部一致性）。

教师在开始使用某一观察工具之前，必须要界定其想要进行数据收集的教学事件，同时要能够就这些教学事件给出大量的示例。举例来说，设想一名教师想要观察学生在进行搭档间地面球和高远球投掷练习期间的“跑偏”行为。以下哪种事件会被认定为“跑偏”行为？

①搭档站在一起闲聊；

②搭档只对高远球进行练习；

③搭档中的一人没有试着去接球，而是让开了；

④搭档间的距离太远，球会在中间反弹一次。

教师是否将这些事件定义为“跑偏”行为取决于教师对于“跑偏”行为的定义，以及具体选择了何种基本原则来进行定义应用。并不存在绝对清楚、非黑即白的教学事件。观察的难点在于确定到底是那些事件中的哪些落入了决策的灰色地带，它们才是教师观察的重点。

教师可以通过提前预判灰色地带，以及为这些事件设计一套基本决策原则的方式来提升自身对于某一工具使用的信度。在进行数据收集的整个过程中，教师需要通过修订定义或复查工具定义的方式来提升观察的可靠性和准确性。

一旦教师已经对其想要观察的行为进行过定义，并且选定了作为数据源的事件，那么其就必须要对观察工具的使用加以练习，没有什么途径能够取代练习。如果教师已经在其观察之中发现了某种一致性，那么其就必须要对其信度进行检查。其可以通过将自己教学的典型样本或者其他类似环境下的教学工作作为工具运用对象的方式来检查信度。同一堂课要应当进行两次编码，之后再使用方框 13.6 中描述的趋同率公式来计算其信度。要想判定信度，观察对象起码应当是一节完整的课。只有工具的一致率至少达到了70%，教师才能停止对该工具使用的练习。

13.6.3 收集数据

教师在学校中面临的一个问题就是怎样在教学过程中收集有关教学的信息。对于矢志自我提高的教师来说存在着这么几个方案：

①对课堂进行音频记录；

②对课堂进行视频记录；

③请同事帮忙；

④请学生帮忙。

13.6.3.1 对课堂进行音频记录

单独使用录音就可以对许多教学行为加以观察。相较于其他信息收集方式，录音具有以下几大优点：教师无须依赖其他人；录音设备较易获取且便宜；可重复利用。

建议教师在进行记录时将录音设备带在身上。虽然将录音设备放在体育馆中的其他位置也可以记录下当前的实况，但记录质量就会大打折扣。在无法取得其他更为专业的设备时，背包、带有大口袋的夹克，或者是皮带这些能够穿戴在身上的物品都可以用来放置录音设备。麦克风可以别或卡在衣服上，但大多数内置麦克风其实已经够用了。

如果不需要收集可视数据，那么音频记录可以用于许多教学事件的记录工作。即便已经使用了录像带或者其他工具来收集数据，我们还是强烈推荐教师持续使用录音的方式来对其教学进行记录。

13.6.3.2 对课堂进行录像

有些教学时间需要对师生的活动进行视频观察。比如说，有关教师位置、教师反馈准确性，或者学生任务动作反应等这样一类无法通过录音得到的数据。录像对于教师来说极为有用，这是因为他们可以通过录制的视频来观察学生学习的行为结果，同时还可以通过视频回放来观察教学的许多不同方面。

数码录像机为视频收集工作提供了很大的便利。大多数学校都拥有录像设备，与此同时，所有的教师也都应该熟悉这些工具的操作。有些学校安排了专门的人员来帮助教师使用设备或是进行记录。如果没有其他人的协助，也可以让那些暂时没有参与任务的年长学生来操作摄像机，或者是教师也可将已经设置成广角镜头的摄像机固定放在体育馆的某个角落。

使用录像设备时的注意事项：某些摄像机上的麦克风并不是特别灵敏，尤其是在很喧闹的体育馆中更是如此。在条件允许的情况下应将无线麦克风与录像设备搭配使用。

13.6.3.3 请同事帮忙

虽说教师在无他人协助的情况下也能提升自己的教学水平，但如果能够让其他人对自己教学感兴趣，还是有好处的。如果不止一名教师对通过系统化方法提升教学技能水平存在兴趣，那么数据收集工作就会变得较为容易。与其他教师一起合作也为教学提供了一个必要的支持系统和另一种分析视角。

教师对自己的教学往往具有防御倾向，这就会对合作提升教学水平这一过程有所阻碍。防御性立场主要源自这样一种感觉——“人达不到其应该达到的那种高度”。这种感觉或许有助于弄懂所有教师都能从提升教学技能水平的努力中有所收获这一规律。即便是教师的上级和管理者（包括我自己在内），也都更擅长描述错误而不是做其应该做的事情。

13.6.3.4 请学生帮忙

可以教学生学会简单观察体系的使用以及设备的操作，大多数学生都会欣然应允这一请求。那些时间宽裕或者暂时无参与任务的学生都能对许多行为和教学事件进行有价值的观察。然而，这一职能的发挥不应当占用学生的课堂时间。

13.6.4 分析和解读数据的意义

本书所描述的大多数工具都属于非评价性工具。这些工具可以对发生之事进行描述，但却无法为教师辨明所发生之事的好坏。必须使用以下信息来进行评价性判断：

①教学领域的传统智慧；

②教师的教学目标；

③学生的信息；

④具体的课堂教学环境。

举个例子来说，设想这样一个场景：教师的分析显示练习时间仅占课堂时间的 30%。那么，怎么去解读这一数据呢？有些教学事件存在所谓的“容许极限”——无论哪节课都不能超越。比如说，活动时间占比无论在什么情况下都不应当低于 50%；而且这一数据在大多数情况下都应更高。如果说是要引入新材料或是教师将课堂重心放在了管理技能或者情感关切之上，那么较低的活动水平或许还能差强人意。

大多数教学行为的界限都会随具体情况而变。教师必须基于所收集的数据来解读自己依“限”做事的程度。举个例子来说，如果一名教师在向学生教授比赛策略，那么在其所做的反馈中，与策略相关的反馈应当占据很大的比例，而不是与动作力学相关的反馈。如果与动作力学相关的反馈占比较高，那么就表明学生并没有做好参与阶段三比赛经历的准备。

对于研究者来说，哪怕是最有能力的研究者，解读观察所得数据的意义与判定所描述行为的适宜性这两件事都会考验其分析能力。然而这一过程又是激动人心的，其不仅能够帮助教师对自己的教学有一个更深层次的了解，还能够帮助他们更深刻地理解教学过程——一系列相互依存的教学事件。

有关教学行为适宜性的判定最好要有许多节课作为基础。教师要能够自由地应对课堂学习者的日常需要。然而，如果经过多节课才确定下来的教师行为模式清楚地表明了教师的教学行为超出了应有界限，那么就确实存在对其进行关注的理由了。

13.6.5 在教学过程中做出改变

即使教师已经确定了自己想要做出怎样的改变，同时对自己当前的现状也了若指掌，然而在教学中做出改变仍然不是一件容易的事。他们目前所做的事情很可能已经持续了很长时间，行为也很可能已经习惯成自然，因此，他们在刚接触新行为的时候会觉得不自然，甚至可能还会觉得有点尴尬。

如果在一开始的时候不做太高的预期，同时设置能够帮助教师一步步走向更大目标的短期目标，那么改变起来就会相对容易。举个例子来说，如果教师不习惯于给出具体性反馈，那么他们或许可以先以一个很小的比例来搭配具体性反馈与概括性反馈，之后再逐渐提升这一比例。

如果教师不去尝试同时改变多个过程教学行为（即在教学过程中发生的行为），那么就可以加快改变的速度。要跟踪一个以上的过程变量是很困难的，这是因为教师必须在注意自己行为的同时兼顾教学。行为的改变需要付出巨大的努力，除此之外，如果不能即刻完成自己的改变计划，那么就还得心甘情愿地去承受最初的挫败感。

13.6.6 监控教学中的变化

在教师已经做出了改变教学行为的决定之后，他们还应当通过对自己教学的额外观察来证实这一变化。即便某一改变已经发生，但也有可能会出现实际变化程度并不大的情况。通常情况下，那些对自己行为有着充分了解的教师能够知道他们改变的程度，然而很少会有教师能够长时间地保持这种了解。如同新的运动技能一样，在进入自动化阶段之前，新的教学行为也需不断练习。为了达到这一目的（新教学行为的自动化），对变化的进度加以检查也是很有必要的。

13.7 总结

（1）专业组织是该职业的政治代理人，无论是对于公众还是对于政策制定者，专业组织都能发挥专业教育作用；同时，它还能通过教育项目为其成员提供直接服务。

（2）通过参与在职培训机会和返校学习研究生级别的课程，我们期待教师能够在自己的领域保持与时俱进。

（3）教学文件夹的创建与维护需要教师对其所作所为进行反思，同时还要收集教学过程的相关信息。

（4）对于教学过程的直接观察能够帮助教师收集有关课堂实况的信息，除此之外，这种做法对于观察师生当前的所作所为来说也很有用处。

（5）选择对其教学进行直接观察的教师必须：确定观察重点；确定所要使用的观察方法和工具；选择一种数据收集方法；对其所收集到的信息进行分析和解读。

13.8 课后自测

（1）作为某一职业专业成员的权利和义务分别是什么？

（2）一名教师怎么才能表现得更专业一些？

（3）专业人员为什么应当支持专业组织？

（4）对于想要成为持续学习者的教师来说他们面临着哪些机会？

（5）什么是反思型的从业者？

（6）什么是教学文件夹？教学文件夹中可能会包括哪些内容？

（7）教师在收集有关其教学的观察数据时可采用哪些流程？

（8）教师应该如何使用直接观察法来帮助自己找出课堂存在管理问题的原因呢？

参考文献

National Association for Sport and Physical Education. ***National standards for beginning physical education teachers***. Reston, VA: NASPE，2008.

观察技术与工具

概 述

教师观察在之前的第 11 章中就已经被认定为学生表现评价数据的一种重要收集方法，教师、学生本人及其同学都可以充当学生评价的观察者。第 13 章也已经将教师观察认定为在教学过程中进行数据收集的一项重要技能。在本书中，观察的目的是对教学过程和教师表现进行评价。无论观察的目的是什么，可用的技术都是相同的；与此同时，教师还应当懂得如何通过观察来收集既有效、又可靠的信息。

本章既能够帮助你了解各种各样有用的观察评价技术和工具，还能够帮助你以一种既有效、又可靠的方式来使用这些技术和工具来进行信息收集。本章的第一部分描述了有关教学观察和教学分析的各种方法与技术；第二部分则描述了几种常用于收集有关教师基本教学技能方面数据的工具。

▶ **标准 5: 对学生学习的影响**

体育教师候选人利用评估和反思来促进学生的学习和指导决策。

——《新任教师教学标准》(NASPE，2008)

14.1 观察方法

如果采用的观察技术和方法不同，那么观察者所得到的信息类型也就不同。教学中的观察技术或其他数据收集方法就如同相机上的镜头或滤光器。在选择镜头或滤光器以及确定相机朝向的过程中，无论是看得见的东西还是看不见的东西，摄影师都要对其进行选择。朝向一个方向的镜头无法看到镜头范围之外的东西。观察者可以拿一张白纸坐下来记录自己感兴趣的东西。他们可以探寻某种具体的行为特征或模式（比如，学生在落地时是否弯曲膝盖；学生帮助班级其他同学提升表现的次数），也可以计算某种行为发生的次数，抑或是仅仅记录某种行为是否发生。他们可以借助秒表来记录某种教学特征（比如，剧烈活动或者活动时长）持续的时间。观察者还可以对行为进行分类（比如，反馈类型、比赛环境中传球的类型、所采用进攻打法的类型），将某种行为与另一种行为联系起来（比如，教师反馈与学生反应），又或者是使用时间抽样技术只在特定的时间间隔或特定的时间进行记录。对于教师和学生来说，这些都是用以记录教学观察数据的不同方法和技术。

每一种观察方法和技术都有着各自的优、缺点，其使用目的也各不相同。这些方法和技术既在实用性方面有所差异，又在有效、可靠数据的获取难度方面有所区别。就观察数据的记录来说，没有哪种方法可以称得上最优。

14.1.1 直观观察法

直观观察法并不是一种系统的方法。观察者进行观察的目的既不是观察任何特定的事物，也不是记录观察到任何形式意义上的事物。采用直观观察法的观察者在不收集具体信息的情况下就能得出结论。大多数学生行为和教学都是通过这一方法来进行观察的。

14.1.1.1 使用

使用直观观察法的观察者之所以能够在“发生了什么”以及“发生之事的价值”方面得出相关结论，其所依靠的正是自己对眼前所见的判断力。那些草草写下诸如“攻防策略使用得当”一类的学生评语，或者写下诸如“组织得当”“需要更多学生间轮转”，以及“任务传达不清晰”等一类教师评语的教师正是采用了直观观察法。图 14.1 所示是一张观察记录表，其（设计）目的正是评价某位教师直观观察法的使用情况。

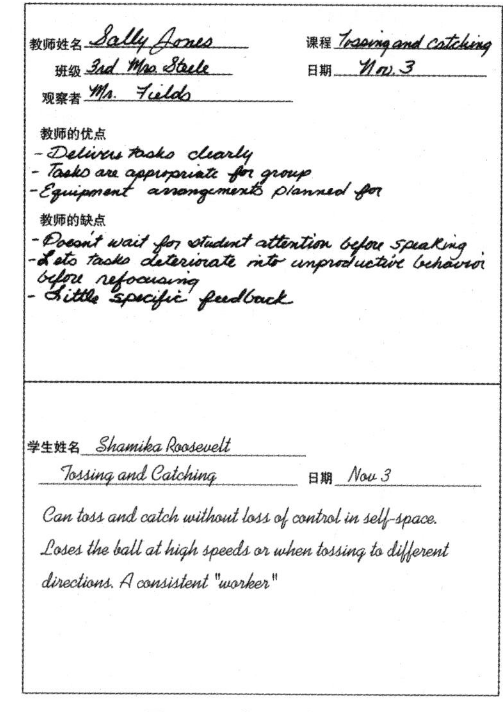

教师姓名 Sally Jones　课程 Tossing and catching
班级 3rd Mrs. Steele　日期 Nov. 3
观察者 Mr. Fields

教师的优点
- Delivers tasks clearly
- Tasks are appropriate for group
- Equipment arrangements planned for

教师的缺点
- Doesn't wait for student attention before speaking
- Lets tasks deteriorate into unproductive behavior before refocusing
- Little specific feedback

学生姓名 Shamika Roosevelt
Tossing and Catching　日期 Nov 3
Can toss and catch without loss of control in self-space. Loses the ball at high speeds or when tossing to different directions. A consistent "worker"

图 14.1　直观观察记录表

14.1.1.2 优、缺点

由于直观观察法并不具备系统性，因此其结论有效性和可靠性不高的可能性较大。观察者的经验越丰富，这种可能性就越小；但即便是两名经验丰富的观察者也很少会得出相同的结论或是选择相同的行为来做进一步更为细致地观察。

直观观察法的优点在于这一方法在一开始能够对表现中的突出问题加以隔离，因而在更为具体的事件尚未确立为观察重点的时候有用武之地。针对表现所做的一套预先描述并不能成为束缚观察者的桎梏。即便用上了更有针对性的工具，许多针对学生表现和教学过程的真知灼见仍然会由那些能够自由观察所有教学事件且身处事件发生环境，以及那些视野足够广阔的观察者得出。

直观观察法无须在某种特定工具或数据分析方面进行正式训练。这一点使得直观观察法具有很强的实用性和吸引力。然而，鉴于数据收集方式的不系统性，想要记录学生或教师的长期进步情况就会非常困难。举例来说，即便某名观察者注意到了作为其观察对象的教师未能给出足够的直接反馈，但由于无法收集到足够多的信息，因此在下次观察中也很难去判定该教师是否较上次有所进步。

14.1.1.3 应用

在特定事件或行为还未被认定为重要观察对象的情况下，直观观察法最具使用价值。如果教师想借助某种方法来对学生的表现或行为进行初步描述，那么直观观察法将会极为有用，这是因为书面描述的写作会迫使你对自己之所见进行一番透彻的思考。直观观察法对于那些尚未对自身教学技能进行过评价的教师来说也非常有用。对于那些为数众多且尚未对自己的教学进行过记录或倾听的教师来说，他们应当预先在不以寻找特定事物为目的的前提下对自己的教学加以倾听和观察。之后他们便可以记录下那些他们想要借助更系统的工具进行更具体观察的内容。

直观观察法还可以用来提出假设。对于那些已经在自己的教学中发现全局性问题（比如，“跑偏”行为）的教师来说，他们在开始着手判定问题发生的可能性原因之前也会想要从更加全局的角度来审视自己的教学。之后则可以通过使用系统性工具进行更具体的观察方式来验证那些假设。

14.1.2 轶事记录法

采用轶事记录法的观察者首先会对各个关注点进行广泛的类别划分，之后再记录下与这些类别相关的所有事情。这些记录通常会被写成日志的形式，而在描述当前所发生之事时所采用的也是非评判性的语句。

学生 Vickie S. Age 12　　课程 Gymnastics
教师 Toni C.　　观察者 T. Pine
日期 3/5　　时间 3rd Period

Vickie waits for the teacher to begin by sitting attentively. At the start of instruction Vickie turns to a neighbor and comments that she can't wait for class to be over. The teacher continues instruction on the handstand and asks students to get a partner. Vickie slides close to Sharon. The teacher asks partners to find a mat. Vickie and Sharon are the last to get up and find a mat on the outskirts of the activity area. They both lie down flat on the mat. The teacher instructs the class to begin. Vickie and Sharon rise slowly. Vickie puts her hands and knees on the mat and stays in that position. The teacher comes over and asks Vickie to see if she can get her legs up. Vickie raises her seat and gets ready to lift one leg. The teacher turns and goes to a new student. Vickie goes back to the hands and knees position and stays there until the next skill is presented.

图 14.2　轶事记录表范例

14.1.2.1 使用

轶事记录法所提供的正是对事件的描述。轶事记录法在教学过程中可以用来描述教师的所作所为、学生的所作所为，以及教师所作所为与学生所作所为之间的关系。作为观察实例的图 14.2，其所关注的正是教师与个别学生之间的互动。只对事件进行客观记录，而不去评估所发生之事的好坏——这对于轶事记录的制作来说非常重要。有关事件的判断只有在轶事记录完成之后才会做出。

14.1.2.2 优缺点

轶事记录法是一种能够在教学过程中收集到大量有效、可靠数据的有用方法。数据没有被划归到前期预先分类或事件清单当中，因此，数据也就能够表示究竟发生了什么，而且还可以从不同的角度做出分析。这能够避免重要情境在记录过程中丢失的现象发生。

轶事记录法并不具备高度的系统性，这样就会存在不同观察者在同一件事情上记录下不同信息的危险。不过经过更高水平训练的观察者能够学会如何以客观、详细的方式进行记录。这样这一方法也就可以成为数据收集的一种可靠的、有效的方式。

轶事记录法的主要缺点在于要想事后进行分析，就必须对信息进行详尽的记录。轶事记录法的有用性恰恰就体现在细节之上。在观察之后还需将细节整理成有意义的信息，时间和对数据的敏感性是这一环节必不可少的两个条件。

轶事记录法在一开始的时候看似简单，但要学会无偏狭、无评价地进行观察却比大多数人想象的更难。

14.1.2.3 应用

轶事记录法在假设做出之前的数据收集工作中非常有用。这就意味着教师可以从细节上审视某名学生的行为，审视教师自己在特定情境下的行为，抑或是审视自己为提出行为假设而与学生所进行的互动。举例来说，某名教师可能会问下列问题：

①单个学生在我的课堂上会经历什么？

②我的学生以什么样的方式进行彼此间的互动呢？

③对于我所做的个体关注，我的学生会怎样反应？

④我该怎样应对学生的注意力不集中、“开小差”的行为呢？以及学生给出技能不熟练的反应或技能娴熟的反应呢？

除了这些问题，还有其他问题可能也会迫使教师使用轶事记录的方式来对自己的课堂加以观察。这些问题即是所要记录的重点。观察者会记录下学生的所有行为，以便能够回答“单个学生在课堂上会经历什么？”这一问题。为了能够回答“学生以什么样的方式进行彼此间的互动呢？”这一问题，观察者会尽可能多地记录下学生间的全部互动行为。

轶事记录完成之后，教师会对其进行查看，并且努力搞清楚究竟发生了什么，以及所发生各个事件之间的关系。教师既可以借助一个更加具体的观察工具来检验这些关系，也可以以此判断需不需要做出些改变，还可以继而更为深入地判定究竟哪些需要改变。

当特定行为对于某个问题至关重要且无法提前进行预期的情况下，轶事记录法对于教师来说会非常有用。例如，教师或许会预测学生在体育课堂上可能会经历的所有事情，并将这些行为列于一张清单之上。之后每当学生做出了清单之上的行为，教师便可以对清单进行一次核对。然而，如果教师试图提前预测将要发生的事情，那么他们可能就会冒着某些重要行为无法被列入清单的风险，他们所列出的清单可能无法囊括所有可能的行为。而轶事记录法则杜绝了这种情况的出现，这是因为其中的行为在未被记录之前并不会被分类。如果在同一个问题上有着许多轶事记录，那么教师最好还是要做好相应的准备，以便设计出更为具体的方法来缩短记录和分析的时间，同时还要能够做到不同节课之间的相互比较。

14.1.3 评定量表

在所有能够对教学或学生表现进行审视的观察技术中，读者最熟悉的可能还是评定量表。评定量表能够将所要观察的现象分成不同的定性或定量级别（比如，总是、有时、从不；不好、一般、好、很好）。

14.1.3.1 使用

如果某些特定行为已经被确立为观察重点，又或者是这些行为的具体级别可以被描述，那么就会用到评定量表。评定量表力图对数据进行量化。这就意味着它们所关注的是某一事件的质量，之后再根据这一质量分配给该事件一个级别或数字。图 14.3 中的例子便是一张用以描述排球技能表现的评定量表。

14.1.3.2 优缺点

评定量表设计起来简单，但想要用好却很难。举个例子来说，考虑一下以下两件事情的难度：学习将学生的反应归入“技艺精湛”“娴熟”“普通”以及“技能生疏”这四个级别；将教师所提供的线索归入“合适”“有些合适”以及“不合适”三个级别。要想将这些衡量尺度运用得当，就必须要在每个等级的定义和具体标准之上花费巨大的精力。观察者还需要大量的训练才能学会可靠地运用这一系统。

网球课课堂评价				
学生姓名	前臂垫传	过顶传球	发球	总分
	2	2	3	
	1	2	2	
	2	3	3	
	3	3	3	
	1	/	/	
	2	2	3	

前臂垫传

1—不能在接住发球的同时精准控制球的方向

2—有时能够在接住发球的同时精准控制球的方向

3—大多数时候都能够在接住发球的同时精准控制球的方向

过顶传球

1—不能以头顶传球的方式处理过网或前臂垫传来的球并精准控制球的方向

2—有时能够以头顶传球的方式处理来球并精准控制球的方向

3—大多数时候都能够以头顶传球的方式处理来球并精准控制球的方向

发球

1—不能将球发过网

2—有时能将球发过网

3—大多数时候都能将球发过网

图 14.3　评定量表范例

评定量表的问题就在于经常被滥用。通常在还未进行认真定义或者未能在定义的使用方面进行过充足训练的情况下就开始使用评定量表。如果出现这些情况，那么这些信息就仅仅只是一种主观量化，而不具备价值。

如果是要研究其他观察方法处理不好的定性维度，那么评定量表就会很有用。如果能够在谨慎使用的同时注意其信度，那么评定量表可能会成为一种极具使用价值的方法。

想要设计评定量表的教师应当在选定所要研究维度的同时，确定该维度中需要区分的级别层次。级别层次越多，对这些级别做出可靠辨别的难度就越大。针对每一个级别都应当认真为其设计能够将其区别于其他级别的定义。评定量表应当在其所要使用的各种环境中进行演练，并且在需要调整的地方进行调整。对评定量表这一工具的使用也应不断进行练习，以达到能够可靠运用的地步。

14.1.3.3 应用

评定量表对于行为的定性维度方面具有使用价值（即不足以证明行为发生与否的时候）。除此之外，无论是教师或学生行为的适宜性、学生的技能水平、反应的创作力、反应的数量（比如，学生练习尝试的次数），还是某项技能的形态特征——评定量表对于所有这些教学事件也都具有使用价值。评定量表对于可观察而又不连续的行为极为有用；而对于普遍且复杂现象所给出的宽泛评价没有用的。如果教师肯花时间教会学生怎样区分表现的各个级别，那么他们就能够使用评定量表来进行自我评价或者同伴评价。

评定量表还有着行为监测方面的用处。各项技能的平均水平以及各节课平均成绩可以经由评定量表得到确定，教师或学生的进步情况也可以随着时间的推移得以判定。评定量表作为一项非常实用的工具，对于那些想要对大量学生进行快速评估的教师来说具有很强的吸引力。如果教师必须在有限的时间内观察每一位学生，评定量表就很能发挥其作用，尤其是对于形成性评价更是如此。

14.1.4 评分规则

正如第 11 章中所描述的那样，评分规则从某种意义上来说即是一种多维评定量表。可以同时评估若干标准以得出整体的分数。与评定量表相同，评分规则也会定性地将某一现象分成不同的级别。评分规则会同时考虑若干个标准。

14.1.4.1 使用

评分规则在评价学生诸如打比赛（具体例子见第 11 章）一类的复杂行为时尤为有用。虽然评分规则也能被用于审视具体教学行为，但由于教学整体评估需要对太多的标准做出评价，因此评分规则就不用于此目的。如果我们能够采用图 14.3 中的排球评定量表，那么我们就能够通过为各项技能分别制定评价标准的方式来构建一套评分规则，如此一来，我们就能够对整体表现做出评估。我们也就能够构建出整体表现水平（三项技能全部包括在内）的三种级别——级别 1、级别 2 和级别 3。

评分规则既可以整体使用，也可以分开使用。整体型的评分规则需要具备一套能够涵盖所有级别的标准，与此同时，观察者也要就各个级别表现的最佳描述方式做出决策。分散型的评分规则需要先分别就每一项标准做出评分，之后再通过对总分进行算数平均的方式得出最终的分数。

14.1.4.2 应用

在体育教育中，评分规则已经变成了许多学生评价过程中的选择工具。与此同时，如果教师能够对观察对象有所了解，那么评分规则的使用可靠性也会达到相当高的水平。从增加观察客观性的角度来说，评分规则非常有用，这是因为其需要教师按照一套表现标准来进行观察，而不是只凭直观反应来判断好坏。教师可以通过以下两个步骤来完成评分规则的设计：首先是要构建一套有关优异表现的标准；其次则是要确定需要评价的级别数量以及各个级别所要对应的标准。

14.1.5 事件记录

事件记录是教学中最为常用的观察方法之一。事件记录能够确定行为或所要观察事件究竟发生与否。观察者会检查某种行为（比如，学生的技术特征或者教师示范）何时发生。通常情况下，会通过计算某种行为在一节课上的发生次数来确定事件的频率。

14.1.5.1 使用

事件记录一般用于以下两种情形：一是得知某种行为的发生与否非常重要；二是得知某种行为出现的频率非常重要。行为之所以重要，其原因在于它们能够对学习产生或积极（比如，反馈）或消极（比如，批评或者师生间的管理互动）的影响。

通常情况下，几种不同的行为或者同一种行为的不同维度会同时得到记录。图 14.4 是一张事件记录表，其中不光记录了反馈行为的发生，还同时着手将教师的反馈行为归入相应的反馈类型当中。这一信息在之后可以折算成行为发生的总次数；如果还需要在时间安排不同的各节课之间做出比较，那么这一信息还可以折算成每分钟的速率。如此一来就可以监测教师或学生的行为，并以此来判定他们的这

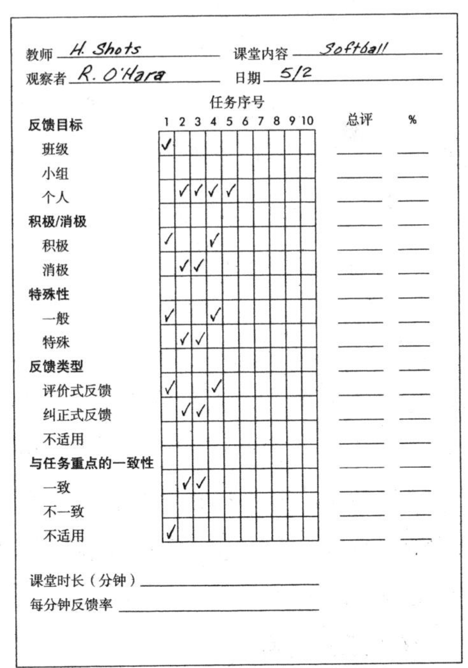

教师 H. Shots　　课堂内容 Softball

观察者 R. O'Hara　　日期 5/2

任务序号	1	2	3	4	5	6	7	8	9	10	总评	%
反馈目标												
班级	✓											
小组												
个人		✓	✓	✓	✓							
积极/消极												
积极	✓			✓								
消极		✓	✓									
特殊性												
一般	✓			✓								
特殊		✓	✓									
反馈类型												
评价式反馈	✓			✓								
纠正式反馈		✓	✓									
不适用												
与任务重点的一致性												
一致		✓	✓									
不一致												
不适用	✓											

课堂时长（分钟）________

每分钟反馈率 ________

图 14.4　事件记录表（教师反馈）范例

被观察学生姓名 ________
观察者姓名 ________ 日期 ________

进攻打法
—— 将羽毛球回到对方场地的远角
—— 将羽毛球回到对方场地的后场
—— 将羽毛球回到对方场地的前场

防守打法
—— 在每次击球之后快速"回中"
—— 处于防守状态时将球打到对方后场

图 14.5　羽毛球初级攻防比赛的同伴评价表

些行为在每节课上究竟是增加还是减少。

图 14.5 中是一张学生同伴评估人在观察羽毛球攻防比赛时所用的记录表。每当观察者看到一名运动员使用了进攻型或防守型技术，他们就可以记录下来；即便只看到一次，他们也可以记录下来。想要借助事件记录来设计出一套系统的教师必须要谨慎定义所要观察的每一种行为，同时还要在该系统所要应用的所有情境中对定义的使用加以练习。教师应当教会学生判断怎样才"算得上是"或"算不上是"某种行为。以图 14.5 为例，为了学生能够恰当地使用检查表，他们必须要知道怎么做才算是"回中"，以及哪些情况不算"回中"。

14.1.5.2 优、缺点

事件记录具有系统性，并且可以得到有效而可靠的数据。观察者唯一要做的判断就是行为发生与否。这就使得事件记录非常具有实用性。以下两个因素会增加可靠数据的获取难度：在同一时间所要观察的行为数量；观察者在做判断时所需进行的推理量。教师示范是一种非常容易判别的行为；学生的"跑偏"行为需要观察者进行更多的推理；而有关教师任务合理性的判断则需要比前两者更多的推理。

谨慎的定义以及就行为发生与否的判别过程进行的大量练习都可以提升事件记录的信度。用以进行行为判别的定义具有其适当性，事件记录的有效性则取决于此。举例来说，如果所谓的教师反馈并不包括非语言行为，那么某一教师向学生竖大拇指的反馈行为就会被排除在教师反馈之外。如此一来，有关教师反馈的信息就并不能反映真实的情况，那么其有效性也就低于所有对反馈所做的描述。

14.1.5.3 应用

事件记录可以用来观察所有其发生次数信息有用的事件或行为。如果问了

“多少”一类的问题，那么事件记录就可以在众多方法中脱颖而出。由于事件记录处理不好与内容或适宜性有关的问题，因此在将其用于教学行为描述时就要慎之又慎。如果反馈并不恰当或是示范并不准确，那么即便知道教师的反馈率颇高或是经常进行示范，也不具有任何价值。同样地，简单的事件记录也处理不好不同种类行为之间的关系问题。因此，事件间的先后顺序以及有前后相继行为的事件就都会被遗漏。

14.1.6 持续时间记录

持续时间记录是一种能够提供有关时间利用方面信息的观察技术。“时间如何花费？”或者“教 / 学过程的各具体维度 / 方面分别用了多长时间？”，这两个问题都能通过这项技术得到回答。

14.1.6.1 使用

持续时间记录的基本工具是码表。观察者们要记录下某一事件发生的起止点。之后再将事件的各次持续时间相加，从而得到其在一节课或一个单元的总持续时间。持续时间记录能够成功记录下学生们的时间利用情况。有许多工具可以用于观察学生们的时间利用情况，而持续时间记录的独有 / 专属类别（听讲、等待、被组织、接受行为指导、进行技能尝试、玩游戏 / 打比赛）则是这些工具的一部分。

图 14.6 和图 14.7 列举出了持续时间记录的两种方法。一种使用了一条时间线，而另一种则是对实际的时间利用情况加以记录。如果使用了时间线，那么记录者就要在时间线某一事件的起止时间点上写上（事件）代码。时间线的优点在于事件顺序之间的关系能够得以保留。

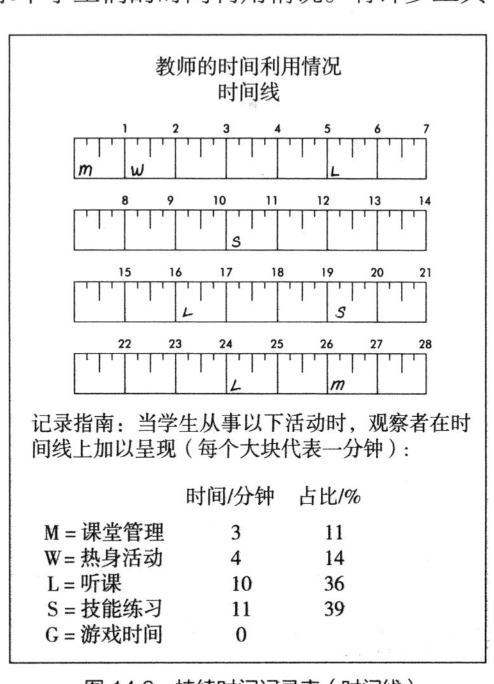

教师的时间利用情况
时间线

记录指南：当学生从事以下活动时，观察者在时间线上加以呈现（每个大块代表一分钟）：

	时间/分钟	占比/%
M = 课堂管理	3	11
W = 热身活动	4	14
L = 听课	10	36
S = 技能练习	11	39
G = 游戏时间	0	

图 14.6　持续时间记录表（时间线）

教师 T. Mand　　课堂内容 Basketball

课堂编号 6　　日期 1/3

观察者 R.M.

不同比赛阶段的时间消耗情况	总时间	%
阶段1 30", 45", 20"	95"	5
阶段2 60", 80", 120", 123"	383"	21
阶段3	0	
阶段4 22"	1320"	73

上课时间 10:45　　课堂时长 1798"

下课时间 11:30

记录指南：观察者在各个阶段开始时启动秒表，阶段结束则停表。各阶段的实际持续时间都要记录于相应的横线之上。等到下课时再将每个阶段所持续的时间总长除以课堂总时长便能够得到各个阶段所持续的时间百分比。

图 14.7　持续时间记录表（实际时间）

有时候顺序并不那么重要，教师可能只对“什么事情花了多长时间”感兴趣。图 14.7 中的例子向我们展示了教师如何去记录某一单元内不同比赛阶段的时间消耗情况。

14.1.6.2 优、缺点

几乎无须在持续时间记录上付出什么努力和训练就能够得到有效而可靠的数据。时间数据有用的大多数事件在教学情境 / 环境中都相对容易定义和区分。这就能将训练时间控制在最低限度。

持续时间记录只适用于长期存在的大型全局性状况。如果行为变化很快，那么尝试使用持续时间记录来对其加以记录就没有什么意义。所记录行为的变化频率越高，可靠性也就越难提高，持续时间记录这项技术也就越不具备实用性。举个例子，用持续时间记录技术记录平均用时五秒钟的教师反馈就不是一个好的选择。

与其他观察特定行为的观察方法一样，在使用持续时间记录时也必须对事件的发生与否进行定义 / 对“何为 / 不为事件发生”进行定义。如果所要观察的是事件大类，那么有时就很难预料所有发生或未发生的情况（比如，有多少学生必须要在活动时间积极参与）。多种情境下的定义使用练习能够有助于发现存在问题的领域 / 哪个领域存在问题，同时还能够帮助观察者收集到有效而可靠的数据。

14.1.6.3 应用

持续时间记录最适合用于观察学生或教师的时间利用情况。虽然学生们对自己的时间利用情况并不太感兴趣，但这却应当是教师们的兴趣所在。对于那些与学生时间利用情况相关的问题，尤其是与适当练习时间相关的学生行为、与健身活动中剧烈活动的最大时长，以及学生的其他行为，所有这些都能运用持续时间记录来进行恰当地处理。同理，诸如教师花多少时间来进行观察、指导、处理问题行为，或是活动组织等一类的问题，也都可以通过持续的时间记录来进行妥善处理。

14.1.7 时间抽样法

在时间抽样中，观察者每隔一段特定的时间就要对一个教学事件做出一项决定。时间间隔在通常情况下要多于一分钟，有时则要达到 10~15 分钟。

14.1.7.1 使用

时间抽样法一般用来观察那些变化不是很快的教学事件。举个例子，时间抽样一直被用来随时抽查学生们的活动参与人数（Dodds, 1973）。每隔两到三分钟，观察者就要数一下不积极参与活动或者参与方式不对的学生人数。时间抽样还可以用来考察一节课上各内容领域所分别占用的时间量，或者是决定教师定位所占用的时间量。

14.1.7.2 优、缺点

时间抽样能够帮助观察者在短时间内收集到有用的信息。由于时间抽样法只占用观察者很少的时间，因此观察者就有充足的时间去利用其他观察工具考察其他教学事件。只要书面定义清晰而恰当，那么时间抽样法就能得出高度可靠和有效的数据。

时间抽样法仅仅适用于那些变化不快的行为。举例来说，时间抽样法在教师反馈相关信息的获取方面就不具有什么使用价值。课堂某些时段的反馈频率很高，其他时段则不然。选择的行为必须与选择的抽样时间相重叠。同样，时间间隔越短，结果出现误差的概率就越小。

14.1.7.3 应用

如果所需要的是与教学事件或教学特征相关的信息，而这些事件和信息又分散出现在课堂之上，那么时间抽样法就是一种很有用的观察方法。由于时间抽样法只需要很少的观察时间，因此教师们就可以在进行教学的同时借助这样一个有用的工具来记录学生们的整体状况、进行抽查，又或者是记录个别学生当前的所作所为。课堂内容也可以使用时间抽样法来进行记录。如此一来，不同技能或者同一技能不同阶段各自所用发展的时间都能够得以确定。

想要使用时间抽样法的教师们应当做到以下几点：

①确定他们想要收集信息的教学事件。

②确定他们想以什么样的方式来区分/区别研究领域（比如，事件、类别、评定量表）。

③确定在这一领域进行有效数据收集时的恰当时间间隔。恰当时间间隔的确定方法如下：先从小的时间单元/间隔开始，之后逐渐延长时间单元/间隔，直到所收集的样本能够反映课堂实况时为止。

14.2 教学分析的观察工具

目前已经存在很多不同的观察工具，它们都可以用来收集教学过程不同方面的相关信息。在这些工具中，有很多的设计目的都是为了研究，但它们对于以自我提高为目的的教师来说就不是特别实用。本节会为大家呈现 7 种信息收集工具，它们是：学生的运动活动（ALT-PE）、学生的时间利用情况、内容发展（OSCD-PE）、教师反馈、学生品行、任务传达（QMTPS）和教师的移动和位置。

之所以选择这些工具是为了能够代表教学过程的各个重要维度以及各类不同的观察方法。虽然已经为这些工具提供了其对应类别的定义，但有时候这些定义并足以将该类别的目的传达清楚。研究者会通过手册的方式来为各个类别提供充足的例子。然而，即便没有太多详尽的例子，教师们还是能够较为可靠地使用这些系统中的大多数。建议教师们在学习使用某个系统的过程中将有难度的例子记录下来，并写成“决策日志”的形式。这么做能够帮助教师们根据自己的特殊情况制定出工具使用的基本规则。

14.2.1 学生的运动活动：ALT-PE

“学术学习时间—体育教育（ALT-PE）”由西登托普以及俄亥俄州立大学的研究生共同合作发展创立（Metzler, 1979; Siedentop et al., 1979; Siedentop et al., 1982）。该工具的设计目的是为了测量在保证适当成功率的前提下学生的运动活动在整节课上的时间占比。借助整个工具能够描述体育课的整体氛围（全体学生都包括在内）以及所选学生样本的运动参与类型。多种不同类型的观察方法都可以与 ALT-PE 结合使用。

这里仅仅呈现了整个工具中的一小部分，其作用只是提供运动活动方面的相关信息。我们鼓励读者通过查阅 ALT-PE 手册的方式获取该工具更为完整的信息，同时获知其他类型的（观察）方法。

14.2.1.1 目的

这一工具的目的是描述在运动活动难度适当的前提下学生的活动参与时长。类别定义见方框 14.1。

方框 14.1

“学生的运动活动：ALT-PE”的类别定义

适宜运动（MA）

学生以获得较高成功率为目的，参与一项契合主题的运动活动。

不当运动（MI）

虽然学生参与的是一项契合主题的运动活动，但该活动或任务的难度却并不合适——要不就是难度过高超出了个人的能力范围，要不就是难度太低达不到课堂的练习目的。

运动支持（MS）

学生以帮助他人进行活动学习或执行为目的，参与契合主题的运动活动。

无运动参与（NM）

学生没有参与契合主题的运动活动。可以通过描述学习者在不进行运动参与时的所作所为/即时作为来对这一类别做进一步描述，描述如下：

过渡（I）

学生正在参与当前活动的某个非指导方面。

等待（W）

学生已经完成了一项任务或一次运动反应，正在等待下一个反应机会。

“开小差”

学生不做当时让做的事情。

续

任务执行中（OT）

学生正在以一种适当的方式进行参与，但却未能做出契合主题的运动反应。

认知（C）

学生正在以一种适当的方式参与一项认知活动。

14.2.1.2 记录流程

有 4 种不同的观察方法可用于收集 ALT-PE 上述各类别的数据。

（1）间隔记录。以短间隔交替的观察和记录，可用于观察一名学生或者同一个交替样本的学生（典型交替样本中包含 3 名学生）。通常情况下会使用一盘预先录制好的录音带来发出“观察”和“记录”的起止信号，两者的持续时间都是 6 秒钟。在观察时段内，观察者对一名学生进行观察。在记录时段内，观察者要判断学生是否参与了运动活动。如果学生参与了，那么观察者还要对其参与进行归类，看看是属于 MA、MI，还是 MS。如果学生没有参与，那么观察者则要继续按照 I、W、OF、OT 以及 C 的分类方式对其行为进行定义。数据可以通过各个类别所占百分比的方式来进行呈现。图 14.8 呈现的正是这一工具的典型记录表。只有包含学习者参与的类别才能使用这一工具，环境层面的类别则不能。

（2）小组时间抽样法。观察者每隔 2 分钟就对小组进行一次审视（15 秒钟），计算出以适宜方式参与运动活动（MA）的学生人数。数据以班级平均值的方式加以呈现。

（3）持续时间记录法。观察者使用时间线的方式来对单独一名学生进行监看，并将其在整个时间段内的即时做法归入四大类别。另一种记录方法是只记录 MA 时间——使用码表记录下学生适宜参与行为的起止时间。可以通过计算课堂总 MA 时间占课堂总时间百分比的方式来对课堂总 MA 时间进行呈现。

（4）事件记录法。观察者计算适宜难度水平下（活动中本来就有不连续的）尝试练习的次数。数据的呈现形式为每分钟或更长时间单元内进行 MA 尝试的次数。

图 14.8 是一张典型的记录表，其用途是在只使用间隔记录法的前提下收集有关参与水平的 ALT-PE 数据。在汇总数据的过程中，教师会计算每一名观察对象（学生）在各个类别中的间隔总数。其中的关键变量就是学生以适宜运动水平进行参与的间隔数。为了能使这个数值变得更有意义，某一学生的适宜运动间隔数（MA）会表示成 MA 在所记录总间隔数中所占百分比的形式。

学科学习时间——体育

S		1	2	3	4	5	6	7	8	9	10	11	12	13	14	15	16	17	18	19	20	21	22	23	24	25	26
#1	C																										
	LI	W	W	C	C	ON	ON	ON	OF	MA	MA	MA	MA	MA	C	C	MI	MI	MI	MI	OF	I	I	W	C	C	C
#2	C																										
	LI	W	W	C	OF	OF	OF	OF	OF	ON	ON	MA	MA	MA	C	C	C	MA	MA	MA	MA	I	I	W	C	OF	C
#3	C																										
	LI	W	W	C	OF	ON	ON	ON	ON	ON	MI	MI	MI	MI	C	C	MI	MI	MI	MI	MI	I	I	W	C	OF	C
#1	C																										
	LI	MA	MA	MA	MA	MA	MS	MS	MS	I	I	W	C	C	OF	OF	MA	MA	MA	MA	MA	MC	I	W	W	C	C
#2	C																										
	LI	MA	MA	MI	MI	MI	MS	MI	MS	I	I	W	C	C	C	C	MA	MA	MA	MA	MA	MA	I	W	W	C	C
#3	C																										
	LI	MI	MI	MI	MI	MI	MI	MS	MI	I	W	W	C	C	C	C	MA	MA	MA	MA	MA	MC	I	W	W	C	C

环境层面（C）			学习者参与层面(LI)	
一般内容	知识类	运动类	未参与活动	参与活动
过渡（T）	技巧（TN）	技能练习（P）	中期（I）	适宜运动（MA）
管理（M）	策略（ST）	训练比赛/课堂常规（S）	等待（W）	不当运动（MI）
休息（B）	规则（R）	游戏（G）	“开小差”（OF）	运动支持（MS）
热身（WU）	社交行为（SB）	健身（F）	任务执行中（OT）	
	背景（BK）		认知（C）	

图 14.8 间隔记录法所记录的 ALT-PE 数据示例

14.2.1.3 数据解读

体育课中 ALT-PE“适宜运动（MA）类别”的平均占比为 14%~25%

（Parker, 1989）。这一数字并不特别出色。如果“适宜运动”的时间与学习高度相关，那么教师们就应当尽最大努力来增加“适宜运动”的时间。

有些作者认为 ALT-PE 是衡量体育教师效能的最佳预测指标（Siedentop et al., 1979）。西尔弗曼（1991）所做的研究显示：学生较高的参与度与学生的学习之间存在着一定的关系。我们有理由认为学生对于难度适当的运动活动参与越多，学到的也就更多。虽然这一理念在不同体育教育环境中的应用还存在一些问题，但仍有大量的逻辑证据能够对这一理念进行支持——即使不能成为学习的充分条件，也起码是其必要条件。

14.2.2 学生的时间利用情况

14.2.2.1 目的

这一工具的目的是描述学生的时间利用情况。其类别定义见方框 14.2。

方框 14.2

“学生的时间利用情况”的类别定义

管理组织（MO）

学生通过活动或者听取组织安排的方式参与其中，这里的组织安排指的是对能够支持课堂内容的人员、时间、设备、空间进行组织安排。

管理行为（MC）

学生参与其中的方式是活动或者聆听能够管理或维持行为期望的职能。

活动（A）

学生身体力行地参与到课堂内容之中。

教学（I）

学生接受有关课堂内容的信息。

“开小差”（OT）

学生没有按照教师的指示进行参与。

14.2.2.2 记录流程

有几种方式都可以用来记录学生的时间利用情况，持续时间记录法就是其中之一，可以通过运用时间线或者将实际时间计入适当类别的方式来使用这一方法。如果有 51% 的学生改变了其当前的行为，那么观察者就要记下当时的时间，并将其标注在记录表之上。这一类型工具（学生的时间利用情况）的最常见使用方法是采用间隔记录法（每隔 10 秒钟就在记录表上记下即时实况）。无论使用哪种方式都可以对整个小组或者单个学生进行观察。可以依据各类别时间在总时间中所占的百分比来对数据进行分析。

这一工具最简单的使用形式就是先选择出参与的三个类别（教学 [I]；活动 [A]；管理 [M]），之后每隔 10 秒钟便将其中一个类别标记在时间线上。如果类别在 10 秒钟的间隔期内就发生了变化，那么观察者就必须判断哪个类别名称才能最贴切地描述那 10 秒钟期间的类别。记录表示例见图 14.9。

学生的时间利用情况

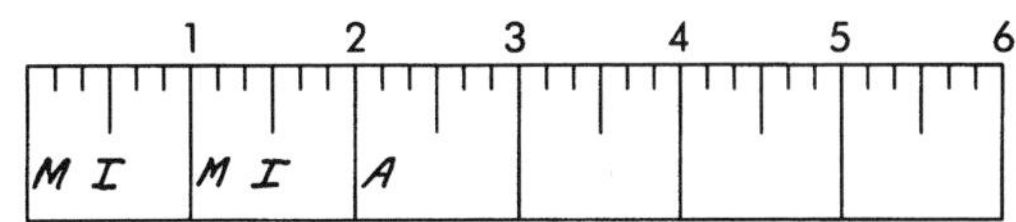

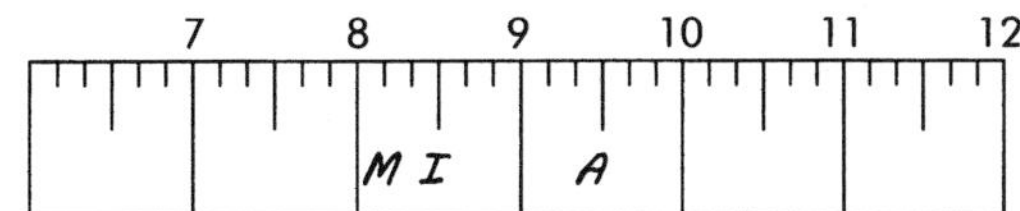

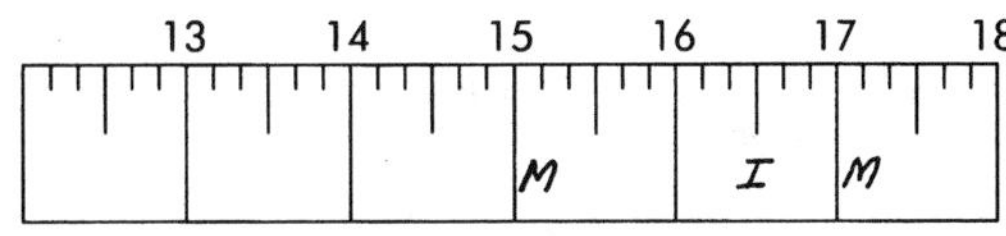

记录指南： 观察者直接在时间线上标注 M（管理），A（活动），或 I（接受指导）来表示学生正在做什么。每一大块代表 1 分钟，分为 6 个 10 分钟的刻度。还需标注出从一个类别向另一个类别的变更节点。

10秒间隔的总次数 108
M的次数 24 % / M 22
A的次数 63 % / A 58
I的次数 21 % / I 19

图 14.9 持续时间记录表（学生的时间支出）

14.2.2.3 数据解读

即便活动时间不再像 ALT-PE 中那样可以作为衡量适宜运动参与时间的明确标准，但其仍能帮助教师衡量某一学生的练习或运动活动习得机会。较长的活动时间是我们始终的追求，一节体育课的活动时间应当不能低于整节课的 50%。其他类别的使用能够帮助教师了解究竟是什么缩短了活动时间。在必要的情况下会对这些领域进行缩减。在一段课堂时间内应当避免出现大块连续的管理或教学时间。

14.2.3 内容发展：OSCD-PE

“内容发展领域的观察系统—体育教育（OSCD-PE）”（Rink, 1979）的开发目的是审视教师们的课堂内容发展方式。它是一个具有多面性的复杂互动分析工具。该系统所收集的信息类型之一，就是根据某节课的发展重点而对任务序列所进行的描述。这里只出现了该工具的一小部分。

14.2.3.1 目的

这一工具的目的是从运动任务重点的角度出发描述体育课程内容的发展方式。其类别定义见方框 14.3。

方框 14.3

“内容发展”的类别定义

细化任务。细化任务旨在从质量上改进学生前一个任务的执行方式（比如，“这一次的重点是脚趾的朝向”）。

拓展任务。拓展任务既有可能追求反应的多样性，也有可能是在前一项任务的基础上增加复杂程度或难度。

应用 / 评价任务。评价任务会让学生们在应用、竞争，或者评价的环境运用自己的运动技能（比如，“你能在不让球失去控制的前提下将球抛到空中多少次？”或者“我们今天要进行垒球比赛。”）。

情报任务。情报任务即是对某项运动任务的解释或呈现，但这项任务却不在拓展任务、细化任务，以及应用任务这三者的范畴之内。

重复任务。重复任务即是与前一项任务相同的任务，没有任何改变。

14.2.3.2 记录流程

如果要从任务重点的角度出发描述内容发展，那么就有好几种方法都可以作为备选。第一种也是最简单的一种就是事件记录法。教师一旦给出了任务，观察者就要在确定任务类型的同时在多种波动描记器上依次画点（图 14.10）。如果还需要与“学生们在某一任务重点上所花时间”相关的信息，那么就可以

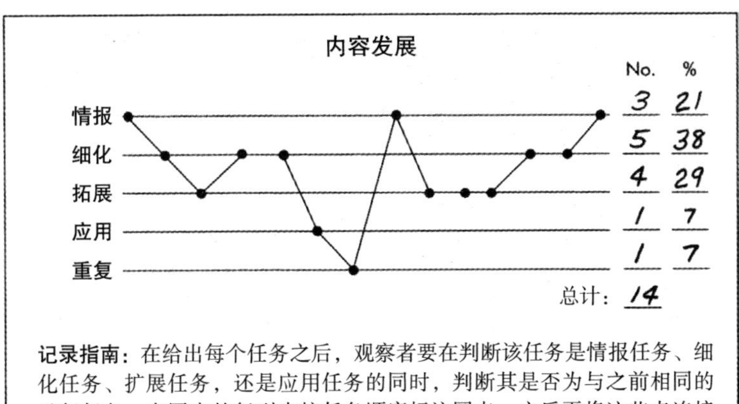

记录指南：在给出每个任务之后，观察者要在判断该任务是情报任务、细化任务、扩展任务，还是应用任务的同时，判断其是否为与之前相同的重复任务。在图中的行列中按任务顺序标注圆点，之后再将这些点连接起来。

图 14.10 任务重点记录表（内容发展）

采用持续时间记录法来记录下每一项任务所花的时间。观察者会使用码表来记下任务的起止时间点。这一信息可以记录在该任务指定类别的旁边。

14.2.3.3 数据解读

有些教师能够通过对任务进行量身细化或者变更的方式，来与学生一道对内容进行发展。然而，这种做法在大多数以大班教学为特点的体育教育环境中就不太可行，因此，以整个班级为对象的任务重点表述就变得非常重要。

并不存在什么理想的任务表述顺序。然而，如果教师所上的课始终缺少细化和拓展任务，又或者是他们很快就从情报任务直接跳到了应用任务，那么内容发展方式的适宜性就值得商榷。在图 14.10 的课堂实例中你会注意到教师发展任务的顺序是先细化、后拓展，再应用。这节课比较特殊，细化任务较多，但是并非所有的课都需要有这么高的细化任务比例。

14.2.4 教师反馈

教师反馈已经成为许多不同观察工具的重点。费希曼和托比（1978）合作开发出了一种工具，这种工具能够相对详细地描述体育课中追加反馈的六个不同方面。俄亥俄州立大学的学生们设计出了几套以研究为目的的系统，这些系统采用简单的事件记录法将反馈归入了不同的类别 / 这些系统所采用的简单记录法能够反馈归入不同的类别（Dodds, 1973; Stewart, 1983）。“教师反馈”这一工具正是这些事件记录法系统的修正版/变体。读者应当通过回顾第七章的方式来确定是否还有其他可能的反馈维度需要包括进来。

14.2.4.1 目的

“教师反馈”工具的目的是描述体育课上学生所受反馈的类型和频率。其类别定义见方框 14.4。

方框 14.4

“教师反馈”的类别定义

对象

班级。针对整个班级的反馈。

小组。针对两人以上学生的反馈。

个体。针对 1~2 名学生的反馈。

类型

评估式。就过往表现做出评判的反馈。

纠正式。为提升未来表现提出建议的反馈。

详尽程度

概括性。具有评价性但不包含评判理由相关信息的反馈（比如，“干得不错”）。

具体性。具有评价性且又包含评判理由相关信息的反馈。

积极或消极

积极反馈。以“学生什么做得对或者应当怎样做才正确”这样一类措辞进行正面表达的反馈。

消极反馈。“学生做了什么或者应当做什么”这样一类措辞进行负面表达的反馈（比如，“或者”“这么做不对”）。

续

反馈情境

技能反馈。与课堂实质性部分相关的反馈。

行为反馈。与管理相关的反馈（组织安排或者学生品行）。

一致性

一致。反馈与教师所确定的任务重点直接相关（比如，教师让学生们进行控球，反馈陈述是“汤米，你球控制得真好”）。

不一致。反馈陈述与教师所确定的具体任务重点并不相关，即便反馈陈述再恰合也无济于事（比如，教师所布置的任务是控制球，而教师的反馈则是“在接球时手肘尽量外扩”）。

14.2.4.2 记录流程

事件记录法是收集此类信息的最佳方法。图 14.11 是我们建议使用的记录

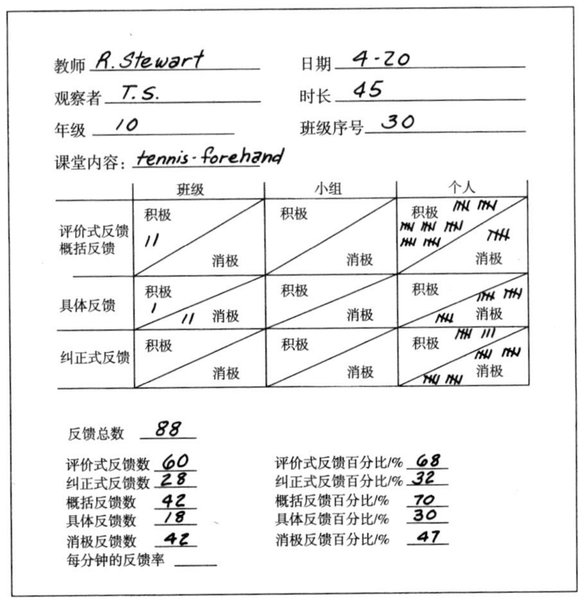

教师 R.Stewart　　日期 4-20

观察者 T.S.　　时长 45

年级 10　　班级序号 30

课堂内容：tennis·forehand

	班级	小组	个人
评价式反馈 概括反馈	积极 11 消极	积极 消极	积极 卌 卌 卌 卌 卌 卌 卌 消极 卌
具体反馈	积极 1 消极 11	积极 消极	积极 卌 消极 卌 卌
纠正式反馈	积极 消极	积极 消极	积极 卌 111 消极 卌 卌 卌 卌

反馈总数 88

评价式反馈数	60	评价式反馈百分比/%	68
纠正式反馈数	28	纠正式反馈百分比/%	32
概括反馈数	42	概括反馈百分比/%	70
具体反馈数	18	具体反馈百分比/%	30
消极反馈数	42	消极反馈百分比/%	47
每分钟的反馈率	____		

图 14.11　教师反馈编码表

表。这张记录表只记录了反馈类型、反馈对象，以及反馈的积极 / 消极方面。如果还要囊括刚刚所描述的反馈的其他方面，那么就必须要将它们加入记录表当中。每给出一次反馈陈述，观察者就要在相应的类别中画一道斜线。数据分析可以从两个方面入手：一是根据某一具体课时中所给出的反馈量来进行分析（将反馈陈述的数量除以分钟数，从而得到一个每分钟的分数）；二是根据工具中各概念的反馈百分比来进行反馈（比如，对于反馈对象来说，反馈陈述的百分比就可以划分成个人、小组，以及班级）。

14.2.4.3 数据解读

在大多数情况下，反馈都宜具体不宜宽泛；宜积极不宜消极；宜校正不宜评价；宜一致不宜别致。研究结果表明：在群体教学环境中所进行的运动技能学习，其反馈的具体作用各不相同。这可能是因为针对不同情境中不同学习者所做出的反馈，其适宜性和准确性都很难去描述。来源于其他教学环境及理论支持的数据是对反馈可取性进行价值判断的主要依据。从监测学生表现以及维持学生专注度的角度来说，反馈同样能扮演重要的角色。

数据解读必须契合情境。举个例子，在创意舞课堂上给出太多个体反馈的做法可能就不太合适。然而，如果是在使用操作性技能的课堂上，而学生们又都在回顾或者练习他们之前所学的内容，同时教师也能够自由地与学生个体进行交流，那么教师给出个体反馈就会比较合适。收集有关教师反馈的数据能够描述教师当前的行为。教师必须要对其在所教课堂上的即时行为之适宜性做出解释。

14. 2. 5 学生品行

学生品行有时指的就是“学生行为”（“行为”即是学生在某种情境中行为举止的恰当性。）这一工具是对 OSCD-PE 所得信息的另外一种改进 / 改造 / 处理方式（Rink, 1979）。“了解教师们如何发展和维持自己课堂中的适宜行为至关重要”这一假设正是该工具的出发点。

14.2.5.1 目的

这一工具的目的是描述教师们如何构建、指挥和强化自身对学生们适宜行为的期望。其类别定义见方框 14.5。

方框 14.5

“学生品行”的类别定义

交流的类型

组织。组织指的是教师能够传达学生自我引导方式相关信息的所有语言行为（评价性语言除外），但教师却不期望学生们立即做出反应（比如，“我们今天会步行去取我们的器材”）。

劝导。劝导指的是教师能够传达学生自我引导方式相关信息的所有语言行为或非语言行为，同时还期望能获得一个即时的反应（比如，“停止打架”或者“将球放入筐中”）。“劝导”是教师针对学生行为所做出的一种反应。以停止学生们当前行为为目的的消极劝导被称为“终止”行为（Kounin, 1977）。

评价。评价指的是教师能够评判学生行为方式或者自我引导方式的所有语言行为或非语言行为（比如，“我喜欢萨丽静静坐着等待开始的这一做法”）。

行为发生的时间

预防。预防行为指的是教师做出的所有“组织”“劝导”，或者“评价”类的品行评论，而且这些评论都要发生在有证据表明需要某种行为之前（比如，“记住，在你开始之前，你要在自己的区域内安静地活动”）。

纠正。纠正行为指的是教师做出的所有“组织”“劝导”，或者“评价”类的品行评论，而且这些评论都要发生在有证据表明需要某种行为之后（比如，“不要揪球的泡棉”）。

肯定 / 否定

肯定。肯定行为是教师遵循非否定性（行为）框架做出的所有“组织”“劝导”，或者“评价”行为（比如，“汤米，退回到线上”）。

否定。否定行为是教师遵循具有明确否定性的（行为）框架做出的所有组织、劝导，或者评价行为（比如，“别出界，”或者“你的行为就像 2 岁小孩一样”）。

14.2.5.2 记录流程

关于教师处理学生品行问题的方式，观察者会对其中的三个维度加以记录：语言交流类型、教师处理的时机，以及处理行为究竟是积极还是消极。事件记录法是这一系统中最有用的观察方法。每当有与品行问题相关的教师行为出现，该行为就会被归入图 14.12 所示的。为了做到这一点，观察者首先必须要判定教师的这一行为是“组织”（使期望更加清晰）、“劝导”（要求学生立即给出反应），还是“评价”（将对学生品行相关行为的价值评判分享给学生）。如果教师的处理行为发生在学生品行相关行为出现之前，那么我们就将教师的这种行为称为“预防”。如果教师的处理行为发生在学生品行相关行为出现之后，那么我们就将教师的这种行为称为“矫正”。教师要做的第三类决定就是要根据学生们应当做什么或者过去应当什么来判断学生的行为积极与否，又或者根据学生们不应当做什么或者过去不应当做什么来判断学生的行为消极与否。能够对各个类别进行编码，且能够保留事件顺序的记录流程或许会更加有用。

14.2.5.3 数据解读

体育课上的学生们在许多时候都是通过犯错再改错的方式来学会如何做事。在图 14.12 中，教师主要通过扮演一个纠正型的角色来处理学生的品行问题。提前（“组织”以及“预防”）并积极地明确自己的期望才是教师们传达自己在行为方面期望的更好方式。教师在处理学生品行问题时往往会将“组织”行为遗漏——无论是问题发生前还是问题问题发生后都是如此。

只有在不被过度使用或者滥用的情况下，针对学生品行（通常用于终止某种行为）做出的劝导性指令才能发挥作用。指令被滥用的情况指的是学生们并没有被预先告知对其行为的期望，或者某个指令的内容始终是同一种行为（比如，教师唠叨个不停）。肯定指令通常会比否定陈述的指令更易于达成相同的目的 / 对于同一个目的来说，肯定指令通常会比否定陈述的指令更易于达成。

在对幼儿进行期望强化的时候往往会用到“评价”行为，其使用结果通常也都是好的。教师们或许还想将这类行为纳入自己的描述当中，而不管这类行为的对象究竟是全班学生还是个别学生。大多数教师都会依靠全体学生来组织起这种行为，但却会个体化 / 逐个学生地去处理问题。

通过图 14.12 中的示例数据我们可以看出：教师在行为问题的处理方面花

	预防	矫正
组织	积极 / 消极 //	积极 消极 /
劝导	积极 消极	积极 消极 卌 ///
评价	积极 消极	积极 // 消极

行为总数 14

“组织”行为数 4	“组织”行为百分比/% 29
“预防”行为数 3	“预防”行为百分比/% 75
“矫正”行为数 1	“矫正”行为百分比/% 25
“劝导”行为数 8	“劝导”行为百分比/% 57
“预防”行为数 0	“预防”行为百分比/% 0
“矫正”行为数 8	“矫正”行为百分比/% 100
“评价”行为数 2	“评价”行为百分比/% 14
“预防”行为数 0	“预防”行为百分比/% 0
“矫正”行为数 2	“矫正”行为百分比/% 100

图 14.12 与学生品行问题相关的教师行为记录表

费了大量的时间——主要是告诉学生们不要做什么。然而不幸的是，其中大部分时间都是用在问题成为问题之后的纠正工作之上，而很少会把时间花在通过提前阐明行为期望的方式来阻止问题出现之上。

14.2.6 任务传达 (QMTPS)

14.2.6.1 目的

教学操作量表的定性衡量体系（QMTPS）其设计目的是同时收集若干种教学变量的相关数据。该工具的主要概念如下：

①任务类型（情报、细化、拓展、重复、应用）。

②任务表述（清晰度、示范、适宜线索的数量、线索的准确性、质量 / 定性线索）。

③学生适宜 / 契合于任务重点的反应。

④教师明确的一致反馈。

⑤其类别定义见方框 14.6。

方框 14.6

"教学操作量表的定性衡量体系"的类别定义

任务类型

情报。对某一技能或动作概念进行命名、定义，或者描述的一种任务，除执行之外并没有什么别的任务重点。该种任务通常位列任务序列的第一位。

细化。从质量角度出发，寻求运动表现水平提升的一种任务。该型任务的重点是提升某项技能的力学水平或者是比赛的战术 / 策略水平。

拓展。通过操纵难度水平或者任务执行条件的复杂程度来从数量上对原始任务内容进行改变的一种任务，或者是那种以反应多样化为追求目标的任务。

重复。对之前任务不加变化、只是简单重复的一种任务。

应用 / 评价。将学生执行任务的目的拓展到动作之外 / 学生执行任务的目的并不局限于动作本身，或者对该动作进行评价的一种任务。该种任务通常具有竞争性或自测性。

任务表述

清晰度。教师的口头讲解或指导能够清晰地表述"做什么"和"怎么做"。这一判断能否成立要根据学生对于该表述的动作反应以及当时的情况来进行确定。

清晰。学生继续在教师让他们做的事情上保持专注。

不清晰。学生出现困惑、质疑、开小差，或者在任务细节处理上缺乏动力的情况。

示范。教师、学生，以及 / 或者视觉教具对理想表现进行演示。

示范。对所有理想表现都进行了示范。

续

部分示范。任务表现模型不完整，只对部分理想动作进行了示范。

没有示范。没有尝试对活动任务进行示范。

线索数量合宜。教师针对活动任务所给出的信息量充足，但却又不至于使得学习者的负担过重。

合宜。给出 3 条或者 3 条以下与动作表现相关的学习线索。

不合宜。就活动 / 动作给出了 3 条以上或者没给新的学习线索。

没给线索。没有试着提供学习线索。

学生反应契合任务重点

学生反应能够在何种程度上反映教师所述的任务执行目的。

全部。只有不到 0~2 名学生展现出不当反应。

部分。3 个以上的学生展现出不当反应。

不反映。没有学生能够展现出适宜行为。

教师明确的一致反馈

活动期间的教师反馈能够在何种程度上与任务重点保持一致（与之相匹配）。

是。2 个以上的一致反馈。

部分。只有 1 个或 2 个的一致反馈。

否。未给出一致反馈。

14.2.6.2 记录流程

虽然 QMTPS 可以现场使用 / 用于现场观察，但如果能有录像可用的话，该工具观察起来还是会相对容易一些。该工具的典型记录表见图 14.13。教师布置完所有活动任务之后观察者就会停止录像。之后观察者就要判定任务类型以及所有的任务传达类别。之后继续录像，直到教师给出停止任务练习的指令时再停止。此时观察者就要记下本工具中学生反应以及反馈类别的相关代码。

教学操作量表的定性衡量体系

教师姓名 M. Martins　　记录人姓名 C. Fry

课程重点 Throwing - 2　　课程编号 2

记录人姓名								
序号	任务类型	清晰度	完整性	线索数量	信息准确性	定性信息	学生反应	明确的一致反馈
1	I	1	1	1	1	2	2	2
2	E	1	2	2	1	2	1	3
3	R	2	2	1	1	1	3	2
4	R	2	3	3	3	2	3	1
5	E	1	3	3	3	2	3	2
6	E	1	1	2	1	2	3	1
7	R	2	2	2	1	1	3	2
8	RE	1	3	1	2	2	3	2
9	A	2	3	2	2	2	3	2
10	RE	1	3	1	1	2	3	2
11	R	1	3	3	3	1	3	2
12	E	1	2	3	3	2	3	2
13	R	1	3	3	3	2	3	1
14	A	1	3	3	3	2	3	1
15	A	1	3	3	3	2	3	1
总计		1.11 2.4	1.2 2.4 3.9	1.4 2.4 3.7	1.6 2.2 3.7	1.3 2.12	1.1 2.1 3.13	1.5 2.9
各类别百分比		1.73 2.27	1.73 2.27 3.60	1.27 2.27 3.47	1.40 2.13 3.47	1.20 2.80	1.7 2.7 3.87	1.34 2.60 3.07
最理想百分比		73%	13%	27%	7%	20%	7%	34%

任务类型
- I–情报
- R–细化–质量
- E–拓展–种类、难度
- Re–重复–重复相同任务
- A–应用/评价

清晰度
- 1–是
- 2–否

完整性
- 1–完整
- 2–部分
- 3–不具备完整性

线索数量
- 1–恰当
- 2–不当
- 3–未提供

信息准确性
- 1–准确
- 2–不准确
- 3–未提供

定性信息
- 1–有
- 2–无

学生反应
- 1–全体
- 2–部分
- 3–无反应

明确的一致反馈
- 1–有
- 2–部分
- 3–无

图 14.13　教学操作量表的定性衡量体系

14.2.6.3 数据解读

为了能够分析 QMTPS 的数据，观察者会增加任务的数量。之后再根据那些拥有特定类别的任务数量在总任务数量中的占比来对该工具的各个维度进行分析。以图 14.13 中的数据为例，在十五项任务中只有两项进行了完整的演示（13%）。在该工具的大多数概念中，第一类别是更为理想的类别。该类别中任务的百分比越高，就越能反映教师的高水平。然而，所有工具的数据都要在具体的课堂背景下进行解读。以“创造性学习中的教师效能”与“QMTPS 总平均分”这两者之间关系为主题的相关研究表明，高效教师的总平均得分至少在 50% 以上。

将各个概念最理想类别所占百分比的分数/数值相加之后再除以概念的数量就可以计算出 QMTPS 总分。在与教师们的合作过程中我们发现，如果一名教师的 QMTPS 总分低于 50%，那么该教师通常就会存在需要解决的教学交流问题。教师们每次向学习者们传达信息，总能在最理想的类别中得分——这种情况既不可能，也不合适。虽然如此，但教师却应当在自己的教学过程中尽量去关注这些交流指标。

14.2.7 教师的移动和位置

14.2.7.1 目的

该工具的目的是确定教师在班级中的活动轨迹。相较于倾向于待在同一个地方或者只去到场地某一个固定区域的教师们来说，那些会去到体育馆或者场地不同位置的教师们可以更好地监控和联络全体学生。

14.2.7.2 记录流程

可以通过许多方式来记录教师课堂移动轨迹的相关信息。图 14.14 中所描述方法就是其中最为有用的一种方法。观察者在使用这种记录表的过程中，第

针对教师移动情况所做的观察

教师 F. Razor 日期 4/21

课堂内容 dance 观察者 Jackie

年级 7

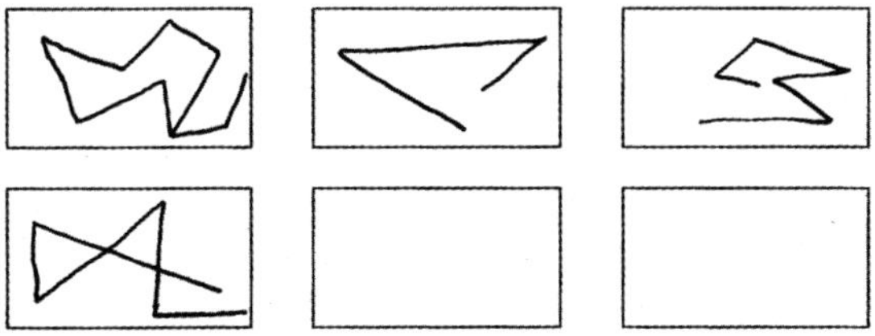

记录指南： 每个方框代表5分钟的上课时间。以每5分钟为间隔，画出一条连续的线，以表示教师在该区域内的活动轨迹。对各个5分钟段进行分析，进而确保教师能够到达所有有学生活动的区域。

图 14.14 针对教师移动所做的观察

一步就是要在表格的左上角画上代表场地的方框。如果所用场地的形状不是方形，那么最好还是要画出不同的框框。每一个框代表 5 分钟的时间。观察者只要在框中画出代表教师移动轨迹的连线即可，如图 14.14 所示。

14.2.7.3 数据解读

虽然有时教师在某一个地方所花的时间宜于比另一个地方多，但教师场地内移动轨迹的总体形态还是应当要反映出其想要移动到场内所有区域的意图。如果教师始终不去场地的某个特定区域，那么学生很快就会发现可以“躲藏”的地方。

学生的多样性。当今学校中的教师们很可能会有大量不同种族、不同族群、不同技能水平的学生。如果要求教师与相异于他们自身的学生打交道和共事，或是执教学生间存在高度差异性的班级，那么这对于他们来说往往会很有难度。培养自己具有一种“学生不同，对其行为和反应也不同”的意识是满足所有学生需要的第一步。图 14.15 所描述的反思 / 思考练习能够帮助教师们了解自己的行为。

执教异质学生群体时要做的反思任务

1. 在全班同学的协助下，在班级中找出四五个能代表班级成员构成多样性的学生个体。用你的话说就是这些学生个体彼此之间有着天壤之别。描述出你之所以将这些学生安排在这一多样化小组的理由。现在，对小组中的每一个学生进行思考，看看他们与你安排在这一小组中的其他学生到底有多少相似点。需要的是一种彻底的反思 / 思考，而不只是单纯的罗列。

2. 在你所记录的课堂录像中，找出你在规划和教学过程中处理多样性的一次事件。确定所认定事件在 DVD 中的准确时间。在你的书面反映中应当包括下列内容：

- 描述事件中学生和你的参与情况，以及多样化学生之间的联系。
- 这一块在你的课堂规划中是如何写的？
- 对你在事件过程中所作所为的反思。

3. 在你所记录的课堂录像中，找出你对某一事件进行观察的场景 / 画面；看了 DVD 中这一画面之后，你发觉如果你当时能够采取别的做法，就能够避免某一问题的出现，或者就能够更好地帮助一名学生。在你的书面反映中应当包括下列内容：

- 在观看课堂录像的过程中，描述出你当时所观察的事件。

图 14.15　经中田纳西州立大学的 Tina Hall 博士许可后使用

- 你对“你本可以采取不同的做法”这点有什么看法？
- 如果这个事件引起了你的注意，并且能够促使你在下一节课中对某些内容加以调整，那么请分享你的做法。

4. 众所周知，无论学习者的年龄如何，都有着不同的优缺点、不同的需求、不同学习方式，并且都会带有各种各样的前置经验。请对你弥合 / 满足班级内不同学习者需求差异的方式做出描述。目标制定方式的差异化和任务表述方式的差异化或许都是你可以用来应对学习（需求）多样性的方式——可以单独使用，也可以双管齐下。为了满足不同个体的需求差异，你是如何进行规划和教学的呢？请为三个学习领域分别举出一例。你所举出的这些例子必须不能与你之前讨论过的相雷同。

- 为了认知学习的发生，我们教授的给学生的内容必须超越短期记忆而进入他们的长期记忆当中。学生在将动作概念、原则、策略，以及战术应用到学习和身体活动表现的过程中，应当展现出对它们的充分理解。
- 对于小学的运动学习来说，我们希望学生们能够超越认知阶段进入到联想阶段，或者是超越预控 / 控制层面而进入到应用层面。最终，我们希望他们能够掌握可以运用于各类身体活动当中的运动技能和动作模式。
- 从情感领域的角度来说，体育教育专业的学生应当学着去展现出那些能够在身体活动情境中表现得尊重自己和他人的个人或社交行为。除此之外，他们还应当学着去珍视身体活动在健康、娱乐、挑战、自我表现，或者 / 以及社会交往等方面的价值。

5. 在以下方面诚实地评价你自己，之后再为“如何在被认定为‘不可接受’或者‘需要改进’的两个领域做出改进”设定一个目标。如果所有领域都是“目标达成”，那么就为“如何在至少两个领域中保持下去”设定一个目标。

多样化处理的自我评价				
		不可接受（无证据）	需要改进（偶有证据）	目标达成（证据充足）
1.	在与所有人种和种族学生的共事过程中都能展现出平等。没有针对人种的刻板想法或者做出针对人种的刻板论调			
2.	无论学生是什么性别，在与其的共事过程中都能展现出平等。不使用性别歧视类的语言或者做出与性别相关的刻板论调			
3.	展现出与不同人种、性别、身体能力或残疾、身高，以及性取向的学生或成年人都能进行交往的能力			
4.	对所有学生都能展现出同情心，同时能够将其需求置于自身需求之前			
5.	对所有学生的观点都持开放态度			

图 14.15 （续）

6.	看重学生们的个体价值			
7.	所用教学策略能够促进所有学生的成功			
8.	在课堂规划中有证据显示该规划包含有对特殊需求学生进行适应的内容 / 部分			
9.	有证据表明未使用羞辱性的语言和行动，也不允许其他人羞辱自己的同伴。介入学生群体当中所发生的偏见性交往			
10.	对材料加以选择，使用具有文化多样性的例子，同时以能够体现多样性重视程度的方式来设计活动			

图 14.15 （续）

14.3 总结

（1）可以使用不同的观察工具和技术来观察同一个教学现象。

（2）观察工具就如同照相机上的镜头——它决定了你能看到什么，不能看到什么。

（3）直观观察过程并不具有系统性。观察者不用收集数据就可以做出判断。

（4）轶事记录法能够以一种详细但不评价的方式对观察者所观察到的东西做出描述。数据在收集之后会被整理出有意义的信息。

（5）评定量表能够将所要观察的现象分成不同的定性或定量级别 / 水平。所划分的这些级别必须具体而明确。

（6）事件记录法能够判定某一事件的发生与否。通常情况下，该方法还能够确定某一事件发生的频率。

（7）持续时间记录法能够确定用于某一特定行为或者教学现象的时间量。持续时间记录法能够对某一事件的实际时间加以累计，或者使用时间线来确定多个事件的顺序和持续时间。

（8）时间抽样这一方法能够帮助观察者对某种变化缓慢行为的发生加以抽样调查 / 采样，抽样方法则是进行具有周期性间隔的观察 / 周期性的观察。

（9）各类不同观察工具的开发目的都是为了观察教学。可以灵活运用这些工具——既可以与其他工具结合使用，也可以与不同的观察方法结合使用。本章所描述的各种工具能够帮助教师收集到以下方面的信息。

学生运动活动：ALT-PE 学生的时间利用情况。

内容发展：OSCD-PE 教师反馈。

学生品行：

任务表述：QMTPS 教师的移动和位置。

14.4 课后自测

（1）针对下列方面 / 内容确定你可以用来进行数据收集的观察技术或方法：

①教师做出的反馈类型

②学生对你就某一运动技能所给出线索的利用能力

③某名学生“跑偏”行为的发生率

④某名学生在比赛中的记分能力

⑤活动的时间分配

⑥某名教师讲课的时长

⑦某名学生在集体环境中的合作行为

⑧学生在体育课当中喜欢 / 不喜欢什么

⑨某名教师示范的准确性

⑩学生“跑偏”行为的原因

⑪教师对于细化、拓展，以及应用任务的使用流程

⑫教师在课堂上会出现的主要问题

⑬教师热情

⑭教师对于提问的使用

（2）设计一种观察系统来观察你所选定的学生和 / 或教师行为。描述你所用观察方法的类型、明确类别，同时论述你的编码程序。

（3）将你的观察系统用于某段课堂录像。分析并解读数据。评估你的观察工具。

（4）列出下列观察技术和方法的优缺点：

①直观观察法

②轶事记录法

③评定量表

④事件记录法

⑤持续时间记录法

⑥时间抽样法

参考文献

Dodds P. ***A behavioral competency-based peer assessment model for student teacher supervision in elementary physical education***. Unpublished doctoral dissertation, Ohio State University, Columbia，1973.

Fishman S E, Tobey C. Augmented feedback. In W. Anderson & G. Barrette (Eds.), What's going on in the gym? ***Motor Skills: Theory into Practice*** [Monograph 1]，1978.

Kounin J. ***Discipline and group management in classrooms***. Melbourne, FL: RE Krieger Publishing Co., Inc，1977.

Metzler M. ***The measurement of academic learning time in physical education.*** Unpublished doctoral dissertation, Ohio State University, Columbia，1979.

Parker M. Academic Learning Time–Physical Education (ALT–PE), 1982 Revision. In P. Darst, D. Zakrajsek, & V. Mancini (Eds.), ***Analyzing physical education and sport instruction*** (2nd ed.). Champaign, IL: Human Kinetics，1989.

Rink J. ***The development of an instrument for the observation of content development in physical education***. Unpublished doctoral dissertation, Ohio State University, Columbia，1979.

Rink J, Werner P. Qualitative Measures of Teaching Performance Scale (QMTPS). In P. Darst, D. Zakrajsek, & V. Mancini (Eds.), ***Analyzing physical education and sport instruction***. Champaign, IL: Human Kinetics，1989.

Siedentop D, Birdwell D, Metzler M. ***A process approach to measuring effectiveness in physical education.*** Paper presented at the American Alliance for Health, Physical Education, Recreation, and Dance National Convention, New Orleans, LA, 1979.

Siedentop D, Tousignant M, Parker M. ***Academic learning time-physical education*: *1982 revision coding manual***, Columbus, OH: Ohio State University, College of Education, School of Health, Physical Education and Recreation, 1982.

Silverman S. Research on teaching in physical education: Review and commentary, ***Research Quarterly for Exercise and Sport***, 1991, 62(4), 352 - 364.

Stewart M. Observational recording record of physical education's teaching behavior (ORRPETB). In P. Darst, 1983.

Mancini V, Zakrajsek D (Eds.). ***Systematic observation instrumentation for physical education***. West Point, NY: Leisure Press.